动态环境下企业竞争情报力研究

刘 冰 著

本书系教育部哲学社会科学研究后期资助一般项目"动态环境下企业竞争情报力研究"（13JHQ059）最终研究成果

科学出版社

北 京

内 容 简 介

本书以动态竞争环境为研究背景，以核心竞争力、动态竞争等为理论基础，围绕企业竞争情报力，首先从动态竞争视角界定"企业竞争情报力"概念，形成该研究的概念模型与理论框架。以此为基础，依据研究的逻辑发展顺序，依次对企业竞争情报力内在构成及内在要素间作用机理、企业竞争情报力测度模型及其应用评价、竞争情报力发展动力系统及其内在机理、企业竞争情报力提升策略等展开研究与探讨，构建企业竞争力理论体系。

本书可供战略管理、竞争情报领域的教学科研人员、管理人员，以及图书情报科学、信息管理学、管理科学等专业的研究生和高年级的本科生阅读参考。

图书在版编目（CIP）数据

动态环境下企业竞争情报力研究 / 刘冰著. —北京：科学出版社，2019.6

ISBN 978-7-03-059656-7

Ⅰ. ①动⋯ Ⅱ. ①刘⋯ Ⅲ. ①企业竞争－竞争情报－研究 Ⅳ. ①F274

中国版本图书馆 CIP 数据核字（2018）第 266485 号

责任编辑：魏如萍 / 责任校对：陶 璇
责任印制：张 伟 / 封面设计：无极书装

科 学 出 版 社 出版
北京东黄城根北街 16 号
邮政编码：100717
http://www.sciencep.com

北京盛通商印快线网络科技有限公司 印刷
科学出版社发行 各地新华书店经销

*

2019 年 6 月第 一 版 开本：720×1000 B5
2020 年 1 月第二次印刷 印张：25 3/4
字数：500 000
定价：206.00 元
（如有印装质量问题，我社负责调换）

作者简介

刘冰，教授，管理学博士，信息资源管理博士后，任职于天津师范大学管理学院。

主要研究领域为企业竞争情报与企业战略、信息服务与信息用户、信息资源管理与信息质量评价等。先后主持完成国家社会科学基金重点项目、国家社会科学基金一般项目、中国博士后科学基金项目、教育部人文社会科学研究后期资助项目、天津市哲学社会科学重点项目等科研课题近二十项，作为主要成员参与完成各级、各类科研课题二十余项。在《中国图书馆学报》《情报学报》《图书情报工作》等国内外权威与核心期刊发表学术论文 50 余篇。

目　　录

第一章 绪 论

第一节 研 究 背 景

一、问题提出

21 世纪的竞争是全球范围内的竞争。企业竞争已由静态模式演变为动态模式，竞争日趋立体化、多方位，呈现非连续性、非均衡性和超强竞争的特点（D'Aveni and Gunther，1994）。动态环境中，在以波特教授为代表的产业竞争优势理论基础上，国内外学者将视角转向企业内部所拥有的、能够持续支撑企业竞争优势的内在资源和能力，核心竞争力成为企业持续发展之本、竞争优势之源，企业竞争战略思想取得了重大的突破，核心竞争力理论成为企业竞争理论的重要构成部分，为研究提供了一个新的切入点和视角（Prahalad and Hamel，1990）。

伴随着信息时代和知识经济的发展，随着社会由以资本生产为中心向以知识与信息生产为中心的转变，有形资源要素已经不能再为企业获得持久竞争优势和持续租金提供充足动力，具有暗默性特点的知识与信息已逐渐成为企业持续竞争优势的主要来源之一。知识经济社会中，以信息能力与知识创新能力为核心内容的知识经济理论赋予核心竞争力以鲜明的时代特色。

竞争情报是激烈的市场竞争和社会信息化高度发展的产物（黄晓斌，2006）。伴随着环境的动态变化，竞争情报在企业战略决策中发挥着越来越重要的作用，与资金、技术、人才共同组成企业生存的四大要素（沈丽容，2003）。Prescott（1998）指出，竞争情报在未来发展中将进入核心竞争力的竞争情报阶段。波特（2005a）、希特（2009）等战略管理领域学者在研究中明确指出：竞争情报是企业战略决策基础，是企业核心竞争力的重要组成部分，是企业竞争优势的重要来源。

随着互联网、通信技术的快速发展，人类社会已进入信息过载而情报稀缺的时代。发展情报能力、提升情报竞争力已经成为 21 世纪企业的基本战略（包昌火等，2005）。时代在发展，环境在变化，大数据、云计算、"互联网+"等引发世界的深刻变革，正在改变着企业的竞争环境和竞争态势，新的竞争模式正在孕育成长之中。在此背景下，竞争情报经历着一种质的转变。随着竞争情报地位的提升，竞争情报价值创造机理、企业竞争情报综合能力和整体素养等方面的研究成为国内外竞争情报研究的焦点。

Arnett 等（2000）、Fleisher 和 Blenkhorn（2001）、Lee 和 Choi（2003）、米勒和企业情报智囊团成员（2004）等学者分别从不同角度、多个层面对企业竞争情报价值与绩效进行了研究与探索。Chen 等（2012）、Côrte-Real 等（2014）、Protiviti（2014）则针对性地研究与阐述了大数据环境中企业竞争情报价值创造和价值贡献度。但由于该方面是一个较新的研究领域，研究尚不成熟，对竞争情报价值与绩效影响因素与内在机理的研究还不够系统，对竞争情报与企业绩效间的内在关系和作用机理的揭示与剖析还不够深入，没有形成清晰完整的理论模型和理论体系。

随着动态竞争（dynamic competition）的发展，既需要由表及里地研究企业竞争情报价值增值与价值创造（即注重于竞争情报价值链及构成价值链的基本要素与基本活动构成），也需要由里至外地探讨该问题（即着重剖析隐默于竞争情报价值链中的隐性要素与潜在作用力）。国内外学者相继提出企业竞争情报能力、情报竞争力、情报能力等概念（Tyson，1998；Bernhardt，1999；Fleisher and Blenkhorn，2001；米勒和企业情报智囊团成员，2004；包昌火等，2004a；王培林，2005；郑荣，2008），并从基本内涵、内在构成、评价测量等方面进行了多角度的研究与探讨，获得了有价值的研究结论。遗憾的是，大部分现有研究的切入点依然停留在情报价值链基本构成和基本活动层面，缺少对竞争情报价值链内在、本质的揭示，缺少由里至外对竞争情报价值度影响因素的本质剖析，更缺少对动态环境中竞争情报价值创造中持久性与长期性能力与素质的关注。

由上述研究分析可见，动态环境中，企业竞争情报能力水平和综合素养成为影响竞争情报价值贡献度和绩效的关键因素，企业竞争情报实践需要不断发展的理论作为指导，而企业竞争情报实力与素养、价值与绩效研究还处于起步阶段，理论尚未完全成熟，理论体系尚未健全，从而为该方面的学术研究提供了一个宽阔的舞台。鉴于上述情况，本书的主题确定为："动态环境下企业竞争情报力研究。"

二、现实背景

（一）竞争情报水平决定企业决策能力

为企业决策提供支持和依据是竞争情报的宗旨。国际经验表明，竞争情报不仅是企业的一项工作、一种功能，还是企业的一大战略，是企业逐鹿市场、抢占商机、以知取胜的基本战略（普赖斯科特和米勒，2004）。动态环境中，知识经济、电子商务、大数据、"互联网+"等的快速兴起，对传统的企业竞争方式、战略决策思维模式产生了巨大的冲击。与以往相对确定且可预测性、可控性强的环境相比，快速变化、复杂性、动态性是当前环境的突出特征。由于竞争的非连续性和不确定性，企业需要不断提升其系统化战略思维能力和动态决策能力水平，才能在这个动态博弈过程中把握转瞬即逝的商机，获得竞争优势。

竞争情报是企业决策能力发展的主要驱动力。随着竞争的动态发展，竞争情报已经深深地嵌入企业肌体之中，在其战略决策中发挥着越来越重要的作用（Kilmetz and Bridge，1999；Prescott and Miller，2001）。"帮助公司发挥它们的聪明才智，制定出色的战略，以战胜它们现在的、正在出现的和潜在的对手。"（Prescott and Miller，2001）在企业未来的战略决策中，竞争情报不再只是一种行为，而是一种思维方式、一种理念，直接影响企业的决策能力（黄晓斌和刘薇，2015）。

随着竞争的动态发展，竞争情报不再局限于情报分析与情报过程，而是通过决策支持，回归到领导力的重要构成部分（Roche and Blaine，2015）。企业情报素质决定企业的决策能力，只有持续提升竞争情报能力（competitive intelligence capability）与水平，才能有效提升企业决策能力。

从企业竞争情报几十年的发展来看，竞争情报越来越受到各国企业的重视，很多企业设立情报部门，投入了较多的人力、物力、财力。但总体来说，竞争情报实际效果却并不理想。许多企业竞争情报工作效率低、效果差，整体水平较低，无法有效为决策提供支持，导致决策失败，影响到企业决策能力。

客观评价企业竞争情报水平，有效发展与提升竞争情报水平，只有这样，才能发挥竞争情报在企业复杂决策、商机把握、市场趋势预测中的作用。全面提升企业的决策力，成为动态环境中企业管理者关注的关键问题之一。

（二）竞争情报绩效衡量与评价成为企业管理者关注的现实问题

动态环境中，谁获得了竞争情报，谁就能赢得时间、赢得市场，就能在激烈的市场竞争中处于主动地位。竞争情报能够给企业带来可观的利益和丰厚的回报，是动态竞争中企业绩效提升的重要因素之一。

20 世纪 90 年代，许多美国企业就开始关注情报给企业带来的效益（Fuld，1991）。据调查，1995 年，美国大企业中拥有健全竞争情报部门的只占 1%，其中 80%成立不足五年，而到 1998 年，拥有完备竞争情报系统的企业已经达到 60%。根据相关统计，在许多世界著名企业中，竞争情报对于提升企业绩效具有举足轻重的地位，最大贡献率达到 33%（崔新建，2002）。而据普华永道会计师事务所（Pricewaterhouse Coopers）对具有高速增长性的企业 CEO（chief

executive officer，首席执行官）的调查，84%的企业的 CEO 认为竞争情报在企业利益增加中占有重要地位（McGonagle and Vella，2002）。

在我国，自 20 世纪 90 年代以来，竞争情报在企业中同样得到快速发展，为部分企业带来了一定的收益和贡献度。一项调查表明，竞争情报在客户服务、发现新机遇、提升管理人员预测能力等方面给企业带来较高的贡献度（谢新洲等，2001b）。很多企业在竞争情报基础上成功地实施了市场、质量、品牌、技术战略，取得了优良的业绩（常艳丽，2005）。

企业竞争情报活动是一种非物质生产的智力活动，竞争情报产品集中体现为非物质化的智力产品，只有应用到企业的具体实践中才能产生直接的经济效益（万剑锋，2014）。Jaworski 和 Wee（1993）通过对电子通信业、袋装食品业和制药业三个行业的实证研究证实，竞争情报绩效与企业绩效之间具有正相关性。随着竞争情报理论研究的深入，越来越多的学者将研究重心转向竞争情报价值与绩效。Prescott（2001）、Herring（2003）从多个角度对企业竞争情报价值与绩效进行了研究与探索。

在实践领域中，虽然竞争情报受到企业各方重视，希望能够为企业带来价值和效益，然而，有相当多企业的竞争情报产出并未与投入成正比，竞争情报没有发挥应有效果，没有达到预期。Lackman 等（2000）指出，虽然普遍认为竞争情报对企业具有价值，但企业管理者仍然对竞争情报的绩效很不满意。Prescott（2001）在研究中指出，随着时间发展，因为竞争情报没有达到预期目的，当企业实施降低成本或机构重组时，由于其投资回报率（return on investment，ROI）较低，竞争情报部门成为最先被关注的对象。根据 Tao 和 Prescott（2000）对中国企业竞争情报的调查，"竞争情报绩效评价困难"是企业当前面临的重要问题之一。尽管有证据表明竞争情报有助于信息与知识共享，使经理们在提到竞争动力学时意识到竞争情报的价值，但是在竞争情报如何影响盈亏以及是否是用户导向方面尚缺乏一致意见（包昌火等，2005）。

由此可见，动态环境中，竞争情报是企业绩效的关键影响因素。然而，在企业实践中，竞争情报并未发挥出其完全效能，没有达到预期效果。如何有效衡量与评价竞争情报绩效、价值与贡献度，是企业管理在竞争情报工作中遇到的最大障碍，成为影响竞争情报健康、持续发展的重要因素。

三、理论背景

（一）竞争情报能力成为企业竞争情报理论研究的热点问题

当今时代，是一个高度复杂、相关、多变和竞争的时代。在这样一个对信息和情报高度依赖的社会中，一个组织的情报能力成为其生存和发展的关键因素（包昌火等，2005）。发展情报能力，提升组织的情报竞争力必将成为 21 世纪企业的基本战略。

随着竞争情报研究的不断发展，竞争情报研究已经由以往注重基本理论、实际操作方法与技术层面的研究向关注竞争情报内在机理、价值机制层面的纵深化发展。企业竞争情报能力的相关研究成为竞争情报研究的热点问题之一。

Dutka（1999）、Bernhardt（1999）、Fleisher 和 Blenkhorn（2001）、Crowley（2004）、杨学泉（2003）、包昌火等（2004a）相继在研究或论述中提出了竞争情报能力、企业情报竞争力、企业情报能力等概念，虽然内涵存在差异，但其核心本质共同体现为：对企业竞争情报活动能力的反映，企业对外界环境适应和驾驭的能力，现代企业竞争力的重要表现，并以企业有效发挥情报价值、提升企业竞争优势为最终目标。围绕这些概念，国内外学者从不同视角进行了一系列研究（郑荣和靖继鹏，2009）。

国内外学者从不同分析视角、运用不同解构方式对竞争情报能力构成展开多方面研究。包昌火等（2004b）、高峻（2007）、安琳（2010）基于竞争情报流程与功能视角，Johannesson（2001）、赖晓云（2004）基于竞争情报管理要素视角，刘冰（2006）、郑荣（2008）、李颖等（2014）基于竞争情报资源-能力视角，对企业竞争情报能力的层次结构、内在构成进行了多方面的研究。而 Işık 等（2013）指出，在大数据时代的决策环境中，竞争情报能力主要包括组织和技术两个层面，以及数据质量、系统兼容性、用户访问、柔性、地缘管理支持等五个方面。

企业竞争情报能力评价机制是竞争情报发展中需要重点解决的问题。只有形成系统、全面的竞争情报能力评价体系，才能对企业竞争情报工作实力、水平和素养做出客观、科学的评价。在此方面，以郑荣、柴斌峰、靖继鹏等为代表的研究团队，杨晓宁和李然（2012）、李颖等（2014）将企业竞争情报能力评价与企业竞争情报能力构成相结合展开研究，构建了多个具有一定价值的竞争情报能力评价体系。

国内外学者从内涵到构成、从评价到提升，从多个层面和维度，从机理、机制到具体策略，对企业竞争情报能力进行了较为系统的研究，取得了一定的研究成果。但是，在竞争情报能力水平和综合素养的研究过程中，关于内在构成、内在作用机理、测量与评价、发展与提升等方面还存在很多值得商榷的地方，还存在一些值得进一步深入、系统研究之处。这也正是本书致力研究与探讨动态环境下企业竞争情报力之原因。

（二）竞争情报理论成为核心竞争力理论重要组成部分

1990 年普拉哈拉德（C. K. Prahalad）和哈默（G. Hamel）在研究中明确提出

"core competence"（核心竞争力）概念，并指出"core competence"是企业持久竞争优势的重要来源。"核心竞争力"概念自从提出后，就成为企业理论，尤其是战略管理理论的研究热点。Prahalad 和 Hamel（1990）、Leonard-Barton（1992）、Teece 等（1997）分别从不同视角对核心竞争力进行了系统研究，形成核心竞争力（核心能力）理论。

企业核心竞争力是由多种能力、多个要素构成的综合系统，是企业持续竞争优势的源泉。核心竞争力是指为企业带来竞争优势的企业专有知识与信息，主要包括企业的例规、习俗、制度、隐默的制度性知识等企业内部隐性知识，是最难以被竞争对手模仿的（Teece et al.，1997；Leonard-Barton，1992）。

动态竞争环境中，随着竞争情报理论的不断深入与发展，竞争情报理论成为企业核心竞争力理论的重要组成部分。Caudron（1994）、Attaway（1998）、Yuan 和 Huang（2001）在研究中分别从知识与信息、战略决策、竞争意识等角度阐述了竞争情报及竞争情报理论在企业核心竞争力理论中的重要作用。Prescott（1998）通过考察北美、西欧和澳大利亚的竞争情报发展历程，将竞争情报的发展划分为四个历史阶段，分别为竞争数据搜集阶段、行业和竞争对手分析阶段、用于战略决策的竞争情报阶段和作为核心竞争力的竞争情报阶段，首次明确指出竞争情报是企业核心竞争力的重要组成部分。郎诵真等（2001）、骆建彬和严鸾飞（2005）分别指出，竞争情报是企业核心竞争力的潜在决定因素，是企业在信息社会中的核心竞争力之一。包昌火（2014）指出，迅速发展起来的竞争情报理论，正在成为21世纪重要的管理工具，是现代企业核心竞争力理论的重点构成部分。

竞争情报理论融合了多个学科理论的精华，具有多学科交叉性。当今时代是一个知识交融的时代，各个学科、各种理论相互影响、相互借鉴、相互补充，多学科理论的交叉发展是顺应潮流的趋势。经过近40年的快速发展，以经济学、管理学、军事学、情报学等基础理论为指导，竞争情报理论在有效吸收与借鉴各种理论的新观点、新思想基础上，所构建形成的有关竞争环境、竞争对手、竞争战略的情报理论体系，也正是核心竞争力理论的关注重点，成为其重要构成部分。

（三）竞争情报价值研究成为竞争情报领域的研究焦点

随着时代变迁，激烈的市场竞争和环境的动态变化推动竞争情报理论不断深化。竞争情报价值研究逐渐成为竞争情报理论研究的焦点。学者们开始关注影响企业竞争情报价值增值的各方面因素，研究竞争情报价值创造的内在机理。这方面的研究已经成为竞争情报理论向纵深发展的突破点。

在20世纪90年代初期，竞争情报价值与绩效就开始受到部分学者的关注，Herring（1992）、Fuld（1991）、Gibbons 和 Prescott（1992）、Cartwright（1993）分别从竞争情报价值创造、竞争情报决策支持等角度尝试性提出竞争情报价值与绩效问题。

　　竞争情报价值是衡量企业竞争情报工作成败与否的重要依据。通过竞争情报价值研究，可以更深入地了解与把握竞争情报价值提升的内在机理，为在动态竞争环境中有效地开展竞争情报工作提供理论依据。研究竞争情报价值与绩效，对提升企业竞争情报效率与效益、改善竞争情报管理水平、提高竞争情报决策支持能力具有重要意义，直接关系到竞争情报未来的发展。因此，竞争情报价值与绩效研究是近几年来竞争情报研究的焦点。

　　Powell（1996）在竞争情报流程基础上，首次提出了"竞争情报价值链"概念。基于竞争情报价值链，Herring（2003）等建构了竞争情报价值链模型，详细阐释与揭示了企业竞争情报价值创造与价值增值的基本流程。以竞争情报价值链为基础，国内外学者从不同角度、不同侧面在竞争情报价值定位、价值形成等方面进行了较为系统的研究。

　　动态环境中，随着竞争情报质的转变，竞争情报价值创造与价值贡献机理也在发生着变化。企业战略决策中至关重要的环境分析和战略选择环节上的竞争情报活动已成为竞争情报价值创造的关键（曹如中，2013）。刘冰（2008）从竞争情报与外部环境交互角度，史健勇（2014）从竞争情报价值链与组织内各部门的协调、融合角度对企业竞争情报价值提升进行了拓展性研究。

　　与此同时，竞争情报价值的衡量与评价也成为学者关注的问题之一。随着绩效研究的深入，Kilmetz 和 Bridge（1999）、Langabeer（1999）、Arnett 等（2000）、Prescott（2001）、Lee 和 Choi（2003）、陈峰（2007）、万剑锋（2014）分别从定性与定量角度研究与讨论了竞争情报价值构成要素、价值评价维度和价值评价指标等方面的问题。而部分学者如韦斯特（2005）、Fleisher 和 Blenkhorn（2001）、Yoah 等（2008）则将竞争情报价值与绩效的衡量和评价融合在一起展开了系统的研究。

　　大数据环境中，Chen 等（2012）、Côrte-Real 等（2014）分别在研究中引入商业情报与分析（business intelligence & analytics，BI&A）概念，通过技术、系统、实践和方法论的综合，对重要业务数据进行有效分析，帮助企业把握经济和市场现状，为企业决策提供及时性支持与服务。这是对竞争情报价值产生根源的更深层次分析。

第二节　研究目标与研究意义

　　基于以上理论与现实背景，我们明确了本书研究的主题。围绕研究主题，具体细化研究目标，并在此基础上，详细阐述研究的现实意义与理论意义。

一、研究主题与研究目标

依据竞争情报研究的现实需要与理论背景，在相关研究文献的梳理与回顾基础上，结合竞争情报研究的实际与空白点，确立了本书的研究主题：动态环境下企业竞争情报力研究。

动态环境下企业竞争情报力研究是本书研究核心，围绕该核心主题，本书研究的基本目标为：以企业竞争情报力概念界定与基本内涵阐释为研究基础，剖析动态环境中企业竞争情报力内在结构及构成要素，形成研究的理论基础。在此基础上，构建全面系统、具有一定适用性的企业竞争情报力测度指标体系，并利用该体系实际评价与衡量我国企业竞争情报力整体水平现状，进而对动态环境中企业竞争情报力的发展动力系统、动力机制和演进路径等展开深入、系统的研究，形成理论体系，并据此提出企业竞争情报力发展与提升策略，为企业竞争情报力提升实践提供可资借鉴的思路与措施。

在以上基本目标基础上，本书研究的具体目标主要包括以下几方面。

（1）界定与系统阐述企业竞争情报力概念及其基本内涵。企业竞争情报力概念界定与内涵阐释是本书研究的前提与基础，是本书研究的根本出发点。动态竞争环境中，只有清晰、准确地从动态竞争视角界定企业竞争情报力概念，系统、全面地剖析企业竞争情报力的基本内涵，才能为整体研究奠定坚实基础，提升研究针对性，确保研究的科学性与合理性。

（2）剖析企业竞争情报力内在构成。基于竞争情报价值链，以微观视角剖析企业竞争情报力内在构成以及构成要素彼此之间的内在联系和作用关系，构建系统完整的企业竞争情报力内在结构体系，是本书研究的又一根本目标。竞争情报力内在结构体系的研究将有效揭示企业竞争情报力价值创造和价值增值的各方面主要影响因素，有利于进一步揭示竞争情报价值创造与价值提升的内在机理，这是本书研究所需解决的关键问题，是竞争情报力进一步研究的基础。

（3）动态环境中企业竞争情报力测度指标体系构建。基于企业核心竞争力理论，在竞争情报力内在构成模型基础上，构建具有一定适用性和实用性的企业竞争情报力测度指标体系是本书研究的核心目标，也是研究价值所在。企业竞争情报力评价与衡量指标体系的构建，将为科学、客观、公正、有效地衡量与评价竞争情报实绩与未来发展潜力提供有力的工具和科学依据，还将有效提升企业竞争情报力理论体系的科学性和完整性。

（4）企业竞争情报力发展动力系统与动力机制研究。基于系统动力学（system dynamic，SD）理论和能力演进理论，以动态环境中竞争情报力发展与企业内外环境要素作用关系为切入点，系统剖析竞争情报力发展动力系统。在此基础上，一方面，系统阐释该系统动力要素间的交互作用关系，进而深入剖析系统的动力发展机制；另一方面，结合企业竞争情报力实际测度与评价结果，提出动态环境中企业竞争情报力的有效发展路径和具体提升策略。这是本书研究的根本目标和宗旨所在。

二、研究意义与价值

（一）理论意义

竞争情报理论研究中，企业竞争情报综合素质与整体水平、企业竞争情报能力、企业竞争情报价值增值内在机理等方面的研究处于研究初期阶段，尚未形成完整的理论体系。基于动态环境，本书研究以"企业竞争情报力"概念界定与内涵阐释为研究起点，研究思路与研究内容以企业核心竞争力理论为理论基础，运用多种规范研究方法，对企业竞争情报力各方面进行系统研究，构建形成较为完整的竞争情报力理论体系。

在理论体系方面，本书研究构建了由企业竞争情报力内在结构体系及构成要素间作用关系、竞争情报力测度指标模型、竞争情报力发展动力系统及其动力机制和演进机理构成的较为完整的竞争情报力理论体系。该体系由表及里、由外到内、由近及远对竞争情报力各方面进行了系统、全面的分析与阐释，在一定程度上丰富和完善了企业竞争情报理论体系，拓宽了竞争情报理论研究内涵，拓展了竞争情报理论研究的广度和深度，具有一定创新性。

在理论研究框架方面，围绕企业竞争情报力这一研究主题，本书研究以竞争情报理论、动态竞争理论、战略管理理论、核心竞争力理论为核心基础理论，吸收和借鉴管理学、经济学的相关理论观点、研究方法和研究思路，在研究中突出竞争优势，侧重于情报价值的内生性、隐默性、动态性的挖掘与剖析，搭建形成新的竞争情报理论完整框架。该项研究实质上是在核心竞争力理论和动态竞争理论框架下进行的。它突破了基于迈克尔·波特教授战略管理理论的竞争情报研究框架的局限，拓宽了竞争情报研究的理论视野，为竞争情报理论研究开辟了新的研究视角。

（二）实践意义与应用价值

竞争情报是企业战略决策的基础，是企业竞争优势的重要来源。动态环境中，随着以大数据、"互联网+"为代表的新的竞争态势的发展，竞争情报在企业经营决策中的作用与价值日益凸现。提高企业竞争情报工作水平、提升竞争情报综合实力成为企业管理者关注的焦点问题。本书研究以动态竞争理论和企业竞争力理论为基础，从企业核心竞争力重要构成视角对企业竞争情报力展开了全面深入的研究。其所获得的研究成果将为企业管理者把握企业竞争情报力本质、科学评价自身竞争情报整体实力、有效提升竞争情报综合素养和企业决策能力具有可资借鉴的作用与现实意义。

其一，企业竞争情报力基本内涵与内在结构的阐释与剖析，对管理者把握竞争情报价值增值本质、指导管理实践具有现实意义。本书研究以竞争情报价值链为基础、以竞争情报价值增值内在机理为着眼点，对企业竞争情报力概念界定和基本内涵阐释、内在构成及要素间作用关系剖析的研究结论将有助于管理者全面、深入地认识竞争情报实力水平和综合实力的本质，有助于管理者了解与把握竞争情报价值增值的影响因素与内在机理，将为企业管理者合理配置资源、充分利用与挖掘企业竞争情报现实能力和潜在实力提供理论指导，并将为企业培育比竞争对手更具时效性、独特性的竞争情报价值创造能力和素养提供可以借鉴的思路。

其二，为企业竞争情报整体实力与综合素养的客观评价提供了有价值的工具。本书研究运用规范实证研究方法，构建了动态环境中企业竞争情报力测度指标体系。该体系涵盖显性测度维度和隐性测度维度，包括较全面、系统的评价指标及其权重，且经过大样本企业竞争情报力实态调查的检验，具有较高的适用性和实用性。因此，该测度评价体系为各类型企业客观评价与衡量其竞争情报力实际水平、发现其竞争情报工作优势与弱点提供了一种有效的方法工具、一套规范的标准。

其三，依据我国企业竞争情报力实态调查结果，在企业竞争情报力发展动力系统与发展机制研究基础上，本书研究提出了具有可行性、实用性与可操作性的动态环境中企业竞争情报力发展与提升策略，这为企业管理者与竞争情报部门有效提升竞争情报整体实力，实现企业竞争情报整体水平全面、均衡发展，提高竞争情报的决策支持能力提供了可供借鉴的思路，也将为企业竞争情报工作未来规划和发展提供有力的指导。

第三节　研究设计与研究内容

一、研究思路

本书的主要研究思路如图 1.1 所示。

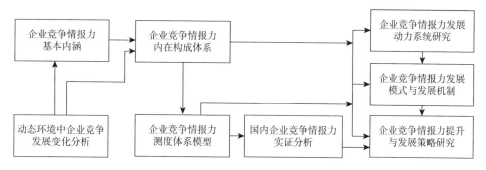

图 1.1 研究思路

以企业竞争情报、核心竞争力理论、动态竞争理论为理论基础，在动态环境中企业竞争发展变化分析基础上，本书研究将界定企业竞争情报力概念，剖析其基本内涵，构建本书研究的概念模型与理论框架。以此为基础，依据研究的逻辑发展顺序，综合运用多种研究方法，依次对企业竞争情报力内在构成及内在要素间作用机理、企业竞争情报力测度模型及其应用评价、竞争情报力发展动力系统及其内在机理、企业竞争情报力提升策略等展开研究与探讨。

在竞争情报力理论研究发展中，企业竞争情报力内在结构体系为竞争情报力测度指标体系构建提供了理论基础，而内在结构体系和测度体系模型又是企业竞争情报力动力系统研究的理论依据，并共同为企业竞争情报力有效提升策略研究提供理论依据与指导，研究间具有极强的逻辑性。

二、研究内容

本书研究的主要内容如下。

内容之一：企业竞争情报力概念界定与基本内涵剖析。如前所述，该部分内容是本书研究的前提与基础，是本书研究的根本出发点。

（1）本书研究将在动态竞争环境特点及企业竞争优势来源分析基础上，以动态环境中企业竞争情报发展为研究切入点，着重对动态环境中企业竞争情报价值链进行系统研究，构建动态环境中企业竞争情报价值链，详细剖析其内在机理，为后续研究奠定基础。

（2）从动态竞争视角界定企业竞争情报力概念、阐释基本内涵。以企业核心竞争力理论为基础，清晰界定了企业竞争情报力概念。在此基础上，对企业竞争情报力基本内涵、基本特征和基本命题进行详细的剖析与阐释。这是本书研究的基点所在。

内容之二：企业竞争情报力内在构成及构成要素间作用关系研究。该部分研究是本书研究的核心内容之一，是对上一研究内容的进一步深入与拓展，也是后续研究的理论基础。

（1）在企业竞争情报力识别路径剖析基础上，依据企业竞争情报价值链模型及价值增值关键环节，从显性与隐性两个角度系统剖析企业情报力内在结构，建构由竞争情报力、竞争情报竞争力、竞争情报发展力三个层面构成的企业竞争情报力内在构成模型。

（2）系统剖析企业竞争情报力内在构成维度及其内在作用关系。基于影响竞争情报价值创造与提升的显性和隐性因素、直接和间接作用力的研究视角，从竞争情报价值链中可观察、可描述的显性要素和隐默于价值链中不可观察的隐性要素等方面系统剖析企业竞争情报力构成维度，并利用系统动力学方法对各构成要素间相互配合、相互协调与和谐均衡发展的内在关系进行系统分析与阐释。

内容之三：动态环境中企业竞争情报力测度体系模型构建。系统、全面且具有适用性的企业竞争情报力评价与衡量指标体系构建是本书研究的核心内容之一，也是后续研究的依据与基础。

（1）基于竞争情报力内在结构体系和国内外相关研究，提出由显性测度指标和隐性测度指标构成的企业竞争情报力测度指标假设模型与假设体系。采用实证研究方法，通过问卷调查、探索性因子分析（exploratory factor analysis，EFA）对所提出的假设模型进行验证，修正假设模型，构建基于动态环境的企业竞争情报力测度指标模型与指标体系。

（2）企业竞争情报力测度体系适用性研究。一方面，对构建的测度指标体系中各项指标具体内涵进行详细阐释，以明确其应用条件和适用范围。另一方面，通过对国内外竞争情报领域专家的问卷调查，运用基于指数标度的层次分析法（analytic hierarchy process，AHP），获得测度模型中各维度、各具体指标权重，使测度指标体系能够应用于实际测度与评价之中。

内容之四：我国企业竞争情报力实证分析。本部分内容研究是本书研究应用价值的重要体现，不但是对企业竞争情报力测度指标体系模型适用性的进一步验证，也为后续发展策略研究奠定基础，提供主要依据。

（1）我国企业竞争情报力实态调查研究。以所构建的企业竞争情报力测度指标体系模型为工具，采用问卷调查法，选取各主要类型、行业、规模、性质、地域的样本企业，对其竞争情报力进行实际衡量与评价。一方面，获得我国企业竞争情报力实际水平和综合素养的客观现状；另一方面，在测评数据基础上，着重分析我国企业竞争情报力存在的缺陷与问题。

（2）企业竞争情报力个案研究。以国内某知名企业为研究对象，运用案例分析方法，基于竞争情报力视角，系统剖析与探究其成功经验，挖掘其关键性成功因素、机理与路径。

内容之五：企业竞争情报力发展动力系统及提升策略研究。该内容是本书研究的根本目标和宗旨所在，是研究实际应用价值所在。研究形成的企业竞争情报力发展理论体系将成为企业竞争情报理论的重要构成部分。

（1）企业竞争情报力发展动力系统构成及模型构建。基于能力演化理论，采用系统分析方法对动态环境中企业竞争情报力发展动力内在构成进行深入剖析，并在能力构成内在关系基础上，构建由外动力与内动力所构成的企业竞争情报力发展动力模型。

（2）基于企业竞争情报力发展动力模型，结合企业竞争情报力内在构成，通过内外环境的动态变化态势分析，运用系统动力学理论剖析与阐释企业竞争情报力动态发展路径、发展机制，进而对动态环境中企业竞争情报力动态发展模式进行研究，为后续策略的提出奠定基础。

（3）以企业竞争情报力发展动力理论研究成果为理论基础，在企业竞争情报力提升发展原则和条件分析基础上，结合前文我国企业竞争情报力实际调查和企业个案分析结果，分别从竞争情报力发展的内动力与外动力角度详细阐述企业竞争情报力发展与提升的具体策略。

三、研究方法

围绕企业竞争情报力研究主题，在以上具体内容研究中，综合运用了以下科学研究方法。

1. 文献分析法

文献分析法是本书研究的基本方法。在对国内外与竞争情报基本理论、竞争情报能力、竞争情报绩效、竞争情报价值等方面相关的研究著作、学位论文、期刊、网站等文献搜集和系统分析的同时，还着重梳理与分析了企业核心竞争力、竞争优势、动态竞争等方面的相关研究文献，为本书研究的理论提出、论述展开和深入探讨提供理论与观点的支持，也为本书实证研究部分中假设模型构建、调查量表设计等提供了相关论据。

2. 演绎推理法

演绎推理法是社会科学定性研究的主要方法。本书研究在相关理论和国内外相关研究成果基础上，运用演绎推理方法，构建了本书研究的基本概念体系与基本理论框架。按逻辑顺序，逐层深入、层层推理，由具体活动分析到理论概括、由显性要素论述到隐性要素揭示，构建企业竞争情报力内在结构模型。同时，运用演绎推理方法，系统剖析与揭示了企业竞争情报力发展动力系统结构、机理和发展模式，形成了完整的竞争情报力理论体系。

3. 问卷调查法与统计分析法

问卷调查法与统计分析法是社会科学研究领域最常用的研究方法之一。两种研究方法的结合使用，将有效地提高研究的信度与效度，提升研究结果的科学性、有效性。在企业竞争情报力测度指标评价模型构建研究中，采用问卷调查法调查获得相关企业和竞争情报领域专家数据，并运用统计分析法对所获数据进行科学的统计分析，构建测度指标体系。同时，还将问卷调查法应用于评价模型指标权重赋值的研究中。在企业竞争情报力实态调查部分，同样采用问卷调查法和统计分析法，利用所构建的测度指标体系，对我国企业竞争情报力实际水平进行调查、统计与分析。

4. 层次分析法

层次分析法是一种定性与定量相结合的半定量方法，适合于解决多目标决策问题。在本书中，我们采用基于指数标度的层次分析法，结合运用问卷调查法，为构建的动态环境中企业竞争情报力测度评价指标体系中的各维度、各指标赋权，提升该指标体系的适用性、实用性和可操作性。

5. 案例分析法

案例分析法是通过具体实例论证所论述观点的一种研究方法。在我国企业竞争情报力实证分析部分，运用案例分析方法，选取我国一家有代表性的知名企业进行个案研究与分析，讨论该企业竞争情报力发展与提升的具体实践，为后续的企业竞争情报力发展研究奠定基础，以提升本书研究成果的利用价值。

四、研究创新点

综观本书研究的所有研究内容与主要结论，本书研究的创新之处主要体现在以下几个方面。

第一，明确界定"企业竞争情报力"概念，详细阐释其基本内涵。基于竞争情报与企业核心竞争力两个领域相关研究成果，本书研究将"企业竞争情报力"界定为对企业竞争情报能力水平和综合素质的抽象与概括，并详细阐释了其基本内涵。该概念界定与阐释是基于动态竞争理论和企业核心竞争力理论视角的企业竞争情报能力和价值研究创新，并将动态竞争理论和核心竞争力理论引入竞争情报研究之中，为面向动态环境的竞争情报研究拓展了新的研究视角和研究思路，拓展与深化了企业竞争情报的研究范围与研究内容。

第二，深入剖析动态环境中竞争情报价值创造和价值增值的影响因素，构建了企业竞争情报力内在结构模型。基于微观视角，本书全面、系统地剖析了竞争情报价值创造与价值提升过程中各方面影响因素，深入揭示了隐默于竞争情报价值链中的隐性影响因素。在此基础上，构建了企业竞争情报力内在结构模型。与现有研究相比，该模型所构建的体系更系统、所揭示的影响因素更全面，不但涵盖了影响竞争情报价值增值的直接因素与间接因素、显性因素与隐性因素，还系统揭示了以上各要素间的内在作用关系。该方面研究将为企业竞争情报综合实力的均衡发展奠定理论基础，也将有效弥补此方面研究中的不足与缺憾。

第三，运用实证研究方法，构建了基于动态环境的企业竞争情报力测度指标体系。与现有竞争情报能力、竞争情报价值与绩效评价体系相关研究成果相比，本书所构建的由显性测度维度与隐性测度维度构成的企业竞争情报力测度指标模型与指标体系，更全面、系统地涵盖了衡量与评价竞争情报力实际水平和综合素养的各方面因素。在此基础上，运用科学方法赋予各维度、各评价指标权重，并经过大样本企业竞争情报力实际水平评价的检验，提升了该测度评价体系的科学性、适用性和实用性，为企业全面、客观地测度与评价自身竞争情报水平提供了有效工具。本书研究成果也完善与深化了国内外竞争情报在此方面的研究内容。

第四，系统剖析企业竞争情报力发展动力系统。基于系统动力学理论和能力演进理论，本书在企业竞争情报力发展动力系统内在构成剖析基础上，分别对企业竞争情报力发展与提升的内在机理、发展路径、发展模式与机制等方面进行了系统、全面的阐释，构建了完整的企业竞争情报力发展理论体系。该理论体系全面揭示了企业竞争情报力发展的本质与机理，为企业竞争情报力发展与提升提供了理论依据，成为企业竞争情报理论的重要组成部分。

第二章 相关理论回顾与综述

本章分别对核心竞争力、竞争情报能力与绩效等的相关理论研究进行回顾。核心竞争力理论是本书研究的核心理论基础，本章主要对核心竞争力内涵、构成和评价等方面的相关研究成果进行回顾与综述。而在竞争情报能力与绩效研究领域，本章则回顾与综述竞争情报基本内涵、竞争情报能力、竞争情报价值与绩效等主要方面的国内外研究成果，并在此基础上进行述评，以明确本书研究的空间，同时为正式展开企业竞争情报力研究奠定理论基础。

第一节 核心竞争力研究回顾

20 世纪 80 年代以来，企业所处的外部环境发生了很大变化，竞争的复杂性、对抗性和动态性日渐突出。面对动态竞争环境，战略管理理论、现代企业理论、经济学理论、创新理论等从多个角度对企业竞争优势来源进行了持续深入的阐释。1990 年普拉哈拉德和哈默在《哈佛商业评论》上发表了"The Core Competence of the Corporation"一文，首次明确提出"core competence"概念，并指出"core competence"是企业持久竞争优势的真正来源，为企业竞争优势理论开拓了一个新的探索视角。

一、核心竞争力内涵

（一）核心竞争力基本内涵

作为"核心竞争力"[①]概念的首次提出者，Prahalad 和 Hamel（1990）认为，

[①] 国内对"core competence"有不同译法，有的学者译为"核心能力"，有的学者译为"核心专长"，有的学者译为"核心竞争力"。本书认为译作"核心竞争力"更为恰当。

"核心竞争力是组织中的积累性学识，特别是关于如何协调不同的生产技能和有机结合多种技术流派的学识"。以此为基础的内涵阐释中，他们强调企业核心竞争力是一组相关联的技术、知识、能力的集合体，带有浓厚的技术色彩，突出了核心技术在企业核心竞争力构成中的重要地位。

"核心竞争力"概念一经提出，就受到国内外学术界和实业界的广泛关注，成为企业战略管理理论研究的焦点。其根本原因在于人们对持久竞争优势来源的关注。随着国内外学者对核心竞争力研究的逐渐深入，对其基本内涵的剖析与阐释亦日渐丰富。

研究者以不同视角进行研究与探讨，相继形成了资源依赖观、组织学习观、管理变革与公司再造观、技术依赖观、协调观、整合观等众多学派，极大地推动了企业核心竞争力理论的发展。有的学者甚至提出了新的竞争范式——基于核心竞争力的竞争与战略范式。对以上研究进行总结，可以将其归纳为 11 种观点，具体见表 2.1。

表 2.1　企业核心竞争力理论主要观点

观点	内容	优点	局限
技术观（Prahalad and Hamel，1990）	不同技能与技术流的整合，企业竞争优势的源泉	强调能力整合，便于组织内外的良好交流与沟通	比较笼统，难以分解，层次性不强
知识观（Leonard-Barton，1992）	独具特色并为企业带来竞争优势的知识体系	强调能力的知识特性，具有明确的能力载体	难以定量和深入分析
平台观（Meyer and Utterback，1993）	通过产品平台来连接市场的能力，包括市场洞察力、产品技术能力、制造工艺能力、组织能力	通过产品平台连接市场，所包含的每个能力都与市场有关	不全面，对组织文化因素考虑较少
组合观（Prahalad，1993；Coombs，1996）	企业各种能力的组合包括战略管理能力、核心制造能力、核心技术能力、核心营销能力、组织管理能力	强调能力的组合，以组合创新过程为基础，比较全面，对企业培育核心能力具有一定的指导性	如果能克服定量难的问题，将具有较大的可操作性
元件-构架观（Henderson and Cockburn，1994）	通过企业的构架将若干的能力元组合起来的能力	具有系统性	层次和动态性不强
组织系统观（Coombs，1996）	企业的技术能力以及将技术予以有机结合的组织能力	强调技术能力和组织内部管理能力	忽视组织的外部适应能力
协调观（Coombs，1996）	各种资产与技能的协调配置；表现为卓越资产、认知能力、程序与常规、组织结构、行为与文化	强调协调配置	可分解性较差，操作性不强
文化观（Barney，1991；Durand，1997）	企业独特的难以仿效的有价值的企业文化	强调企业文化对企业的巨大影响	忽视企业技能、营销等其他能力，且不易分解
专利技术能力观（Patel and Pavitt，1997a）	获取专利和显在技术优势的企业能力	易于定量描述	仅用一项指标衡量，不全面

续表

观点	内容	优点	局限
资源观 （Oliver，1997）	企业在获取并拥有异质性资源方面的独特能力	强调异质性资源对企业的独特作用	对资源的整合利用等方面强调不够，不易分解、可操作性差
网络观 （Klein et al.，1998）	各种技能及其相互关系所构成的网络	强调技能及其技能之间的相互关系，具有可分解性	过分强调技能，对组织文化因素考虑不够

资料来源：赵勇（2003）

综观以上各学派、各观点，国内外学者对核心竞争力基本内涵的研究集中体现在如下方面。

一方面，突出企业核心竞争力的独特性特征。Leonard-Barton（1992）明确指出，核心竞争力的优势之一在于其独特的继承性，这意味着不易为竞争对手所模仿是其核心所在。Teece 等（1997）在研究中阐述到，核心竞争力是一系列差别化的技能、互补性资产以及企业特定能力为背景的惯例。Oliver（1997）则指出，核心竞争力是企业获取并利用具有战略作用的特殊资源的独特能力。国内学者芮明杰（1999）在研究中明确指出，核心竞争力是"企业独特拥有的、能为消费者带来特殊效用，使企业在某一市场上长期具有竞争优势的内在能力资源"。而成思危（2000）更全面地阐释到，企业核心竞争力是一个企业将其在技术、管理、文化等方面的有利因素集合而形成的独有专长，它既不会轻易被别人模仿，还能不断扩展到其他领域，属于组织的特有资源。以上具有代表性的研究均从独特性角度阐释了核心竞争力的基本内涵。

另一方面，突出阐述企业核心竞争力的集成性特征，即企业核心竞争力是一个由多能力、多要素构成的复杂系统。Gallon 等（1995）指出，核心竞争力是一个组织竞争能力要素的整合体，主要反映在职能部门的基础能力与关键能力及其公司层次之间的和谐能力方面。Coombs（1996）在研究中更为详细地论述道，企业核心竞争力不仅包括企业技术能力，还包括将技术能力予以有效结合的组织能力。核心竞争力是组织资本（organizational capital）和社会资本的集合体。组织资本反映了协调和组织生产的技术方面，而社会资本显示了社会环境的重要性（Coombs，1996）。Foss 和 Knudsen（1996）也认为，企业核心竞争力不但是组织资本，还是组织资本和社会资本两类资本的集合体，使企业组织内部的相互协调和有机结合成为可能。魏江（1999）在研究中指出，核心竞争力是企业的一种整合能力和系统能力，并将其定义为核心能力系统；而管益忻（2000）认为，企业核心竞争力是以企业核心价值观为主导，旨在为顾客提供更大"消费者剩余"的整个企业核心价值体系。信息革命将人类社会带入了知识经济时代。在知识经济时代，以资本生产为中心的社会转变为以知识与信息生产为中心的社会，企业信息利用能力与知识创新能力成为企业获取竞争优势的关键。在知识经济时代，知识经济理论赋予核心竞争力以鲜明的时代特色，从知识观角度阐释企业核心竞争力，拓展了企业核心竞争力研究的新视角。

Henderson 和 Cockburn（1994）认为，企业核心竞争力是由元件能力和构架能力所构成的。其中，元件能力是局部能力与知识，是日常解决问题的基础；而构架能力则是运用这些元件能力的能力——以新的灵活方式把它们整合起来，发展新的构架与元件能力。Teece 等（1997）则明确指出，企业动态能力是企业内部隐性知识的有效利用能力。其中最重要的是惯例，它是企业的例规、习俗、制度和隐默的制度性知识。企业动态能力因而最难以被竞争对手模仿。魏江（1999）、陈佳贵（2002）分别在研究中指出，核心竞争力的本质是企业特有的知识和资源，是企业在生产经营过程中的积累性知识和能力。蔡翔（2002）进一步详细阐述到，核心竞争力是"一个以学习、创新为基本内核的能够使企业在相当长时间内保持现实或潜在持久竞争优势的关键性能力的动态知识系统"。邹国庆和徐庆仑（2005）也指出，核心竞争力是企业在文化、制度、技术、组织管理支持下的协同整合的知识和技能。

以上典型性的研究表明，知识观核心竞争力是从知识能否为外部所获得或所模仿的角度来定义和阐释核心竞争力，认为核心竞争力是指具有企业特性的、不易外泄的企业所专有的知识和信息。

（二）核心竞争力内涵研究述评

由国内外企业核心竞争力相关研究成果可知，企业核心竞争力是一个具有内涵丰富、特征鲜明、表现形式多样特点的概念。不同学者基于不同研究视角，对核心竞争力内涵及来源进行了多视角、多层面的全方位剖析，但尚未达成共识，未形成系统缜密的理论框架。

然而，通过以上研究观点的归纳与总结可以发现，核心竞争力基本内涵呈现出如下共性特征。

其一，强调核心竞争力是一种综合素质。多种资源与能力有机结合而形成的综合素质是核心竞争力的根本特征。Prahalad 和 Hamel（1990）、Coombs（1996）、Henderson 和 Cockburn（1994）等不同学派的代表性学者在研究中均指出，无论站在何种角度，企业核心竞争力均表现为企业在长期发展中积累的、以某一方面或几方面优势有机协调整合而成的综合素质。核心竞争力渗透于企业生产经营的全过程之中，是在整合企业各方面优势的基础上，通过在市场上获得的持续性"租金"表现出来。因此，核心竞争力是一种企业所特有的、不易被模仿的、随着时间而持续增强并能给企业带来巨大发展潜力的综合素质。经过综合素质有机集成的企业核心竞争力能够使企业获得独特竞争优势，阻碍对手模仿，控制基本的核心业务，增加顾客价值，促进企业的成长，获得广泛的市场（张玺，2006）。

其二，核心竞争力是由多种能力构成的复杂系统。从 Prahalad 和 Hamel（1990）提出能力的整合、Coombs（1996）强调能力的组合与协调配置、Meyer 和 Utterback（1993）提出的一种综合平台，到魏江（1999）所强调的"一种整合能力，是一种系统能力"，均突出与强调了核心竞争力的系统性与集成性。在此基础上，有学者在研究中进一步指出，"核心竞争力由多个比较关键能力组成"，是"由不同子系统有机组合成的整个企业组织系统"，企业核心竞争力是"整个企业核心价值体系"（叶学锋和魏江，2001；魏江，1999；管益忻，2000）。可见，核心竞争力不是由企业所具有的某一方面能力或几个方面能力简单组合所能够清晰描述的，而是由多方面、多维度、多层面能力相互交织、有机融合所构成的综合复杂系统。

其三，知识与信息在企业核心竞争力形成与发展中发挥着越来越重要的作用，成为企业核心竞争力的重要来源。Prahalad 和 Hamel（1990）在初次提出核心竞争力定义中，就着重强调"核心竞争力是一种综合性学识……核心竞争力实质上是企业知识水平的综合反映"（田超，2003）。在各学派的研究中，除了知识观外，在其他学派如技术观、网络观、组合观、专利技术观、资源观、元件-构架观等的观点中，虽然学者们基于不同视角指出企业核心竞争力是以能力、专长、资源、价值观等表现出来，但从不同理论的具体阐释可以发现，这些依附于人、组织、环境、资产等不同载体，并以这些载体所体现出来的核心竞争力均是一种无形的、潜在的能力与素质，其实质是一种暗默性知识与信息体系。

动态环境中，随着信息时代和知识经济的发展，有形资源要素已经不能再为企业获得持久竞争优势和持续租金提供充足动力，而具有暗默性特点的知识与信息逐渐成为企业持久竞争优势的主要来源，在核心竞争力构成中发挥着重要支撑作用。企业通过内部的知识创新和外部的知识获取不断积累新的知识，通过有组织地学习、应用，不断形成增加企业核心竞争力的要素能力，为企业核心竞争力的培育不断地输入新的力量（王秀丽，2006）。当然，企业核心竞争力不仅仅是一种知识与信息体系，更是企业有效获取与利用知识和信息的能力。信息与知识逐渐融入企业内正式、非正式组织结构之中，成为左右企业未来发展的重要主导力量（福斯和克努森，1998）。

以上关于核心竞争力内涵的梳理与综述，为企业竞争情报力基本内涵、内在本质、基本特性的研究提供了丰富的理论依据，也描绘了清晰的研究脉络。

二、核心竞争力构成与测度研究

核心竞争力构成与测度研究是核心竞争力研究的重要内容，是对核心竞争力理论的深化与拓展。企业核心竞争力是由企业各方要素与能力相互影响、相互作用形成的综合体和复杂系统。通过构成维度的研究，可以全面剖析企业核心竞争力的各方面影响因素，深入了解与准确把握企业核心竞争力的本质属性。而企业核心竞争力测度的研究，则能够对核心竞争力做出客观、全面的评价，为企业有针对性地培育与提升核心竞争力提供依据。这两个方面的研究成果和观点将为所要进行的企业竞争情报力构成与测度研究奠定理论基础。

（一）核心竞争力构成研究回顾

核心竞争力构成研究与国内外研究者所秉持的核心竞争力基本内涵研究视角一脉相承、密切相关。

基于核心竞争力内涵基本观点，国内外不同学派学者从不同侧面剖析了核心竞争力的构成，对核心竞争力构成维度进行了多视角研究。

通过对各学派、各流派学者研究观点的梳理，可将国内外企业核心竞争力构成研究概括为以下几个方面。

第一方面，要素构成角度的研究。企业核心竞争力是一种由多要素有机合成的综合素质。从构成要素角度对该综合素质进行剖析，是全面了解核心竞争力根源的一个重要思路。

Leonard-Barton（1992）从四个互相关联的维度，即雇员知识和技能、物理技术系统、管理系统、价值和规范解构了企业核心竞争力。Meyer 和 Utterback（1993）在研究中，从产品技术能力、对用户需求的理解能力、分析渠道能力和制造能力四个维度对企业核心竞争力构成进行了剖析。Dosi 和 Teece（1998）通过研究指出，企业核心竞争力由资源分配能力、资源转化能力、管理能力和技术实力所构成。Winterscheid 和 McNabb（1996）则认为，核心竞争力由技术能力、市场驱动能力、整合能力等构成。而能力整合观的代表人物 Durand（1997）认为，企业核心竞争力是由卓越资产、认知能力、程序与常规、组织结构、行为与文化五个维度构成的。以上研究从构成维度方面对核心竞争力构成进行了粗线条的研究。

而 Hamel 和 Heence（1994）在进一步的研究中指出，核心竞争力由 CTHIO 五个要素所构成，即文化（culture）、技术（technology）、人力资源（human resources）、信息（information）和组织（organization）。吴思华（1998）在研

究中发现，企业核心竞争力是由"资产"与"能力"两个方面构成的。其中，资产是指企业所拥有或可控制的要素存量，包括"有形资产""无形资产"两类要素。能力则是指企业建构与配置资产的能力，包括"组织能力""个人能力"两个方面要素。吴应宇和路云（2003）认为企业核心竞争力是由量性发展能力和质性发展能力所构成的，具体包括财务、市场、技术、管理、信息资源利用、外部制约及内在动力等多种因素。陈清泰（2004）、张瑞敏（2006）在基于创新观的企业核心竞争力的阐述中，提出企业不断创造新产品、提供新服务的核心竞争力主要是由管理创新、知识创新、能力创新、制度创新、组合创新等能力和维度所构成的。Smith 和 Sharif（2007）提出，在全球竞争中，企业核心竞争力由技术、人力、组织结构、信息等要素所构成，并构建形成理论模型。夏湘远（2010）在博士论文中指出，核心竞争力主要由企业技术开发能力、战略决策能力、核心市场营销能力、组织协调生产要素能力、市场应变能力五个能力所构成。在此基础上，构建了由元素能力（技术能力、组织能力、资源获取能力）和构架能力（创新能力）两个层次构成的企业核心能力结构模型。谭亮（2010）则运用案例分析方法，通过以 GE（General Electric Company，美国通用电气公司）为个案的研究，提出企业核心竞争力的"四因素结构模型"，认为企业核心竞争力主要包括创新能力、业务组合、管理模式和治理结构等四个因素。通过以上核心竞争力内在构成要素更为全面、更具代表性的研究，人们对核心竞争力本质有了更深层次的把握，对核心竞争力的根本来源有了更为深刻的认识。

第二方面，层次结构角度的研究。企业核心竞争力是由若干能力相互交织、有机整合的复杂系统。由此，从层次结构角度对核心竞争力内在构成的研究成为该研究领域的重点。

国外学者研究方面，Henderson 和 Cockburn（1994）在研究中指出，核心竞争力由元件能力和构架能力两个层次所构成。其中，元件能力就是局部能力与知识，是日常解决问题的基础，而构架能力是运用这些元件能力的能力。Coombs（1996）基于系统视角，认为企业核心竞争力是一个由多个层面所构成的复杂层次系统。该系统包括三个层次，即技术能力层次（第一层次）、知识和技能层次（第二层次）、企业文化层次（第三层次）。

Walsh 和 Linton（2001）基于价值创造角度，提出能力"金字塔"模型（图 2.1）。在该模型中，"金字塔"的四个侧面分别代表四种能力，即材料生产能力、制造和装配能力、基于知识的能力和基于嵌入知识的能力。同时，"金字塔"的每个侧面又分为两个层次，上层为管理能力（managerial capability），下层为技术能力（technical competence）。通过该模型对企业核心能力的解构，能够有效识别和确认具有价值的能力。

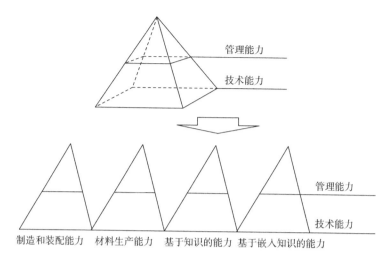

图 2.1　能力"金字塔"模型

资料来源：Walsh 和 Linton（2001）

　　国内学者研究方面，康荣平和柯银斌（1999）在研究中，将企业核心竞争力分为三个层次，即基本能力、亚核心能力、核心能力，每种能力又由若干维度构成。王毅等（2000）在对核心竞争力逻辑结构的剖析过程中指出，企业核心竞争力由蕴藏于企业之中的各个层次和能力构架构成，能使企业获得持续竞争优势的、动态发展的知识系统。在此基础上，构建形成企业核心竞争力的层次系统模型（图 2.2）。

		核心能力系统	
		能力元	能力结构
层次	经营环境	环境元	环境元之间的关系
	企业	子公司/职能	组织架构（硬构架）/文化（软构架）
	学科	学科	学科之间的关系
	技术	技术元	技术之间的关系
	产品	产品子系统	产品子系统之间的关系
	核心子系统	元件	元件之间的关系

图 2.2　企业核心能力逻辑结构：层次系统模型

资料来源：王毅等（2000）

　　万伦来和达庆利（2003）从形成过程将企业核心竞争力划分为资源层、行为层、基本能力层、亚核心能力层、核心能力层五个层面，并从空间角度将核心竞争力剖析为四个维度。齐庆祝（2004）在对企业能力的维度和层次的研究中指出，企业核心竞争力由基础与资源层面、业务与技术层面、市场与盈利层面三个能力层次所构成。而杜纲和崔婷（2005）将企业核心竞争力分为支撑基础（内部资源基础层面）、能力表现（业务与技术层面）、价值实现（市场与盈利层面）三个分析维度和基本能力、亚核心能力、核心能力三个层次。在此基础上，将这三个维度与三个层面构成核心竞争力的层次——维度结构。

由以上研究可见，在对核心竞争力复杂系统构成维度的研究中，不能忽略各层次结构中子能力的存在。基于层次结构角度的研究能够更为缜密地揭示企业核心竞争力复杂系统的内在结构，有效揭示复杂构成要素间的内在逻辑关系和相互作用机理。

第三方面，能力体现角度的研究。基于显性能力和隐性能力角度对核心竞争力内在构成的剖析，是研究人员全面深入地解构企业核心竞争力的一种重要思路，也是全面把握核心竞争力的重要研究视角。

林祥和李垣（2003）基于隐性知识角度指出，核心竞争力是由个体技能维度、组织知识与技能维度、管理系统维度、价值与规范维度所构成的，整体结构类似于原子结构模型，具有结构性、层次性、立体性特征。许正良等（2004）则在研究中指出，企业核心竞争力是由企业文化力、学习力、创新力三者有机结合形成的竞争优势的能量源。在这三种能力构成的核心竞争力体系中，企业文化力由核心价值观、企业精神两个层面构成；企业学习力由学习精神、学习机制、学习过程三个层面构成；企业创新力由创新精神、创新机制、知识储备和创新过程构成。郭岚和任改玲（2005）从硬性因素、软性因素两方面对核心竞争力构成维度进行了研究，并在研究中指出，硬性维度指企业自主技术的实力和水平，而软性因素指企业对动态环境的有效反应和有效能力。无论是硬性因素还是软性因素都会通过市场、技术、管理三个层面体现出来。

由以上研究可见，以显性能力和隐性能力为分析基础的核心竞争力构成研究，从能力与要素、体现形式、价值创造关系角度揭示了核心竞争力的内在结构。

除以上几个角度的研究外，Klein 等（1998）在识别与分析企业核心能力过程中指出，企业是由各种技能及它们之间的关系构成的技能网络系统。因此，在识别企业技能构成的基础上，可以通过聚类分析来描述各技能之间的内在关系，即企业核心能力的构成系统。

袁振华（2011）基于博弈论思想，指出核心竞争力是一种能够获得持续超额利益的博弈能力。在此基础上进一步指出，企业核心竞争力是由信息能力、策略能力和利益支付能力所构成并共同作用的综合能力。即

企业核心竞争力=企业信息能力×企业策略能力×企业利益支付能力

Klein 和袁振华两位学者的研究，为核心竞争力内在结构研究拓展了新的思路，具有一定代表性。

以上从不同角度的企业核心竞争力构成研究与分析，揭示了企业核心竞争力的内在构成，为后续的企业核心竞争力测度研究奠定了基础，为企业核心竞争力的培育与提升奠定了基础，同时也为本书所进行的企业竞争力深入剖析提供了理论基石，奠定了理论基础。

（二）核心竞争力测度研究回顾

核心竞争力测度研究是核心竞争力从理论研究向实际应用发展的关键环节，是联系核心竞争力理论与实践的重要纽带。通过科学的核心竞争力的测定，可以客观了解与准确把握企业核心竞争力的客观现状。在此基础上，一方面能够为企业更好地运用和发挥已有优势、获取持续竞争优势提供依据；另一方面，能够为核心竞争力的培育与发展指明方向。

核心竞争力测度研究与核心竞争力构成研究密切相关。纵观国内外相关研究，主要遵从三种思路对核心竞争力测度展开研究，即定性描述、定量分析、定性与定量相结合的评价与测量。

（1）企业核心竞争力定性测度研究方面。以企业核心竞争力内在构成描述为基础，基于主观评价分析视角，国内外不同学派研究者对企业核心竞争力的评价与测量进行了系统阐述和研究。

Prahalad 和 Hamel（1990）在企业核心竞争力概念界定基础上，提出核心竞争力判断的三条准则：一是扩展性，即核心竞争力使企业具有进入广泛市场的潜力；二是贡献价值性，即核心竞争力可以提供顾客从最终产品感知到的价值；三是难以模仿性，即核心竞争力难以被竞争对手模仿。这三条准则可以用来对核心竞争力进行主观评价和判断。

Klein 等（1998）在研究中指出，由于核心竞争力没有精确定义，不能用数学算法进行衡量，故核心竞争力作为由系列技能构成的技能网络，可以通过聚类分析，描述技能网络的内在关系来衡量核心竞争能力。Meyer 和 Utterback（1993）在产品族和产品平台背景下指出，可以从产品技术、对用户需要的理解、分销渠道、制造能力四个维度评价企业核心竞争力。Torkkeli 和 Tuominen（2002）通过实证研究指出，可以通过回答以下几方面问题来识别、评价和测量企业核心竞争力：①在价值链中，企业在哪方面做得最好？②这些是竞争能力（基于功能的）、能力［基于 SBU（strategic business unit，战略业务单元）的］或者是核心能力（跨 SBU 的）吗？③公司的实际能力与竞争力比同行业中的其他公司都强吗？④企业的竞争优势和核心竞争力之间的联系如何？⑤企业的竞争性优势持续了多长时间？

由以上具有代表性的研究可见，在定性角度的核心竞争力评价与测度研究中，研究者更多是从与核心竞争力内在构成相结合方面，从核心竞争力的功能与价值的主观判断角度进行主观阐释与描述。

（2）企业核心竞争力定量测度研究方面。对核心竞争力进行精确、客观的评价与测量是本领域研究的焦点。基于不同视角、运用不同测量工具和方法，国内外学者取得了许多有价值的研究成果。

利用专利数据指标测量与评价核心竞争力是技术学派和专利技术学派的重要方法。Prencipe（1997）、Patel 和 Pavitt（1997a）等多位学者分别在研究中，利用专利申请量、核心专利占比、专利族量等专利指标来测度和评判企业核心竞争力（Patel and Pavitt，1997a，1997b）。

张金昌（2002）在研究中，以营利能力为基础，构建形成由利润、资产、销售收入、销售成本、销售数量、销售价格等指标所构成的企业核心竞争力评价指标体系。其实质是通过盈利高低来衡量企业在竞争过程中对竞争对象的竞争力和吸收力。

王秀丽（2007）在基于财务角度对核心竞争力的量化研究中，以核心竞争力的增值性、核心性等七个特性为评价标准，以核心竞争力内在决定因素和外在表现为评价内容，基于财务比率角度，构建了核心竞争力评价体系，并以家电行业为例，对该评价体系适用性展开研究。

程锋（2010）在借鉴平衡记分卡对企业核心竞争力构成进行分析的基础上，以会计计量的基本理论与前沿动向为指导，从企业核心能力计量特征入手，构建形成以货币为计量基础的核心竞争力测度体系，并尝试性提出运用非货币计量的企业核心能力测度的挑战性思维。

朱鹏（2010）基于价值链理论，从价值链的基础能力和辅助能力两个方面解构企业核心竞争力结构。在此基础上，运用点赋权图核与核度理论的相互算法构建形成由物流管理能力等 12 个维度所构成的企业核心竞争力评价体系，并运用案例进行更进一步的研究。

范莉莉等（2010）基于无形资产理论，在对无形资产价值系统多维评价模型构建、无形资产在价值空间中的定位和分布研究的基础上，构建了基于无形资产系统价值的企业核心竞争力评价体系。

无论是从专利指标、财务数据指标角度，还是从点赋权值角度，这些不同视角的企业核心竞争力测量与评价研究的根本目的在于对企业核心竞争力进行科学、客观、精准的描述与评价。

（3）定性与定量相结合的评价与测量方面。Henderson 和 Cockburn（1994）运用主观评分方法和纯粹定量指标相结合方法，针对具体行业构建了包括KPATS（专利存量）、PROPUB（在科学共同体中占有的重要地位）、CEOG（企业公司总部与研究大学联系的紧密程度）、UNIV（企业参与大学合作研究的紧密程度）、CROSS（在研究项目问题过程中，经常跨学科或领域间交换信息的丰富程度）、GLOBAL（各地域分散的研究机构集中管理的程度）、DICTATOR（研究资源分配集中控制的程度）等指标的核心竞争力评价体系。

Durand（1997）在核心竞争力五个维度构成分析的基础上，提出了一个度量能力差距的测度框架，采用构造指标体系，通过主观判断对各指标评分，综合计算出核心竞争力水平。

郭斌和蔡宁（2001）针对技术型企业，着重于技术创新，从企业战略管理能力、核心技术能力、核心制造能力、组织/界面管理能力、核心营销能力等五个维度共104个指标，同时考虑产业动态与企业绩效指标，对核心竞争力进行诊断和评价。通过对21家大企业和26家中小企业进行问卷调查和统计分析，分别得出大企业和中小企业的核心竞争力测度公式。魏江（1999）用企业技术能力的指标体系，从人员能力、信息能力、设备能力、组织能力等方面14个指标来评价企业技术能力，通过问卷调查评价企业技术能力，各指标权重利用专家评价法确定。王毅（2004）则在研究中将核心竞争力分为战略整合能力、组织整合能力、技术整合能力三个方面，并设计形成相应的定量与定性评价指标。路军（2009）基于波特价值链理论，构建了由管理竞争力、市场开拓竞争力、资金竞争力、人力资源竞争力、技术创新竞争力、形象竞争力等能力，以及47个指标构成的企业核心竞争力评价体系。

运用模型评价方法，丁玉芳和单广荣（2009）通过研究，构建了由6个一级指标（企业管理能力、企业文化、技术创新能力、市场营销能力、经营营利能力、抵制风险能力）和22个二级指标构成的企业核心竞争力评价体系。赵向飞和董雪静（2005）则构建了企业核心竞争力评价模型，该模型由资源基础层面、业务和技术层面、市场和盈利层面3个维度10个二级维度构成。

Gallon等（1995）、Klein等（1998）、Hafeez等（2002）在研究的过程中，强调能力的层次性，认为企业核心竞争力是由多个具有因果关系层次所构成的复杂系统。运用层次分析法，分别从不同角度构建了企业核心竞争力评价体系。

杜纲和崔婷（2005）在研究中应用层次分析法和模糊综合评价方法，从基础层面、业务与技术层面、市场与盈利层面构建了企业核心竞争力评价体系。范新华（2008）在研究中指出，企业核心竞争力是一个多层次、多指标的动态复杂知识系统，运用多指标综合评价方法，构建形成由4种能力、12个具体指标所构成的核心竞争力评价体系，并运用层次分析法形成静态评价指标体系权重，运用马尔可夫链分析其动态评价过程，并进行实证研究。

蒋有凌（2006）应用数据包络分析法、模糊综合评价法构建了由基础网络能力、延展性、顾客价值性、独特性4个一级维度和12个二级维度指标构成的第三方物流企业核心竞争力评价模型。王炜（2009）运用粗糙集理论和信息熵理论，构建了由市场能力、营利能力等 6 个一级指标，14 个二级指标，43 个三级指标构成的基于核心能力的企业战略扩张潜力评价体系，是对企业核心竞争力评价研究的进一步深入与发展。黄敏（2010）在对国际承包商核心竞争力的评价研究中，基于伙伴关系视角，应用层次分析法、聚类分析法等，构建了核心竞争力评价体系。

在综合、广义的企业核心竞争力评价研究基础上，国内外众多研究者站在行业角度，对高新技术、商业银行、民用航空、发电企业、旅游业等不同行业的企业核心竞争力评价进行了较为充分的研究。

由以上具有典型性的研究可见，国内外学者广泛应用多种方法、多种工具，从定性与定量相结合角度对企业核心竞争力测度进行了有价值的、多视角的研究。一方面，通过定性分析来深入挖掘与阐释评价维度、评价指标间的内在关系；另一方面，通过定量测度来准确揭示维度与指标的价值定位。

（三）核心竞争力构成与测度研究述评

内涵界定是核心竞争力理论的基础，构成与测度研究则是对核心竞争力内涵的更深层次的剖析和阐释，是对核心竞争力内涵研究的进一步发展。

通过以上具有代表性的理论和主要观点回顾可以发现，核心竞争力构成与测度研究、核心竞争力基本内涵研究是一脉相承的。不同学派研究者基于所持视角，从不同侧面对核心竞争力构成和测度展开了多方位的研究，获得了有价值的结论。不但丰富与完善了核心竞争力理论体系，更为持续的更进一步研究奠定了理论基础。

在企业核心竞争力构成研究中，虽然所站视角不同、所持立场不同，但这些研究的根本出发点是核心竞争力价值，以价值产生基础、价值核心作用、价值提升为主要脉络对构成维度进行分析。以核心竞争力价值作为研究企业核心竞争力内在结构的切入点和出发点，是由核心竞争力的价值性所决定的。提高企业绩效和价值贡献度、建立并获得持久竞争优势是核心竞争力的根本所在。从核心竞争力价值出发，能够有效剖析核心竞争力各构成维度与构成要素在最终价值贡献中的作用力与影响力，具有现实意义。当然，由于各理论流派的研究切入点和研究视角不同，对企业核心能力内涵的阐释也不完全相同，尤其在影响企业核心能力形成因素的分析方面存在很大区别。但各理论流派的研究目的基本一致，即由表及里、从现象到本质，揭示了核心竞争力有机结构整体的形成基础和竞争优势的根本来源。

由国内外企业核心竞争力评价与测度的代表性研究成果可见，研究经历了从定性评判到定量分析的发展过程，其主要评价指标体系由单纯量化指标向主观评价与纯量化指标相结合转变。这些研究成果不仅可以用来静态地识别企业历史和目前的能力及竞争力，还提供了一个动态的识别工具。尤其是国内学者在核心竞争力测度研究中，在国外研究成果的基础上，学习和借鉴国外核心竞争力理论，结合我国企业的实际，对企业核心竞争力评价和测度进行了扩展研究和适应性改进，所得到的测度体系更加完善、测度指标更加深入和细化。

在大数据时代，信息获取与知识生产成为企业最为重要的生产活动，知识生产能力成为决定企业发展的根本因素。动态竞争环境中，信息获取与利用能力、知识生产与创新能力成为企业持久竞争优势的重要来源。通过核心竞争力构成与测度的研究文献回顾可以发现，虽然研究者对知识与信息在核心竞争力中的作用已有共识，有学者更直接提出核心竞争力就是企业获取信息、运用知识、发挥知识体系效用的能力，并将其作为核心竞争力衡量与测度的重要指标。但是，以上诸多研究并没有将知识与信息作为企业核心竞争力根本所在，没有站在企业信息链与企业知识价值链视角展开研究，没能从知识体系、知识管理、知识效用的角度与从隐性知识的价值贡献的角度对企业核心竞争力加以深入剖析。正因如此，本书研究将从企业竞争情报价值创新、价值增值角度展开研究，在一定程度上揭示隐性知识在企业核心竞争力构成中的作用机理。

第二节 竞争情报与战略管理关系研究回顾

企业竞争情报力理论研究是以核心竞争力为基础的竞争情报理论的深入探索。其根本目的在于为有效提升企业竞争情报综合素质、提高竞争情报对企业战略决策的有效支持奠定理论基础，助力于企业持久竞争优势的获得。

本节主要围绕竞争情报理论，以竞争情报内涵和竞争情报价值研究为切入点，在对相关研究文献进行梳理的基础上，重点回顾与综述企业竞争情报与战略决策、竞争优势内在关系的相关研究成果，奠定本书研究的理论基础，同时提供研究线索与研究思路。

一、竞争情报内涵与价值研究

通过对竞争情报内涵研究全面、系统的梳理与回顾，可以把握竞争情报研究发展的基本脉络，掌握竞争情报研究的未来发展方向与趋势，明确竞争情报进一步的研究方向。竞争情报价值与竞争情报贡献度是企业竞争情报力的内核，对竞争情报价值研究进行回顾与综述，将为本书研究奠定基本理论基础。

（一）竞争情报基本内涵

竞争情报概念提出和竞争情报理论形成始于 20 世纪 80 年代的美国。随后，逐渐被世界各国的企业管理者和研究人员所关注。历经三十余年的发展，虽然国内外学者尚未对"竞争情报"概念形成统一认识，但围绕其基本内涵展开了较为充分的探索与研究。

纵观国内外竞争情报经典研究文献，竞争情报基本内涵的阐释与分析大致经历了产品观、过程观和整合观的演进历程。

第一阶段，产品观阶段。在竞争情报早期研究文献中，大多数学者都将竞争情报定义为一种信息产品。Prescott（1989a）指出，竞争情报就是一种信息产品、一种关于内外环境各方面的信息产品；Bryant 等（1998）认为，竞争情报是经过分析能够由此做出决策或采取行动的信息；Baum 和 Singh（1994）则指出，竞争情报是为应用于企业竞争战略而收集、解释的信号、数据和信息的成果（刘树民，2004）。泰森（1988）、Vella 和 MeGonagle（1988）等早期学者，分别从竞争环境、竞争对手及竞争战略的角度将竞争情报定义为一种信息产品，并且"是一种价值增值的信息产品"（Cartwright，1993）。曾忠禄（2000）则进一步指出"竞争情报是经过筛选、提炼和分析过的，可据之采取行动的有关竞争对手和竞争环境的信息集合"。

在战略管理领域，竞争情报产品观得到更广泛的共识，重点强调竞争情报是通过对竞争对手未来目的、定位、当前战略、能力和行动的探求而获得的有价值信息。战略管理学家希特（2009）明确指出，竞争情报是通过合法途径收集有关竞争对手的目的、战略、想法和能力的信息和数据。

基于产品观的竞争情报概念界定是早期竞争情报研究的基本观点，是以竞争情报在企业决策中所展现出的具体形态和所发挥的具体功能为根本出发点，对其基本内涵的阐释。直到现在，很多学者还依然持有这个观点，尤其是在战略管理研究领域。

第二阶段，过程观阶段。随着竞争情报研究的逐步深入，仅从信息产品角度界定竞争情报概念过于片面，不能全面、深入地揭示竞争情报的丰富内涵。于是，研究者开始从动态的、发展的视角尝试对竞争情报内涵进行更进一步的分析与讨论。

美国竞争情报专业人员协会（Society of Competitive Intelligence Professionals，SCIP）将竞争情报基本内涵表述为："竞争情报是一个过程，在此过程中人们用合乎职业伦理的方式收集、分析和传播有关经营环境、竞争者和组织本身的准确、相关、具体、及时、前瞻性及可操作性的情报。"戈登（2004）也在研究中指出，竞争情报是获取和分析可以公开得到的资料来开发出用于竞争战略所必需的信息的过程（刘树民，2004）。Gibbons 和 Prescott（1992）则认为，竞争情报是企业中一种正式与非正式的情报流的渠道。而一位战略分析学者指出，"竞争情报不仅仅是研究竞争对手，更是一个研究任何能让我们更有竞争力的因素的过程"（泰森，2005）。

在国内，郎诵真等（2001）、陈峰和梁战平（2004）、王知津（2004）等学者分别在研究中，从情报过程角度剖析和阐释了竞争情报的基本内涵。王知津（2004）指出，竞争情报是为达到竞争目标，合法而合乎职业伦理地搜集竞争对手和竞争环境的信息，并转变为情报的连续的系统化过程。

由以上研究可见，基于过程角度的竞争情报内涵阐释主要站在竞争情报活动、竞争情报流程视角对竞争情报基本内涵进行剖析。作为竞争情报研究发展中的一个过渡阶段，基于过程观的竞争情报的概念界定对竞争情报基本内涵、竞争情报理论的进一步深入研究具有重要价值。

第三阶段，整合观阶段。随着对竞争情报本质认识的逐渐深入，越来越多的学者在对竞争情报基本内涵的阐释与揭示中，将前两种观点整合起来，认为竞争情报既是一种信息产品，又是一个情报过程。过程是指对竞争情报的搜集、整理、分析的活动过程；产品则是指在竞争情报过程中所获得的、为决策提供支持的情报产品。

Prescott 和 Bhardwaj（1995）认为，竞争情报是一项复杂的研究。它是一个过程，是逐步、有条件、连续不断和有系统地收集可能与全面竞争力有关的一切信息，是要创造关于变化中的竞争环境的全面图像。同时，他又指出"竞争情报既是指一个操作流程，也是指一种产品"。

Vedder 等（1999）则指出，竞争情报既是利用情报赢得市场竞争的过程，也是关于竞争对手的情报产品。其范围涵盖从现今到未来时间跨度内的供应商、消费者、技术、购置、市场、产品、服务、经济环境等因素。

包昌火（1998）在研究中指出，竞争情报就是关于竞争环境、竞争对手和竞争策略的信息和研究。它既是一个过程，又是一种产品。过程包括对竞争信息的收集和分析；产品包括由此形成的情报或谋略。

Myburgh（2004）同样指出，竞争情报既是一种产品也是一个过程。产品就是可用做具体行动基础的可行的信息，过程则是系统地获取、分析和评估信息以获取竞争优势的过程。

由以上竞争情报内涵阐释的三个阶段可见，竞争情报概念与内涵的研究经历了一个由表及里、由浅入深、由静态到动态、由现象到本质的发展过程。在早期研究中，由于竞争情报在企业中作用发挥有限，故它仅是一种信息产品。随着竞争情报在企业中作用的增强，竞争情报在企业决策中的参与程度越来越高，成为企业获取竞争优势的重要来源之一（Walleck et al.，1991），竞争情报不再仅仅是具有价值增值性的产品，它还是与企业战略决策紧密融合，为其提供有力支持的信息价值挖掘过程。

在以上竞争情报内涵研究基础上，随着人们对竞争情报理解的不断深入，对竞争情报本质的认识也越来越清晰。

Tyson（1998）认为，在信息时代，一些深谋远虑的企业已经预见到下一个浪潮——情报（智能）时代的到来。同时指出"人类社会的发展由工业时代经信息时代而将进入情报（智能）时代（intelligence age）。竞争情报、竞争知识和可持续战略（perpetual strategy）将成为21世纪的格言"（包昌火等，2004a）。他指出，原始情报（raw intelligence）和知识开发（knowledge development）将成为情报（智能）时代的基石。

在2001年美国西雅图SCIP会议上，SCIP执行主席Bill Weber认为"为了保护和保持自己的竞争优势，竞争情报实际上是一种收集、分析、交流和管理知识的动态的商业学科，主要是研究、分析和获取竞争环境变化的情报，同时将这些情报传递或结合到企业的战略中去"（刘景利，2001）。Tyson（1998）则指出，竞争情报还是一种理解主要竞争对手战略和思维的能力。米勒和企业情报智囊团成员（2004）指出，竞争情报不仅是一种行为，也不只是一种管理时尚，还是一种思考的方法，是一种理念，这种理念的时代已经到来。

陈峰和梁战平（2004）对竞争情报定义进行了更深层次的研究，从竞争情报内涵中包含的不同约束条件所形成的约束谱带角度，对竞争情报的约束条件、核心部分及谱带内容进行了分析（表2.2）。

表 2.2　竞争情报的约束条件、核心部分及谱带内容

约束条件	核心部分	谱带内容
决策主体	企业	企业、国家、政府部门、社团、非营利机构、个人
信息收集对象	竞争对手	竞争对手、技术、供应商、用户、销售商、行业经济特性、政策法规、重大事件等
获取信息行为的道德法律约束	合法合理	合法合理、合法不合理、不合法不合理（犯罪手段不在此列）
组织层次	组织性、系统性的信息行为（正式的竞争情报）	正式的竞争情报、非正式的竞争情报
信息行为服务的决策层次	战略决策	战略决策、战略实施、战略控制等
情报循环过程环节	情报收集	情报收集、情报分析、情报传递、情报需求定向、情报转化为行动
依靠竞争情报获取竞争优势的决策基础	竞争对手分析	竞争对手分析、尽早识别市场机会及威胁、获得远见、态势分析等
竞争情报功能	国外：环境监视/（代表产品）预警报告　国内：制定决策/（代表产品）决策方案	市场预警、环境监视、竞争对手分析、制定决策、技术跟踪、反竞争情报等

资料来源：陈峰和梁战平（2004）

随着信息技术发展和大数据理论的不断深入，相关学科与竞争情报的渗透将会逐步加深，对竞争情报内涵的研究还将会更加深入、不断拓展。正如 Roche 和 Blaine（2015）所指出的，竞争情报并不局限于商业数据挖掘和决策支持，它是一个涉及情报搜集、问题识别、数据收集、结构化分析，并回归于领导力的综合概念。

通过以上对企业竞争情报内涵的多视角的回顾与综述，可以发现，国外学者在对竞争情报内涵的剖析中，尤其强调情报的可行动性，为决策者提供可行动性信息（actionable information）和分析性情报（analyzed intelligence）（包昌火等，2005），突出强调竞争情报的战略性、可行性和增值性。而国内学者在竞争情报内涵研究中，结合我国情报学研究的成果，侧重于竞争情报的理论性，是对国外研究的深化与发展。同时，在竞争情报引入我国后，企业竞争环境发生了剧烈变化，环境更具动态性，竞争更加复杂化，因此国内研究比较关注竞争情报的针对性、对抗性和谋略性。

（二）竞争情报价值研究

在企业竞争情报功能定位的研究中，国内外学者对竞争情报为决策提供支持、为企业提供早期预警、提升企业学习能力，最终达到为企业建立和获得竞争优势的目的已经取得了广泛共识，这是企业竞争情报的基本价值定位。

以此为基础，国内外学者从不同角度、不同侧面对竞争情报价值定位、价值形成进行了较为系统的研究。

Kahaner（1996）、Coburn（1999）、Myburgh（2004）等分别在研究中指出，竞争情报在企业价值体系中的作用主要是通过对竞争对手技术数据的分析，有效预测有关竞争对手市场地位、技术动态和发展趋势；竞争情报通过为组织战略决策提供情报支持，使组织获得和提升竞争优势而得到体现。

企业竞争情报价值具有间接性、发散性、延迟性、难以评估性等特点。而企业竞争情报工作过程是竞争情报价值产生与价值增值的基本环节。因此，该过程也成为企业竞争情报价值挖掘和价值识别的基本研究对象。在竞争情报流程基础上，Powell 首次提出了"竞争情报价值链"概念。

基于竞争情报价值链基本概念，陈峰和梁战平（2003b）根据 Herring 的竞争情报循环模型（competitive intelligence cycle），建构形成竞争情报价值链模型。而包昌火于2002年7月在北京"现代企业信息与情报策略高层培训班"的"竞争情报的获取和分析"专题报告和相关研究中，对竞争情报价值链做了更为详细的描述与分析。

陈远等（2007a）指出，价值创造是现代企业竞争优势的最终体现，但企业竞争情报价值的呈现要有一个价值获取和价值转化的过程。

曹如中（2013）指出，并不是竞争情报工作每一个环节都产生价值，对企业战略决策至关重要的情报往往都集中在战略环节上，只有某些特定的活动环节才是价值创造的关键所在。

史健勇（2014）指出，企业竞争情报价值链既是一个价值服务过程，也是一个价值创造和价值增值过程。企业只有有效驾驭和提升竞争情报价值链的综合能力，才能实现决策过程与竞争情报各环节的实时互动与无缝对接，才能满足企业的情报需求，降低动态环境中的战略决策风险。

因此，只有通过企业竞争情报价值链的构建与系统剖析，才能够有效把握竞争情报工作效果和绩效产生的深层根源，才能够对竞争情报工作中情报价值增值活动和价值增值环节有着更为清晰的识别、认识和把握。

随着全球经济一体化进程的加速，企业所面临的竞争环境呈现出动态、复杂、多变的特点（刘冰，2008）。动态环境中，竞争情报经历着质的转变，由一种自由结构式、贡献偶然性的企业内部辅助活动转变为系统化、具有价值性的企业基本战略活动。作为企业战略决策的重要支持工具，竞争情报对企业的价值贡献度越来越大（刘冰，2007a）。

刘冰（2007b）指出，由于竞争情报工作是对动态环境和外部能力的认知与学习过程，因此，竞争情报工作只能通过与外部环境动态交互，感知环境变化、了解竞争对手动态，有效促进企业整合自身资源和能力、调整战略方针、保持和获得持久的竞争优势。而史健勇（2014）在研究中同时指出，企业竞争情报工作既是企业内部实物与资源和能力的协调与整合，又是外部信息资源的高度集成。因此，需要组织内部各部门积极配合，提供技术、知识、人员、经验、文化等方面的支持，才能真正提升竞争情报价值，最终实现组织绩效和竞争优势的整体提升。

大数据环境中，Chen 等（2012）、Côrte-Real 等（2014）分别在研究中引入商业情报与分析概念，即通过技术、系统、实践和方法论的综合，对重要业务数据进行有效分析，帮助企业把握经济和市场现状，为企业决策提供及时性支持与服务。这是对竞争情报价值产生根源的更深层次分析。

Protiviti（2014）在研究中指出，在大数据环境中，竞争情报由能够提供分析、预测功能软件应用或服务的商业情报平台支持，发现外部经济环境发展趋势和战略转折点，为企业创造价值。

在微观层面，Hughes 等（2013）在个体竞争情报共享性行为研究中指出，员工在竞争情报价值中发挥着不容小觑的作用，尤其是销售人员与顾客关系对竞争情报价值产生决定性的影响。而 Mariadoss 等（2014）通过对业务人员竞争情报行为的研究发现，将企业员工个人知识有效转化为组织价值是竞争情报价值的重要来源。

此外，Štefániková 和 Masárová（2014）提出了"复杂竞争情报"（complex competitive intelligence）概念，并在此基础上指出，竞争情报工作应向系统化、一体化方向发展，构建情报网络，采用记分卡的方式进行绩效控制，并通过在全企业范围内的无缝整合所带来的更高效、更具多样性的合作，来进一步挖掘和提升企业竞争情报价值。

而万剑锋（2014）则在研究中构建形成由环境与需求、情报工作过程、情报产品、用户决策等四个环节构成的竞争情报价值实现路径模型，并对企业竞争情报价值的实现进行了系统的阐释与分析。

由以上相关研究回顾与综述可知，在竞争情报基本功能和基本流程基础上，国内外学者围绕竞争情报价值定位、产生机制、价值提升等方面展开了多方位、多层面的研究。尤其是竞争情报价值根源、产生机制的相关研究，有效地揭示了企业竞争情报价值的内在机理，为本书所要进行的企业竞争情报力研究奠定了理论基础，同时也为本书描绘出了主体研究脉络。

二、竞争情报与竞争优势关系研究

（一）竞争情报与战略管理关系相关研究回顾

竞争情报是企业制定发展战略的前提，是企业实施战略管理的基础。因此，竞争情报在战略管理中的价值与地位、竞争情报与战略管理的关系一直是相关研究领域关注与研究的焦点。

战略管理是在特定环境中有效地制定、实施和评价企业竞争战略，以使企业充分利用自身优势，有效挖掘自身潜能、抓住外部机遇、达到企业目标的动态过程（波特，2005a）。

20 世纪 60 年代，美国著名管理学者钱德勒在《战略与结构：工业企业史的考证》一书中首次提出企业战略问题。他在此书中系统地分析了环境、战略和组织之间的相互关系，认为企业经营战略应适应环境发展与变化，满足市场需求（钱德勒，2002）。

战略管理涉及企业发展的全局性、长远性重大问题，其实质是使组织能够适应环境的变化，把握环境变化中的机遇，强调组织对外部环境的适应过程。企业内外环境分析是战略管理过程的核心环节，只有通过对环境进行全面分析，把握企业发展实际基础，才能够实现企业现有的或计划的资源与外部环境中机遇的匹配。

竞争情报的基本目标是为企业战略决策与战略管理服务。但"竞争情报虽然开始于商业竞争，与商业自身一样久远，但并没形成系统化、正式的方法论。直到波特开始企业竞争优势研究，竞争情报才被正式认可"（王知津，2004）。

20世纪80年代，B. Gilad 和 T. Gilad（1980）、Ghoshal 和 Kim（1980）认为商业情报（business intelligence，BI）既是一种管理哲学，也是一种协助组织获取和管理商务信息的工具，其目标是提供有效的决策支持。Ansoff（1980）、Wilson（1983）分别指出，管理者必须在其组织结构中建立一个专业机构来系统监测外部竞争环境的变化，及时获取信息与情报，以利于企业战略决策。而 Jokobiak（1991）则认为，竞争情报是决策者对情报进行的战略管理活动。Kahaner、Miller、Cobb 等分别在研究中明确指出，企业竞争情报的根本目的是为战略决策过程提供支持。

Miller（2001）认为，经营战略正在越来越多地依赖于一种被称为"竞争情报"的实践。用战略学先驱 Liam Fahey 的话来说，竞争情报就是要"帮助公司发挥它们的聪明才智，制定出色战略，以战胜它们现在的、正在出现的和潜在的对手"。

Herring（2003）认为，未来的战略与竞争将更多地依赖管理，那时的管理将是全球市场知识性极大丰富的管理，而竞争情报将成为知识密集型经济的关键构成。

Shimizu 和 Hitt（2004）指出，竞争情报重点在于竞争对手分析，通过探求竞争对手的未来目的、当前战略、想法和能力来进行信息反馈，为企业战略服务。

陈峰和梁战平（2004）指出，没有竞争情报能力的同步跟进，企业传统信息功能难以完成监测、分析外部环境信息和竞争对手的任务，在不能"知己知彼知环境"的情况下，企业的战略制定、战略选择和战略实施都难以高质量完成。

在企业中，竞争情报和战略管理既是一对孪生兄弟，又是一对天生的互补者，两者间互相依赖、互为依托、共同消长。离开竞争情报，就谈不上战略管理；不上升到战略需要高度，开展竞争情报工作的必要性和作用就会削弱（陈峰，2003）。

因此，国内外研究者从战略高度，对竞争情报在战略管理与战略决策过程中的地位、作用和关系做了更高层次和更深入的剖析与阐释。

Kahaner（1997）指出，竞争情报是一个战略工具，它能够帮助高层管理者明确发展的主要驱动力，从而提高企业的竞争力。

Costley（1996）在研究中更明确地指出，在企业战略管理中，竞争情报必须位居首要，因为它是一种战略性功能，而不是战术性功能。它比市场营销的地位更重要，因为战略上的错误会导致将一笔巨大的营销费用浪费在错误的举措上（Downham，1996）。

而 Kim 和 Manborgne（1997）在企业价值创新战略研究的过程中指出，从新进入者角度获取更客观精准的信息与情报，是企业价值创新战略的基本逻辑起点。

美国 Avnet 公司高级副总裁 John H. Hovis 在对企业竞争战略的阐述中提到，"战略控制就是要击中你的目标，而竞争情报恰恰照亮了这一目标。竞争情报必须成为战略管理系统中的一个功能组成部分"（Prescott，2001）。Prescott 和 Miller（2001）也指出，竞争情报已经深深地嵌入世界范围的企业肌体之中，在其战略决策中发挥着越来越重要的作用，属于企业的基本战略。

袁振华（2011）基于博弈视角详细分析与阐释了竞争情报的战略地位，指出企业核心竞争力是一种能够获取持续超额利益的博弈能力。在企业核心竞争力构建和战略决策过程中，信息是博弈的基础性条件。对于理性地追求利益最大化的战略决策者来讲，竞争情报是最优博弈的基础，是企业竞争博弈中的一种战略职能。

同时，在历届 SCIP 年会上，竞争情报的战略地位与战略价值问题一度是会议的重要议题。在1999年第13届年会上，战略管理和博弈论教授 Barry Nalebuff 的主题报告就是"战略与情报"；2000 年第 14 届年会的主题是"获取竞争优势：新千年的使命"；2002 年第 17 届年会的主题是"竞争情报：帮助组织实现机会最大化和风险最小化"，同时，Douglas Bernhardt 做了题为"战略情报：企业的剑和盾"的重要报告；2003 年第 18 届年会的主题是"追求业绩——利用情报获取竞争优势"。

由以上具有代表性的研究可见，竞争情报自从诞生之日起，就与企业竞争战略密切联系在一起。竞争情报的基本目标是为企业战略决策提供支持，为企业战略管理提供服务。企业战略管理中，战略制定、战略实施和战略评价等每一个阶段，都与竞争情报的获取、整理、分析与利用过程紧密联系在一起。企业战略决策只有依靠竞争情报所描绘的全面和动态的竞争环境、竞争对手和自身竞争能力的图景，才能确保竞争战略制定和实施的正确性。

而由以上相关研究的回顾与综述可知，随着外部环境的动态发展和变化，竞争情报的职能与定位也在发生着变化。竞争情报逐步由支持、服务发展成为企业的一种战略行为，成为企业战略系统的重要构成部分，成为企业的一种战略职能。

通过对文献脉络的梳理可以发现，这些研究是从竞争情报在战略管理地位的概括性的探讨逐渐深入竞争情报在企业战略每个阶段的作用发挥的研究，并深入对企业竞争优势的深层次影响力的挖掘。这一研究脉络反映了研究者对竞争情报与战略管理相关性研究的深入，有利于揭示竞争情报与战略管理的内在作用力、内在作用机理。

（二）竞争情报与竞争优势关系相关研究

由第二章第一节的文献回顾可知，国内外研究者主要围绕竞争情报在战略管理中的作用、竞争情报与战略管理的互动关系进行了分析与探讨。值得关注的是，许多学者在研究中指出，伴随着动态环境的发展，竞争情报的重要性日益凸现，竞争情报与企业竞争优势的内在联系日益紧密，竞争情报成为企业竞争优势的重要来源，成为核心竞争力的重要组成部分。

20 世纪 80 年代，以波特为代表的竞争战略管理理论，将战略管理理论中企业竞争优势研究提升到环境分析与选择层次，进而提出竞争优势理论。波特在《竞争战略》一书中明确指出，竞争情报是企业竞争战略的核心部分，也是企业获得并维持竞争优势的关键来源。

同时，企业契约理论、激励理论、信息理论等经济理论研究的新发展，对企业战略管理理论与思想也产生了深远影响。企业"竞争优势内生论"备受战略管理学者的关注。而竞争情报与竞争优势的关系、竞争情报对竞争优势形成和提升的作用与影响成为研究者关注的又一热点问题。

Prescott（1998）通过考察北美、西欧和澳大利亚等地竞争情报的发展历程，将现代竞争情报的发展划分为四个历史阶段，分别为竞争数据搜集阶段、行业和竞争对手分析阶段、用于战略决策的竞争情报阶段和作为核心竞争力的竞争情报阶段（表 2.3）。他将竞争情报与企业核心竞争力联系到一起，并认为竞争情报是企业核心竞争力的重要组成部分。

表 2.3　竞争情报发展历程

特点	竞争数据搜集	行业和竞争对手分析	战略决策制定	核心竞争力
时间段	1980 年以前	1980~1987 年	1988 年—	未来
成熟度	非正式	逐渐成为正式部门	正式部门	正式与非正式部门的结合
导向	战术	战术	战术和战略的混合	战略
分析	缺少分析	少量定量分析	定量和定性分析	重视定性分析
与决策的联系	没有联系或联系很弱	联系很弱	联系很强	直接产出
高层管理者的重视程度	很低	有限	中等	很高
情报人员的地位	图书馆/营销	计划/营销	营销/计划/竞争情报	竞争情报部门/营销/计划
关键问题	▪开发信息获取的技能	▪为竞争情报建立商业案例 ▪间谍形象 ▪发展分析技能	▪展示实际的输入 ▪需求与供给驱动的竞争情报 ▪反竞争情报 ▪国际性竞争情报 ▪技术性竞争情报 ▪信息技术的作用	▪并行管理过程 ▪跨国公司情报基础设施的建设 ▪将获取竞争情报作为学习过程 ▪网络分析

资料来源：Prescott（1998）

Attaway（1998）指出，竞争情报对企业竞争优势的获得至关重要。因为它不但能够使企业决策更具有效性，使决策者能够因此比他的竞争对手做出更英明的决策，而且能够培养管理层敏锐识别竞争机遇和挑战的能力。

包昌火等（2004a）指出，竞争情报和知识管理正在成为 21 世纪重要的管理工具，是现代企业的核心竞争力之一。竞争情报和知识管理本质上都是把智力资源的开发和利用作为基本内容，成为竞争优势的重要来源。

弗莱舍和本苏桑（2004）通过研究指出，竞争情报以找到潜在的影响为核心展开，而这些潜在影响是由外部环境因素共同形成的，直接影响企业目前的竞争态势和未来的竞争能力。Huster（2005）则进一步指出，市场情报主要通过对客户、竞争对手、市场和行业相关的内部和外部环境的分析、评估，强化战略决策过程，进而推动企业竞争优势的形成。

动态竞争环境中，企业竞争呈现出竞争日益激烈、竞争互动速度明显加快、对抗性加剧的特点。企业只有不断创造新的竞争优势，同时破坏和削弱竞争对手的优势，才能在竞争中脱颖而出。动态竞争战略的有效性在很大程度上依赖于准确地确定竞争领域现有的范围和结构，依赖于对竞争对手进行前瞻性的准确预测以便对其可能的进攻与反击做出正确反应。

Kadayam（2002）指出，动态竞争环境中，只有富有活力的、适应性强、富有知识并具有丰富资源的企业才能生存并能在未来成为潜在的领导者。这些属性是一个"智能型企业"（intelligence enterprise）的明显特征。

晏创业（2003）认为动态竞争环境中，竞争情报可以在两个方面提升企业的竞争优势：一是竞争情报是关于企业竞争要素的动态研究，通过为企业提供经过提炼了的竞争现状的描述信息，为企业决策提供建设性意见；二是竞争情报本身具备知识属性，它是企业知识的重要组成部分，对外体现为企业的核心竞争力，其作用体现为一种结果，是结果作用。

周文杰（2014）则在研究中指出，风险型决策的科学性对于竞争情报的依赖程度极高。竞争情报对风险型决策的科学性具有极大的支持作用。史健勇（2014）更进一步指出，动态竞争环境中，企业竞争不再局限于产品与战略之间，已经延伸到战略环境和各战略要素之间，竞争链条呈现出"资源竞争—能力竞争—机会竞争"的特点，竞争情报作用与价值日渐突出。

由以上研究的回顾与综述可见，这些研究改变了早期竞争情报研究的视角，站在企业战略高度，从企业竞争优势的视角来研究竞争情报。这种研究视角的转变，为竞争情报理论的进一步发展与深化提供了新的契机、新的空间。这种研究视角的转变，有助于拓展竞争情报研究的视野、研究的方法，真正将竞争情报与企业的全面管理有机地融合到一起，为本书研究提供了思路。

通过文献回顾我们也发现，虽然竞争情报研究的视角发生了改变，虽然对竞争情报与战略管理、企业竞争优势的相关性研究在不断深入，但在竞争情报与战略管理的关系研究中，现有研究在竞争情报对战略管理的内在作用力、内在作用机理方面还不够深入，还仅仅处于表象研究，没有完全揭示竞争情报在提升企业战略决策中的作用与影响机理，没有透彻剖析竞争情报与企业绩效之间的内在关系。在竞争情报与企业竞争优势的关系研究中，尤其是在动态竞争环境条件下，关于竞争情报对提升竞争优势的作用的影响因素、作用发挥的作用机制等研究还没有深入，没有揭示深层次的内在因素与机制，为本书研究留下空白点。

第三节　竞争情报能力相关研究回顾

企业竞争情报力研究是本书研究的核心问题。根据对国内外主要期刊、图书、期刊论文数据库（如 EBSCO、PQDD、ScienceDirect OnSite、Kluwer Online Journal、NetLibrary、中国学术期刊数据库、中国优秀博硕士学位论文全文数据库、万方学术期刊数据库、人大复印报刊资料全文数据库及国家图书馆数据库等）的检索，获得了与本书研究主题——动态环境下企业竞争情报力研究密切相关的研究，包括企业竞争情报能力、企业情报竞争能力、情报竞争力等理论研究的文献，以竞争情报能力理论为基础，以竞争情报能力内涵为切入点，本节将从企业竞争情报能力构成、评价等角度对相关研究成果进行重点回顾与综述。

一、竞争情报能力相关概念基本内涵

与竞争情报领域的其他研究内容相比，国内外围绕竞争情报能力而展开的针对性研究起步较晚。

Dutka（1999）、Bernhardt（1999）、Fleisher 和 Blenkhorn（2001）、Crowley（2004）等在研究或论述中提出了竞争情报能力概念，并指出竞争情报能力提升对企业竞争情报绩效具有重要影响，但没有对该概念的基本内涵进行具体界定与描述。在 2003 年 4 月 SCIP 第 18 届年会上，Herring 在题为"竞争情报的未来"的报告中指出：企业应发展与提高其自身对环境敏感和应变的竞争情报能力，这是竞争情报未来关注的重心。

国内学者从多个角度对竞争情报能力基本内涵进行了界定与阐释。

骆建彬和严鸾飞（2005）明确指出，竞争情报能力是企业获取竞争情报并利用竞争情报指导行动的能力。

柴斌峰（2007）在其研究中指出，企业竞争情报能力是指企业在激烈的市场竞争过程中，为了获取有用的信息资源，同时保护自己情报不被泄露，针对出现的环境或者对手变化，利用自身的信息处理技术条件开展竞争情报搜集、分析处理、交流和利用等相关工作的能力。其基本性质体现为客观性、无限性、依附性、可度量性和动态性五个方面。该研究从竞争情报活动角度对企业竞争情报能力内涵做出了全面、系统的阐释。

郑荣（2008）在系列研究中对企业竞争情报能力内涵做了更加全面的阐释，指出企业竞争情报能力是指企业为了感知和适应外界环境的变化，建立在竞争情报系统和竞争情报价值链基础上，通过协调整合企业资源和能力，实现竞争情报的价值增值功能，为企业经营管理与战略决策提供智能支持，促进企业整体能力和核心能力的提升，进而帮助企业获取和保持持续竞争优势的一种综合型能力。其核心是企业从事竞争情报活动的综合素质与价值实现能力。

而李颖等（2014）则在对国内相关概念梳理的基础上更进一步指出，可以自下而上从三个层次理解竞争情报能力：第一层次，竞争情报能力是衡量企业竞争情报管理程度的指标。第二层次，竞争情报能力是一种战略管理能力，其管理范围是知识管理的一部分；与知识管理不同，竞争情报能力更偏向于对外部环境的管理。第三层次，竞争情报能力是企业核心能力的重要组成，直接为赢得企业竞争优势服务。

除企业竞争情报能力之外，国内外学者还围绕与之密切相关的"情报竞争力"展开研究。2001 年 11 月在北京召开的"提升企业情报竞争力清华峰会"上，我国学者提出了"情报竞争力"（intelligence capability or intelligence competence）概念。随之围绕着该概念从多个角度进行了阐释。

杨学泉（2003）、杨鹏鹏等（2005a）认为，情报竞争力是指企业感知外部信息环境，迅速做出反应使之更好地适应信息环境变化的能力，即获取企业环境信息，并逐渐适应的能力。这种企业对外界环境适应和驾驭的能力，是现代企业核心竞争力的重要表现。他们指出，企业情报竞争力的核心是掌握竞争情报。

包昌火等（2004b）在研究中指出，一个组织感知外部环境变化并做反应，使之更好地适应环境变化的能力，即获取环境信息并与之相适应的能力称为情报能力或情报竞争力。它的核心是企业对外界环境的敏感和应变能力。同时，包昌火等在研究中更进一步指出，情报竞争力是由监视并分析竞争环境变化能力、获取并分析竞争对手信息能力、研究和制定竞争战略能力、企业信息安全和自我保护能力、情报共享和快速反应能力这五种具体能力所构成的。

骆建彬和严鸢飞（2005）对情报竞争力概念界定阐释的视角与包昌火等学者的角度基本相似，认为"情报竞争力就是企业感知外部环境变化，并及时做出反应，从而更好地适应环境变化的能力，即企业获取竞争环境、竞争对手等的信息，经过处理分析后成为有价值的情报并加以有效利用的能力。这是企业对外界环境适应和驾驭的能力，是现代企业竞争力的重要表现"。

而王培林（2005）指出，情报竞争力的核心在于竞争力，即克敌制胜的能力，也可以说是获取竞争优势的能力，是以情报为基础的克敌制胜的能力。

除以上两个主要概念外，学者还对与企业竞争情报能力有一定关联度的企业情报能力展开了相应研究。

企业情报能力属于组织情报能力的层次范畴。程也（2000）在情报能力与企业发展关系的研究中指出，企业情报能力是企业的信息意识、信息处理能力和信息利用能力三者之间有机结合的总称。这三者之间既相互联系、不可或缺，又具有层次关系，属于不同层面。

而王知津和马旭玲（2005a）则进一步明确，企业情报能力是企业识别情报需求、获取并利用情报指导企业竞争行为的能力。同时指出，企业情报能力不是一种单一的能力，而是一种综合性的复合型能力。

由以上相关概念的研究回顾可见，企业竞争情报能力、企业情报竞争力、企业情报能力三个概念是研究者立足于不同研究视角而提出的，虽然内涵不尽相同，但这三个概念的核心本质均体现在对企业竞争情报活动能力的反映上，并以企业如何有效发挥情报价值、提升企业竞争优势为最终目标。其中，企业情报能力侧重于与企业情报工作和活动直接相关的主要构成要素与显性能力方面。情报竞争力侧重于企业竞争情报能力的外在表现，是一种比较能力，是通过与其竞争对手相比较而显现出来的企业竞争情报能力。它以企业竞争情报能力为基础，反映了竞争情报的基本功能，因比较而存在。虽然有学者指出情报竞争力是克敌制胜、获得竞争优势的能力，但其内涵依然是关注因比较而体现出的竞争情报基本能力。而企业竞争情报能力基本内涵的研究则经历了由模糊到清晰、由简到繁的过程，经历了由最初以竞争情报基本能力为主体，发展到以情报流程为主线的竞争情报素质的综合性，最后到一个复杂系统性的内涵丰富过程。

当今时代，是一个高度复杂、相关、多变和竞争的时代。在这样一个对信息和情报高度依赖的社会中，一个组织的情报能力也就成为一个组织生存和发展的关键因素（包昌火等，2005）。竞争情报能力和情报竞争力内涵不断深化的研究表明，竞争情报研究已经由以往注重基本理论、实际操作方法与技术层面的研究而向关注竞争情报内在机理、价值机制层面的纵深化发展。在竞争情报研究初期，竞争情报研究不是一种概念化的推演，而是过分强调具体操作方法的研究，是一种单元式的、分块化的研究，给人一种只见树木、不见森林的感觉，忽视了对竞争情报价值内部构成要素、内在运作机理的研究。具体竞争情报源、收集方式、分析方法与工具等研究，虽然对竞争情报工作绩效的提升具有重要作用，但是，它毕竟是企业竞争情报工作的表象，是一种显性活动。其内在运行方式、运行机理还没有被深入地了解。因此，无论是竞争情报能力还是情报竞争力概念的提出，都是竞争情报研究领域深化与拓展的重要表征。

通过国内外研究对比可以发现，国外学者没有对竞争情报能力及其相关概念内涵进行清晰的阐释，其原因是多方面的。一方面，有相当部分学者将竞争情报作为企业战略管理，特别是核心竞争力的一个重要组成部分，许多文献对核心竞争力有较清晰的界定，因此就没有对竞争情报能力内涵进行进一步分析与阐释。另一方面，国外学者在研究中更多关注竞争情报实践活动，更多是从竞争情报效益、价值和绩效等角度阐述竞争情报能力的内涵。可是，由于没有清晰的概念界定，给相关研究带来了一定的混乱，引起了一些歧义。

而国内学者在相关研究中，虽然对企业竞争情报能力和与之相关的概念的内涵做出了较为清晰与系统的阐述，但是还有两个问题值得进一步思考。一方面，在上述文献回顾中，我们可以发现，国内部分学者将竞争情报能力与情报竞争力两个具有不同内涵的概念等同起来，混为一谈。虽然 capability 和 competence 在中文中都可以译成能力，但这两个词的内涵还是有很大差异的。将两者等同为一个概念，则会导致企业竞争情报能力内涵局限于基本能力层面而忽视潜在能力与隐性素质的核心地位。另一方面，是将企业竞争情报能力内涵扩大化，由于部分整合了企业竞争能力的要素而导致其核心本质发生偏离。

综上所述，通过企业竞争情报能力及其相关概念基本内涵研究的回顾与述评，不仅为本书研究提供了理论支持，同时也发现了研究中的缺欠与不足，发现了值得进一步研究的空白点与创新点。本书将在全面剖析竞争情报与组织其他单元、企业文化、人力资源、学习创新等机构、活动、要素之间的内在关系基础上，在深入挖掘企业竞争情报潜在素养、潜在能力基础上，全面而系统地分析企业竞争情报综合素养与整体水平核心本质所在，从动态竞争视角对企业竞争情报力概念进行重新阐释。

二、竞争情报能力构成相关研究

内在结构与具体构成研究是对企业竞争情报能力及其相关概念基本内涵研究的深入与细化，也将为与之密切相关的更进一步研究奠定基础。在此方面，国内外学者从不同分析视角、运用不同解构方式展开了多方面研究。根据具体研究视角，可以将国内外相关研究划分为基于竞争情报流程与功能视角、基于竞争情报管理要素视角、基于竞争情报资源-能力视角等几个方面。

（1）基于竞争情报流程与功能视角方面。包昌火等（2004b）在对情报竞争力基本内涵阐释的过程中指出，情报竞争力是由监视并分析竞争环境变化能力、获取并分析竞争对手信息能力、研究和制定竞争战略能力、企业信息安全和自我保护能力、情报共享和快速反应能力等五个子能力所构成的。这五个子能力基本涵盖了企业竞争情报工作的基本流程和主要功能。高峻（2007）在提出竞争情报能力概念的同时也明确指出，企业竞争情报能力包括知识创新和技术开发能力、从竞争情报中获取相关情报的能力、利用现代信息技术和设备处理所获取竞争情报并形成信息产品的能力、高效组织协调各种要素来充分利用有竞争价值的信息的能力。可见，以上能力构成主要是从企业竞争情报活动角度进行的解析。而安琳（2010）在研究中，以野中郁次郎的知识转化模型为基础，从企业竞争情报内化和外化的四个过程入手，提出了由情报搜集能力、情报分析能力、情报意识与响应能力、情报导向的决策能力等四个能力所构成的企业竞争情报能力模型。该模型虽然是基于知识转化和知识管理理论提出的，但其实质依然体现为以竞争情报流程和情报价值链为核心。

（2）基于竞争情报管理要素视角方面。Johannessen 和 Olsen（2003）认为，竞争情报能力应主要包括为企业竞争情报活动做出贡献的人员、竞争情报技术和交流资源等方面要素。曾鸿（2005）通过研究指出，企业对待竞争情报的态度、竞争情报部门设置、竞争情报系统功能、竞争情报成本与收益、反竞争情报能力等是影响情报竞争力的关键要素。而赖晓云（2005）从六个角度讨论了企业情报竞争力提升：①增强企业的竞争情报意识；②强化企业内部情报组织机构建设；③建立竞争情报系统；④建立具有国际水准的企业商业秘密的管理体系；⑤尽量限制商业秘密的知悉范围；⑥培养企业信息资源管理人才。以上研究中，无论是关键影响要素研究，还是情报竞争力提升研究，均建立在企业竞争情报能力构成分析基础上，是基于企业竞争情报管理要素角度的分析。

（3）基于竞争情报资源-能力视角方面。郑荣等（2007）在企业竞争情报能力增长机理的系列研究中构建形成企业竞争情报能力结构模型。该模型包含竞争情报处理能力、保障能力、价值实现能力和资源四个维度（图2.3）。

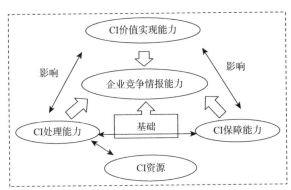

图 2.3　企业竞争情报能力结构模型

CI（competitive intelligence，竞争情报）

资料来源：郑荣等（2010）

在以上模型基础上，郑荣等（2010b）进一步指出，竞争情报处理能力是企业竞争情报能力的主体，包含竞争情报需求分析与规划能力、收集与获取能力、整理与分析能力、生产与服务能力、交流与传播能力和竞争情报保护能力五种具体能力要素，要素之间相互作用，双向沟通。竞争情报保障能力由企业文化、学习能力和竞争情报管理能力构成。竞争情报价值实现能力作为外在表现，由竞争情报应用水平、功能实现和收益实现三方面来体现。竞争情报资源类要素作为能力形成的前提条件，包含了竞争情报人员与人际网络、信息网络与支持技术、信息资源库、组织结构体系四个部分。

李颖等（2014）在企业竞争情报能力内涵三个层次分析基础上指出，企业竞争情报能力由支撑能力和核心能力两个维度所构成。前者包括外环境支撑能力和内环境支撑能力；后者包括竞争情报处理能力、自我评估能力、反竞争情报能力、规避风险能力和战略支持能力等五个子能力。

此外，Işık 等（2013）在商业情报能力与决策环境关系研究中，立足于大数据时代的决策环境，从组织和技术两个层面将商业情报能力分解为五个方面。其中，组织层面由数据质量、商业情报与企业其他系统的整合能力、用户接入能力三个维度构成；而技术层面则包括商业情报灵活性和风险支持能力两个维度。

以上，国内外学者从多个角度解构与分析了企业竞争情报能力的内在构成。从不同角度的具体研究结论可见，基于竞争情报流程与功能视角的研究侧重于解析企业竞争情报能力的基本能力，缺少对影响竞争情报综合实力中深层能力的分析；基于竞争情报管理要素视角的研究，既涵盖了基本工作要素，又囊括了支持性要素，与基于流程与功能角度的研究相比，对企业竞争情报能力内在构成的分析要全面很多，但仅限于粗线条的解构，缺少深入、细致的分析。而基于竞争情报资源-能力视角的研究，解析获得的维度与要素全面、系统，囊括了企业竞争情报综合素养中的显性与隐性、硬件与软件等多方面构成要素。但值得关注的是，学者在该角度所获得的竞争情报能力结构过于复杂，导致部分维度与要素间出现彼此交叉、重复的问题，同时还存在部分要素超出竞争情报能力范畴的问题。这也正是本书力图进一步研究的问题。不过，以上学者的研究观点为本书研究提供了较系统的思路，奠定了扎实的基础。

三、竞争情报能力评价相关研究

评价是企业竞争情报能力研究的核心问题。Kalb 指出，企业竞争情报能力评价机制是竞争情报发展中需要重点解决的问题。只有构建形成系统、全面的竞争情报能力评价体系，才能够对企业竞争情报工作实力、水平和素养做出客观、科学的评价，才能对企业竞争情报活动与竞争情报工作实践具有指导作用。

在企业竞争情报能力评价体系研究中，吉林大学以郑荣、柴斌峰、靖继鹏等为代表的研究团队，将企业竞争情报能力评价与企业竞争情报能力构成、培育与提升相结合展开研究。基于能力培育与提升思维，先后在该方面形成了较为系统的、具有一定连续性的研究成果。

柴斌峰（2007）在研究中，运用实证研究方法，构建了由五个评价维度、十个基本维度所构成的企业竞争情报能力评价指标体系（表2.4）。

表 2.4 企业竞争情报能力评价指标体系

项目	首层指标层	基本指标层	评价指标层
企业竞争情报能力评价指标体系	收集能力	企业竞争情报意识	管理层的竞争情报意识
			企业员工的竞争情报意识
		企业信息基础设施建设水平	计算机普及率
			电话机普及率
			公开刊物的订阅量
			通信技术水平
	分析处理能力	竞争情报系统的人力资源状况	专业知识水平
			相关行业知识水平
			综合知识水平
			工作主动性
			沟通协调能力
			信息敏感度
		竞争情报系统的技术水平	硬件设施建设水平
			软件功能多样性
			软件的适用性
			软件的可扩展性
			设施的有效利用率
	交流能力	企业的组织机制	运行模式的合理性
			运行模式的有效性
			运行模式的匹配性
			运行模式的完善性
		企业信息技术水平	人均电话拥有量
			人均传真机拥有量
			人均电脑拥有量
		企业人力资源状况	企业人员工作的主动性
			企业人员的人均受教育水平
			企业人员的竞争情报意识
			企业人员的创造性

续表

项目	首层指标层	基本指标层	评价指标层
企业竞争情报能力评价指标体系	服务能力	竞争情报产品的服务水平	竞争情报产品的丰富性
			竞争情报产品的准确性
			竞争情报产品的洞察力
			竞争情报产品的及时性
			竞争情报产品的可用性
	反竞争情报能力	企业文化	企业人员的社会价值观
			企业人员的行为价值观
			企业人员的企业价值观
		企业竞争情报制度	竞争情报制度的合理性
			竞争情报制度的完善性
			竞争情报制度的适用性

资料来源：柴斌峰（2007）

郑荣等（2010a）在系列研究中，对企业竞争情报能力构成进行详细剖析，并在此基础上，运用实证研究方法，构建形成了由三个层面所构成的企业竞争情报能力评价体系，具体如表2.5所示。

表2.5 企业竞争情报能力评价体系

一级维度	二级维度	具体评价指标	二级维度	具体评价指标
竞争情报处理能力	需求分析与规划能力	情报需求识别水平	情报生产与服务能力	情报产品的丰富程度
		情报交流水平		情报产品的准确程度
		情报需求规划水平		情报产品的针对程度
	情报搜集能力	情报捕捉能力水平		情报产品的可用程度
		情报收集范围的全面程度		情报产品的及时程度
		情报收集方法的使用程度		情报产品的洞察力水平
		情报收集渠道的利用度	情报交流与传播能力	传播方式的针对程度
		人际网络使用程度		传播手段的多样程度
	情报整理与分析能力	情报选择能力水平		交流平台的建设程度
		分析方法的使用率		交流机制的有效程度
		分析软件的使用程度	情报保护能力	情报保护手段的多样程度
		情报推导转化能力水平		情报保护制度的完备程度
		思维能力水平		情报保护的主动程度
				信息泄露途径的了解程度

续表

一级维度	二级维度	具体评价指标	二级维度	具体评价指标
竞争情报价值实现能力	功能实现程度	企业文化的提升程度	应用程度	经营战略的改进程度
		环境预警程度		技术战略的改进程度
		对手分析程度		管理水平的提高程度
		策略制定程度		人力资源配置的优化程度
		信息安全实现程度		生产战略的改善程度
		企业成长支持程度		营销战略的改进程度
	财务绩效实现程度	投入的减少程度		投资决策的辅助作用程度
		成本的节约程度		
		损失的减少程度		
		收益的增加程度		
竞争情报保障能力	竞争情报管理能力	各部门间的协同能力水平	企业文化能力	企业对竞争的态度
		与其他组织的合作能力水平		领导对竞争情报的重视程度
		情报流程的整合能力水平		员工的竞争情报共享意识
		资源的有效配置能力水平		竞争情报利用意识
		价值实现的整合能力水平		员工的沟通意识
		竞争情报与反情报整合水平		员工的创新意识
		机制建立与运作能力水平		员工的信息敏感程度
		竞争情报战略规划能力水平		员工的反竞争情报意识
		制度的合理程度	竞争情报人员配置能力	竞争情报员工数量配置程度
		人际网络的建设程度		竞争情报员工结构合理程度
	信息网络与支持技术	基础设施投资程度		竞争情报员工的知识结构水平
		信息网络建设程度		竞争情报员工的职业道德
		竞争情报软件使用程度	学习能力	学习氛围营造程度
		信息系统集成程度		学习平台构建程度
		信息资源建设程度		学习型组织建设程度

资料来源：根据郑荣和靖继鹏（2009）整理。

在以上评价体系的基础上，郑荣等在研究中尝试运用该体系对具体企业的竞争情报能力水平进行实际测量与评价，以研究该体系的适用性与有效性。

杨晓宁和李然（2012）在研究中，引入 BP（back propagation）神经网络方法，借助 Matlab 工具构建形成企业竞争情报能力评价模型。该评价模型由输入层（input）、隐含层（hidden layer）和输出层（output layer）构成，具体包括竞争情报系统功能与网络性能、电话与计算机普及率、情报数据库建设水平、竞争情报产品数量和质量、管理层对竞争情报工作重视程度、竞争情报职能部门设置及职权、竞争情报工作规章制度建设水平、企业人员学历水平、企业人员年均参与竞争情报培训时间、企业领导者管理水平等评价指标。在此基础上，以调研数据和仿真结果对评价模型可行性进行了验证性研究。

李颖等（2014）在企业竞争情报能力构成分析基础上，结合他人研究成果，构建了由支撑能力和核心能力所构成的企业竞争情报能力评价体系。前者对应环境资源评价指标，后者对应子能力评价指标。

赵彦和张鸿业（2013）立足于科技型企业，构建了科技型企业技术竞争情报能力评价体系。该体系由三级指标层所构成。其中，一级评价指标包括对竞争对手的掌控能力、对技术竞争环境的掌控能力、对技术本身的掌控能力、对企业自身的掌控能力等四个能力。结合科技型企业特点，该研究着重关注技术因素对竞争情报能力的影响，在评价体系中突出了技术发展趋势（专利分布情况、技术标准信息、技术更新速度）以及替代技术可能性和发展状况（能够缩短开发时间或改进现有产品，技术的新应用领域）等评价指标。

由以上研究可见，学者从不同角度构建了企业竞争情报能力评价体系。有的体系构成维度侧重于对企业竞争情报能力中基本活动能力和设施条件维度；有的则从企业竞争情报系统角度将评价范围扩大化；还有的从外部环境角度，较为独特地提出由资本资源、产业结构和区域竞争位置等评价维度构成的体系。虽然大部分研究较为系统与全面，但是，一方面，与企业竞争情报能力构成研究所存在的问题相一致，部分指标超出竞争情报能力评价范围；另一方面，由于部分研究是以竞争情报价值实现为基本思路构建形成的评价体系，体系中部分指标存在一定的重复性。

四、竞争情报能力提升研究

企业竞争情报能力构成与评价研究的根本目的是为企业竞争情报能力的培育、提升研究奠定基础。只有系统、全面地了解与把握企业竞争情报能力的内在结构及其作用机理，对企业竞争情报能力做出客观、全面、准确的评价，才能对企业竞争情报能力的培育机理与机制进行有针对性的研究，对企业竞争情报能力的提升策略进行可行性探讨。

在企业竞争情报能力内在结构与评价相关研究的基础上，国内外学者从不同角度、不同侧面对企业竞争情报能力的培育与提升进行了研究。

Marceau 和 Sawka（1999）在总结各国主要机构经验基础上，为国际电信业开发了集组织、流程、技术、决策支持、文化于一体的世界级竞争情报机构的框架，并分析了这五个构成要素对竞争情报能力与绩效的影响（图2.4）。该观点代表了国际上竞争情报工作的发展方向，也体现了企业竞争情报能力培育的主要思路。

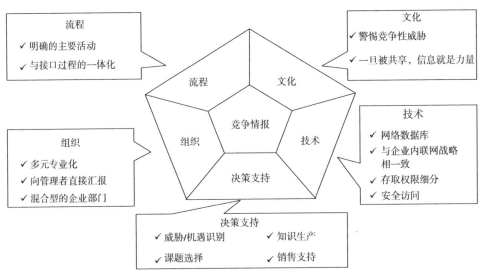

图 2.4　世界级竞争情报机构特征模型

资料来源：Marceau 和 Sawka（1999）

杨春红（2004）在研究中，分别从企业竞争情报硬能力和软能力两个角度，从竞争情报系统建设、计算机技术应用、管理者重视程度、情报机构设置与调整、员工情报意识培训、信息收集范围扩大、增加信息获取途径、增加情报传播方法、健全企业内部情报交流与共享机制等方面阐述了企业竞争情报能力具体培训策略。

赖晓云（2005）在增加企业竞争意识、强化企业内部情报机构、建立竞争情报系统、建立具有国际标准的商业秘密管理体系、限制商业秘密知悉范围、企业信息与情报人才培养等方面提出了企业情报竞争力具体提升策略。

由以上研究可知，在研究初期，学者所提出的竞争情报能力的培育重点在于竞争情报能力基本活动能力和硬件设施方面。虽然也涉及竞争情报管理的相关能力，但缺少系统性。

随着研究的不断发展与深入，国内外学者逐步从能力系统、动态发展等角度对企业竞争情报能力培育与发展展开更为全面、系统的研究。

柴斌峰（2007）基于企业竞争情报能力影响因素分析和评价研究，以政府工作、企业供应链、企业文化、企业战略管理、知识管理、反竞争情报等关键影响因素之间的相互作用、相互影响、相互制约关系为基础,构建了企业竞争情报培育机制,并从这些要素角度提出了企业竞争情报能力具体培育与开发策略。

赵纯(2009)在企业竞争情报发展动力机制研究中,提出了由人才、学习、政策、文化、组织、激励和共享等方面共同构成的企业竞争情报发展具体实施模型及策略(图 2.5)。虽然该研究侧重于企业竞争情报工作发展动力,但其研究的核心与基础仍是企业竞争情报能力提升与培育。

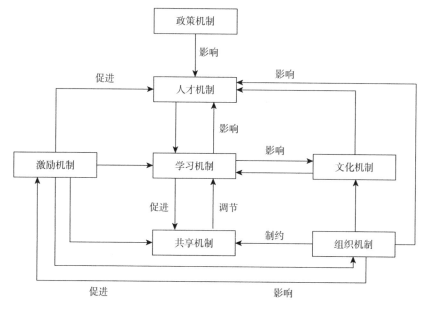

图 2.5　企业竞争情报发展的实施机制模型

资料来源:赵纯(2009)

张俊(2013)在研究中指出,需要从内外两个系统来培育企业竞争情报能力。其中,外部系统侧重于社会文化、经济、政府、技术等因素,以获得有力支撑;而企业文化、战略管理、组织管理制度、人才保障和人际网络系统五个方面则是企业内部竞争情报能力培育的重要维度。

郑荣等(2010a)在系列研究中指出,竞争情报能力增长是外部作用机理与内部作用机理共同作用的结果。同时在研究中,构建了系统的竞争情报能力增长机制,并对企业竞争情报能力提升的内在机理进行了系统分析,如图 2.6所示。

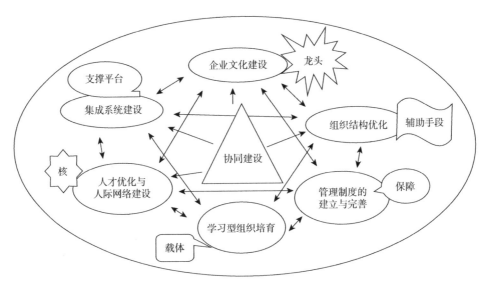

图 2.6 企业竞争情报能力培育模型

与此同时，在相关领域的研究中，有学者从信息能力方面对企业信息能力提升进行了研究。其中，杨伟宁（2008）通过对企业信息能力形成机制的研究，基于知识管理的思想，构建了由内在机制与外在机制构成的企业信息能力形成机制。基于机制中各构成要素的内在关系，提出了企业信息能力提升策略。该研究也为企业竞争情报力的培育与提升提供了一个新的研究视角。

以上研究从多个层面和维度，从机理、机制到具体策略，对企业竞争情报能力培育、提升进行了较为系统的研究。如前所述，该方面研究经历了由简单的基于点、面的研究，发展到对企业竞争情报能力培育与提升的系统研究的过程。值得关注的是，虽然企业竞争情报系统是一个开放性系统，是在内外作用力共同推动下不断发展与提升的系统，但站在企业角度，外部因素是企业自身所无法控制与左右的。因此，如果在企业竞争情报能力的培育过程中，过分依赖于外部环境因素，将扰乱管理者的视线和方向，并将影响最终目标的达成。虽然大部分学者将企业内部竞争情报能力培育作为重要的、内在的、相对独立系统进行研究，但由于在研究中与外部系统相交织，部分机制分析与策略研究不深入，还有待更进一步的探讨。

第四节 竞争情报价值与绩效相关研究综述

动态竞争环境中，竞争情报作为企业战略决策的重要支持，对企业的价值贡献度越来越大（刘冰，2007b）。竞争情报价值与绩效的基本内涵、竞争情报绩效与企业价值创造的相互作用关系等问题受到越来越多的研究者关注。竞争情报价值与绩效是企业竞争情报活动对企业贡献的直接体现，是企业竞争情报工作成效衡量与评价的重要依据；竞争情报价值与绩效是企业竞争情报力水平的客观反映，而企业竞争情报力则是竞争情报价值与绩效实现的根本前提，两者之间具有正向相关关系（郑荣和靖继鹏，2009）。

通过竞争情报价值与绩效研究，可以更进一步揭示竞争情报价值提升的内在机理，对于企业竞争情报能力培育、企业竞争情报力整体水平提高、改善竞争情报管理水平和提升竞争情报决策支持能力具有重要意义，可为在动态竞争环境中有效地开展竞争情报工作提供理论依据。同时，国外学者更多是基于此角度对企业竞争情报能力进行间接的研究。因此，竞争情报价值与绩效研究成果将为本书研究的开展提供理论依据、奠定理论基础。

本部分主要从竞争情报价值与绩效的影响因素、测度评价、测度研究方法、研究述评等角度对国内外相关研究文献进行回顾与述评。

一、竞争情报价值与绩效的影响因素

企业竞争情报价值与绩效影响因素分析是竞争情报价值与绩效研究的基础性问题之一。

竞争情报的根本功能在于为企业提供决策支持、为企业面临的风险提供早期预警、为企业发展提供定标比超工具（Bulger，2009）。通过为企业提供能够产生效益的知识产品，给企业带来一定的经济和社会效益，这是竞争情报价值的最终体现。

Fuld（1991）、Herring（1992）、Prescott 和 Gibbons（1992）、Cartwright（1993）等学者分别从竞争情报价值创造、竞争情报决策支持等竞争情报基本功能角度尝试性地提出了竞争情报绩效问题。Jaworski 和 Wee（1993）通过对电子通信业、袋装食品业和制药业的实证研究，证实了竞争情报绩效与企业绩效之间的正相关关系。

Fleisher 和 Blenkhorn（2001）指出，影响企业竞争情报的关键因素主要包括：是否将所要解决的困难放在首位；在竞争情报应用中所依靠的定义、目标、范围及竞争前提；适应于组织竞争目标、战略的改变；伴随着竞争环境变化与股东影响相对应的本质、过程的改变而做出的改变；依赖于不易统计、衡量或定量的因素；等等。以上这些因素既是企业竞争情报的关键成功因素，也是影响企业竞争情报绩效的关键因素。Jaworski 等（2002）也指出，在组织竞争情报有效生成的过程中，情报网络、经济环境、信息环境和分析人员素质四个方面是影响竞争情报效力的重要因素。

以上学者的研究，为企业竞争情报价值与绩效研究提出了基本的思路与框架。但在早期相关研究中，更多集中于基于企业内在要素角度，对企业竞争情报绩效各方面关键影响因素的研究与剖析。

陈峰和梁战平（2003a）提出的企业竞争情报关键成功因素主要包括：①树立形象，创立品牌，建立接受竞争情报的企业文化；②建立正式的竞争情报组织机构，配备能够胜任的专业人员；③从关键竞争情报课题做起。如前所述，这些因素也是影响竞争情报价值与绩效的关键因素。

韦斯特（2005）通过对竞争对手的竞争情报发展过程进行分析，得到了影响竞争情报价值创造的主要因素：①获得竞争战略的需要；②对所收集的信息进行总结时所具有的情报使用能力；③研究竞争对手的能力。

曹如中（2013）在对竞争情报价值识别和价值实现的研究中指出，企业竞争情报价值创造过程受到技术、资源、知识、经验和精神等方面的影响。因此，企业领导者意识、组织构架、人力资源、企业文化等因素都将影响企业竞争情报的价值与绩效。

与此同时，聚焦于具体研究角度，骆建彬和严鸢飞（2005）从企业管理者的视角指出，提升情报竞争力是我国企业的当务之急，企业领导竞争情报意识、情报工作人才的吸纳与培养、竞争情报系统等是竞争情报绩效的主要影响因素。而周海炜和刘雅琼（2011）在研究中指出，企业竞争情报绩效是企业竞争情报活动实施情况的结果，决定于企业高层管理者的情报意识。同时，两者的作用关系受到企业所处行业竞争环境和企业 IT 资源的影响。Jin 和 Ju（2014）则通过对 214 位竞争情报从业者的调查，从信息主体角度分析了竞争情报效用，并用多元回归方法证实了信息主体竞争情报感知有用性与信息主体合作行为之间的联系。

随着研究的不断深入，国内外学者对企业竞争情报价值与绩效影响因素的研究也逐步系统化、全面化，将研究视野逐步拓展到企业外部，从内外两个层面展开研究。

刘冰（2007b）指出，企业竞争情报绩效是外部环境、企业内部条件和企业竞争情报工作三者之间动态平衡的结果。

Franco 等（2011）在研究中构建了由数据分析能力、战略和决策能力、经济情报工具和技巧质量、内外部社会网络调度、影响经济情报系统的公共政策等维度构成的企业竞争情报影响因素模型。并运用实证研究方法分别验证了该模型中各主要维度和具体因素对不同规模企业的影响作用关系。

郭璇（2012）在对高新技术企业竞争情报部门绩效影响因素的路径分析研究中，通过实证研究发现，情报部门群体特征、情报部门凝聚力、情报部门的目标设定、情报人员个体特征、领导、部门间互动、组织环境等七类因素直接影响高新技术企业竞争情报部门的绩效。

Garcia-Alsina 等（2013）系统提出并分析了意识（态度、价值观）、曝光率（频率、多样性、社会资本）、环境（程序与基础设施、产品、人员、时间分配）、客观性（联盟和渗透率、社会代理人压力）、不确定性和外部压力（动态需求、时间压力、竞争）等主要维度和具体因素对企业竞争情报价值与绩效的影响。

以上这些研究从企业竞争情报活动、企业竞争情报管理和外部环境因素等层次，较为全面、系统地对企业竞争情报价值与绩效影响因素进行了研究。这些研究观点为深入分析与把握企业竞争情报力培育与提升的关键因素提供了有益的参考。

二、竞争情报价值与绩效的测度评价

国外学者指出，在企业中，竞争情报价值主要体现在减少市场和财务风险、降低企业成本、通过拓展客户与市场提升企业价值、开拓企业在战略和技术创新方面的新视野等方面（Štefániková and Masárová，2014）。

随着竞争情报在企业决策中参与度的提升，竞争情报在企业各类决策中发挥着越来越重要的作用。学者们对竞争情报价值与绩效的研究也逐渐深入，竞争情报价值与绩效的评估、测度研究逐渐成为竞争情报的重要领域之一。

Fleisher 和 Blenkhorn（2001）认为"竞争情报绩效评估是竞争情报管理者在他们工作中要处理的最困难的任务之一"。以其他学者调查结果为依据，他们指出企业竞争情报绩效评估工作不理想的主要原因在于：竞争情报是一项新工作，缺少足够的时间、没有评估能力、缺少基础数据、缺少明确的评估目标等。包昌火等（2005）也认为，竞争情报价值与绩效评价是竞争情报管理框架体系中的一个重要分支。而韦斯特（2005）指出，衡量竞争情报绩效是竞争情报管理者的一项明智之举。

Downham（1996）、Bryant 等（1998）、Attaway（1998）、Prescott（2001）、Herring（2003）等分别从企业高层管理者、技术开发与创新、知识管理等角度进一步研究探讨了竞争情报价值与绩效问题。米勒和企业情报智囊团成员（2004）从企业情报工作、企业决策文化、组织转变、企业绩效提升等方面对竞争情报工作效益进行了初步的分析与讨论。

竞争情报价值与绩效衡量的关键在于评价指标的设定和测度方法的选择。其中，评价指标的设定是企业竞争情报绩效系统化评价的基础，系统、完整的评价指标体系则是企业竞争情报价值与绩效客观评价的先决条件。国内外研究者从竞争情报的审计、效益评估、绩效评价、竞争情报系统效益评价等多角度对上述问题展开了系列研究。

研究者站的视角不同，会得到不同的竞争情报价值与绩效评价指标。通过对国内外相关研究的回顾与分析，可以将现有的竞争情报价值与绩效评价指标分为三类：一是定量指标，即从竞争情报为企业创造的收益与产出、产生的成本与投入等方面抽取获得的价值与绩效评价指标。二是定性指标。竞争情报作为企业核心竞争力的重要构成部分，该类指标是基于企业核心竞争力评价指标体系并结合竞争情报工作实际而设定的。三是从定性与定量相结合角度设定的竞争情报价值与绩效评价指标。

在竞争情报价值与绩效的定量评价研究方面，Herring（1996b）在早期的竞争情报价值研究中指出，可以从时间节约、成本节约、成本规避和增加利润四个方面来测量竞争情报对企业的贡献度。

Kilmetz 和 Bridge（1999）在企业竞争情报投资回报的针对性研究中指出，竞争情报价值由信息、工具、外部因素（竞争对手、分销商、供应商、顾客、政府）、时间框架等内外部两种变量构成。因此，需要从内部与外部两个角度来衡量评价竞争情报价值。在此基础上，Kilmetz 和 Bridge（1999）提出了竞争情报价值投资回报率评价方式，即用价格、数量、成本、收益等指标来进行测度，并用收入与支出的现金流作为竞争情报价值的直接衡量数据。Davison（2001）、Štefániková 和 Masárová（2014）也分别在研究中将投资回报率作为竞争情报绩效评估主要指标，构建形成相应的评价体系。

Davison（2001）在研究中开发形成竞争情报度量模型（competitive intelligence measurement model，CIMM）。该模型也是通过计算竞争情报的投资回报率，用以评估竞争情报单个项目对企业具体决策或行为的价值贡献度。

柳宏坤（2002）提出用成本与效益指标来测定竞争情报绩效；Sawka（2003）认为竞争情报价值评价的主要指标为成本、回报、最大化投资与价值创造值；而曾鸿（2005）则以竞争情报期望值、成本作为主要指标衡量竞争情报绩效。这些研究均是从定量指标角度对企业竞争情报价值与绩效展开的探讨。

Elbashir 等（2008）在对企业商业情报绩效评价研究中，基于商业流程与公司绩效角度，提出并构建形成商业竞争情报影响因子结构模型，该模型主要由企业效益（增加利润、减少销售损失、增加销售地理分布、增加利润率、增加投资回报率、增加竞争优势）、供应商及商业伙伴关系效益（增强与商业伙伴和供应商的合作、降低交易成本、增强与供应商的相互响应能力、增强存货周转、降低存货量）、内部过程效率（提高内部流程的效率、提高员工生产率、降低有效决策成本、降低运营成本）、客户情报效益（降低客户退货处理成本、降低市场成本、减少产品和服务上市时间）等维度与要素构成。并在此基础上对各维度与因素的特征值及权重进行了更进一步的深入研究。该项研究虽然是对商业情报影响因素的研究，但其实质是对商业情报价值衡量与评价的探讨。

以上从定量角度评价指标体系能够对企业竞争情报价值与绩效做出较为客观的评价，衡量与评价结果具有一定的客观性、可比性，衡量与评价过程具有一定的可操作性。但是，企业竞争情报工作的主要目标是为企业高层管理者或其他部门各类决策提供支持，竞争情报已经融入企业各个部门、各项价值活动中，而竞争情报归根到底是属于企业的一种无形知识和智力资产，因此，很难系统地、客观地量化其价值与绩效。同时，从定量角度设定的绩效评价指标仅是从竞争情报直接效益角度的考量，无法有效衡量与评价竞争情报的间接效益。因此，并没有全面反映竞争情报的真实绩效。

在企业竞争情报价值与绩效定性评价研究方面，国内外学者从不同角度展开了系列研究。

Langabeer（1999）提出，可以用信息（information）、解释（interpretation）、洞察力（insight）、印象（impression）来衡量竞争情报价值。并进一步指出，客观信息获取、信息分析、情报共享、指导与影响客户行为等是评价企业竞争情报绩效的关键指标。

Lee 和 Choi（2003）通过实证研究指出，速度（speed）、广度（width）、深度（depth）是衡量竞争情报价值的三个主要指标。其中，速度指特定时间段内竞争情报活动的数量；广度指管理者获取与竞争相关的信息的多样性程度；而深度则代表管理者促进与提升竞争情报循环所采取的步骤数量。

庄玮（2004）则认为，竞争情报的效用评价必须从竞争情报信息属性出发，从引发用户思维、改变用户知识结构、支持用户决策、调控用户行为、促进用户创造活动等方面来选取竞争情报绩效评价指标。

以上研究主要是基于企业竞争情报特性，从竞争情报属性与功能视角选取定性评价指标。随着对企业竞争情报认识的逐步深入，更多研究基于企业管理视角，从企业整体工作要素之间的相互关系、相互影响出发，综合考虑竞争情报间接的、潜在的贡献，从更广泛的角度选取与设定绩效评价指标，进行企业竞争情报价值评价研究。

Arnett 等（2000）通过实证研究发现，组织集权程度、正规化程度、市场异质性、速度变化、创新变化、开放变化等因素与企业竞争情报绩效具有很强的相关性。这些维度可以用来衡量竞争情报绩效。

Yoeh 等（2008）在研究中指出，承诺下的管理支持与赞助、清晰的远景规划与完整的商业先例、以项目为中心的项目团队、以业务驱动的工作方法和项目管理、以用户为导向的变革管理、具有战略性与可扩展的技术框架、可持续发展的数据质量与治理框架等，均是商业情报系统的关键绩效评价指标。

万剑锋（2014）则指出，只有将对竞争情报过程价值的度量和对情报产品价值的度量两个方面有机结合，才能更有效地衡量与评价竞争情报价值。基于此思想，他在研究中构建形成了由组织管理、制度规范建设、情报研究与服务、情报资源与平台建设、队伍建设、情报网络建设等构成的企业竞争情报价值评价体系。

以上从定性角度设定与形成的竞争情报价值与绩效评价指标体系，能够较为全面、系统地反映出企业竞争情报整体价值与绩效，尤其是可以有效地揭示竞争情报的间接效益。但是，从该角度形成的评价体系，在指标设定上具有很大随意性、倾向性和主观性，其实际适用性、可操作性较差。

竞争情报最佳实践企业评价与企业竞争情报工作评价相融合，定量与定性相结合，既可用于企业自身评价，也可用于外部第三方对企业竞争情报的评价（陈峰，2011）。基于定量与定性相结合角度的竞争情报价值评价成为企业竞争情报绩效研究的主要方向。

Jaworski 和 Wee（1993）、郎诵真等（2001）分别在研究中指出，可以利用产品质量、市场信息、内部关系、外部关系、经营业绩和高质量战略计划等方面指标来衡量与评价企业竞争情报价值和绩效。

Fleisher 和 Blenkhorn（2001）提出竞争情报工作价值与绩效评估的四要素（表2.6），既包括定性要素，也包括定量要素。

表 2.6　竞争情报工作价值与绩效评估的四要素

要素	内涵	缺点与不足
数量	输入与输出的比率	数量与生产率单独不能表明整体绩效，需要与其他测量数据进行平衡
质量	评估顾客、竞争情报实践者、关键的外部联系者、部门领导者、其他利用或将要利用的领导者对竞争情报的满意度	有些相关者缺乏对竞争情报作用的理解能力、利用能力、评估能力
成本	人工时间、物资、机遇等的统计	尽量减少成本会降低竞争情报质量
时间	用来关注决策的时间、需要对竞争情报网络反应的时间、来自于网络参与者的反馈的时间	忙并不等于就是高效率，太快有时会导致产品的失败

资料来源：根据 Fleisher 和 Blenkhorn（2001）分析整理

基于更广泛范围视角，李纪和孙维（2006）运用综合模糊评价法，从组织结构资本、人力资本、技术支持资本、竞争情报产品服务、竞争情报系统受重视程度等5个层面分别设定16项二级评价指标，构建了企业竞争情报系统绩效评价体系。而张正亚等（2014）则运用层次分析法，从组织结构、人力资源、高层管理者支持、信息基础设施、竞争情报产品和系统效益6个方面，构建了由6个一级指标、18 个二级指标构成的，包括定性指标也包括定量指标的企业竞争情报绩效评价体系。

陈远等（2007b）在对国内外相关研究分析基础上，从"产品观"和"过程观"两个视角探讨了竞争情报价值的可行度量方法，并从定量与定性方面对各个角度的具体度量指标进行了分析与阐述。

利用平衡计分卡来衡量与评价企业竞争情报贡献和绩效，成为国内外很多学者研究视角之一。Viscount（2002）利用平衡计分卡分析工具，从财务、客户、内部业务流程、学习和成长四个方面提出企业竞争情报部门贡献度的衡量与评价方法。于爱霞和夏佩福（2005）也将平衡计分卡业绩评价方法引入竞争情报价值与绩效评价中，分别从财务、客户、技术、业务流程、职员 5 个层面设定了竞争情报价值定量评价指标。而范昕（2009）基于平衡计分卡的基本理念，从财务指标、顾客、内部流程、学习与成长等 4 个层面，共选取了 26 个具体指标对企业竞争情报工作绩效进行评价，并在研究中明确指出了每个具体指标的主客观属性。

上述研究从定量与定性相结合的角度，从竞争情报功能、竞争情报组织等多个层面、多个维度对竞争情报价值与绩效评价指标进行了研究，并构建了具有一定适用性的评价体系。

除上述研究外，有学者还从其他角度入手，设定与选择评价指标，对竞争情报价值与绩效评价进行间接研究。

史敏等（2013）在面向技术创新角度的企业信息情报能力成熟度研究中，研究构建了由内部信息共享能力、外部信息获取能力、创新信息分析能力、创新信息应用能力 4 个维度构成的企业信息情报能力成熟度诊断模型（表 2.7），并对该模型进行了验证性研究。

表 2.7 企业信息情报能力成熟度诊断模型

维度	具体指标	各发展阶段显著特征
内部信息共享能力	信息意识	Ⅰ混沌-不规范：企业家与员工均无信息共享意识，无专门信息机构和人员，无共享平台与制度；
	信息机构与人员	Ⅱ萌芽-有规范：企业有信息共享意识，有兼职的信息人员，部门之间存在部分自发的信息共享；
	信息平台	Ⅲ发展-有效：企业信息共享意愿强烈，有专职信息人员，有信息共享平台，共享流程规范；
	信息共享机制	Ⅳ成熟-高效：企业设立有首席信息情报官，有专门信息部门与人员，信息共享平台高效运转，信息共享监督与激励机制完善
外部信息获取能力	信息渠道	Ⅰ混沌-不规范：无外部信息获取意识和能力；
	采集方法	Ⅱ萌芽-有规范：初具信息渠道建设意识，基本掌握外部信息获取方法；
	环境监测	Ⅲ发展-有效：信息渠道固定且准确，采集方法专业，意识到环境监测的重要性；
	信息积累	Ⅳ成熟-高效：信息渠道全面系统，采集方法专业，有完整的环境监测方案和长期的数据积累

续表

维度	具体指标	各发展阶段显著特征
创新信息分析能力	分析方法与工具	Ⅰ混沌-不规范：没有创新信息分析意识； Ⅱ萌芽-有规范：初具创新信息分析意识，能够使用简单分析方法和工具； Ⅲ发展-有效：创新信息分析意识强烈，可运用分析方法和工具进行信息识别、处理和加工； Ⅳ成熟-高效：可熟练运用分析方法和工具制作情报产品，建立全套分析预警模型和机制
	信息识别	
	信息关联	
创新信息应用能力	战略规划应用	Ⅰ混沌-不规范：没有创新信息应用意识； Ⅱ萌芽-有规范：可以进行简单的战略规划前期研究和新产品、新技术的可行性分析； Ⅲ发展-有效：可以进行深入的前期研究和全面的可行性分析，基本掌握外部协同创新资源； Ⅳ成熟-高效：战略规划、新产品和新技术开发工作系统规范，可以充分利用协同创新资源
	新技术研究应用	
	新产品开发应用	
	外部协同创新应用	

资料来源：史敏等（2013）

Prescott（2001）提出，竞争情报部门要达到远期目标，把远景转化为现实，需要完成两方面工作：一方面是对能力的精确评估；另一方面是对资源的开发。在此基础上，构建形成"竞争情报部门的演进模式"模型（图 2.7），在模型中提出了对企业竞争情报部门的正式评估、非正式评估过程，并从评估对象、评估标准和方向评估三个方面设定了评估参数。

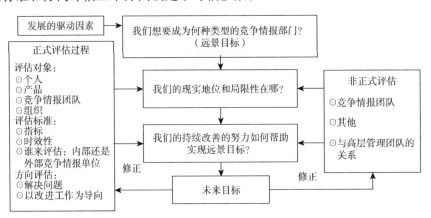

图 2.7　竞争情报部门的演进模式

资料来源：Prescott（2001）

邱均平和张蕊（2004）站在企业竞争情报系统效益角度，构建了多层次、多指标的企业竞争情报系统效益评价体系，全面揭示了各评价指标之间的相关性和系统性，并将整个体系分解为多个相互联系的组成部分，构成一个有序的递阶层次结构（图2.8）。

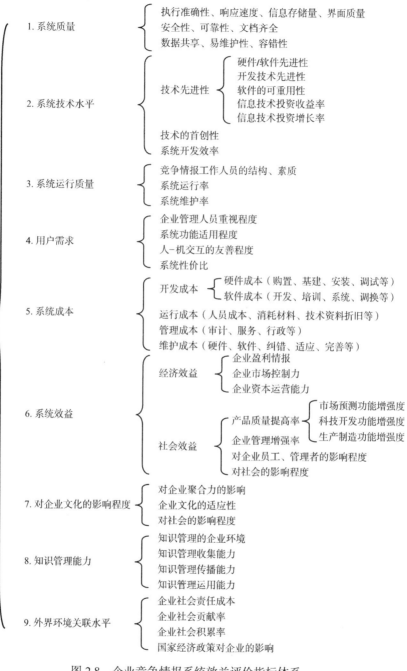

图 2.8　企业竞争情报系统效益评价指标体系
资料来源：邱均平和张蕊（2004）

三、竞争情报价值与绩效的测度研究方法

竞争情报价值与绩效的测度研究方法的选择是竞争情报绩效评价研究的重要环节，直接影响竞争情报价值与绩效评价指标的合理性，影响企业竞争情报价值评价体系的系统性与科学性，进而关系到绩效测度最终结果的准确性。

国内外学者在企业竞争情报绩效评价研究中，通常吸收与借鉴企业管理中常用的评价方法，如价值评价法、财务分析评价法、科学决策评价法等。

Kilmetz 和 Bridge（1999）在研究中运用财务分析方法，直接用收入与支出现金流来计算竞争情报价值；柳宏坤（2002）采用决策树分析法与成本-收益相结合方法来分析竞争情报价值；包昌火等（2004b）在国家自然科学基金项目"基于电子商务的企业信息服务研究"研究中，主要采用情报审计法来评价企业情报能力和情报需求。以上诸研究均是利用财务分析方法，从竞争情报直接收益财务指标方面研究获得竞争情报价值与绩效评价指标，更具有直观性、可操作性。

投资回报方法是众多学者在企业竞争情报价值与绩效评价研究中广泛采用的方法。美国曙光 WDC 公司总经理 Arik R. Johnson 在北京"新世纪知识管理与竞争情报专题讲座暨研讨会"的主旨报告中提出了三种竞争情报绩效评估方法，即客观评估法（主要是采用投资回报率方法）、主观评估法（主要是对客户评价）、同类基本调查法（将公司的竞争情报队伍情况与同类竞争对手进行比较，通过人、项目等做同类比较和调查）。Kilmetz 和 Bridge 也提出了竞争情报价值投资回报率评价方式，并用收入与支出的现金流作为竞争情报价值的直接衡量数据。Davison（2001）、Lee 和 Choi（2003）、Štefániková 和 Masárová（2014）分别在研究中，同样将投资回报率作为竞争情报绩效评估主要指标。

平衡计分卡评价法也是在企业竞争情报价值与绩效评价研究中经常采用的方法。从财务、客户、业务流程、学习和成长四个方面，Viscount（2002）提出了企业竞争情报部门贡献度的衡量与评价方法。而范昕（2009）基于平衡计分卡的基本理念，在以上四个层面基础上，共选取了 26 个具体指标对企业竞争情报工作绩效进行评价。于爱霞和夏佩福（2005）则以平衡计分卡业绩评价方法为基础思路，分别从财务、客户、技术、业务流程、职员五个层面设定了竞争情报价值定量评价指标。

同时，很多学者还采用其他研究方法对企业竞争情报价值与绩效评价展开研究。

吕著红（2002）采用决策树分析法，用企业获得竞争情报前后所选取的不同方案期望值的差额来评价竞争情报价值。而黄骥和王绍平（2004）主要运用了层次分

析法、直接比较评价法（经济效益与预期目标）、差额比较法（情报开展寿命期内整体的资金流入量与流出量的差额）来对企业竞争情报绩效进行评估。

Fleisher 和 Blenkhorn（2001）对常用的评估竞争情报绩效的方法进行了总结（表2.8）。

表 2.8　竞争情报绩效评价主要方法

方法	主要功能	主要指标要素
审计法 （audits）	对决策制定关键数据的审查	传播的信息类型、信息内容、信息形式、信息频率、信息渠道、人际关系网络
平衡计分卡 （balanced scorecard approach）	促进建立与组织目标、任务、愿景等具体活动相匹配的评价体系	竞争情报网络成员、财务责任、内在工作效率、学习与成长
波多里哥映射 （Baldrige-mapping）	根据七种世界级企业建立的标准，建立本企业的评价标准	竞争情报领导者、竞争情报信息与分析、战略竞争情报计划、竞争情报人力资源的发展与管理、竞争情报过程管理、运行与组织结果、竞争情报网络成员及满意度
定标比超 （benchmarking）	与其他企业进行系统的比较	组织与行业信息、预算、员工规模、报告关系、在企业中的地位、沟通（交流）的内容（频率）与渠道、网络的性质与规模、竞争情报产品的数量与类型
交流方法 （communication approach）	评估竞争情报项目管理者与竞争情报网络实践者之间的沟通质量	信息发出者、渠道、信息接收者
基于人力资源的方法 （human-resources-based methods）	了解人员的情况	对竞争情报员工或参与人员的吸引、雇佣、激励、培训、开发
目标管理 （management by objectives）	竞争情报与更广的组织竞争战略目标的一致性与协调性	具体性、弹性、可测度性、可实现性、一致性、可接受性
与质量相关的方法 （quality-related methods）	运用质量管理原则对绩效进行评估	时间、人员、内容、方式
战略管理方法 （strategic-management methods）	必要时调整竞争情报的愿景、目标、战略或实施计划	竞争情报目标与其他组织的活动的一致性、竞争情报计划与竞争情报实施的一致性、竞争情报与其他决策制定活动的一致性、环境分析的正确性
系统方法 （systems methods）	描述竞争情报活动与竞争情报组织其他部门、单元的相互关系、联系	投入、过程、产出、影响

资料来源：根据 Fleisher 和 Blenkhorn（2001）分析整理

以上研究方法主要应用于企业竞争情报价值与绩效评价的研究中。而社会调查法和专家访谈法等研究方法则被应用于企业竞争情报价值与绩效更广泛的研究领域中。

在竞争情报价值与绩效影响因素研究中，Jaworski 和 Wee（1993）运用实证研究方法，通过对电子通信业、袋装食品业和制药业三个行业的实证研究，证实了竞争情报绩效与企业绩效之间的正相关关系。Magrinho 等（2011）在企业竞争情报绩效影响因素模型基础上，运用实证研究方法分别验证了该模型中主要维度和因素对不同规模企业的影响作用关系。而 Jin 和 Ju（2014）通过对214 位竞争情报从业者的调查，从信息主体的角度分析了竞争情报效用，并用多元回归法，证实了信息主体竞争情报感知有用性与信息主体合作行为之间的联系。

四、竞争情报价值与绩效的研究述评

通过以上对竞争情报价值与绩效影响因素、测度指标与评价体系、评价研究方法的相关文献回顾可见，企业竞争情报价值与绩效的研究在不断深入，内容日趋丰富。

在竞争情报价值与绩效影响因素研究方面，由于研究的视角不同、分析问题的侧重点不同，竞争情报绩效影响因素的研究结论也各不相同。国内外学者分别从竞争情报流程、竞争情报系统、竞争情报方法等竞争情报的基本活动与基本运作条件等内在因素角度，从反竞争情报、企业文化、企业管理机制、竞争情报意识等间接影响因素角度，较为全面地剖析了影响竞争情报价值与绩效的关键因素，剖析了这些因素对竞争情报价值的影响与作用机理。

通过以上文献回顾可以发现，当前的研究还存在如下几方面的缺憾。

第一，企业竞争情报影响因素体系缺乏整体性、协调性。如上所述，不同研究者基于不同视角剖析了竞争情报价值与绩效的影响因素，突出体现了个别因素、不同侧面的分析与研究，研究结果较为分散、不成系统，缺少整体性、系统化。研究所构建的影响因素体系维度与指标之间相互孤立，不能完全反映出所有影响因素的全貌。

第二，分析不够全面、深入。通过文献回顾可以发现，现有研究的重点在于从竞争情报工作自身和内在因素角度，从企业情报基本活动、基本方法和基础性条件方面分析与揭示影响企业竞争情报价值与绩效的关键因素。虽然 Marceau 和 Sawka（1999）、米勒和企业情报智囊团成员（2004）、陈峰和梁战平（2004）、Franco等（2011）、郭璇（2012）等从人力资源、企业文化、管理机制、组织环境等角度分析了影响竞争情报价值与绩效的深层次因素，但总体来讲，一方面，分析不够全面，没能全面深入剖析竞争情报潜在的、隐性的影响因素；另一方面，缺少对各因素对企业竞争情报价值与绩效影响机理的全面、深入分析，缺少对各要素间内在作用关系的剖析。

第三，研究的时间跨度较小。现有研究的时间跨度较小，研究视野聚集于企业竞争情报价值与绩效的现实结果，研究具有近期性。通过文献回顾可见，以上研究更多侧重于对企业竞争情报已有价值与绩效影响因素的分析，侧重于对现实存在的和未来较短一段时间的竞争情报价值与绩效影响因素的分析,缺少从竞争情报成长、发展、提升的角度,动态地去寻找与识别影响竞争情报价值因素的研究。

在竞争情报价值与绩效测度研究方面,通过文献回顾可见,研究主要从定量指标、定性指标、定性指标与定量指标相结合三个角度对竞争情报绩效与价值评价指标体系进行研究。竞争情报价值与绩效指标设定的科学性、完整性、系统性,直接影响到评价结果的公正性与客观性。纵观以上研究角度,对上述三类评价指标进行比较分析,可得表 2.9。

表 2.9 竞争情报三类绩效评价指标体系比较

指标	数据 可获得性	数据 客观性	体系 完整性	体系 系统性	结果 科学性	结果 可理解性
定量指标体系	√	√	×	√	√	√
定性指标体系	×	×	√	√	×	√
定量与定性相结合指标体系	√	√	√	√	√	√

注:"√"表示此指标具有较好的效果,"×"表示此指标不具有良好效果

由表 2.9 可知,从定量角度所设定的指标,虽然较客观,但由于竞争情报产品与工作特点,其价值与绩效的评价不能完全依赖于直接的成果、收益。而定性指标虽然能较全面地反映竞争情报绩效水平,但由于每位研究者所站的角度不同,指标设定各不相同,对指标的理解也各不相同,主观性较强。

在竞争情报价值与绩效研究中,研究者从不同角度进行了有益的探索,取得了有价值的研究成果,但尚存在值得进一步深入研究的方面。

一方面,由于竞争情报绩效与价值影响因素研究中的缺憾,在绩效与价值评价研究过程中,无论是定量研究、定性研究,还是定量与定性相结合的研究,竞争情报价值与绩效评价体系指标的选取与设定过于随意,缺少整体性、协调性,不能完全、客观地反映被测对象的真实水平。

具体而言,现有研究构建形成的企业竞争情报价值与绩效评价体系,非简即繁,要么所设定指标过于简单,无法对竞争情报价值与绩效做出全面的评价,在实际评价过程中容易发生偏差,以偏概全;要么评价体系过于复杂,指标众多,没有清晰理顺指标间的内在关系,并存在指标评价对象相重叠、相交叉问题,也同样影响实际评价效果。

另一方面,从国内外现有研究可见,大部分研究侧重于文字的论述、理论的剖析和定性的演绎,侧重对相关学科的相关理论的吸收与借鉴。在研究过程中,规范性、逻辑性较强。虽然部分研究对所构建的评价体系进行了验证性实证研究,但整体研究结果实用性相对较差,可操作性与适用性不强。

　　综上所述，无论是在竞争情报价值与绩效的影响因素研究中，还是在测度研究方面，现有相关研究成果都为本书研究提供了有效的理论与论据支持。同时，我们发现，现有研究对企业竞争情报价值与绩效评价中的独立因素与指标过于侧重，对竞争情报价值与绩效的产生机理、内在机理关注不够，没有对其进行深入研究。研究中存在的缺憾和值得进一步探讨的问题为本书研究提供了研究的切入点，如何通过竞争情报价值创造的内在机理研究，全面科学地评价竞争情报价值与绩效，是值得关注的研究课题。

第三章　动态环境中的企业竞争情报力

竞争情报是企业了解生存环境与生存空间的重要途径，是企业分析竞争对手经营状况和自身竞争优势的基本工具，是企业发现潜在机遇、提升竞争力的有效手段。因此，美国哈佛商学院将竞争情报作为企业生存的第四要素（企业生存的四大要素为人才、资金、技术和竞争情报）（沈丽容，2003）。国际经验表明，竞争情报不仅是企业的一项工作、一种能力，还是企业的一大战略，是企业逐鹿市场、抢占商机、以智取胜的基本战略（普赖斯科特和米勒，2004）。

在动态环境中，竞争情报在企业战略决策中发挥着越来越重要的作用。企业在竞争情报工作中不断加大投入，以期获得更多的回报。竞争情报价值与绩效成为研究关注的焦点。只有在分析动态环境中竞争情报的发展趋势、剖析竞争情报内在构成的基础上，根据构成要素的特点与作用，协调各要素间的内在关系，取长补短、扬长避短，揭示竞争情报价值创造与价值提升的运作机理，整合竞争情报的工作流程，挖掘其潜在能力，才能真正提升竞争情报的价值贡献度。

根据本书的整体研究思路，本章首先分析动态环境中企业竞争的特点与竞争情报的发展趋势，构建基于动态环境的企业竞争情报价值链。以此为基础，从动态视角澄清并系统阐释本书研究的核心概念——"企业竞争情报力"，并从两个层面对其进行定性分析：一是概念层面，从企业竞争情报力概念界定入手，剖析企业竞争情报力内涵，辨析相关概念，为本书的主体研究内容奠定理论基础；二是研究层面，阐释企业竞争情报力的理论基础，对动态环境下的竞争情报力物化层面的特征、基本命题进行深入剖析。

第一节　基于动态环境的竞争情报

一、动态环境中的企业竞争

"不论对未来的研究有多透彻，我们都无法逃脱最终的两难境地，即我们所

有的知识都是关于过去的，而所有的决定都要面向未来。"（舍伍德，2008）

竞争环境是企业赖以生存的空间，是企业发展的舞台。作为一个复杂的开放系统，企业的生存与发展取决于与动态变化的外部环境的适应程度。企业绩效是外部环境、企业经营目标和企业内部条件三者间动态平衡的结果。环境对于企业经营活动的影响是巨大的，只有深入了解所面临的竞争环境，剖析其对企业各方面、全方位的影响，企业才能根据环境的变化不断调整自身的发展战略，与动态环境相匹配。

21世纪是知识经济时代，移动互联与经济全球化的发展改变着企业的生存环境。伴随着环境的变化，企业竞争也发生了根本性改变。21世纪的竞争是基于时间的竞争，速度决定一切，快速变化的市场环境、激烈的市场竞争和顾客需求的多样化及个性化改变了竞争的内涵。企业竞争是产品研发、质量、成本、服务等方面的综合较量，不管是提高质量、降低成本，还是新产品上市和满足顾客服务，都必须抢在竞争对手之前做到；21世纪的竞争又是全球范围内的竞争，在全球贸易一体化、市场一体化的趋势下，企业间的竞争已经完全打破了区域界限，企业面临来自全球范围的竞争对手的挑战。

总之，随着网络化、智能化与经济竞争全球化的发展，环境的变化改变了企业的竞争行动与竞争模式，速度取代了成本与价格，创新和学习取代了程序与纪律，全方位竞争取代了局部竞争，竞争焦点向价值链终端聚集。竞争环境呈现出动态化与复杂化，企业竞争由静态模式演变为动态模式，竞争形式多样化，竞争内容立体化，竞争趋向立体化、多方位，呈现出非连续性、非均衡性和超强竞争的特点（D'Aveni，1994）。D'Aveni提出了"超级竞争"（hyper competition）的概念，Georgy和Reibstein则提出了"动态竞争"概念。

通过对两种环境中的竞争进行比较（表3.1）可以发现，两种环境中竞争模式的根本差异点在于：竞争从"静态导向观"向"动态导向观"转化（王迎军和王永贵，2000）。静态模式下，竞争以产品为中心，企业关注的核心问题是成本、规模、效率、程序和组织纪律。企业的战略目标是保持长期竞争优势，而这种长期竞争优势来源于企业自身的传统优势及稳定的均衡模式。

表3.1 静态环境与动态环境的竞争比较

静态竞争	动态竞争
影响企业竞争的变量较少，各变量变化相对较慢	影响企业竞争的变量增多，各变量变化明显加快
竞争优势的可持续性较高	竞争优势的可持续性较低
竞争对手间的战略互动较慢	竞争对手间的竞争战略明显加快，表现出高连续性和高对抗性
新产品开发速度相对较慢	新产品开发速度很快
制定战略的目标是保持长期的竞争优势	制定战略的目标是创新的竞争优势
分析环境的方法有态势分析法、波士顿矩阵、波特模型等	分析环境的方法有博弈论、战略游戏法、情景描述法等

资料来源：任克夷和冯桂平（2004）

动态环境中，一切都发生了根本性改变，"稳定的均衡模式"在日益多样化和复杂化的环境中几乎不存在，企业竞争的突出特点是竞争互动的高连续性与高对抗性。企业间的对抗完全超越传统的产品与产品间的竞争而表现出明显的多层次性（Hitt et al.，1998）。企业间的互动、企业利益相关者间的互动、企业内资源与能力间的互动、联盟网络与虚拟企业等成为企业关注的焦点。同时，快速变化的外部环境增加了组织内部变化的不确定性。均衡已经被打破，变化是企业面对的永恒主题。在这样的竞争环境中，企业竞争优势的来源、竞争战略与竞争思维模式都发生了根本转变。

动态竞争中，企业间竞争由"机遇竞争"发展为"能力竞争"。核心竞争力成为竞争的真正主题，成为竞争优势的来源（Prahalad and Hamel，1990）。在动态竞争到来之前，竞争优势来源于正确分析经营环境、准确选择企业定位、及早进入市场抢得头筹，以时间换取利润空间。而动态竞争理论突出了企业间竞争的互动性与动态性。在多回合、高对抗的动态竞争中，任何一种先发优势战略都有可能被竞争对手的模仿与创新所击败，先发企业由于高成本和高风险，其所带来的优势表现得越来越弱。相反，竞争对手的抵抗实力却越来越强。因此，动态环境中，企业竞争优势不仅取决于时间在先，更取决于预测竞争对手反应、获取需求或竞争规则的改变信息、把握竞争机会的能力（图 3.1）。同时，企业的竞争模式与竞争方式也发生了根本性改变，企业更多地通过多元化、并购与兼并、进入新市场与新行业、合作联盟等行动来获取竞争优势，以网络组织、虚拟组织、知识组织、模块化组织等组织形式来击败竞争对手（王毅等，2000）。

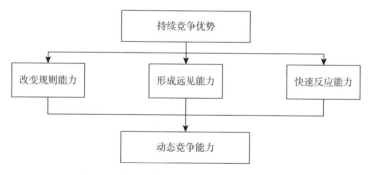

图 3.1　动态环境下企业竞争优势来源模型

资料来源：戴伊等（2003）

因此，动态环境中企业竞争优势的来源是能力导向的。此时，"快速的反应"、"竞争规则的改变"及"对未来发展的预见"的关键是把握机会放弃自己原有的优势而建立新的优势。持续创新是竞争优势的主要来源，企业只有通过持续性的战略突破，不断自我调整、更新或蜕变，不断通过能力与资源整合，将核心竞争力转化为现实优势，不断超越自我，提升或创建新的竞争优势，才有可能创造和获得可持续竞争优势。

　　动态环境中，企业竞争战略发生了根本性改变。基于静态环境的企业是以战略类型与战略角色等静态视角来讨论战略，而在动态环境中，企业的竞争战略更强调行动，以竞争行动的视角探讨战略，由以制定战略为重点转向以实施战略为重点（图 3.2）。这一重点的转换要求企业不间断地进行战略决策。战略关注点也从企业整体战略层面降到企业行动层面，从关注战略内容到着眼于互动过程（Miller and Chen，1994）。"要使企业整体战略有效发挥，就必须将其转化为大量优质的竞争行动"（Chen and Macmillan，1992），战略越来越关注多回合竞争互动中的细节问题，支持最后的竞争战略选择。同时，企业的持续创新与环境变化的持续性决定了企业的战略决策是一个持续性的战略突破过程，只有不断突破原有战略模式，才能适应环境变化的要求，才能不断推进企业发展。突破的持续性构成一个螺旋式的演化循环。

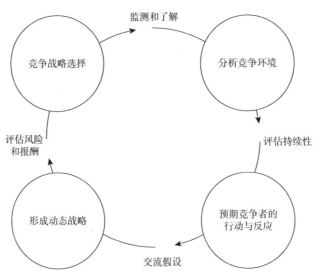

图 3.2　动态环境下企业战略实施模型

资料来源：戴伊等（2003）

　　连续性的战略突破需要持续的竞争情报与信息流，并需要完整的信息评估过程与持续的互动，需要情报与信息的支持，这样才能使企业战略与外部环境相适应，才能满足与竞争对手竞争互动的需要。

　　无论是超级竞争还是动态竞争，均是一种动态博弈和不完全博弈过程。在这个过程中，只有对日益复杂与动态的环境要素、特征、变化态势等进行长期的、连续的监测和跟踪分析，才能使企业的战略保持动态化，这种对动态竞争环境持续的监测与跟踪的实质是企业竞争情报工作。而在此项竞争情报工作中，传统的、侧重于静态的分析方法已经难以满足对动态竞争环境的分析。因此，竞争情报工作者需要在原有分析模式基础上选择新的视角与方法，以对这样一种复杂、迅速多变而又具有多重性的竞争环境做出恰如其分的描述和解释，对竞争条件进行互动分析，对竞争战略进行动态评价和选择，并据此来选择和制定企业的竞争战略。

动态环境中，环境变化在企业内部引起"共振"，无论是企业持续竞争优势来源的改变，还是企业竞争战略重点的转移，其根本是竞争思维模式的改变。思维决定行动，竞争思维模式改变是环境对竞争创新最强烈的冲击。传统的竞争思维是一种静态思维模式，将竞争优势视为能够在较长一段时期内存在或者维持的优势。在这种模式中，思维的立足点是企业自身，思维方式是"自我为中心"。这种思维模式的基本出发点是企业挖掘与利用自己的"长处"，并将这种"长处"作为竞争优势而长期保持。动态环境中，竞争思维模式发生了根本性的变化，是一种基于自我并与竞争对手的竞争思维相互交融的动态模式。在动态竞争条件下，企业虽然也要保持其竞争优势，但任何竞争优势都是暂时的，都有可能在短期内被竞争对手的反击行动所击溃。因此，企业只有积极主动地破坏现有优势并不断创造新优势，才能持续地发展。同时，动态环境中，竞争对手之间的战略互动（strategic interaction）成为企业战略的决定因素，多回合的互动要求企业在其战略中，不仅仅要考虑自身所拥有的资源，还要从对手的角度进行决策思维，在自身战略决策中融入竞争对手的竞争策略。

二、动态环境中的竞争战略

在复杂多变的环境中，动态竞争作为企业竞争的高级阶段，主要具有如下特征。

（1）竞争优势的短暂与竞争互动的加剧。D'Aveni（1998）指出，动态竞争环境中，竞争优势来源正以逐步加快的速度被创造出来和被侵蚀掉，企业对可持续竞争优势的全神贯注可能是致命的。因此，动态环境中，优势迅速转换是一把双刃剑。变化为希望努力创建新的竞争优势的企业提供了机遇，但随着环境迅速变化，刚培育的新优势又会成为企业发展桎梏，这就是经济学家所提出的"复仇女神法则"，即"祸兮福所倚，福兮祸所伏"。由此可见，动态环境中，企业要想获得长期发展，不应以获取持久竞争优势为出发点，而应不断自我否定，不断领先其他竞争对手，追求一系列暂时优势。同时，动态环境中，随着竞争优势的快速转换，竞争对手间互动加剧，互动性成为影响企业战略的决定因素，竞争规则因竞争互动而被改变，任何基于先发制人的竞争优势都有可能被竞争对手的快速反击击败。

（2）竞争界限模糊性与竞争对手不确定性。动态环境中，各种不确定因素是任何个人能力都不可能有效地控制的。随着竞争的动态化，竞争界限变得越来越模糊，竞争对手也变得越来越难以确定，越来越难以预测（戴伊等，2003）。在企业战略决策中，过去的经验、当前竞争态势及未来的环境变化都非常重要、缺一不可，直接决定竞争的主要对手和关键领域。环境的复杂性、动态性及未来发展所呈现出的不确定性，直接导致企业竞争范围扩大和竞争领域拓展，尤其是随着网络化发展，企业竞争甚至跨越行业界限，竞争边界日渐模糊与虚化，很难对复杂、迅速多变而又具有多重性的竞争领域做出恰如其分的描述与界定。在此环境中，企业的主要竞争对手在不断发生变化，经常有"不速之客"加入竞争行业中。消费者的需求直接决定竞争对手的变化，直接导致竞争对手的难以确定。

（3）竞争的对抗性与动态性。动态环境中，企业作为一种复杂自适应系统，随着环境的动态、复杂、无序变化而变化，由于外部力量和组织行为的交互，产生越来越复杂的相互作用，以此来指导企业内部环境的急剧变动过程中企业针对其竞争对手的市场行为。同时，动态环境中的竞争整体行为不同于相对平稳环境中的行为，呈现出高对抗性与动态性，强调企业之间的竞争是一种动态的、变化的过程，这与竞争环境的多变和难以预测是相适应的。首先是体现在时间概念上的动态性，企业与竞争对手的竞争互动相互转换，会一直持续到企业间的动态竞争结束。其次是空间上的动态性，最后是竞争形式上的动态性。

战略就是从充满不确定的未来中发掘机遇，只有在不确定的环境中思考企业战略才更具意义。当前，动态环境是决定企业战略的核心要素。在此环境中，企业间的高强度激烈竞争使任何一种竞争优势都是暂时的、都不可能长久保持，每一个竞争对手都在试图不断地建立自己的独特竞争优势，通过自我否定来领先竞争对手。因此，需要一种动态的竞争战略——一种能对竞争对手反应、客户需求变化及竞争环境的变幻莫测做出有效反应和调整的战略。动态竞争战略就是着眼于企业的长远发展，其实质就是在对环境和自我充分分析的基础上，选择组织的发展方向，是企业选择自己的跑道，不断创新突破，超越自我的过程。

动态竞争环境是不确定的，经营策略与风险密切相关。无论企业采取对竞争行为做出反应的创新战略（价值创新战略）、先发制人战略，还是采取向竞争对手发出信号策略、承诺策略等，企业战略管理都需要以动态的形式来进行，并在企业内形成动态战略能力。企业动态竞争战略要求企业采用新的战略方法和战略思维，重新对战略模式与过程做出选择，如图3.3所示。

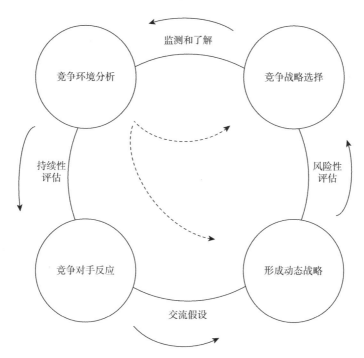

图 3.3　动态竞争环境中的战略选择基本过程

由图 3.3 可知，环境变化要素分析直接影响与决定最终战略选择的成效。动态环境中，竞争战略的制定过程并不是完全线性的过程，而是复杂的交互过程，其中，环境信息是整个竞争战略制定交互过程的基础与核心。

动态竞争环境中，企业真正的战略能力必须能够经受住长期和动态环境的考验或检验。这是因为，企业的成功或战略能力的获得不能只依靠某个时点的定位（市场定位或资源定位），而应该从长期来看企业的总体经营绩效或表现（冯桂平，2009）。企业如果不能培养其有效的环境监测、跟踪与分析能力来及时、有效地分析环境变化、适应环境的发展，最终会失去其生存的基础。只有具备很强的动态环境监测与跟踪能力的企业，才能够使它所拥有的资源和能力随时间变化而进行合理配置，并且能利用新的市场机会来创造战略能力的新源泉。

由上述分析可见，动态环境中，竞争战略的制定与选择是以环境的监测与跟踪为基础的。连续的环境监测与跟踪是判断环境变化、竞争态势、行业发展和对手行为的确定性依据。只有通过跨越时间维度的、持续的跟踪监测，才能及时察觉环境中的各种变化特征与信号，才能及时发现行业发展趋势，发现竞争的发展趋势和规律，预测未来竞争态势，推断其竞争制胜的战略目标与战略意图。

通过监测发现隐藏在纷乱复杂的环境发展变化表象之下的内部驱动力因素，

建立这些因素的确定性认知，进而重点对这些因素的发展变化进行持续跟踪，能更有效、准确地把握环境发展变化规律，能够体验到环境的发展、变化的各种可能性，并体验到某一种战略或一套战略选择所带来的竞争性冲击或影响。

三、动态环境中的竞争情报

动态环境中，企业竞争从静态竞争演化为动态竞争。从本质上讲，竞争模式改变的根源在于不确定性的递增，而这种不确定性主要分为两类：一类是概述不确定性，是由于要素或系统的随机行为增加而引起的信息和现象的不确定性；另一类是认识不确定性，是由人的思维、推理、认知等过程的变化引起的不确定性。企业赢得竞争、战胜对手、获得持续竞争优势的关键在于对这种不确定性的认知、了解（Powell and Bradford，2000）。

动态环境中，竞争企业的本质特征是其组织具有某种程度的智能，即具有了解其所处环境、预测其变化，并按预定目标采取行动的能力（成思危，1999）。竞争环境的动态性、竞争互动的高对抗性，要求企业必须善于发现市场机会，不断打破现有市场的均衡态，企业只有不断地学习与持续地创新，才能获取竞争优势。而企业的智能来自于信息的获取、组织、加工与分析，企业只有及时掌握环境的动态信息及关于竞争对手现行战略、行业假设、相对优劣势、组织目标等竞争情报，并结合企业自身的目标、能力、认知和现行战略，才能对竞争双方间的反应过程做渐进式的科学推理，逐步逼近现实中可能的真实竞争的结果。

在信息社会中，"信息租"是企业竞争优势的又一重要来源。"信息租"是由于企业所拥有信息在量与质上的差异而获取的超额利润，即拥有更多信息的企业可以获取信息优势，以机会主导行动，获得竞争优势。企业是社会信息网络的一个节点，其获取、分析、利用外部环境和竞争对手信息的能力取决于每个企业的信息意识、信息态度、信息素养与信息能力，取决于企业获取信息的时段、广度、深度、层次、内容和形式。因此，企业应该拥有以信息为主要战略资源的广阔视野，构建完整的信息系统（图 3.4），加强企业内外部系统化信息的获取与利用，提升信息敏感性和反应灵活性，整合、建立、重构内外部资源与价值链，以适应这种非线性变化的动态环境。

竞争情报是企业"信息租"的主要来源。尤其在动态环境中，面对竞争的不确定性，竞争情报成为企业与外部环境相适应、相匹配的桥梁与纽带，是企业在与竞争对手高强度、高对抗互动中所持的一把利器。Prescott 和 Miller（2001）指出，在世界范围内，竞争情报战略作为企业的基本战略之一，已经深深地嵌入企业肌体中，并在其战略决策中发挥着越来越重要的作用。"帮助公司发挥它们的聪明才智，制定出色战略，以战胜它们现在的、正在出现的和潜在的对手"。

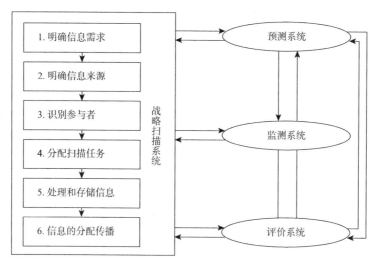

图 3.4　动态环境下企业信息系统模型

资料来源：霍春辉（2006）

综上所述，动态环境中的竞争情报发生了质的转变，由一种自由结构式、贡献偶然性的被动性服务转变为一种系统化、价值化的战略性活动，成为企业核心竞争力的重要组成部分（表 3.2）。

表 3.2　不同竞争环境中的竞争情报比较

分类	传统的竞争情报	动态环境下的竞争情报
情报边界	是竞争情报部门与竞争情报人员的职责	竞争情报已经成为企业内各个部门、所有员工的一项基本工作、基本职责
工作流程	是以任务为导向的一种单向的、平面的、线性的工作流程与工作模式	是以企业长期战略为导向的工作循环流程，呈现出多向、立体、多层面性
学习方式、创新模式	单回路的学习，通过企业对竞争情报工作的渐进式改变进行创新发展	双回路学习，竞争情报的创新与企业整体变革、战略突破联系到一起
情报增长方式	相对增长方式	绝对增长方式
关注焦点	竞争情报工作的每个具体环节、工作方法的改进与提升	竞争情报作为整体水平的提升、整体效能的提高，关注企业竞争情报的价值贡献度
作用焦点	战略决策、长期战略	战略与战术兼顾，长期利益与短期利益兼顾

面对动态、复杂的环境，竞争互动的高持续性与高对抗性对竞争情报提出了新的要求，更加强调竞争情报的针对性、对抗性、增值性与时效性。因此，在动态环境中，需要从市场竞争的动态过程来研究竞争情报，从企业整体的角度分析竞争情报价值链，将竞争情报看作企业整体经营活动动态发展过程中不可分割的组成部分，将竞争情报全面融入企业战略系统中，关注竞争情报与企业战略活动

和外部环境的动态交互性。

　　动态环境中，竞争情报成为企业战略不可分割的重要组成部分。在相对平稳的竞争环境中，企业决策对情报的需求是固定和有限的，只要求情报部门对特定的环境、明确的竞争对手进行非持续的跟踪与监测，竞争情报工作具有确定性和结构化的特征。在企业决策中，竞争情报是一种被动的服务，根据有限的需求为决策提供信息支持。而在动态环境中，竞争情报在企业战略决策中的重要性日益凸现，竞争情报已经成为企业核心竞争力培育与发展的使能器。竞争情报与企业战略间相互交融，呈现出共生状态，企业竞争战略制定离不开竞争情报的支持，同时，竞争情报紧紧围绕着企业竞争战略展开，随时与竞争战略保持着信息的交流。

　　动态环境中，竞争情报流程具有网络化的特点。随着竞争情报地位的提升、与战略决策关系的变化，竞争情报运转流程与运行模式发生了根本性改变，呈现出不连续、非平衡、非线性的特点，由原来单向的、线性的、平面的、较为静态的形式向多向性、非线性、立体的、多层级的动态模式转变，随时与战略决策保持信息的交流与反馈。高质量的竞争情报工作既需要每一个环节高质量的工作，又需要各环节之间相互联系、相互协调、密切配合，构成完整的、良性的循环。竞争情报过程不再是一个简单的循环过程，考虑到时间维度，它是一个不断增值的螺旋上升的过程。竞争情报流程模式的改变，将对整个竞争情报绩效提升、企业战略决策制定更具深远影响。

　　动态环境中，企业竞争情报呈现出"积聚式"的增长状态。企业竞争情报的增长模式由"漏桶"模式转变为"积聚式"模式（图3.5）。

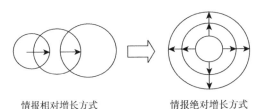

情报相对增长方式　　　　　　　　情报绝对增长方式

图3.5　情报增长模式变化模型

　　在相对平稳的环境中，企业竞争处于平稳状态，竞争情报需求相对稳定，主要针对特定事件、具体目标，是一种"一次性"行为。在每一个竞争情报流程结束后，此次竞争情报过程所获得的情报就像漏桶中的水一样随之流失，而等下一次情报需求提出后，再根据需求进行新一轮的情报循环。在这个过程中，虽然下一次获取的情报较前一次有相对的增长，但却没有完全挖掘企业原有情报的价值，忽视了情报与知识的积淀，这是一种昂贵的情报增长模式。在动态环境中，由于竞争日趋激烈、企业间互动的高对抗性及企业竞争优势不断转化，虽然竞争情报流程呈现出不连续、非线性的特点，但对情报的要求更具连续性、持续性、时效性和前瞻性。在这样的背景下，企业竞争情报的增长必须基于企业原有的竞争情报，在充分挖掘原有竞争情报资源潜在价值的基础上，获取关于外部环境与竞争对手的最新情报，竞争情报过程呈现出连续、循环的状态，就像同心圆一样，企业拥有的竞争情报持续由中心向外扩张，不断累积，呈现绝对增长状态。这种情报增长与使用模式不仅是一种更经济、更有效、更持续的竞争情报过程，还满足了新环境对竞争情报的要求。

动态环境中，影响竞争情报价值增值的因素日趋多样。竞争情报过程是企业获取所需情报并通过战略决策实现其价值的过程。伴随着外部环境的动态发展，企业战略性管理的发展要求将内容广泛的竞争情报持续地输入各个层级的管理流程中。同时，需要在组织内有效地管理与应用全部情报信息资源、知识资源、方法和经验等，而不将竞争情报工作与其他功能相互隔离；需要竞争情报的顺畅流动，以避免竞争情报流失、情报知识的缺乏或闲置以及竞争情报整体工作效率的下降。竞争情报不再仅仅是竞争情报部门的工作，它的边界越来越模糊。企业竞争情报实践表明，在动态竞争中，竞争情报已经成为企业各个内设机构、各个层面人员的一项基本性工作。只有突破原来固有的竞争情报狭隘边界，才能真正实现竞争情报流的畅通，实现情报的共享，真正发挥竞争情报价值，满足动态环境的竞争情报需求。同时，竞争情报价值贡献度不仅与企业竞争情报具体工作、环节密不可分，也与企业组织架构、领导者意识、企业文化、人力资源等因素不可分割。因此，在动态的竞争环境中，竞争情报整体绩效影响因素日趋广泛，不仅包括竞争情报具体环节、具体活动，还包括在竞争情报价值提升中相关的、隐性的影响因素。隐默于竞争情报价值链中的隐性因素、间接作用力在竞争情报价值创造中发挥着越来越重要的作用。

由此可见，动态环境中，竞争情报工作已经成为企业战略决策不可或缺的重要组成部分。既需要由具体到抽象对其展开研究，即关注企业竞争情报的基本活动、基本功能，研究竞争情报系统的功能、竞争情报价值链的运作流程；又要站在企业整体的视角，从企业价值链、价值贡献度的角度，由整体到细节来研究竞争情报，研究企业竞争情报活动的运行机理、运作规律，研究外部竞争环境与企业竞争情报的互动关系，研究关键成功因素与竞争情报价值贡献度，揭示企业竞争情报价值和绩效的内在构成要素与相互作用关系。在动态环境中，不仅关注企业竞争情报过去的经验，更要关注不断发展变化的环境与日益强大的对手，企业竞争情报未来的发展，影响其未来发展的要素及其运作机理，这对动态环境中的企业竞争情报是至关重要的。

第二节　基于动态环境的竞争情报价值链

一、竞争情报价值链

企业竞争情报是从信息收集到在决策中付诸实施、由若干环节构成的一个完整过程，这个过程又称为竞争情报流程（Herring，1997）。情报流程研究是竞争情报研究的一个基本问题。

在竞争情报流程基础上，1996 年，Powell 首次提出了"竞争情报价值链"概念。陈峰（2003）基于 Herring 的竞争情报循环模型，建构了竞争情报价值链模型。包昌火等于2002 年 7 月在北京"现代企业信息与情报策略高层培训班"的"竞争情报的获取和分析"专题报告中对竞争情报价值链做了较为详细的表述。图 3.6 为企业竞争情报价值链模型图。

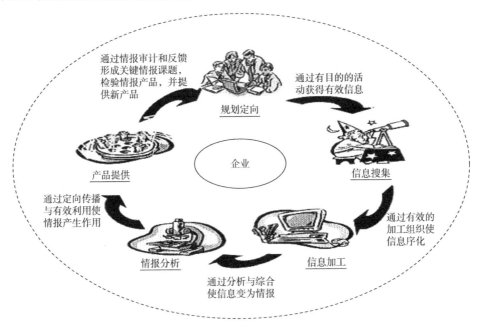

图 3.6　企业竞争情报价值链模型图

资料来源：包昌火等（2003a）

竞争情报价值链是由一系列相互联系、密切配合的竞争情报环节构成的以信息流为主要特征的竞争情报价值创造活动过程，是根据用户的情报需求，将获取的信息转化为价值增值的情报所必须完成的一系列活动的过程。竞争情报价值链是以情报价值增值为导向，以为企业决策提供可靠、及时、有效的情报支持为核心的情报价值创造体系。竞争情报价值链既是一个情报价值增值与价值创造的过程，又是一个由若干价值增值与价值创造环节所构成的情报价值体系。

高质量的竞争情报工作既需要每一个环节高质量的工作，又需要各环节之间相互联系、相互协调、密切配合，构成完整的、良性的循环，只有完成这个过程，竞争情报价值才能得以提升。

企业竞争情报价值链类似于企业的价值链。价值链的顺畅是企业持续发展的基础，通过价值链分析可以了解企业价值增值的全过程。竞争情报价值链是描述、识别、评价企业竞争情报主要活动与功能的基础。通过分析竞争情报价值链的内在构成要素及要素间的相互关系，可以了解竞争情报价值的形成、提升的作用机理。竞争情报价值链是了解、剖析企业竞争情报工作的内在机理及有效提升竞争情报绩效的基本点所在。

二、基于动态环境的竞争情报价值链模型

伴随动态环境中竞争态势的变化，企业竞争情报发生了新的变化，呈现出新的发展趋势。现有的竞争情报价值链模型与价值链研究反映了基于静态竞争模式的竞争情报价值创造过程，关注竞争情报的基本活动，关注通过竞争情报内部管理活动的情报价值提升。这种模型忽略了竞争情报价值创造中与其密切相关的其他因素、活动的作用与影响，已经不能客观有效地反映动态环境下竞争情报价值的创造过程。动态环境中，竞争情报地位的提升、竞争情报流程的改变、竞争情报边界的模糊、竞争情报增长方式的改变，尤其是基于竞争情报的反应——回应的动态竞争预测模型中企业学习方式的变化等，极大地改变了竞争情报价值链的内在关系、内在结构与运作机理。因此，需要调整思维，重新审视竞争情报流程，深入了解动态环境中的企业竞争情报的内在逻辑关系及运作机理，构建面向动态环境的竞争情报价值链，才能全面系统地分析与阐述竞争情报价值链的价值创造过程。

首先，竞争情报价值链情报增值活动体系发生变化。在动态环境中，情报加工、整理、分析等价值增值活动同时在虚拟空间（人的思想空间）、数字空间（信息的数字化、计算机网络空间）、现实空间（情报活动空间）中进行，是一个虚实交织与虚实转换过程。因此，竞争情报增值过程是现实增值链与虚拟增值链之间的交织与整合。同时，竞争情报价值链构成要素间不再是简单的线性关系，而是构成了一个相互作用、相互影响的网络，通过价值网络中各要素的交互扩展与动态发展来实现情报的价值增值，构成了一种多向性的、非线性的、立体

的、多层面的价值创造与价值增值活动体系。

其次，需要以企业决策（战略决策）的视角来剖析竞争情报价值链。在动态环境中，竞争情报价值链以决策为价值聚集点，强调情报价值创造环节与企业决策间的互动关系。虽然现有竞争情报价值链最终也是为企业战略决策服务，但是忽略了价值链中每个环节、每项活动与企业决策间的互动关系。因此，面向动态环境的竞争情报价值链，要能体现竞争情报价值增值与价值创造中信息流的非线性，反映价值链各个环节相互作用关系，强调各个价值创造环节与企业决策间的互动关系。

最后，动态环境中，在企业竞争情报价值链的价值增加与价值创造过程中，突出强调竞争情报价值链构成的整体协同性，更加强调竞争情报基本活动与其他相关要素之间的相互支持、相互配合的关系，它的价值贡献度更多地来自于竞争情报相关的"软"因素的影响。竞争情报价值链的价值增值过程体现了企业对整个竞争情报价值链的驾驭能力。在价值链中，不同环节、活动需要协作，与其他相关活动需要协调，各环节与活动需要优化组合，并不是其中某一个或几个环节起关键作用。因此，在动态竞争环境中，竞争情报价值创造是企业纵向整合能力与横向协调能力综合作用的结果。

根据波特价值链模型的基本理念，在原有竞争情报价值链模型基础上，构建了基于动态环境的企业竞争情报价值链模型，见图 3.7。

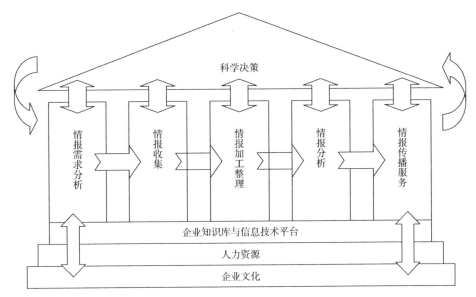

图 3.7 基于动态环境的企业竞争情报价值链模型

基于动态环境的企业竞争情报价值链模型简化与抽象了竞争情报价值创造的

基本流程，主要反映了竞争情报价值增值过程中的基本要素与环节、信息流两个重要方面的内容。对于企业竞争情报工作而言，在竞争情报价值链中，情报价值创造的基本环节是"径"，是价值链的"血脉"；信息流是"流"，是价值链的"血液"。只有"径"与"流"密切联系、有机整合，形成完整的、良性的循环，才能实现信息流畅通高效流动，构造成具有生命活力的竞争情报价值链。在这个价值链模型中，箭头代表了信息、情报的沟通与交流活动，体现了信息流的流向，反映了竞争情报价值的创造与提升过程。

基于动态环境的竞争情报价值链反映了竞争情报流程各环节间、与外部环节间的整合与协调关系，将原本被忽略的、静态的、相互脱离的要素与环节密切联系起来，消除了信息孤岛，实现整个竞争情报价值提升流程的无缝对接。通过对价值链的优化，在整合竞争情报价值链各个环节的基础上，统筹协调了竞争情报与相关部门、企业文化、人力资源的关系，并将这些与企业竞争情报价值创造密切相关的外部因素纳入价值链管理中。

动态环境中的竞争情报价值链是情报价值增值与价值创造的过程，是以企业战略决策为目标，根据用户情报需求，将获取的信息转化为价值增值的情报所必须完成的一系列活动过程。同时，竞争情报价值链又是一个由若干价值增值环节与价值创造活动所构成的价值体系，是以情报价值增值为导向，以为企业决策提供可靠、及时、有效的情报支持为核心的情报价值创造体系。

动态环境下的企业竞争情报价值链是对企业原有情报价值链的优化与完善。通过竞争情报价值链重构，保证了企业竞争情报在吸收原有优质"基因"的基础上，根据生存环境的变化及时调整工作流程，进行必要的创新，产生"变异"，很好地协调解决了积累与创新之间的矛盾，提高了价值链运行效率，保障整个通路对动态环境的快速协调反应。同时，体现了间接要素、间接力量在竞争情报价值流中的作用，为深入分析竞争情报价值创造的内在机理奠定了基础。

三、竞争情报价值链信息流

流是在组元之间发生，并把组元连接起来，构成有一定功能、一定目标、一定结构的具有流动和传递特性的客体（Hibbetd and Evatt，2004）。信息流就是存在于不同时空中认知主体间信息相互交换过程中的信息客体，它将组织从封闭系统演化为开放系统，实现基于信息反馈的组织的不断进化和序化（Oppenheim，1997）。

竞争情报价值链信息流是指在竞争情报价值链通道中的各种运动状态与运行形式的情报信息，它反映了价值链各环节间的相互关系与作用规律，是实现各关键环节有机联系、无缝对接的保证。同时，也反映了情报信息正反馈与负反馈的交互运动过程，体现了情报价值创造与价值传递状态。

在竞争情报价值链中，信息流的主体结构是由价值链的关键环节构成的。信源即价值链中竞争情报源，信道是指情报与信息在价值链中的交流渠道，信息栈是指构成竞争情报价值链的、信息交流渠道中的各个重要节点，信宿则是企业战略决策。来自信源的信息选择适当的信道，通过信息栈传递给信宿，与此同时，信宿通过反馈渠道将反馈意见和即时需求传递给信源，信源随时将修正和补充信息再次传递给信宿，以此形成双向、通畅、高效的信息流。

在竞争情报价值链中，信息流的驱动力不仅来自于"信息势差"，更主要的力量源自于激烈竞争中企业决策者的情报需求。信息流通过情报信息在价值链内的合理、有序、高效流动，可以满足决策者实时性、高效性、高质量的情报需求，真正实现"在正确的时间，将正确的情报以正确的形式传递给正确的人，为企业决策提供有效支持"的竞争情报价值链信息流的核心使命。因此，通过价值链信息流可以剖析价值链中显性信息与隐性知识的有效组织、控制和运用过程，可以揭示隐默于信息流背后的、影响情报价值增值的隐性因素与间接作用力。

动态环境中，竞争情报价值链信息流除了具有持续性、循环性、开放性与整体协调性的特征外，还具有一般环境中信息流所不具备的特征。

（1）网络性特征。动态竞争中，竞争情报组织结构呈现出分布式的发展趋势，而企业战略决策要求竞争情报价值链系统具有较高的整体性、高效性与协同性。同时，价值链中情报信息的需求与供给始终处于不断变化的状态，价值链各环节间、各环节与企业决策间随时发生着信息与情报交流。因此，动态环境中竞争情报价值链信息流是一个复杂的、网状的信息交换过程，即信息流具有网络性特征。在这个网络中，信息流同时在时间与空间维度传递，每个节点都可以跨越时空与其他节点直接交换信息，形成立体性的网络交流模式，满足企业战略决策的情报需求。

（2）双向性特征。动态竞争中，根据竞争情报价值链信息流所承载的内容，可以将信息流分为两种主要类型：一种是决策支持信息流；另一种是需求信息流（主要指反馈信息流）。随着竞争的日趋激烈，信宿（决策者）的反馈信息是提升情报质量的关键，是情报价值的决定性因素。积极准确地反馈信息能够及时表明信息的效用度，有效辅助信源调整所提供的信息，更好地满足企业决策需求，提升情报贡献度。因此，动态环境中竞争情报价值链信息流具有双向性特点，通过网络信道形成动态、双向、多次的情报过程以实现信息沟通与交流，完成情报传递与信息反馈。

（3）组分结合的流动性特征。动态环境中，信息流在竞争情报价值链中以即时传递与分组传递相结合的方式流动，即主要包括即时流与分组流。即时传递是信息流的主要流动模式，时时将所获取的信息经过整理、分析，传递给情报用户，为企业决策（主要是战术层面）提供支持。而分组传递则是在动态竞争中，竞争情报工作者根据企业战略决策的需要（尤其是关键情报课题的需要），将获得的来自于多方情报源的情报在价值链中的若干环节中进行深入分析、挖掘，并将获取的更具价值的情报以分批、分组的方式传递。组分结合的流动特征是以信息流基本形态为基础，以满足动态环境中组织战略发展对竞争情报的需求，提升竞争情报服务的层次与质量。

四、动态环境中竞争情报价值链运作机理

基于动态环境的竞争情报价值链模型是运用系统方法对竞争情报流程与构成环节分析的结果。以企业整体战略和整体目标为基准，全面整合与优化竞争情报流程，关注企业获取信息资源的渠道与方法，关注竞争情报环节的无缝对接，关注竞争情报过程的支持条件，关注隐默于价值活动与环节中的隐性因素。在对影响竞争情报价值提升的直接因素与直接作用力分析的基础上，突出强调了影响竞争情报价值创造的间接因素与间接作用力。

在这个模型中，企业知识库与信息技术平台、人力资源、企业文化是价值链基础，为整个价值链的正常运转提供了人力、技术、知识与精神保障。竞争情报基本流程是整个价值链的核心所在，体现了竞争情报循环的生命周期，直接反映了情报价值的增值过程。而竞争情报价值链的灵魂则体现在竞争情报在企业决策制定与实施中的作用，通过价值链最终提供的产品与每个环节和决策的信息交流，真正实现了价值链与决策的无缝对接和时时互动。

由竞争情报价值链模型可知，整个价值链是由两个大循环整合而成的。与原有竞争情报价值链相比，基于动态环境的竞争情报价值链的最大特点是情报信息流的变化，如图3.8所示。

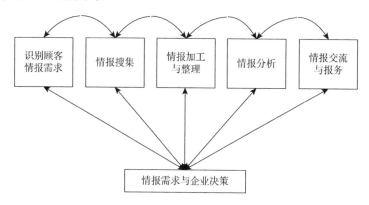

（a）动态环境下竞争情报价值链信息流

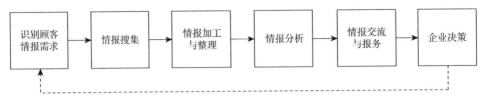

（b）传统竞争情报价值链信息流

图3.8　两种竞争情报价值链的信息流模式

这两种截然不同的情报流模式揭示了两种竞争情报价值链的不同运作机理。在动态环境中，竞争互动的高连续性与高对抗性打破了静态的线性模式，改变了竞争情报的信息交流过程。基于动态环境的竞争情报价值链是以企业的情报需求与战略决策为中心，通过改变信息交流与反馈路径对竞争情报价值链结构进行的重新设计。重新设计的竞争情报价值链实现了以企业决策与情报需求为中心点的网络模式，整合了竞争情报的所有活动、所有环节，使价值链中的每一个环节、每一项活动都与企业决策紧密地联系到一起，实现情报流程中每一个环节与企业决策的互动，通过及时的情报提供与反馈，满足企业在动态竞争过程中对情报的实时、灵活的需求。同时，情报流程参与者可以获取及时反馈信息，为价值链下一个环节的情报增值活动提供更为有效的服务，实现决策过程与竞争情报流程各环节的实时互动、无缝对接与高度整合。这种无缝对接与高度整合，从根本上改变了原有价值链的信息流的单向流动与不完全闭合性。这种竞争情报价值链界面动态无缝管理有利于企业借助于网络快速、高效地获取与传播增值的竞争情报，缩短信息交流时间与效率，降低信息交流中的短路或噪声，大大降低决策风险，满足动态环境、电子商务发展对竞争情报的需求。

基于动态环境的竞争情报价值链不仅是对企业竞争情报内部环节、活动与流程的再造，也是对企业竞争情报外部相关活动的管理与协调。企业对动态环境中竞争情报价值链的有效管理不仅要依靠竞争情报流程内部环节，更要依靠密切相关的外部资源。在动态环境中，竞争情报边界的模糊性决定了竞争情报已经超越组织内设机构界限，成为企业的一项基本战略活动，需要来自组织内各个部门、各种资源的横向整合与纵向协调。这种横向整合与纵向协调，为竞争情报工作提供技术、资源、知识、经验和精神支持。同时，在这种交流与互动的过程中，一方面将获得的有价值情报与本部门的工作相结合，提升自身工作绩效；另一方面，将情报积淀为企业的知识，成为企业知识库的重要来源。

第三节 企业竞争情报力的内涵

一、企业竞争情报力概念界定

企业竞争情报力是竞争情报经过长期发展所积累的、以整合与优化各方面资源与能力为基础、渗透于竞争情报价值链中、以竞争情报价值增值为内核的企业竞争情报综合素质。

企业竞争情报力是基于动态环境中竞争情报的发展而提出的。在动态环境中，伴随着竞争的加剧，企业对竞争情报的需求越来越强烈、要求越来越高，原有的竞争情报产品与竞争情报活动已经不能满足企业这种新的需求。企业竞争情报力是以竞争情报收集、整理、分析、利用等活动为基础，基于竞争情报价值链，充分发掘与利用企业现有的或潜在的各种资源，整合与优化竞争情报各方面能力，在实现竞争情报价值增值过程中所体现的一种综合素质。动态环境中的企业竞争情报力能够体现企业竞争情报的综合素质与整体水平，反映企业竞争情报现实的和潜在的发展资质，揭示竞争情报价值创造与价值提升的内在机理。竞争情报力与竞争情报价值贡献度呈正相关关系，竞争情报价值是企业竞争情报力实践的结果。

从概念的界定可见，企业竞争情报力主要包括以下几个层面的含义。

（1）企业竞争情报力是一种综合素质。企业竞争情报力是竞争情报各种资源、活动、能力综合作用的结果，是它们的综合效能，是对企业各种资源的充分发掘与有效利用，是对各方面能力的整合与优化，是企业竞争情报现实能力与潜在素质的有机结合。企业竞争情报力体现了企业竞争情报的综合整合与协调能力，反映了企业竞争情报整体水平。

（2）企业竞争情报力的内核是竞争情报价值增值。基于动态环境的企业竞争情报力是企业竞争情报的综合素质，它反映了竞争情报现实的和潜在的发展资质，最终以竞争情报价值增值为目的，在竞争情报价值创造与价值提升中发挥着重要作用，与竞争情报价值贡献呈正相关关系，能够满足动态环境下企业对竞争情报的更高要求。

（3）企业竞争情报力是竞争情报长期发展的结果。企业竞争情报力不是在一朝一夕可以培育或发展的，是经过企业竞争情报的长期实践积淀所形成的综合素质。正是这种累积性特点，才能真正反映竞争情报价值创造与价值提升的内在机理，才能在竞争情报价值增值中发挥重要作用。

（4）企业竞争情报力客观地存在于企业内部。竞争情报力是经过长期发展积累的结果，因此，每个企业的竞争情报力都是客观存在的。不同企业的竞争情报力间既具有共同性，也存在着异质性和差异化。

（5）企业竞争情报力是无形的，但却是可感知的。企业竞争情报力作为一种素质，其存在形式是无形的，渗透于竞争情报价值链中。但是，作为动态环境中竞争情报价值的重要来源，企业竞争情报力通过竞争情报价值提升、价值贡献度与竞争情报绩效得以体现，是可感知的，并最终影响企业的战略决策力。

（6）企业竞争情报力揭示了隐性要素在情报价值提升中的关键作用。企业竞争情报力是直接作用力与间接作用力共同作用的结果，是显性要素与隐性要素共同作用的结果。作为企业竞争情报的综合素质，动态环境下的企业竞争情报力更多来自于隐默于竞争情报价值链中的间接要素、间接活动与间接能力，这些隐性要素、隐性能力在竞争情报价值创造与价值提升中发挥着至关重要的作用。

二、企业竞争情报力理论基础

企业竞争情报力的理论基础是核心竞争力理论。核心竞争力理论不仅为企业竞争情报力研究提供了理论依据，同时，还为企业竞争情报力的研究提供了研究思路与研究方法。

在现代管理理论中，管理学将企业抽象为一个面向市场实现客户需求的能力体系，企业的发展过程就是这个能力体系不断升级和深化的过程（王庆东，2005）。能力成为竞争的基础性条件。自 Prahalad 和 Hamel（1990）提出"核心竞争力"概念以来，核心竞争力作为企业持久竞争优势的真正来源而备受关注。

虽然，学术界、企业界在"核心竞争力"的概念上没有达成共识，但对核心竞争力的基本认识是：企业核心竞争力是渗透于组织之中的，其他企业难以模仿的企业的综合素质，是由多种能力构成的系统，是企业持续竞争优势的来源。

在企业核心竞争力中，所阐述的"力"不是简单的或狭义的"能力"，它是一种广义的、具有丰富内涵的"能力"，其实质是一种素质。

能力与素质都与组织从事某些活动的能力有关。能力是指竞争者在子单元或区域性的范围内所擅长的工作，它是指一个组织能在多大程度上很好地完成或执行顾客焦点活动链或价值链中的具体活动，更多地体现在企业完成一定具体任务或活动所具有的技能、技巧上，是分析企业的基本单元，如传统意义上的单一生产能力、销售能力或研发能力等。而核心竞争力所论述的"力"，其内涵远远超出了狭义的"能力"，是企业显性能力与隐性素质的综合体，是一种综合素质。

素质是指在企业整体范围内，多个业务单元或产品部门内的多种能力与特长的综合体现。素质不可能仅仅源于一种活动、一个流程或一项功能领域，而是隐默于多个产品、多项业务单元或多种能力之中，是多个产品、多项业务单元或多种能力的综合体。

核心竞争力理论揭示了动态环境中企业竞争优势的真正来源。在前面的论述中我们谈到，动态环境中企业竞争优势来源于暂时的先动优势，来源于持续创新。但这种先动优势与持续创新的深层次影响因素是隐藏在企业资源背后的配置、开发、使用与保护资源的能力。格兰特利用核心竞争力获取竞争优势的方法模型全面地反映了企业持久竞争优势形成路径（图3.9）。

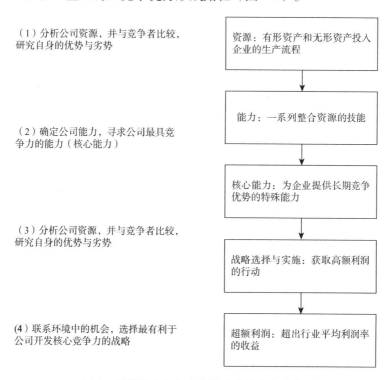

（1）分析公司资源，并与竞争者比较，研究自身的优势与劣势

资源：有形资产和无形资产投入企业的生产流程

能力：一系列整合资源的技能

（2）确定公司能力，寻求公司最具竞争力的能力（核心能力）

核心能力：为企业提供长期竞争优势的特殊能力

（3）分析公司资源，并与竞争者比较，研究自身的优势与劣势

战略选择与实施：获取高额利润的行动

(4)联系环境中的机会，选择最有利于公司开发核心竞争力的战略

超额利润：超出行业平均利润率的收益

图 3.9　利用核心竞争力获取竞争优势方法模型

资料来源：Grant R M. The resource-based theory of competitive advantage：implications for strategy formulation[J]. California Management Journal，1984，（5）：171-180

通过这个路径可以发现，在企业利用核心竞争力获取竞争优势的过程中，隐藏于显性因素背后的深层次因素发挥着重要作用。竞争优势来源于企业有效地配置稀缺资源、有效地为市场创造价值，更取决于为企业带来竞争优势的特殊能力（即企业整体素质）。核心竞争力是企业为了实现持久竞争优势所具备的一种内隐的素质，即使不通过竞争，这种素质也是伴随着企业而存在的，竞争优势只是

这种素质的实践结果或体现。企业核心竞争力理论揭示了人们对企业本质由浅入深、由片面到全面、由现象到本质的认识过程。

企业核心竞争力作为企业竞争情报力的理论基础，为竞争情报力概念界定、内涵剖析提供了有力的理论支持，为竞争情报力研究的深入发展奠定了理论基础。同时，企业核心竞争力的研究思路为动态环境下企业竞争情报力研究提供了清晰的研究脉络。根据这个思路，能够深入剖析竞争情报力的内在结构，揭示竞争情报价值创造的内在机理。

三、企业竞争情报力内涵剖析

通过企业竞争情报力概念的界定与理论基础的分析，可以发现，企业竞争情报力具有丰富的内涵。

首先，企业竞争情报力是企业竞争情报综合素质。这是竞争情报力的本质所在。如同人的素质一样，企业竞争情报力是一个抽象概念，是对动态环境中企业竞争情报整体水平与综合能力的一种概括与提炼。企业竞争情报力表现了企业竞争情报的整体水平、整体素质，体现了竞争情报价值链各环节协调发展、内外结合的情报价值提升过程，反映了竞争情报构成要素间相互作用、相互配合、相互协调的程度。企业竞争情报力反映了对企业竞争情报的本质由浅入深、由片面到全面、由现象到本质的认识过程，揭示了企业竞争情报现实与未来的发展潜力，代表了企业竞争情报最本质的内容。

其次，企业竞争情报力是企业核心竞争力的重要组成部分。企业核心竞争力是一个由若干子系统相互作用而成的复杂综合系统，这些具有不同功能、不同作用的子系统以明确的层次共同构成企业核心竞争力整体。企业竞争情报力就是其中的一个子系统，是企业核心竞争力的重要组成部分。随着现代经济理论研究的深入，企业契约理论、信息经济理论的发展使管理学界、经济学界认识到信息非对称性在企业绩效中的影响力。企业竞争情报力是企业通过其竞争情报活动调和与降低信息不对称性，为企业战略决策提供情报与信息支持的综合素质的体现，成为企业核心竞争力的重要组成部分。

再次，企业竞争情报力渗透于竞争情报价值链中。企业竞争情报力是一个抽象概念，是对企业竞争情报综合素质的抽象，存在于企业内质之中，具有非物质实体性。虽然它不是与竞争情报相关的人、物、活动本身，但又离不开人、物的基础，离不开企业具体竞争情报活动、管理活动。企业竞争情报力以情报价值链作为存在的基础，与价值链有机融合，最终以提供的增值情报的价值贡献体现出来。竞争情报价值链全面反映了动态环境特点，反映了竞争战略、竞争优势、竞争理论的变化，基于动态环境的竞争情报价值链，企业竞争情报力才能真正全面反映动态环境中企业竞争情报的综合素质与水平，才能更好地提升竞争情报的价值贡献度。

最后，企业竞争情报力揭示了竞争情报价值创造的影响因素。企业竞争情报力是竞争情报资源与能力综合作用的结果。通过竞争情报力，可以全面反映显性因素与隐性因素在竞争情报价值增值中的作用力与影响力。其中，显性因素体现在竞争情报价值链基本活动之中，是竞争情报价值创造的基础，没有显性要素的基础性工作与基本能力作用的发挥，就不可能有竞争情报力量的积累。而隐性因素则隐默于竞争情报价值链中，在竞争情报价值创造、价值提升中发挥重要作用，是企业竞争情报力的核心要素。隐性因素是竞争情报价值创造的关键，没有隐性因素的提升，也就不可能有竞争情报力质的飞跃。

总之，动态环境中的企业竞争情报本质上是一个复杂系统，这个复杂系统是企业应对环境变化、迎接竞争对手挑战、提升竞争优势的基础。而企业竞争情报力则反映了这个系统的整体水平与综合素质。通过企业竞争情报力可以整合与优化系统结构、协调运作机理、提高系统的运行效率，从而全面提升动态环境中企业竞争情报的价值贡献度。

四、企业竞争情报力的特征

企业核心竞争力是由多种子能力整合的综合系统。企业竞争情报力是核心竞争力系统中一个重要的子能力。作为核心竞争力重要组成部分，企业竞争情报力传承了企业核心竞争力所具有的特征。除此之外，企业竞争情报力还具有自己的独有特征。这是因为，企业竞争情报力作为一个独立的子能力，通过竞争情报价值创造与价值提升，为企业创造了有别于其他子能力的独特价值。

（一）动态性

动态性就是指企业竞争情报力的持续发展与不断提升的特性。企业竞争情报力的动态性主要体现在以下几方面。

动态环境中，唯一不变的就是变化。动态环境中的企业竞争战略呈现持续变化、动态发展的状态，必然要求与之相联系的各方面要素不断变化，否则，企业就会因失去平衡而偏离轨道。竞争情报作为联系企业与外部环境的纽带和桥梁，作为企业战略决策的重要组成部分，只有保持一种不断发展、不断提升的状态，才能与外部的动态环境相适应、相匹配，才能满足企业战略决策的需要。面对动态变化的环境，作为企业核心竞争力重要组成部分的竞争情报力，其动态性将直接影响到企业持续竞争优势的获取与维持。

企业竞争情报力是在竞争情报长期实践过程中逐渐积累、沉淀而成的素质。它不是静态的结果，而是动态的产物，需要经历较长时间的孕育、培养和凝练才能得以形成。因此，随着外部环境与内部条件的变化，随着企业竞争情报各方面资源与能力持续积累、提升，企业竞争情报力也处于不断生长的状态，呈现出动态发展态势。

企业竞争情报力虽然是企业自身所固有的，不因比较而产生，但作为企业竞争优势的重要来源，无论是绝对意义还是相对意义，能力素质不会随着时间的推移而保持静止不变。与竞争对手相比，企业竞争情报力总是处于增长或消退的状态中，这种持续的变动状态说明了能力素质的相对性，无法提升或增进的能力素质不可能成为竞争优势的持久来源。在理想状态下，企业竞争情报力应保持一种持续提升状态，这样才能为企业竞争优势提供持续的能量。

（二）异质性

异质性是指每个具体企业的竞争情报力所表现出的与众不同的特性，即其独特性。企业竞争情报力的异质性明晰并确立了竞争情报在该组织内部和企业外部的地位。同时，企业竞争情报力的异质性是决定每个企业竞争情报价值贡献度的充分而非必要条件。

企业竞争情报力随外部环境变化、企业发展而呈动态发展状态。在竞争情报力的培育与发展中，由于每个企业发展目标各不相同，企业自身条件和发展环境也各不相同，企业的个性、行业、所处的发展阶段也具有显著的差别，因而形成的企业竞争情报力是一个独具个性的系统。在这个系统中，系统的各个要素、各项活动、各个环节的联系与作用关系也显示出不同的特点。

异质性取决于竞争情报力的支撑平台——竞争情报价值链。虽然，不同企业的竞争情报价值链在结构上具有相似性，但其具体的内在活动、内在构成环节因企业不同而不同。尤其是隐默于价值链内部的隐性要素，在不同的企业中对显性要素具有不同的作用与影响，彼此间具有不同的内在作用机理。因此，每个企业通过对其价值链的各种要素、各个环节的整合与优化，通过构造符合自身特点的价值链而创造独特的竞争优势。

异质性强调了企业竞争情报力在其形成、开发、积累、提升与改进过程中的与众不同。每一个企业由于其性质、规模、文化的不同，由于其在竞争情报工作中的认识、架构、流程、投入上的不同，因而，所形成的企业竞争情报力也各不相同。

企业竞争情报力的异质性为企业竞争情报力研究提供了缘由。正是因为其独特性，每个企业都应对其自身的竞争情报力进行深入的剖析，为其竞争情报工作发展奠定基础。

（三）价值性

企业竞争情报力是对企业竞争情报综合素质的抽象与概括，是以全面的视角、从企业战略的角度对企业竞争情报整体水平的全面描述。企业竞争情报力的最终衡量标准是竞争情报价值贡献度，是竞争情报在企业战略中的价值。因此，不断的价值创造与价值增值是竞争情报力的最终目的，价值性是竞争情报力的一个根本特征。

企业竞争情报价值链是企业竞争情报力的基础。在动态环境中，企业竞争情报价值链发生了根本性的变化，价值链基本构成要素与构成环节间的相互联系日益紧密、协作不断增强、整体效应日益凸显。同时，价值链与外部环节的协调与整合也在不断提升，竞争情报力正是基于此而产生的。它反映了竞争情报价值创造、价值提升、价值贡献最本质的内涵，因此，价值性是竞争情报力的一个根本属性。

竞争情报力渗透于竞争情报价值链中，竞争情报力从一个新的视角揭示各种资源与能力要素在竞争情报价值创造、价值提升过程中的作用与贡献。竞争情报力的价值性直接反映了竞争情报绩效、竞争情报价值贡献度背后各方面要素间的相互联系、相互作用关系。

（四）持续性

企业竞争情报力的持续性是指企业竞争情报力从其萌芽到发展、从弱小到壮大的稳步发展、逐渐成长的线性的、连续的过程，具有一定的时间性。

作为企业核心竞争力的重要组成部分，作为竞争优势的重要来源，企业竞争情报力不同于核心竞争力中的其他构成要素，如企业的创新能力、企业技术能力等，这些能力在发展壮大的过程中，由于投入的激增或其他偶然因素的变化，可能会产生一种跳跃式的发展，呈现出一种非连续性、非线性。

企业竞争情报力的持续性是由企业竞争情报力的来源所决定的。企业竞争情报力是企业竞争情报的一种综合素质，是竞争情报长期发展累积的结果，是以企业竞争情报价值链为基础，显性要素与隐性要素相互作用、相互影响、共同作用而产生的。这种素质的产生发展不是一蹴而就的，而是随着企业竞争情报的发展，随着企业竞争情报价值链的逐渐优化、逐步完善而循序渐进发展的。因此，企业竞争情报力必然具有一种持续性的特点，呈现出稳步发展的态势，而不是企业一种急功近利的行为。

企业竞争情报力的持续性对企业竞争情报发展具有指导作用，为企业竞争情报发展提供了有益的思路。企业竞争情报力的持续性决定了企业在其竞争情报力的发展与提升中应该是一种持续的、累积性的、全面的投入，企业竞争情报力的持续性也决定了竞争情报力发展规律与发展路径，为企业提升其竞争情报力提供了有益的指导。

第四节　企业竞争情报力基本命题

一、企业竞争情报力是一个动态系统

竞争情报力是对企业竞争情报综合素质的抽象与概括，它是一个有机的动态系统。基于企业竞争情报价值链，企业竞争情报力是由构成竞争情报价值链基本要素与基本环节、隐默于价值链中的隐性要素与间接作用力共同构成的，整合与优化了竞争情报的现实的和潜在的资源与能力，反映了构成要素间的内在关系，是一个复杂系统。

企业竞争情报力作为一个动态系统，可以从空间维度与时间维度两个层面对其进行分析。在空间维度层面，企业竞争情报力是由显性的要素、活动与隐性的、社会的、文化的要素、维度共同构成的有机系统。这个系统具有存在性，虽然它是一个无形系统，却在空间中具有存在性，而且主要基于竞争情报价值链而存在。在时间维度层面，企业竞争情报力遵循着自身发展规律（沿着其演化路径）在开放中与外部动态环境相互作用，不断地运动和变化，从萌芽到壮大，不断成长、持续发展与提升，以求实现企业竞争情报价值贡献的最大化。企业竞争情报力的空间特征使竞争情报力的存在表现出系统的结构性，企业竞争情报力的时间特征使竞争情报力表现出过程的动态性。

企业竞争情报力是一个有机动态系统。企业是一个具有自觉意识、能自主行动的有机体。企业为了维持生命与实现目标，不断与外部环境进行物质、能量、信息交换。竞争情报则是实现企业与外部环境信息交换的重要桥梁与纽带。企业竞争情报力是基于竞争情报价值链，渗透于价值链中的有机体，是通过价值链对相互联系、相互作用、相互影响的竞争情报的现实的或潜在的、显性的或隐性的资源与能力的整合与优化。企业竞争情报力是企业生态系统的一个子系统，是企业生态网络中一个重要组成部分。在企业竞争情报力的成长过程中，同企业一样，与外部环境不断进行物质、能量与信息的交换，因此，企业竞争情报力是一个有机的、具有生命力的、不断成长的"生态系统"。

"企业不仅要把企业视为资源的集合，而且还应对企业积累和扩散新的技巧和能力的机制以及影响这个积累过程速率和矛盾的作用力予以关注"（Teece and Risano，1994）。企业竞争情报力作为一个动态系统，只有不断适应环境变化，识别并把握环境所提供的机遇，才能真正体现竞争情报的价值所在，满足企业战略决策需要。作为一个有机的动态系统，企业竞争情报力的内在构成系统也处于不断发育、生长的状态。只有认真审视、剖析动态环境中的竞争情报价值力的内在构成，根据企业与外部环境相匹配要求，不断优化、完善竞争情报力的内在构成，才能提升竞争情报力，才能为企业获得可持续竞争优势提供有力支持与保障。

二、企业竞争情报力是一种组织资本

企业竞争情报力是一种组织资本。组织资本就是在充分挖掘与调动企业内的所有资源（尤其是无形资源）的基础上，通过对其内在关系的整合优化与合理分配利用，使其产生一种集聚效应，形成处于动态环境中组织的一种新型资本，这种资本将以独特的作用与影响，使企业内资源的贡献始终处于一种无限增长的状态（Coombs，1996）。企业竞争情报力代表了超越于竞争情报价值链各个环节、各个构成要素的能力与绩效简单加和之外的企业竞争情报综合素质、综合效能。它的价值比竞争情报中任何个体要素的努力和任何单独情报行为更加持久。企业竞争情报力是在动态环境中，企业在竞争中所形成的一种新兴资本、一种新的投资价值观，是组织需要长期投资和长期发展所累积的、其竞争对手却不能复制甚至不能清晰界定的资本。

Amit 和 Schoemaker（1993）指出，企业的能力具有组织特定性，通过企业资源之间的复杂交互作用而得以不断发展，是基本人力资本间的开发、运载和交换信息而实现的。企业中的序参量是组织资本的重要来源。序参量是微观子系统集体运动的产物，是描述系统整体性的参量，是合作效应的表征和度量。序参量的形成不是外部作用强加于系统的，而是来源于系统内部。序参量支配子系统的行为、主宰系统整体演化过程。序参量一旦形成，就支配一切子系统按序参量的"命令"行动，子系统的合作产生序参量，序参量命令子系统合作行动，相互成为对方存在和发展的条件（张文松，2005）。企业的竞争优势不仅来源于要素禀赋，还来源于这些要素的联结和运用方式（Penrose，1995）。序参量是参量，序参量的概念是对一般系统理论提出的非加和性原理的有力证据。

企业竞争情报力是一个具有内在结构的有机整体和复杂系统，是基于动态环境下的企业竞争情报价值链，是由一些可观察、可描述的显性因素、直接活动和隐默于竞争情报价值链中不可观察的隐性因素、间接作用力构成的系统，体现了企业竞争情报的综合素质。在企业竞争情报力尚未形成之时，竞争情报价值链中各个要素、竞争情报各项活动在竞争情报价值提升中各自发挥作用，形成一些相对独立的竞争情报能力，并且根据当时的竞争环境变化，适时对其情报能力进行调整，为企业在特定的竞争中赢得一定优势。但是在动态环境中，竞争日趋激烈，竞争互动呈现出持续性与高对抗性，竞争情报的相互分离、相互独立的各自优势很难为动态竞争中的企业战略决策提供有效的服务保证，很难满足企业的情报需求，很难在与对手的情报竞争中获得优势。企业竞争情报力的形成，不是竞争情报各方面能力简单加和的结果，而是它们通过自组织过程协同形成的、描述整体性的参量。只有竞争情报价值链的内部构成要素、基本环节都达到可能发生合作关系的临界状态时，各能力子系统才会产生强关联、形成合作关系和协同能力，导致序参量出现，在企业中形成竞争情报力。

在动态竞争环境中，企业竞争情报力一旦形成，就对竞争情报的一切行动、一切行为、一切子系统、一切子能力起着绝对的指挥和控制作用，使其全部按竞争情报力的"指令"行动。企业竞争情报力虽然以动态环境下的企业竞争情报价值链为基础，但影响着价值链中的各个构成环节的相互合作、相互协同关系，影响并决定着价值链中信息流的流速和畅通性，并决定了竞争情报的价值增值。正是企业竞争情报力这个序参量促使竞争情报系统中的各个子系统、竞争情报价值链中的各个环节、竞争情报工作中的各个构成要素和构成维度，成为彼此相互依存、相互发展的必要条件。

因此，企业竞争情报力是企业竞争情报序参量产生的一种组织资本。这种组织资本对竞争情报的基本能力起支配作用，驱使各基本能力的运动演化，引导各基本能力的发展提升，进而达到竞争情报力的演化、发展与提升；这种资本在企业竞争情报价值的创造与提升中发挥重要作用；这种资本由于其独特性、持续性，是其他竞争对手难以模仿与复制的，是组织独特的资本；这种资本给企业带来的价值成为企业竞争优势的重要来源。

三、企业竞争情报力是持续竞争优势的来源

Rumelt（1982）认为，企业中存在着一种带有根本性的，能够产生独特竞争力的，导致企业成功的特殊资源（隐性资源）。这些隐性资源是企业在很长的一段时间内，通过确定的、其他企业难以模仿的过程积累起来的。动态环境中，这些隐性资源是企业竞争优势的重要来源。

企业竞争情报力是在竞争情报中长期积淀的、在动态环境中凸现的、具有异质性的企业内在综合素质。不同企业具有其独特的竞争情报力，竞争情报力是企业持久竞争优势的重要来源。企业竞争情报力是一种资本，以其资本的独特性参与到竞争情报的价值创造中并在竞争情报价值增值中发挥重要作用。并且，竞争情报力在企业竞争情报价值贡献中的作用是竞争情报长期不断发展的结果，是一种累积效应，不是在短期内所能形成的。竞争情报力作为一种组织资本，是一种无形资本，是不能完全通过货币价值来计算与衡量的，是其他企

业、竞争对手难以模仿和学习的。因此，企业竞争情报力作为企业一种独特的资本，在企业竞争优势的形成过程中发挥着重要作用，是企业持久竞争优势的重要来源。

企业竞争优势不仅来源于要素禀赋与所拥有的资源，关键在于对要素禀赋与资源进行有效的配置、联结与运用。而这种配置、联结与运用又要与外部动态环境相适应，及时掌握竞争对手的战略信息情报，才能使得企业的资源禀赋发挥最大的效能。因此，企业在资源禀赋的有效利用中，需要不断"搜集"外部的信息。竞争情报力决定了企业获取信息能力的水平，进而决定了资源禀赋的发挥，这意味着竞争情报力是企业竞争优势的潜在来源。同时，企业作为一个完整的系统，具有较强的自我调节功能，企业的持续竞争优势就取决于企业自我调节功能的强弱。企业系统信息反馈机制决定了企业作为一个完整系统其自我调节功能的一个重要机制。在企业内外环境的不断变化中，企业系统通过信息反馈机制与外部环境相联系，使系统各种变化限定在允许的范围内，以保持企业系统的正常获取能力并承担相应的社会责任。企业系统自我调节功能决定了企业系统的防御功能，即抗风险能力的大小。当外部环境变化时，企业系统自我调节功能首先就表现为企业系统的信息反馈机制及时、有效地发挥作用。竞争情报力是企业系统信息反馈机制功能的重要衡量指标。

在竞争情报中，竞争情报价值随着竞争活动结束而快速得以实现，具有立竿见影的效果（惠志斌，2006）。这种效果虽然为企业每次战略决策提供了有益的情报支持，但是，对企业持久竞争优势形成贡献较小。而企业竞争情报力则改变、弥补了竞争情报价值的短期性。在动态环境中，企业竞争情报力伴随着组织生存的始终，是竞争情报长期发展的结果，是历史的积淀，是企业竞争情报的综合素质，功效随着时间的增长而逐渐增强，并且在潜移默化中提升企业竞争情报的价值贡献度，对企业竞争优势获取与维持具有重要的作用。

第五节　企业竞争情报力与相关概念关系界定

一、相关概念界定

概念是企业竞争情报力研究的关键点，是研究框架的重要组成要件。只有对竞争情报力与相关概念清晰界定，明确概念之间的联系与区别，才能掌握每个概念的精髓，才能抓住每个问题所关注的焦点，才能把握研究的重心。

在竞争情报研究中，相继出现了竞争情报能力、情报竞争力两个与企业竞争情报力相关的概念。

竞争情报能力（Dutka，1999；Bernhardt，1999；Fleisher and Blenkhorn，2001；Crowley，2004；骆建彬和付明智，2001）是企业获取竞争情报并利用竞争情报指导行动的能力，主要是指竞争情报的基本工作环节、基本活动中所表现出来能否满足企业竞争情报需求的能力。

情报竞争力（杨学泉，2003；骆建彬和严鸢飞，2005；包昌火等，2004a；曾鸿，2005；杨鹏鹏，2005a）是企业感知外部环境变化并及时做出反应，从而更好地适应环境变化的能力，即企业获取竞争环境、竞争对手等的信息，经过处理分析后成为有价值的情报并加以有效利用的能力。这是企业对外界环境适应和驾驭的能力，是现代企业竞争力的重要表现（骆建彬和严鸢飞，2005）。

情报竞争力概念是我国学者于 2001 年 11 月在北京召开的"提升企业情报竞争力清华峰会"上首次提出的（赖晓云，2005）。

也有学者对情报竞争力提出不同的解释，如王培林（2005）认为情报竞争力是克敌制胜、获得竞争优势的能力。

在竞争情报能力与情报竞争力的研究中，我们发现存在着相互混淆的情况，尤其是在英文译名的使用中。Dutka（1999）、Bernhardt（1999）、Fleisher 和 Blenkhorn（2001）、Crowley（2004）在研究中使用 competitive intelligence capability 和 intelligence capability 两个概念，虽然没有对两个概念进行严格的定义，但通过研究表明这两个概念内涵存在差异。而在我国学者的研究中，虽然对概念做了清晰的界定，但在使用中却存在一定的混淆，没有对竞争情报能力与情报竞争力进行严格的区分，如包昌火等（2004a）将情报竞争力称为情报能力。同时，在英文译名的使用上，将 capability 与 competence 等同起来。虽然 capability 与 competence 都可以译为"能力"，但二者的内涵具有很大的差异[①]。通过对两个概念研究内容的分析，可以发现，虽然在研究内容、范围上有差异，但基本上属于 capability 的范畴。

从竞争情报能力与情报竞争力研究内容的深度与研究范围的广度来看，二者之间存在着一定的差异。

在研究内容上，竞争情报能力以竞争情报基本工作环节、基本活动中所表现出来的能力为主，Johannesson（2001）认为竞争情报能力同时包括为企业竞争情报活动做出贡献的人员、竞争情报技术和交流资源等要素；而情报竞争力则由监视并分析竞争环境变化的能力、获取并分析竞争对手信息的能力、研究和制定竞争战略的能力、企业信息安全和自我保护的能力、情报共享和快速反应的能力

---

① capability：the ability or qualities necessary to do something. competence：the ability to do something well.
来源于：Hornby A E. 牛津高阶英汉双解词典. 第 6 版. 石孝殊，等译. 北京：商务印书馆，2004：234，334.

这四种能力所构成（包昌火等，2004a）。

在研究范围上，与竞争情报能力相比，情报竞争力具有相对丰富的内涵，是在竞争情报能力基础上表现出的与竞争对手相比的竞争力，它表现为一种比较能力，是通过与其竞争对手相比较而显现出来的一种能力。

通过对竞争情报能力与情报竞争力研究的深入分析，我们发现，虽然竞争情报能力与情报竞争力在竞争情报价值创造中发挥着重要作用，但是，它们体现的是情报价值创造与价值提升中的一种基本能力、必备能力，关注的对象依然是竞争情报的基本要素、基本活动。不可否认，从竞争情报能力到情报竞争力，反映了竞争情报研究已经呈现出由以往仅注重竞争情报基本活动、实际操作方法与技术的研究向竞争情报深层次的内在作用机理研究深化的端倪。但是，情报竞争力作为企业竞争情报外在竞争力表现，突出强调了竞争情报作为一种比较而存在的形式，强调与竞争对手的比较、与竞争环境的适应，侧重于从外部视角来看待企业竞争情报，忽略了隐默于竞争情报价值链中的内在因素、隐性因素在竞争情报价值贡献中的作用。

基于上述分析，现有的研究对企业竞争情报价值创造与价值提升的内在机理研究还不够深入，缺乏对影响竞争情报价值增值深层次、隐默性因素的分析，缺乏对企业竞争情报潜在素养、潜在能力的分析，缺乏面向未来的发展、未来变化方面的研究。为了能够更加清晰地描述在动态环境中企业的竞争情报综合素质，对企业竞争情报水平有一个更加准确的评价，为了能够反映隐默于竞争情报价值链中的隐性影响因素，为了能够揭示动态环境中竞争情报价值创造与价值提升的内在机理，本书对动态环境下企业竞争情报力进行重新界定与剖析。

企业竞争情报力是对企业竞争情报综合素质的一种抽象、一种概括，它既反映了企业竞争情报基本活动、基本要素等显性因素，又反映了隐默于竞争情报价值链中对情报价值创造与提升起关键作用的隐性因素。它既能够反映企业竞争情报素质的外部表现力、与竞争对手比较的竞争优势，又能够反映企业竞争情报在组织内部的价值贡献度。

企业竞争情报力与竞争情报能力、情报竞争力之间的差异见表 3.3。

表 3.3 企业竞争情报力相关概念比较

项目	竞争情报能力	情报竞争力	竞争情报力
概念内涵	企业获取竞争情报并利用竞争情报指导行动的能力（Dutka，1999；Bernhardt，1999；Fleisher and Blenkhorn，2002；Crowley，2004；骆建彬和付明智，2001）	企业感知外部环境变化并及时做出反应，从而更好地适应环境变化的能力（杨学泉，2003；骆建彬和严鸢飞，2005；包昌火等，2004a；曾鸿，2004；杨鹏鹏等，2005a）	是竞争情报经过长期发展所积累的、以整合与优化各方面资源与能力为基础、以竞争情报价值增值为内核的企业竞争情报综合素质

续表

项目	竞争情报能力	情报竞争力	竞争情报力
英文译名	competitive intelligence capability	intelligence capability; intelligence competence	competitive intelligence competence
内部构件	竞争情报基本工作环节、基本活动；为企业竞争情报活动做出贡献的人员、竞争情报技术和交流资源等要素	监视并分析竞争环境变化的能力、获取并分析竞争对手信息的能力、研究和制定竞争战略的能力、企业信息安全和自我保护的能力、情报共享和快速反应的能力	是由竞争情报各种要素、各种显性能力与隐性素质所构成的复杂体系
基本性质	竞争情报的基本能力	基于竞争情报基本能力的适应环境变化的能力、与竞争对手相比较的竞争力	企业竞争情报的综合素质，竞争情报现实与潜在的发展资质
关注焦点	以竞争情报基本能力为焦点，关注短期竞争情报近期的价值贡献	以适应现实环境的变化需要，关注竞争情报在竞争中的价值贡献	着眼于现实与未来的发展，竞争情报价值贡献的长期性
内容范围	研究内容浅、范围窄，仅限于竞争情报最基本构成要素与情报活动	研究内容较深、范围较宽，研究内容与范围拓宽到影响竞争情报外部竞争力的因素	研究内容深、范围宽，将所有影响竞争情报价值贡献的因素均包括在内

　　通过表 3.3，可以清晰界定企业竞争情报力、竞争情报能力、情报竞争力三个概念之间的关系，具体概念关系图见图 3.10。

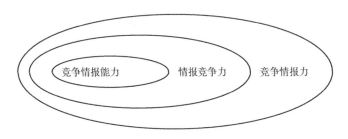

图 3.10　竞争情报力与相关概念关系图

二、企业竞争情报力与情报竞争力关系辨析

　　企业竞争情报力与情报竞争力之间的差异主要体现在以下几个方面。

　　从概念内涵看，情报竞争力是组织获取信息、感知外部环境并与之相适应的能力，这是企业竞争情报的最基本功能的外在表现，因而，情报竞争力还属于一种基本能力。而竞争情报力则全面地反映了企业竞争情报综合素质，不仅反映了基本能力，还反映了企业竞争情报隐性能力与发展潜力。

　　从时间角度看，情报竞争力主要反映了企业现实的竞争情报能力和在未来较短时间内的发展能力。而竞争情报力不仅体现了企业竞争情报现阶段的综合素质与整体水平，还反映了企业竞争情报未来的发展能力与发展潜力，勾画出了企业竞争情报未来的素质水平。

从存在形式看，情报竞争力是因比较而存在，它反映了与竞争对手相比较所具有的与外部环境相匹配的优势。而竞争情报力是一种经过长期发展积累的内生的综合素质，更多地体现了影响竞争情报价值创造的显性因素与隐性因素的相互协调、相互融合的关系，是组织所独有的。每个企业的竞争情报力都具有其异质性。

从关注焦点看，情报竞争力所关注的重心在于如何提升企业对外界环境的适应和驾驭能力，关注竞争情报的外在绩效。而竞争情报力的主要关注焦点是如何有效整合、利用企业内的所有可以利用的资源（显性的与隐性的），并以资本形式投入竞争情报价值链的价值创造中，发挥其在价值创造与价值提升中的作用，提高竞争情报价值贡献度。

从环境特点看，情报竞争力虽然反映企业与外部环境的适应与驾驭能力，但它更多地关注相对稳定的、变化相对较慢的环境，反映了基于这样环境的企业竞争情报的竞争力。而竞争情报力则是在动态环境上，在环境的快速变化、竞争对手间竞争互动日趋激烈、企业竞争优势难以长久维持的状况下提出的。它是对动态环境中企业竞争情报综合素质的抽象与概括。

三、企业竞争情报力与竞争情报能力关系辨析

企业竞争情报力与竞争情报能力之间区别主要体现在以下几个方面。

从研究重点看，竞争情报能力是显性的，所以其研究重点为"评价"。所谓评价，就是用事先设定的指标和标准与企业的实际相对照。而竞争情报力是一种综合素质，它既包括企业竞争情报显性能力，又包括隐性素质。研究关注的焦点在于如何去挖掘未知的、隐性的因素，即基于企业竞争情报价值链，挖掘隐默于价值链中的对提高企业竞争情报绩效贡献最关键的要素与能力。

从研究对象看，竞争情报能力主要关注竞争情报的基本要素、基本活动，关注这些基本要素与基本活动效能的发挥，以这些基本要素与基本活动作为基本的对象。而竞争情报力不仅关注竞争情报的基本要素与活动，更关注隐性要素与间接作用力，关注竞争情报价值链的内部关系与作用机理。因此，竞争情报力的研究对象是整个竞争情报价值创造的过程。

从研究视角看，竞争情报能力的研究通常是站在竞争情报职能部门的角度对竞争情报工作进行研究。而竞争情报力的研究，则是企业从全局角度对本企业的竞争情报工作素质进行的全面评价，是具有全局性的。

从研究性质看，竞争情报能力研究通常是对企业竞争情报基本工作的客观评价，可以通过定量的研究，利用较容易获取的相关数据，通过科学指标体系的设

定，客观地反映企业竞争情报工作的实际情况。企业竞争情报力反映了企业竞争情报基本能力、竞争能力和未来发展潜力的综合素养，因此，竞争情报力的研究，必须在定量分析的基础上，采用主观与客观、定量与定性相结合的评定方法。只有在科学、系统的定量指标分析的基础上，采用能够反映竞争情报工作实际的定性描述指标，才能真正反映企业竞争情报素质的全貌。

第四章　企业竞争情报力结构分析

企业竞争情报力概念的提出是动态环境中竞争情报理论发展的结果。企业竞争情报力是企业竞争情报整体水平与综合素质的概括和抽象，体现了企业竞争情报的现实能力，反映了企业竞争情报潜在的发展资质，是企业核心竞争力的重要组成部分。

如前所述，企业竞争情报力是一个由多个层面、多种要素相互交织、相互作用而成的一个动态的、复杂的、立体的有机体。要对企业竞争情报力有一个全面而深入的认识与了解，就必须对其内在结构进行深入剖析。只有对其进行详细的解构，才能全面了解企业竞争情报力的内在构成。只有了解竞争情报力的构成要素与内在构架，才能真正理解要素间的相互联系、相互影响的作用关系。只有理解其作用关系，才能揭示竞争情报价值创造与价值提升的内在机理。

第一节　动态环境下企业竞争情报力识别路径

企业竞争情报力是一个动态系统，由一系列相互影响、相互作用、相互制约的因素构成。深入剖析这个系统的基础是有效识别。而传统的基于竞争情报活动分析竞争情报能力的方法越来越难以适应竞争环境的快速变化与发展，制约了对竞争情报力的识别与分析。在动态环境中，必须用一种动态的、发展的视角来对竞争情报力进行识别，来深入剖析竞争情报力的内在构成。

本书所阐述的动态环境中企业竞争情报力识别主要包括两个层面含义：其一，是用动态视角来观察现实中的企业竞争情报。基于竞争情报价值链，对竞争情报价值提升内在机理进行深入剖析与动态研究。其二，是直接把企业竞争情报作为一个有"生命"的有机体，研究其作为一个有机生命体在经历不同发展阶段具体演变过程中的生命成长与发展历程。因此，可以从竞争情报力的内部构成和外部绩效两条路径来对竞争情报力进行识别与分析。内部构成路径以竞争情报价值链为基础，从显性能力与隐性素质角度揭示了竞争情报力的内在结构体系，而外部绩效路径则从客户角度、以绩效为视角对生长中的竞争情报力加以识别与剖析。

一、基于内部构成的竞争情报力识别路径

根据企业经济租形成和维持的差异，Schalze（1992）在企业经济租上持有静态和动态两种观点。静态观点关心"租"的维持（sustainability）而不是"租"的创造。长期的（持久的）竞争优势与所获取的资源是稀缺的、有价值的、不可完全移动的和不可替代的（Barney，1991），因此，企业经济租来源于保持特定的资源优势而形成的市场均衡。动态观点则强调动态性，认为竞争优势的维持关键在于企业的创新能力，在熊彼得创新框架基础上，强调学习与创新能力的积累。企业要获得竞争优势就必须比对手创造更高的价值，而创造高价值的能力又依靠其资源的存量（企业特有的资产和生产性要素如专利、品牌、声誉、顾客基数以及人力资源）及其在使用这些资源的经历中获得的独特能力（企业与竞争对手相比做得特别好的活动）。

企业经济租理论是从内部构成路径识别与剖析企业竞争情报力的理论基础。通过经济租两种观点的深入分析可见，静态观点是从企业资源优势与显性能力维度剖析竞争优势的来源，而动态观点则是从企业所拥有的隐性能力（素质）角度分析竞争优势的来源。

竞争情报力是企业竞争情报综合素质的抽象与概括，其基础是竞争情报价值链。竞争情报价值链是以信息流为主要特征、将原始信息转换成价值增值的情报的价值创造过程（陈峰，2003）。在价值链的价值增值过程中，竞争情报基本流程（即需求分析、情报搜集、加工与整理、交流与服务）与各种资源决定了情报价值。动态环境中，竞争情报价值链中的各种因素在情报价值创造中的作用发生了巨大变化，隐默于价值链中的隐性因素发挥着越来越重要的作用。与此同时，伴随着环境的动态发展，竞争情报价值链的价值创造机理也发生了根本变化，情报的加工、整理、分析等价值增值活动同时在虚拟空间（人的思想空间）、数字空间（信息的数字化、计算机网络空间）、现实空间（情报活动空间）中进行，是一个虚实交织与虚实转换的价值创造过程，突出了竞争情报价值链重构活动，致力于对价值链各环节之间、与外部环节间的整合与协调，以实现各环节间的动态无缝联结，实现价值链的不断优化与创新，而这一过程是以信息技术平台、企业知识库、人力资源、企业文化为基础的。

二、基于外部绩效的竞争情报力识别路径

竞争情报力是每个企业所固有的，反映了企业竞争情报的综合素质。其最终的评价标准是企业竞争情报当前及未来的绩效。而竞争情报绩效是竞争情报在价值链中价值提升的真正体现，竞争情报绩效由情报在企业战略决策中的价值贡献度所决定，最终检验者是其客户（内部客户、决策者）。因此，顾客满意度是衡量竞争情报的最重要标准（Fleishet，1991；Davison，2001）。

竞争情报是以满足客户的情报需求为根本目标。企业竞争情报是否具有旺盛的生命力，主要是看它能否根据客户的情报需求为企业决策提供有价值的、难以替代的情报保障与智力支持，能否提升顾客的情报满意度。客户的情报需求可以分为两大类：第一类是客户明确的情报需求。根据企业战略决策和战术制定需要，竞争情报工作者按用户所提出的情报需求，直接为其提供实时、有效的情报，满足顾客创造价值的需要。第二类则是客户潜在情报需求。该类需求的满足是一种以竞争情报工作为主导的工作，是一种主动的竞争情报工作。竞争情报工作者根据动态环境的变化，及时、准确、有效地预测出客户潜在情报需求，并主动提供情报服务，为顾客创造全新的价值。

因此，在企业竞争情报力的识别与分析中，需要以竞争情报顾客价值贡献度为视角，以为客户创造价值为出发点，分析竞争情报带给顾客的价值，分析在竞争情报价值与绩效中的主要因素、关键因素，剖析各要素之间的相互作用、相互影响、相互融合对竞争情报绩效的影响。同时，需要剖析处于不断变化、发展中的各种因素与顾客满意度之间的关系，在提升持久顾客价值贡献度方面的作用。"不识庐山真面目，只缘身在此山中"，站在客户的角度，以现实与未来的时间跨度，将竞争情报价值与绩效作为分析的基础，这样才能更系统、更全面地对企业竞争情报力内在构成进行有效识别与分析。

三、企业竞争情报力的路径依赖性

在一个企业发展历程中，企业核心竞争力是逐渐形成、不断发展的。企业生存与延续依赖于对这种演化的成功管理（周清杰，2005）。而企业核心竞争力的演化与发展总是靠近以前的行动和已有的知识。根据这一特性，Leonard-Barton（1992）提出了核心竞争力的路径依赖与核心刚性（core rigidities）概念。所谓路径依赖性，就是企业核心竞争力的发展走向是它现有位置和以前道路的函数。核心刚性是指企业核心竞争力发展由于具有路径依赖特征而具有一定的刚性，形

成面对变化的环境的"在位者惰性"（incumbent inertia）。虽然核心刚性与路径依赖性对企业核心竞争力的创新与发展有一定的制约和限制，但却为识别和分析企业核心竞争力提供了良好的路径与契机（刘勇和马胜杰，2001）。

竞争情报力作为企业持续竞争优势的重要来源，是核心竞争力的重要组成部分。因此，路径依赖性与核心刚性理论同样适用于企业竞争情报力的分析。路径依赖性与核心刚性理论为识别与分析企业竞争情报力提供了参照路径。依据企业竞争情报力成长与发展路径，根据竞争情报工作的成功经验与失败教训，结合影响企业竞争情报工作诸方面因素，同时参照不同企业竞争情报的共同特点，挖掘推动其他企业竞争情报工作成功的共同因素，由此可以对企业竞争情报力进行剖析，形成具有普遍性的企业竞争情报力内在结构体系。

第二节　企业竞争情报力内在结构

根据企业经济租、路径依赖理论，以竞争情报价值链为基础，解构企业竞争情报力的内在结构，剖析企业竞争情报力构成要素及要素间的作用机理，是对企业竞争情报力研究的进一步深入。

企业竞争情报力是对企业竞争情报综合素质的抽象与概括，反映了企业对其竞争情报中的各种资源和各项能力的整合与优化能力。该能力是以竞争情报价值链为基础，由多种因素相互作用、相互影响而构成的。在这些构成要素中，竞争情报的基本要素和基于价值链的竞争情报活动是一种"硬性"的、显性的要素，是竞争情报力的基础构件，是竞争情报力发展与提升的物质基础。同时，在竞争情报价值创造与价值提升过程中，还存在着"软性"的、隐性的、潜在的因素，隐默于竞争情报价值链中，在竞争情报价值创造与提升中起到关键作用。这些因素是整个企业竞争情报活动的神经中枢，是竞争情报力的核心价值所在。竞争情报力就是竞争情报价值创造中的"硬性"因素与"软性"因素的有机结合，是这些因素相互作用、相互影响、相互支持的结果。

根据企业竞争情报力构成要素的不同性质与特点，考虑要素在竞争情报价值提升中的不同作用与影响，以及彼此间的相互作用关系，只有从有形（活力、资产）和无形（素质、潜能）、静态（技能）和动态（活动）等多角度、多层面入手，才能对竞争情报力的内在结构进行全面、系统的剖析。

基于上述分析，企业竞争情报力就如同海中的冰山（图 4.1），由两部分构成，一部分是外显于海面的部分，而另一部分是隐藏于海平面之下的部分。因此，可以从显性能力与隐性素质角度解构与剖析企业竞争情报力的内在构成。显性能力就是冰山露出海平面部分，是竞争情报力的外在特征、外在表现，是可观察、可通过具体活动加以识别的能力，反映了企业竞争情报工作的具体表现，但是，显性能力只是冰山的一角，只反映竞争情报力的一小部分。隐性素质则是冰山隐藏在海平面以下的巨大体积，是竞争情报力的核心部分，是企业竞争情报力构成的主体，反映了隐性要素间的相互作用、相互影响关系。这些隐性要素渗透于竞争情报价值链中，是不可观察的，不能直接通过具体活动进行识别，必须对其进行深入的挖掘与剖析，透过现象看本质。

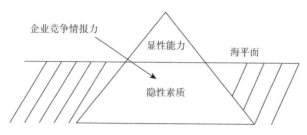

图 4.1　企业竞争情报力内在构成冰山图

以竞争情报力的显性能力与隐性素质为基本点，以竞争情报价值作为深入剖析竞争情报力内在结构、构成要素与要素间相互作用的重要依据，可以对竞争情报力的内在构成进行更深一步的解析。从企业竞争情报力的现实存在、竞争力提升、未来动态发展的角度出发，通过剖析竞争情报价值链的构成，剖析影响竞争情报价值创造与价值提升的所有因素与作用力，按竞争情报力的内在发展逻辑，可将企业竞争情报力分解成为三个主要层面，即企业竞争情报能力、竞争情报竞争力、竞争情报发展力。竞争情报能力是企业竞争情报力的基础，是金字塔的根基，而竞争情报竞争力、发展力是企业竞争情报力动态发展的核心与关键。这三部分有机结合，构成企业竞争情报力的金字塔大厦（图 4.2）。

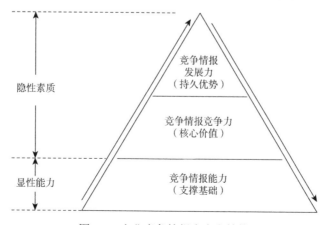

图 4.2　企业竞争情报力内在结构

　　企业竞争情报力金字塔式内在结构模型从下层到上层依次是企业竞争情报能力、企业竞争情报竞争力、企业竞争情报发展力。

　　竞争情报能力主要是指完成企业竞争情报基本流程的胜任能力及其硬件、软件支持系统（物理系统）的基本水平，是企业完成竞争情报工作的基本能力与基本条件，是一种基准性胜任能力（这里所指的"能力"是一种狭义能力），存在形态上基本是要素性的、显性的。

　　竞争情报竞争力是指与现实或潜在的竞争对手相比，企业竞争情报获得比较优势的素质。竞争情报竞争力是在以动态竞争为主要特征的市场环境中，企业通过不断优化配置竞争情报要素资源，整合竞争情报价值链，充分利用外部环境提供的资源与机遇，与现实的或潜在的竞争对手相比获得竞争情报比较优势的素质。竞争力是企业竞争情报长期发展过程中逐渐积累而形成的，是与竞争对手或优秀模型（model）相比所具有比较优势的一种企业竞争情报综合素质的隐性表现，对竞争情报价值增值与发挥企业整体竞争情报优势具有主导作用，存在形态基本上是结构性的、隐性的。

　　竞争情报发展力是指动态环境中企业竞争情报持续发展的潜力与素质。面对日益复杂的动态环境，企业需要不断地吸收、深化和开发竞争情报隐性素质，持续提升竞争情报价值创造能力。竞争情报发展力是企业竞争情报潜在资质的体现，是企业竞争情报力结构中的一个重要层面。企业竞争情报发展力形成是一个阶梯的递进过程，需要相当长的时间（刘冰，2006）。它不是一个起点，更不是一个终点。发展力具有一种"自举"的功能，是企业竞争情报力的自组织、再创造过程。

　　竞争情报力是一种综合素质、是一种整合力，是对特定时间、特定条件下企业竞争情报工作的高度概括。但它并不是高度抽象、不可捉摸的。竞争情报能力是竞争情报力的外在特征、外在表现，只是竞争情报力冰山的一角。在海平面以下，隐藏着竞争情报力主要构成部分。通过竞争情报能力，仅仅能够从表象来理解竞争情报力，而要对竞争情报力进行深入的剖析，就必须透过竞争情报能力表象对其背后的竞争力、发展力进行全面、系统、深入的剖析，解构竞争力、发展力的构成要素及要素之间的关系，这样才能全面理解、把握企业竞争情报力。

　　企业竞争情报力内在结构三个维度是对构成竞争情报力基本要素的一种抽象与提炼。在三个主要构成维度层面中，只有竞争情报能力是要素性的、显性的，其他两个维度都是结构性的、一体化的。通过对企业竞争情报力三个主要构成维度进一步深入剖析，可以搭建企业竞争情报力内在结构框架（图 4.3）。

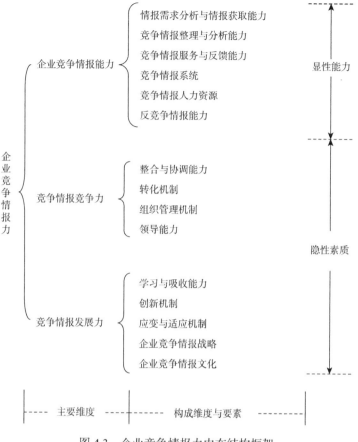

图 4.3　企业竞争情报力内在结构框架

由此可见，企业竞争情报力是一个由多层次、多要素构成的一个具有复杂性、层次性的素质系统。通过这个框架，可以从静态角度、微观层面对企业竞争情报力有直观的、清晰的了解，有利于对其构成维度与要素进行进一步的剖析，有助于进一步分析各要素间的作用关系及对竞争情报力的影响。

第三节　企业竞争情报能力

竞争情报能力是企业竞争情报力的主要构成维度，是竞争情报力金字塔的基础，是竞争情报力外在表现，是企业完成其竞争情报工作的基本能力与基本条件，是一种基准性胜任能力。竞争情报能力伴随着竞争情报工作的出现而出现，有竞争情报工作就必然有与之相伴的竞争情报能力。它全面地反映了企业竞争情报工作的基本活动能力，是企业利用竞争情报资源的能力，是一种显性能力。伴随着竞争情报工作的不断发展，竞争情报能力也会不断地提升。

竞争情报能力以企业竞争情报价值链为基础，是竞争情报价值链构成环节的反映。在竞争情报价值链中，通过竞争情报收集与获取、整理与分析、服务与反馈等基本环节，能够全面、准确地把握企业竞争情报需求，准确定位情报来源，有效分析并利用所获情报为企业决策提供情报支持与智力保障（沙克尔和吉姆比克侬，2005）。同时，竞争情报价值链的基本活动是以竞争情报系统与人力资源为基础来完成的。信息技术对信息流进行组织并有助于突出其基本情报功能（米勒和企业情报智囊团成员，2004）。竞争情报系统决定了情报的畅通与效率。在竞争情报价值链中，影响到各个环节的效率与效果的决定因素是人。人力资源在竞争情报能力中起着至关重要的作用。在企业竞争情报工作中，与竞争情报活动相对应的反竞争情报能力，其作用结果直接影响到竞争情报力作用的发挥。

在本章中，主要以企业竞争情报价值链作为分析着力点，依据动态环境中企业竞争情报价值链构成，综合企业竞争情报工作的外在表现与显性能力，主要从竞争情报需求分析与情报获取能力、竞争情报整理与分析能力、竞争情报服务与反馈能力、竞争情报系统、竞争情报人力资源与反竞争情报能力等方面来深入分析与探讨竞争情报能力内在结构。

一、竞争情报需求分析与情报获取能力

竞争情报需求分析与情报获取能力是指在明确决策者竞争情报需求基础上，广泛利用各种有效的竞争情报源，快速、高效、及时收集和获取信息与情报的能力。

在企业竞争情报能力基本构成中，情报需求分析与情报获取能力是其基本构成维度。根据 Herring（1991）最初提出的"竞争情报循环模型"所包括的五个基本环节（图4.4），情报需求分析与情报获取是企业竞争情报工作的根本出发点，是整个工作的基础，是竞争情报价值链的起点。它主要包括情报需求分析、情报源的确定、情报收集方法与行动、网络情报获取等一系列活动，这些活动的效果不仅影响着竞争情报需求分析与情报获取环节的效能，并将决定竞争情报价值链的价值创造，这些要素是情报需求分析与情报获取能力的主要构成要素。

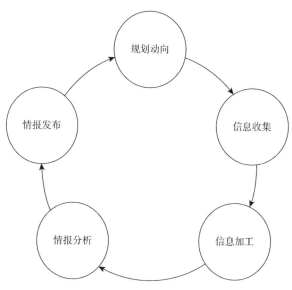

图 4.4　竞争情报循环模型

资料来源：Herring（1991）

　　竞争情报分析是竞争情报价值链的关键环节，也是竞争情报绩效衡量的重要标准（Davison，2001）。顾客是所有市场行为的最终目标，理解顾客的行为、需求和期望是（并且将继续是）市场战略发展的根本内容（韦斯特，2005）。不同的部门、不同的情报用户对竞争情报产品的内容、形式、表达方式等，会有着不同的需求与要求。同时，企业战略决策的时效性、影响度、复杂性、时间跨度、空间跨度等因素，同样会影响到对竞争情报产品的不同的需求。企业是一个开放的系统，不断地与外界环境进行信息交流与沟通，尤其是在动态环境中，企业竞争环境的快速变化、企业组织结构的重构、企业与竞争对手的互动，会不断产生新的情报需求。与此同时，情报需求的表达方式、反应模式也发生着动态变化。决策者情报需求的正确表达与否，竞争情报工作能否正确地识别与确定用户的关键情报需求，直接影响情报收集与获取的质量（Francis and Herring，1999）。

　　情报源的确定与情报的有效收集是情报需求与情报获取能力的一个重要构成要素。在很大程度上，竞争情报工作成功与否取决于能否从一个最佳角度，用最佳的方法和手段来充分利用、挖掘与整合可能的竞争情报源（王晋，2005）。竞争情报源的广泛性、多样性、可靠性与利用的有效性直接决定了所收集和获取的信息与情报的质量，直接决定了竞争情报在决策中的价值贡献度。企业竞争情报来源主要包括第一信息源（primary source）和第二信息源（second source）。第一手信息具有价值性大、时间性强等特点，可能是最相关的情报，但也最难获取，是竞争情报价值贡献度的主要来源。而第二手信息具有可靠性强、易获取性、成本低的特点，是第一手信息的基础和有益补充。考虑到信息收集的全面性、系统性、针对性和可靠性（查先进，2000），根据不同情报需求、不同战略决策特点，有效利用这两种信息源，扬长避短，两种信息源有机结合，以及灵活多变的收集与获取手段、方法与技术，都是企业竞争情报收集与获取能力的重要基本构件。

企业情报需求分析与情报获取能力还取决于网络情报资源的有效获取与利用。随着移动互联网的快速发展，信息搜索发生了革命性变化，改变了每一位严谨的研究人员获取信息的方式。无论是做基础研究，还是深入研究，互联网都具有基础性的作用，它几乎可以为所有的学科提供最快捷的信息获取方式（沙克尔和吉姆比克依，2005）。互联网发展为竞争情报的收集与获取提供了极大方便，成为企业竞争情报重要来源之一，也是企业竞争情报不可或缺的收集与获取渠道。在克服网络信息过载与低质给情报收集工作带来的负面影响后，搜索引擎、主题指南、网络搜索器等搜索工具以及数据挖掘、网络机器人等新兴的、功能强大的数据搜索工具的有效运用，不仅决定了企业竞争情报工作利用互联网获取情报的效率与效果，也影响了企业竞争情报收集与获取能力。因此，网络情报收集与获取是企业竞争情报能力的重要构成要素。

二、竞争情报整理与分析能力

竞争情报整理与分析就是将所获得的竞争环境、竞争对手和企业自身数据与信息转化为与决策相关的竞争情报。信息是客观事物存在方式或运动状态的直接或间接的反应。情报是对使用者具有参考价值和决策意义的信息，是对信息经过一系列组织、加工、分析、研究的产物。情报来源于信息，是对信息加工的结果。情报是经过分析并用来支持决策的信息。分析是原材料（数据）和增值产品（情报）之间的桥梁（米勒和企业情报智囊团成员，2004）。离开了信息，情报就成了无本之木、无源之水。竞争信息分析是企业竞争情报工作的核心，它是将信息转化为情报、使信息智能化和增值的关键。

竞争情报整理与分析能力是企业竞争情报能力的一个重要组成部分，是企业竞争情报竞争力的显性能力的关键所在，是竞争情报能力的核心能力。它最终决定着竞争情报的价值贡献度。从竞争情报开始为管理者、企业界所重视之日起，竞争情报分析与处理能力就日益受到各界的关注，成为研究的重点（包昌火等，2003a）。这也是区分优秀企业与一般企业的标准。情报整理与分析能力强弱是评判企业竞争情报力的一项重要指标。

竞争情报整理与分析能力主要由以下几方面要素构成：情报整理与分析流

程、情报分析方法、情报分析与预测能力等。

情报整理与分析是对原全源情报/信息（raw all-source intelligence/information）进行处理（processing）和分析（analysis）的全过程，主要是对搜集到的原始信息从格式转换、记录、集中、分类、组合、评级，到信息的加工、内容剖析、研究，最后形成为企业决策提供支持的竞争情报产品的全过程。竞争情报整理与分析是企业竞争情报的"制造流程"，它是竞争情报的转换系统，以人的智力为主导，实现信息的集成、重组和智化。竞争情报分析人员应用恰当的分析方法与技术、采用人工分析与机器辅助分析相结合的手段，将信息有序化、系统化、层次化，转化为价值增值的情报产品。情报整理与分析流程是企业竞争情报价值链的关键环节。信息在这个环节流程上的畅通性、时间的有效性都影响到整个价值链的效率与效果。

分析是竞争情报中最困难的环节，分析人员要根据宏观经济、微观经济、战略管理、专业技术等方面的综合知识，对所有的信息加以综合、评价，研究信息的可靠性、真实性和相关性。分析需要很高的技巧和勇气，因为它要求分析人员权衡信息的重要性，寻找分析模式，并根据分析人员的研究提出不同的方案。同时，采用的情报分析方法是否恰当、有效、实用，能否将各种分析方法相结合，能否借鉴其他学科的信息分析方法与手段，都将影响到情报分析结果的客观性、公正性、真实性和有效性。目前企业竞争情报分析中所采用的为数众多的方法往往是借鉴或者整合了许多基本的情报研究方法。随着信息处理和分析技术的飞速发展，以自动化和智能化为目标的竞争分析软件大量涌现，出现了竞争对手分析技术智能化的势头。

三、竞争情报服务与反馈能力

竞争情报服务与反馈是竞争情报价值链的最后一个环节，也是竞争情报价值实现的关键环节，通过服务，将竞争情报价值链所创造的增值产品最终提供给情报用户。竞争情报分析者的关键任务之一就是保证他们的发现在可接受的时间范围内送达使用情报的员工手中（韦斯特，2005）。情报的价值最终取决于其在决策中所发挥的作用。竞争情报服务与反馈是竞争情报能力的重要组成部分，更是竞争情报工作与企业战略决策相联系的纽带与桥梁，是竞争情报价值实现的路径，其能力发挥直接影响到企业竞争情报力。

竞争情报服务与反馈质量的高低是由服务的方式与效率、产品的形式与品质、服务角色、沟通渠道等多方面的因素所共同决定的。将竞争情报处理与分析结果以恰当的方式、恰当的途径提供给恰当的企业高层管理者和各职能部门，作为企业战略、战术决策的重要依据，并及时得到对竞争情报的使用、需求的意见反馈，以及对竞争情报工作的评价，都是竞争情报服务与反馈环节重要的工作内容。这些因素构成了竞争情报服务与反馈能力。

在竞争情报服务方式中，竞争情报报告不是"一个适合所有人的产品"（王煜全和 Zutshi，2004）。竞争情报工作者要根据情报用户的具体情报需求，结合情报用户特点、企业战略决策特点，为其提供多样化的、具有个性化的竞争情报产品，真正满足用户的情报需要。同时，情报报告内容的可靠性、语言的精炼性、表述的准确性、理解的容易性都直接影响到情报整理与分析阶段的情报产品的有效利用与效能发挥，影响到报告对决策者的影响，影响到价值的实现。

在竞争情报服务中，竞争情报产品向情报用户传递过程中的服务方式、服务效率、服务渠道等是衡量服务质量的重要标准，能否提供多渠道、多方位、高效率的服务，是评价竞争情报服务的重要因素，能够反映企业竞争情报的能力与素质。

在竞争情报工作中，沟通渠道的多样性与通畅性也会影响到情报用户对情报产品、情报服务的意见与要求的反馈，影响到情报用户对情报需求的进一步传递。因此，与情报用户沟通渠道的设置方式与运行模式等，都将影响到竞争情报的服务质量，影响到竞争情报工作的绩效。

四、竞争情报系统

Prescott（2001）指出，企业竞争情报系统是一个持续演化中的正规和非正规化操作流程相结合的企业管理子系统，它的主要功能是为组织成员评估行业关键发展趋势、跟踪正在出现的非连续性变化、把握行业结构的演化以及分析现有和潜在竞争对手的能力和动向，从而协助企业保持和发展可持续性的竞争优势。这个概念是一个系统的、广义的竞争情报系统概念，它将整个竞争情报价值链看作是一个动态发展的生态系统，从生态系统的角度来分析竞争情报系统。

在本书研究中，竞争情报系统是一个狭义的概念，其实质是信息系统，是由硬件与软件所构成的、建立在企业信息系统［如 MIS（management information system，管理信息系统）等］基础上的，包括竞争情报收集、竞争情报分析和竞争情报服务三个子系统的，以计算机与网络相连而构筑的信息系统，是情报收集、分析、服务的技术支持系统、辅助服务系统，是竞争情报价值链赖以生存的信息平台。

作为竞争情报力的一个关键构成因素，企业竞争情报系统是竞争情报价值链的基础，是价值链支持平台，是一个人机结合环境。竞争情报系统是价值链的支持系统。竞争情报系统为价值链的各个环节提供了技术支持、信息支持，尤其是计算机与通信技术最新发展成果的引入与应用，不但提高了系统运行的速度，提升了价值链的价值创造，而且面对动态竞争环境，使得竞争情报工作可以由被动反应向主动行动转化，由传统线性思维方式向发散的、立体的思维方式转化，进一步提升了企业竞争情报力的基本能力和显性能力。企业竞争情报系统功能的强弱与性能的优劣，在很大程度上影响了整个竞争情报工作的工作绩效，影响了竞争情报能力。

当今企业处在竞争瞬息万变、激烈、复杂的环境中。企业竞争是一个动态过程，会因时间、地域、竞争对象和用户的不同而发生变化，每个企业只有通过竞争情报系统作为企业经营战略的参谋，才能正确评定企业自身在市场竞争中的地位（苗杰和倪波，2001）。企业竞争情报系统是以人为主导、以信息网络为手段、以增强企业竞争力为目标的人机结合的竞争战略决策支持和咨询系统。这里的人主要是指系统的服务对象，要利用系统的智能来实现人的有效决策。系统仅仅是一种技术与信息的平台，起到辅助作用，不能完全代替人的智能。通过系统友好的服务界面，形成与系统之间的良性互动，不仅可以提升竞争情报工作的效率与质量，还可以进一步挖掘价值链中信息的价值，更好地为决策服务，实现价值最大化。同时，系统是否具有开放性、动态性、兼容性，能否和企业已有的信息系统、知识系统很好衔接，能否随着竞争环境的变化而变化，是否具有不断发展演进的功能等都会影响到竞争情报价值链的性能与价值创造。因此，竞争情报系统功能与性能主要由以下诸方面的要素所构成：系统结构、系统功能、系统服务界面、系统的兼容性与开放性、系统的自动化功能与系统的硬件设备。

五、竞争情报人力资源

21 世纪企业间的竞争归根到底是人才竞争。根据新奥地利学派企业理论，人是研究企业这种经济组织时不可忽略的一个重要因素。从理论层次看，在企业成长中，尤其是在企业竞争中，人的知识、经验、想象、态度、预期、判断力、学习等决定了物质形态的其他投入品的效率（周清杰，2005）。

信息在竞争情报价值链中呈现动态流动性，是最为活跃的因素。但从根本上讲，人才是引导整个价值链的主导力量，是最具有主观能动性的因素。人虽然不是价值链的环节，却参与到价值链每个环节的活动中，在竞争情报系统中处于核心位置（图 4.5），通过在系统中与决策者、其他部门员工和主要竞争对手之间进行的双向信息交流，影响着价值链每个环节在情报价值创造中作用的发挥，影响到价值链中信息流的通畅与否，最终决定着竞争情报的价值增值与价值贡献。因此，竞争情报是一份需要高素质人才的专业性工作，人才的素质直接决定了情报的质量（稻香，2006）。

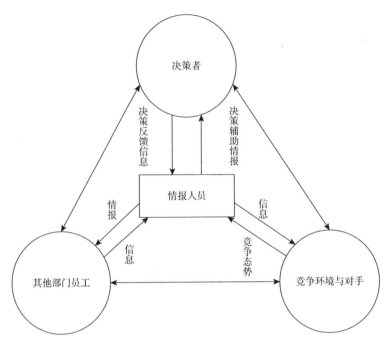

图 4.5　竞争情报系统信息交流模型
资料来源：邱晗（2005）

　　竞争情报人力资源作为竞争情报能力维度的重要组成部分，由企业竞争情报人力资源整体结构、人员竞争情报能力、竞争情报意识、竞争情报工作经验与所具备的专业知识水平等若干要素所构成。竞争情报人员的技能、水平、工作经验、思维方式、信息敏感性等因素，以及其在竞争情报工作中所表现出来的合作意识、协作精神等方面，都会对企业竞争情报的收集、整理、分析、服务等价值链环节与活动，对企业竞争情报系统的开发、运行、完善起到至关重要的作用。竞争情报人员的工作阅历、学位、创新意识、敏感性、培训程度、专业知识等，均会影响到企业竞争情报水平，而他们的情报意识、工作态度、工作积极性、信息敏感性，则会直接影响到所获取的情报信息的完整性、客观性、真空性、时效性。

　　面对快速、复杂、互动的竞争环境，竞争情报工作者的角色发生了很大的变化。竞争情报工作包含了企业中所有层面的员工（图 4.6）。每一名员工都是竞争情报的参与者，是竞争情报的信息触角和信息捕获者。竞争情报人员由单纯的情报提供者发展为情报流程的推动者、战略流程的推动者、网络协调员（主要协调内外部网络信息的流入与流出）、流程工程师、知识工作者、培训师。这些角色，一些是专业竞争情报人员的传统角色的延伸与发展，一些是计划人员的职能，一些是决策者的职能。在动态的竞争环境中，竞争情报人员只有同时承担与扮演好这些角色，才能真正成为决策者的密切合作伙伴和得力助手。

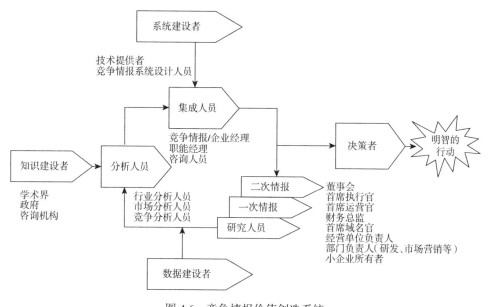

图 4.6　竞争情报价值创造系统

资料来源：米勒和企业情报智囊团成员（2004）

六、反竞争情报能力

反竞争情报是识别和防御竞争对手的竞争情报活动和商业间谍侵害的一种系统化活动，是针对竞争对手的竞争情报活动开展的特定的竞争情报工作。反竞争情报除了防御、防止信息外泄外，其价值在于有效把握竞争对手正在锁定的本企业主要活动和与之相关的信息类型，这些信息可能成为未来竞争对手进攻的目标、焦点（韦斯特，2005）。反竞争情报能力主要包括企业对企业自身战略信息、商业秘密的保护，对企业竞争情报工作目标、工作动向、工作意图的掩饰，对企业自身竞争情报能力强弱的掩饰等多方面的内容。

随着经济全球化的发展，企业面临着来自世界范围内的竞争对手的挑战，竞争日趋复杂多变。竞争情报在企业竞争中扮演着越来越重要的角色。然而，企业竞争工作却面临着相互矛盾的境界。一方面，需要不断地、尽可能多地获取竞争对手有价值的竞争情报，以满足动态环境下企业决策的需要；另一方面，又需要不断审视和完善企业自身的防护系统，以防止受到竞争对手的窥视与商业间谍的伤害，而在竞争中丧失竞争力。由情报与反情报构成的竞争情报是一个组织在市场竞争中的矛与盾，是一个问题的两个方面，相辅相成，缺一不可（包昌火等，2005）。

　　反竞争情报作为一个有组织和连贯性的过程与竞争情报过程相同。反竞争情报与竞争情报循环是企业竞争情报系统循环中的互为逆向的两个循环系统，彼此相互影响、螺旋上升（图4.7）。从反竞争情报到竞争情报，由防到攻，反被动为主动，有目的、有计划地搜集竞争对手和竞争环境的有用情报。通过分析收集来的情报，也可以帮助企业改善防御工作。可见，反竞争情报与竞争对手的竞争情报工作是对立的，而与本企业的竞争情报工作则是统一的。

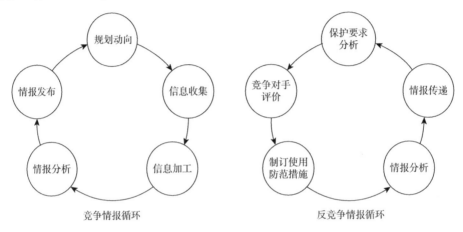

图4.7　竞争情报与反竞争情报循环模型
资料来源：米勒和企业情报智囊团成员（2004）

　　反竞争情报能力是企业在竞争情报工作中将竞争情报与反竞争情报有机结合，最大限度保护企业情报与商业秘密不为竞争对手所获取，从而提升企业竞争情报能力的一种能力。企业反竞争情报能力与企业竞争情报能力是企业竞争情报力的重要组成部分，反竞争情报能力支持竞争情报能力的提升与发展。企业反竞争情报能力主要是由企业的反竞争情报规章与制度、反竞争情报意识、采用的反竞争情报方法与措施等要素构成。

第四节　企业竞争情报竞争力

　　竞争情报竞争力作为企业竞争情报力的主要构成维度，是企业在长期竞争情报工作和发展过程中逐渐积累而形成的，是与其竞争对手或优秀模型相比较所具有的企业竞争情报综合素质的隐性表现。在动态环境中，企业间的竞争是一场信息的竞争。基于竞争情报价值链的企业竞争情报能力是竞争情报工作的基本功能、基本性能的体现，是完成竞争情报工作的基本保证。面对日趋激烈而又残酷的竞争，获得比竞争对手更有价值的情报是企业获得竞争优势的重要来源之一，其关键在于企业自身的竞争情报功能与其竞争对手竞争情报功能相比较而具有的优势。只有提供比竞争对手更具时效性、价值性、通用性、针对性的情报，才能提升企业竞争情报的竞争能力，才能为企业战略决策提供具有价值的、更具竞争性的情报服务。

通过研究企业竞争情报价值链的关键环节、支持条件，可以发现，为了保证企业竞争情报价值链的价值增值流程更协调、更通畅、更具效率，提升整个竞争情报价值链的价值创造性，增强企业竞争情报价值链的竞争能力，必须充分分析蕴含于竞争情报价值链基本环节之中的隐性因素、隐性素质、隐性条件，必须深入了解竞争情报价值链内在运作的规律、价值提升的机理，必须全面掌握提升竞争情报价值链的有效方式、有效手段。只有这样，才能抓住本质，提升企业竞争情报竞争力。

透过价值链的基本环节，对企业竞争情报工作及竞争情报价值链内在隐性素质的深层次分析可以发现，企业竞争情报工作中的整合与协调能力、转化机制、组织管理机制与领导能力对提升企业竞争情报的竞争力具有重要的影响。

一、整合与协调能力

整合与协调就是通过相互配合、相互补充，促使整体价值大于各部分之和。协调是核心竞争力理论非常重要的一个问题。在核心竞争力定义中，Prahalad 和 Hamel（1990）把"协调"放在理论的关键位置上，强调"技术的协调和整合"。理查德森（Richardson，1960）认为协调既是一种机制，也是一种能力。只有通过协调，把组织中不同的能力和资产组织起来、整合起来，才能减少企业投资的不确定性与风险性，提升企业的竞争力。

竞争情报整合与协调能力是指在竞争情报工作中通过整合各种资源、调配资源在竞争情报价值链中的有效配置，通过协调价值链各环节、整合内设机构之间的竞争情报流程与关系，以确保价值链、企业中信息流的通畅，产生资源、环节、部门之间的协同效应，从而获取整体战略优势，提升价值创造的能力。它是一种软性的协调力和凝合剂，是一种无形的内在驱动力。

企业竞争情报是由多个因素、多种资源有效组合、有机构成的一个生态系统，这个系统的性能发挥程度、效率有效程度、价值提升程度，取决于资源的有效配置与各个构成要素的配合与协调。竞争情报价值链是在这些因素与资源基础上，由若干环节与基础平台构成的价值创造与提升体系。竞争情报价值链中的每个环节只有紧密相连、相互融合，才能创造出更大的价值。价值贡献度与价值链绩效取决于价值链各环节的有机整合与无缝对接。但是，如果每个环节被赋予或呈现出相互冲突的目标，负责实施活动或具体任务之间缺乏良好的协调，不同单元之间的人员看法不一致，都会导致价值提升的破坏。具有创造性地对分散于企业内部的各种竞争能力要素进行有效并持之以恒的深入挖掘，系统地加以开发、整合、提升，才能形成企业的核心竞争力。

伴随着竞争情报工作的开展与不断深入，竞争情报工作不再仅仅是竞争情报部门的工作，它已经成为具有现代特征的企业中各个部门、每位员工的基本工作任务之一。同时，随着经济全球化，企业的触角延伸到世界不同国家、不同地区。如何实现不同国家、不同区域、不同部门、不同项目员工之间有效的竞争情报整合与协调？如何分配、调整、调动企业间一切可资利用的资源？如何实现竞争情报价值链的顺畅、信息流的通畅？如何实现极具价值的竞争情报及时地在组织内共享，为企业的战略决策和战术服务？如何实现竞争情报工作、价值链各个环节的无缝对接？这一切都将关系到竞争情报竞争力。竞争情报整合与协调能力就是指企业能够建立起有效的机制，将分布在组织内部的各个情报神经元、触角有机地结合起来，构成一个反应敏锐、行动迅速、信息通畅、情报共享的有机整体。从而提升企业竞争情报竞争力，在竞争情报活动中获得竞争情报潜在价值，最大限度地利用竞争情报，发挥其价值。企业竞争情报整合与协调能力一方面表现为企业所拥有的各种资源在竞争情报价值链中的有效分配，实现价值贡献度最大化；另一方面表现为员工与情报部门之间的有效交流与沟通、各个情报职能部门之间信息与情报交流的顺畅、协调，形成良性的互动循环与内部交流机制。

二、转化机制

企业竞争情报力作为企业的一种智力资本，反映了隐性因素在竞争情报价值中的关键作用，是企业核心竞争力的重要组成部分。这种隐性能力与智力资本意味着在辨识企业能力方面存在着含义模糊（Rumelt，1982）。一方面积累与沉淀了企业竞争情报的知识与经验，另一方面保护与提升了企业竞争情报的竞争优势。在竞争情报工作中，如何将所获得的最新知识与经验转化为企业的智力资本，如何将企业所积累与沉淀的智力资本激活为企业竞争情报的重要元素，如何将企业竞争情报能力转化为竞争情报的隐性素质，如何将竞争情报的隐性素质激活为企业的竞争情报能力，都成为企业竞争情报竞争力研究关注的焦点。

竞争情报转化机制是指在竞争情报工作中，高效、及时地在信息与智力资本、显性能力与隐性素质之间相互转换，以提升企业竞争情报竞争力的一种机制。这里的转化机制包括两个层面的含义，一方面是知识与情报转化机制，另一方面是能力与素质转化机制。

知识与情报转化机制是新竞争情报与信息积淀为企业智力资本、固有知识活化为竞争情报组成部分的转化机制。其实质是知识的存贮与应用。转化机制是以综合、吸纳、激活的方式，在企业现有知识储备与外部获取新信息之间，通过深入分析和充分了解它们之间的相关关系，根据企业竞争情报工作的需要，根据企业自身的实际情况，根据企业过去的和现在的知识，根据企业现在获取的新的信息与情报，将存在于不同时间、不同空间、不同区域、不同部门的各种相互联系的知识与信息逻辑地组合起来，多侧面、多角度、综合地分析与推理，以求形成新的情报与知识。一方面为决策服务，另一方面作为新的知识构成企业知识体系的新积淀。

竞争情报价值链过程即是竞争情报价值提升的过程，又是企业知识积累的过程，还是信息向情报、信息向知识的转化过程。企业通过竞争情报价值链为战略决策提供了大量有价值的情报与信息。在竞争情报价值链的运转过程中，信息的序化与转化、信息的序化与分析，在为企业战略决策提供服务的同时，也为企业积淀大量的知识。因此，企业在长期的竞争情报工作中，积累了大量的知识，形成了企业知识库。但这些知识并不都是有利提升企业竞争情报力的资源，不经转化的知识不能对企业竞争情报产生效用。只有对其进行激活与转化，才能为企业服务。知识转化是对企业内的积淀知识进行分析与转换，使知识活化，参与到竞争情报价值创造中并发挥重要作用的过程。发挥知识在竞争情报价值中的作用，只有将获取的新信息和情报，与企业所拥有的知识进行有机的结合，并根据企业所拥有的知识和信息，对获得的信息进行加工与分析，才能真正透过现象看本质，才能充分挖掘获取信息在企业决策中的价值，为企业决策提供更具价值的竞争情报。

能力与素质转化机制是企业竞争情报显性能力与隐性素质的动态转换过程与体系。将显性能力转化为隐性素质降低了变化所隐含的惯性和风险，降低了竞争情报对手的跟踪与模仿。而竞争情报隐性素质如同化学反应中的催化剂一样，通过帮助改变核心竞争力和显性能力的地位而起作用。将隐性素质转化为显性能力，能够激活和促进竞争情报适应变化的能力，提高企业竞争情报的竞争力与价值贡献度。

在企业实践工作中，每个企业都形成了独具特色的技术性技能和学习能力发展路径，根据企业的发展方向与战略，这种路径依赖性转变为企业的隐性素质，并成为可持续竞争优势的基础（Arrow，1962）。竞争情报能力作为一种显性能力，是企业竞争情报价值链综合能力的体现，是竞争情报价值创造的重要来源。随着竞争情报工作的不断发展，竞争情报能力的不断提升，竞争情报价值链结构日臻完善，这种能力与价值创造提升路径只有转化为企业竞争情报的隐性素质，才能真正成为企业竞争情报的一种无形资产与智力资本。才能防止竞争对手的学习、模仿与研究，才能提升竞争情报的竞争力。同时，不断积淀的隐性素质是企业竞争情报价值创造背后的无形力量，是竞争情报价值链无缝对接与信息畅通的支持要素。竞争情报竞争力的强弱，不仅取决于企业竞争情报能力，更取决于竞争情报隐性要素。然而，竞争情报竞争力更多是由竞争情报能力与竞争情报价值链的价值创造来体现的，因此，在竞争情报工作中，企业只有激活其竞争情报隐性素质，更多地将其活化到竞争情报能力中，才能不断提升竞争情报能力，才能在价值创造中真正发挥其潜在优势，进而提升价值创造力与在决策中的价值贡献度。

三、组织管理机制

马歇尔在研究古典经济学范式时发现，同样的要素投入不同的组织里，产生能力会出现很大的差异。劳动力、资本力和资源禀赋力三要素相互之间具有一定的替代性，但决定这种替代性能否在企业中实现却并不取决于劳动力、资本力和资源禀赋力本身，而决定于一种决定这些"力要素"的组织。企业的产出能力不仅决定于劳动力、资本力和资源禀赋力的投入，而且决定于它们之间的替代率以及实现这种替代率（或组合率）的力——组织力。企业作为一个组织，在考虑要素力的投入时，可以根据当时和未来发展的需要，选择不同的再组合模式，借以达到最大的产出能力和产出成果（张文松，2005）。

组织管理机制是指企业根据动态环境的发展变化与企业竞争情报的现实需要，对竞争情报机构架构、人员配置、管理权限、工作流程等方面因素的动态管理机制。

竞争情报部门的设置决定了其在企业组织结构图中的位置与地位。竞争情报组织架构模式设置构造了竞争情报功能分布化模式，反映了组织机构的层次性、结构性，规范了组织内部各机构、各成员之间的联系与沟通渠道，确定了信息与情报在组织中的集中与分布状态，形成了竞争情报价值链的基本流向，决定了信息在价值链中的流动方向与流动速率。科学合理地设置竞争情报部门可以减少决策执行和反馈环节，降低竞争情报价值链的运行成本，减少信息在各个环节上的停留时间，扩展横向沟通，也使内部各层次结构密切地联系在一起，增强了企业的凝聚力（岳剑波，1999）。有效的组织结构确保了企业所获取的情报在组织内的快速、准确传递。在企业竞争情报竞争力中，组织管理机制的动态性、灵活性、柔性直接决定了企业竞争情报的竞争力，直接影响到企业竞争情报工作效果与价值的创造。

组织管理机构同时又影响到竞争情报工作中的人力资源、价值链的构成。组织管理的部门化、结构化，决定了竞争情报人员的配置与工作、权限的分配。有效的竞争情报组织管理机制规定了各个层次竞争情报工作者分配和使用企业资源的权力范围，确立了必要的管理控制权限，从而明确了企业各层面人员在竞争情报工作中各自的职责，有利于在组织内部建立起竞争情报的控制秩序。不仅为企业竞争情报价值链的构成奠定了基础，同时，对竞争情报在评价价值链中各种资源的有效配置、价值链中价值的提升，起到了至关重要的作用（Marceau and Sawka，1999）。

　　因此，组织管理机制是竞争情报竞争力的重要构成要件。组织管理机制是决定一个企业的战略是否能柔性并且快速地对环境变化做出反应的最重要因素之一。只有当环境、战略模式与组织管理机制三个要素协调一致并相互适应时，企业战略才能取得成功。有效的竞争情报管理机制不仅影响到企业竞争情报战略，而且会制约企业整体战略的发展。

四、领导能力

　　只拥有同质性资源或只拥有物质资本和一般人力资本的组织不能被称为企业。只有拥有稀缺的、异质的企业家，才能构成企业，先有企业家，然后才有企业（丁栋虹，1999）。英国剑桥学派的代表人物马歇尔在《经济学原理》一书中指出：企业家是组织、管理企业并承担风险的人。企业家依靠自身洞察力和风险承担能力，勇敢地越过不可靠的障碍，把多种生产要素集聚在自己的主动精神之下，以更有效地利用生产要素，进行创建上的相互竞争，最终在竞争过程中改善企业资源分配。

　　竞争情报领导能力是指企业决策者与竞争情报管理者在竞争情报工作中表现出来的战略眼光与胆识，以及调动企业各方面可以利用的力量，发挥企业优势，利用组织内一切可以利用的资源服务于竞争情报，增强和提升竞争情报力的能力。领导能力是竞争力的重要组成部分。领导是资源的拥有者和分配者，是信息的掌握者与发布者，是企业管理的核心，没有出色的领导能力，也就无法铸造具有竞争力的企业竞争情报。

　　领导能力是企业竞争情报的宝贵资源和财富，是将竞争情报竞争力转化为企业持久竞争优势的一种重要资源。竞争情报价值的实现与提升、竞争情报工作的绩效在很大程度上取决于领导的有效性。这种有效性不仅仅包括管理者的基本沟通能力、协调能力、管理能力，主要取决于对环境变化趋势、对竞争情报存在的问题、潜力、优势与劣势及其转化的洞察力、应变能力和对竞争情报在企业运行中的控制能力。还包括竞争情报领导者对竞争情报的战略韬略、战略眼光、战略思路、统筹把握能力及企业竞争情报团队组织与优化能力等方面的内容。

　　如前所述，企业竞争情报是一项系统性工作，不仅仅是竞争情报部门的独立工作，它与企业生产经营管理的各项工作、与企业各个内部机构、与企业外部环境都有着方方面面的、密切的联系。企业竞争情报竞争力就来自于这些联系、沟通的速度、效率与质量。企业管理者沟通能力、协调能力直接影响到沟通与协调的效率与效果、速度与质量，影响到竞争情报价值链的协调与整合（Fleisher and Blenkborn，2001）。

　　管理者的竞争情报观念与意识决定了整个组织对竞争情报的态度，决定了竞争情报在组织中的地位、态势和发展，直接影响企业对竞争情报的资源投入与配置。这是因为管理者始终处于企业竞争情报工作的核心位置，依靠对竞争情报的洞察力、敏感性，将生产要素资源提供给竞争情报。任何外部资源与投入往往都要经过他们的"加工"才能进入竞争情报价值链中。对于组织体中的资源，只有经过管理者的统筹规划、合理配置，才能在竞争情报工作中得到有效利用，才能真正发挥资源的最大价值。

　　企业决策者与竞争情报管理者为竞争情报的发展提供愿景、方向和动力。战略领导的作用领域遍及和战略管理一体化的竞争情报的全过程，尤其是在日益动荡的竞争环境中，企业竞争情报工作的愿景、目标、战略及如何满足不断变化、发展的竞争情报需求，都直接受到各层管理者的影响。领导才能在竞争情报工作中的重要作用日益凸现。有效的领导能力能帮助企业实施积极的战略转换。领导者的韬略、战略眼光、发展视野、决策能力直接反映在企业竞争情报的战略发展上。

第五节　企业竞争情报发展力

　　竞争情报发展力是企业竞争情报力一个重要的构架层面，它体现了企业竞争情报未来的发展潜能与潜力，决定了企业竞争情报未来的竞争力，决定了企业竞争情报价值贡献的持久性。

　　竞争情报发展力是动态环境发展的结果。企业竞争情报力不是一个静态的概念，而是一个具有生命力的、不断发展的动态系统。竞争情报发展力是这个有机体的运动系统，是推动有机体不断成长、不断发展、不断壮大的重要力量。在动态环境中，现有企业竞争情报能力、竞争力已经不能满足企业不断发展的要求，尤其是竞争互动的高对抗性、高持续性，要求竞争情报与环境相匹配、相适应，并不断发展、不断提升，在新的平台上构建新的能力与竞争力。作为竞争情报力结构体系中最具活力的竞争情报发展力，它的主要构成要素更多是能够促进竞争情报力动态系统有机体不断成长的动态因素：学习与吸收能力、创新机制、应变与适应能力、竞争情报战略、竞争情报文化等。这些动态因素的有机结合，为竞争情报力的生长与发展提供了活力与无限动力。

一、学习与吸收能力

在时间不可逆转的世界里，任何事物的发展都无法割断与历史的内在联系。然而，在竞争日益激烈的动态环境中，任何事物的发展又需要不断学习、吸收、利用新鲜知识与先进的经验。从根本上讲，组织内部的转化机制，组织内部（知识）资源增量的获取，是一个不断学习和积累的过程。组织只有不断地通过学习获取新的知识增量，使其达到一个阈值，并在适当的时机和条件下，将获取的知识增量与原有知识存量相互结合、相互碰撞，才能使整个组织的竞争能力从相对静态的量的积累激发为动态的质的变化。因此，"应变的根本之道是学习"。任何组织都必须进行学习，无论它们是有意识地选择学习（主动学习）抑或是无意识地被动学习——这是它们能够持久生存的基础条件（克雷恩，1999）。企业本身是一个系统，它像人一样需要通过不断的学习来提高生存与发展能力。在动态环境中，动态能力崇尚建立开拓性学习能力。同时，学习也是面对动态环境，组织对当前和未来的理解所提出的挑战，是对组织的思考方式、参照系或战略视角的思考与改变，是组织心智模式的动态适应性的发展。学习本身不是最终目的，它的最终目的是将学习的成果融入决策中，能为决策者带来信息，影响决策过程并指导行为。

学习与吸收能力是指企业在竞争情报工作中通过不断学习新知识、获取新信息，学习与借鉴外部企业成功的竞争情报工作经验、方法、技能，吸收其他学科发展的养分，促进自身竞争情报不断提升与发展的能力。学习与吸收能力是企业竞争情报发展的推动力与助推力，决定企业竞争情报发展的动力强弱，决定企业竞争情报发展势头的强弱。处于动态竞争环境中的企业只有通过不断吸收、学习新的信息、新的知识、新的经验，强化、完善与提高现有竞争情报工作，才能获得持续的竞争优势（Marceau and Sawka，1999）。因此，学习与吸收是企业获取持续竞争优势、提升其竞争力的一个重要途径。

21 世纪最成功的企业将会是"学习型组织"，因为未来唯一持久的竞争优势，就是你有能力比你的竞争对手学习得更快（圣吉，1998）。竞争情报是联系企业与外部环境、信息管理与知识管理、新生知识与知识积淀的纽带与桥梁。因此，竞争情报发展中的学习与吸收能力是构建企业学习型组织的着力点、切入点与关键点。在竞争情报工作中，通过不断的学习与吸收，不仅可以研究和借鉴各行业经典策略和先进经验，还可以对企业内部竞争情报的风险性行为和各种弊端进行深入的分析与革除。通过学习与吸收，不但可以提高企业对外界环境的反应能力，促使组织系统更加灵敏，还能够有效地改善传统的竞争情报的思维模式，通过互相影响、启发，迅速达成共识，进而增进行动效率。

企业竞争情报发展力中的学习与吸收能力主要由学习的氛围、学习与吸收的制度、学习与吸收的机制、员工与组织的学习能力等多个维度构成。

动态环境中，竞争情报在企业战略决策中的作用日益重要，与企业战略融为一体。因此，需要从广阔的视角来审视竞争情报工作。为保持企业竞争力，发展持续竞争优势，竞争情报学习与吸收的内容包括三个方面：一是竞争情报工作者需要不断补充与企业竞争情报发展相关的外部环境变化、竞争者行为变化、技术发展和未来市场动态方面的知识；二是由于企业外部环境中不断有大量的新的知识涌现，其他企业竞争情报工作中不断有新的工作思路、工作方法、工作技能产生，充分地学习和吸收这些知识，并运用到企业竞争情报工作实践中；三是相关学科、相关领域的新的知识、新的理论、新的观点。以上三个方面构成了竞争情报学习与吸收能力的主体内容。这三个方面内容是竞争情报力持续发展的动力源泉，任何一方面的缺失都会减弱动力的持久性。

企业竞争情报的学习与吸收能力，不仅是企业竞争情报发展力的推动力，同时，也是竞争情报发展内在构成体系的基础，是竞争情报发展力中的创新机构、适应能力、战略、企业文化的基础，是其获得性的基本来源与路径。没有较强的学习与吸收机制，发展力的其他构成要素与素质也就难以得到发展。

二、创新机制

外部环境不可预测、无法控制、难以逃避的变化意味着企业的路径突破是强制性的，企业不在冲击中生，就在冲击中死。诺纳卡（Nonaka，1994）认为，环境波动能够产生激发组织知识创造的创造性混沌。然而，这种"混沌"只会触发具有综合学习能力的企业的创造力。在不具备这种能力的企业中，环境混沌性会成为破坏力量的催化剂。只有当企业能把创新能力转变为动态核心能力时，环境混沌或内部有创造力的混沌才有可能打开新市场机会。总之，在动态、混沌的环境中，为了持续地开发产生竞争优势的核心能力，企业必须保持创新能力。当战略不再包含创新性内容时，组织已经在为自己的衰亡播撒种子了。其结果必然是组织的衰落和最终的死亡。创新精神是在一个持续变化的市场中，获得长期救赎的唯一源泉（费伊，2005）。企业必须吸收外部的新知识、新技术，突破惯性思维，对原有知识结构进行彻底变革。

竞争情报创新机制是指在竞争情报工作中，面对不断变化的外部环境，在学习与吸收基础上，企业对现有的竞争情报的理念、方法、经验、技能、管理机制、管理经验的一种"扬弃"机制。创新机制是企业竞争情报力发展的推动力，尤其是在动态竞争环境中，企业竞争情报需要不断地提升与拓展，就需要不断地创新。竞争情报创新机制决定了企业竞争情报未来发展的速度与效率，因此是竞争情报发展力的重要构成部分。它主要是由创新氛围、创新机制、创新能力、制度保障等内容构成。

竞争情报作为企业与外部沟通的桥梁，是企业信息的桥头堡与瞭望哨。面对动态环境，竞争情报经过多年的发展，在其能力与竞争力的发展中，会因路径依赖性而具有发展中的核心刚性与"在位惰性"（巴顿，1995）。竞争情报的核心刚性与"在位惰性"会降低竞争情报力，为竞争情报力的发展与提升设置了种种阻碍，不利于企业竞争情报整体素质的提升。竞争情报创新机制为打碎核心刚性与"在位惰性"提供了一种有力的武器。在竞争情报工作中，通过学习与吸收机制不断获取新的工作经验、技能、方法，不断吸收新的知识、信息、技术与观念，在此基础上，加大企业自身在竞争情报中的创新力度，推陈出新，不断产生新工作的思路方法，不断有管理机制的变革、管理理念的突破、管理方法的创新，才能在动态环境中为企业竞争情报价值创造与提升提供一条有效通道，使竞争情报工作从量变到质变的飞跃，实现变革式的创新，才能比竞争对手更能获取有价值的情报，才能不断推进竞争情报力发展。

像生物链一样，企业竞争情报创新机制是企业面对动态竞争环境的一种自我发展、自我调节机制，只有当创新机制适应外部环境的变化，在与外部环境产生剧烈的力量冲击时，企业才不会受到更大的创伤，创新机制通过"激进式革命"而化解了冲击的力量。创新机制主要包括两种创新模式：线性创新与非线性创新。线性创新是企业竞争情报工作的一种均衡、平稳与和谐的变革，是对竞争情报价值链与竞争情报工作流程、管理模式的局部的改变与优化。从本质上讲，学习是创新的基础，创新是学习基础上的激变。学习与吸收保持了竞争情报工作的均衡、平稳与和谐，而非线性创新机制打破了竞争情报的平衡状态，是一种有价值的"破坏"。"不破不立"，非线性创新机制是在快速变化环境下竞争情报战略发展的必需，不仅体现了竞争情报发展的魅力，更显现出企业竞争情报工作的实力，是竞争情报发展的强心剂。

三、应变与适应能力

应变与适应能力是指根据环境的变化及企业战略的调整，随时调整与修正企业竞争情报战略、思路方法，优化竞争情报价值链，以适应动态环境的发展变化要求，在动态竞争环境中获取竞争优势的能力。竞争情报发展力的应变与适应能力反映了企业对内外环境变化的敏感性、感知的及时性、行动的迅速性，是企业对外部环境和竞争对手跟踪与监测能力、预测与应变机制的运行状态的综合反映。

　　动态环境呈现非连续性、非均衡性、超优势竞争、不断革新和持续学习的特征。由于企业面对更加复杂、更具不确定性的市场环境，因而需要企业根据环境的变化，不断修正战略，保持其对新资产、新能力的投资，以发展和累积快速行动或出奇制胜的优势，并基于不断变动的市场机会和威胁，迅速地选择或调整相应的实施方案，打破市场均衡，主动地为企业创造未来。一方面，竞争情报工作为企业适应这种动态竞争、复杂多变的环境提供信息与情报支持；另一方面，竞争情报工作自身要对这种变化的环境有着极强的敏感性、快速的反应性、较强的适应性，在不断汲取新知识、经验基础上，不断提高创新能力、完善创新机制，同时构建符合环境发展要求，与变化环境相适应、相匹配、相融合的适应与应变机制，这样，才能在企业与动荡不定的环境之间搭起一座平稳的桥梁，保证信息的畅通、情报的及时和有效。

　　如果说竞争情报学习与吸收能力是发展力的推动力、助推器，学习创新机制是竞争情报发展力的发动机，那么适应与应变能力就是竞争情报发展力中的平衡器、减震器。如果没有适应与应变能力这个平衡器、减震器，则在竞争情报的发展中，就会受到来自于高度不确定性的外部环境的一个又一个的冲击、一个又一个的重创，不仅会使发展力的助推器、发动机受损，而且会给企业竞争情报工作整体带来创伤，甚至会使竞争情报工作偏离原有轨迹、迷失方向。而竞争情报适应与应变能力恰恰缓解了这种冲击，将其化解为竞争情报发展力的一种推动力，根据外力及时调整竞争情报价值链的重要环节、主要流程，重构企业竞争情报的组织架构，重新进行资源的分配。

　　当然，竞争情报适应与应变能力不是一个独立的、孤立的能力，它与发展力中的创新能力、学习能力密切相关。学习与吸收能力为其补充充分的营养，提供新的信息与经验，而创新能力则为适应与应变能力构建了有利的条件、环境和相应的与外部环境相适应的新的机制。

四、企业竞争情报战略

　　当今时代是战略制胜的时代，诸多国际著名公司经验表明，竞争情报已经不仅仅是企业的一项工作、一种职能，还是企业在竞争中以智取胜、获得持续竞争优势的基本战略，是这些企业能在激烈的竞争中脱颖而出的重要因素（普赖斯科特和米勒，2004）。Miller（2001）认为："经营战略正在越来越多地依赖于一种被称为'竞争情报'的实践。用战略学先驱 Liam Fahey 的话来说，就是要，帮助公司发挥它们的聪明才智，制定出色的战略，以战胜它们现在的、正在出现的和潜在的对手。"Kahaner（1996）指出，竞争情报是一个战略工具，它能够帮助高层管理者明确发展的主要驱动力，从而提高企业的竞争力，并对市场方向进行预测。由此可见，在瞬息万变的环境中，企业需要的不仅仅是竞争情报，还需要具有前瞻性的企业竞争情报战略，竞争情报战略已成为企业超越竞争对手、创造卓越的重要手段。

企业竞争情报战略是企业在对自身竞争情报能力与外部环境充分分析的基础上，对竞争情报的愿景、目标的战略定位、管理过程、管理方法、管理系统做出的长期而系统的谋划，充分而有效地利用竞争情报这种战略资源，实现企业竞争情报与企业战略目标的吻合，提升企业决策能力，使企业最终获得持续竞争优势。

竞争情报战略的根本点是为企业战略服务，缺乏战略成熟度的企业很难形成长期竞争优势，很难在竞争环境中生存（Camerer and Vepsalainen，1988）。竞争情报战略是面向企业整体战略，与企业整体战略密切相关，与企业使命相协调，与企业发展战略保持一致，用以指导企业竞争情报过程，有效配置资源，提升企业的核心竞争力与持续竞争优势。作为发展力的重要构成维度，竞争情报战略明晰了企业竞争情报发展的方向与坐标，是未来较长一段时间内的行动方案。同时，竞争情报战略又是一个系统的、持续不断的渐进过程，情报战略实施是竞争情报力形成与发展的过程，对于提高企业对市场变化的敏感性，提升企业驾驭与控制能力具有重要影响。总结美国企业竞争情报战略，它的基本思路是以提升企业决策能力为目标，以竞争情报系统建设为手段，实现竞争情报活动的目标、组织、流程、技术和文化的一体化，从而促进企业盈利水平的提高。

企业竞争情报战略作为一个独立的战略架构体系，竞争情报的愿景、目标、定位以及方针、计划是其最重要的实质内容，它明确了竞争情报在企业价值链中的角色定位，指明了竞争情报工作未来发展方向及活动半径，为竞争情报工作的长期发展提供了指导。同时，竞争情报战略又是一组要素的有机组合，主要包括对竞争情报这种战略资源的获取、分配与利用，与其相适应的竞争情报系统发展规划、竞争情报人力资源规划、竞争情报工作规章与制度等方面的战略规划与设计。

五、企业竞争情报文化

企业文化被誉为"管理之魂"。企业文化是在一定的社会大文化环境影响下，经过企业领导者的长期倡导和全体员工的积极认同与实践所形成的价值观念、价值标准、信仰追求、道德规范、行为准则、经营特色、管理风格以及传统和习惯的总和。企业文化的基础是价值观和管理哲学，其核心是经营理念。它通过思想观念和价值取向，指引、调整、约束和控制企业及员工的行为，对外打造企业的形象、信誉，对内形成企业凝聚力和向心力。

文化是企业重要的战略变量，蕴含着极大的潜力。它是由无形的约束力量构成组织有效运行的内在驱动力，被誉为"推动企业深层发展的神秘力量"。因此企业文化已成为决定企业兴衰的关键因素之一。美国兰德公司的研究表明，能够长期保持竞争优势的企业的共同特征就是，它们都拥有独具特色的先进的企业文化。企业文化学者、麦肯锡咨询公司的托马斯·彼得斯和小罗伯特·沃特曼也指出，超群出众的企业，必然有一套独特的文化品质，这种文化品质使它们脱颖而出。

竞争情报文化就是在动态竞争环境下，在企业内部经过各层管理者与全体员工共同努力与实践所形成的领导带头、全员参与的重视竞争情报、使用竞争情报和共享竞争情报的理想信念、价值观念和行为规范，是一种以情报价值为核心的意识形态，是组织文化的重要构成（包昌火等，2004a）。竞争情报文化表现为企业竞争情报工作的整体形象及信誉，体现出竞争情报的意识力、凝聚力、形象力、亲和力、感染力、辐射力和说服力，主要包括竞争情报意识、竞争情报价值观、竞争情报经营哲学、道德规范与行为准则等与物质相关的形式的文化载体。竞争情报文化作用力就是指以上诸因素在竞争情报工作中所能发挥的综合效能，在企业竞争情报力提升中的功用。在 2000 年 SCIP 年会上，竞争情报文化在企业竞争情报发展中的重要作用引起与会专家的重视，Hedin 指出信息与知识的共享文化是企业情报取得成功的前提；Prescott 指出建立竞争情报文化是企业竞争情报取得成功的三大管理活动之一。

竞争情报文化的内核是竞争情报价值观，它是文化的内核，也是稳定的罗盘针（Soto，2001）。同时，为了竞争情报的发展，要从组织文化、组织结构、行政机制、人员行为和思维模式等人文视角来考虑竞争情报的应用和发展问题，因而企业竞争情报组织氛围是实施一体化的关键，是构成竞争情报文化的主体。竞争情报道德规范是企业竞争情报的基本准则，是企业开展竞争情报工作的行动指南与行为约束，是竞争情报价值的道德底线，同样是确保竞争情报发展的基础。而组织中的竞争情报意识与共享文化氛围同样对竞争情报发展潜能有着重要的影响。企业竞争情报文化是以团队为基础的企业文化。因为竞争情报工作是一项团队工作，而非各自为战，在竞争情报工作中，首先应该摒弃可能存在的作为原创者的荣耀感（泰森，2005）。只有在团队组织基础上开展的竞争情报，才更有可能使管理者、管理层接受所推荐的战略变更、决策建议。同时，在健康完善的竞争情报文化氛围内能够使员工感觉到自己是整个情报团队的一个不可或缺的组成部分，并通过畅通的沟通渠道，看到自己提供的信息对企业战略或战术决策产生的作用。

第六节　企业竞争情报力内在结构动态关系

一、企业竞争情报力内在结构体系

企业竞争情报力是一种素质。通过对竞争情报力的三个主要维度即竞争情报能力、竞争情报竞争力和竞争情报发展力构成要素的详细分析与论述，本章研究从静态角度全面地剖析了企业竞争情报力的内在构成。通过对上述论述进行归纳与梳理，依据竞争情报力主体结构框架，可以构建动态环境下企业竞争情报力内在结构体系（表4.1）。

表 4.1　企业竞争情报力内在结构体系

项目	主要维度	二级维度	基本构成要素
企业竞争情报力	竞争情报能力	情报需求分析与情报获取能力（骆建彬和严鸾飞，2005；Prescott，2001；Fleisher and Blenkhorn，2001；Lee and Choi，2003）	情报需求分析能力
			竞争情报源
			竞争情报收集与获取能力
			网络情报获取能力
		竞争情报整理与分析能力（Prescott，2001；Lee and Choi，2003；韦斯特，2005）	竞争情报分析方法
			竞争情报分析过程
			预测分析能力
		竞争情报服务与反馈能力（Herring，1996b；Simon and Blixt，1996）	情报产品数量与质量
			情报服务质量
			服务角色定位
			情报反馈效率与效果
		竞争情报系统（Prescott，2001；Marceau and Sawka，1999；邱均平和张蕊，2004；崔毅龙和陈莹，2004）	系统结构与功能
			情报数据库
			系统性能
			系统硬件设备
		竞争情报人力资源（Prescott，2001；Johnson，2001；Fleisher and Blenkhorn，2001；赖晓云，2005；骆建彬和严鸾飞，2005；杨鹏鹏等，2005b）	人力资源结构
			竞争情报工作经验
			竞争情报与相关领域的专业知识
			竞争情报能力
			竞争情报意识
		反竞争情报能力（赖晓云，2005；杨鹏鹏等，2005b）	反竞争情报意识
			反竞争情报制度、规章
			反竞争情报方法、措施

续表

项目	主要维度	二级维度	基本构成要素
企业竞争情报力	竞争情报竞争力	整合与协调能力 （Marceau and Sawka, 1999）	沟通渠道与方式
			竞争情报工作流程
			企业资源配置
		转化机制 （Marceau and Sawka, 1999）	知识与经验转化机制
			能力与素质的转化机制
		组织管理机制 （Miller, 2004; Fleisher and Blenkhorn, 2001; Arnett et al., 2000; Herring, 2003）	竞争情报组织架构
			竞争情报管理水平
			管理授权模式
		领导能力 （Fleisher and Blenkhorn, 2001; 骆建彬和严鸢飞, 2005）	基本管理能力与管理水平
			战略洞察力
	竞争情报发展力	学习与吸收能力 （Marceau and Sawka, 1999）	组织学习氛围
			组织与员工学习能力
			组织学习机制
		创新机制 （Arnett et al., 2000）	组织创新氛围
			组织创新机制
			组织创新能力
		应变与适应能力 （包昌火等, 2004a）	组织应变能力
			组织反应能力
		企业竞争情报战略 （包昌火等, 2004a; Fleisher and Blenkhorn, 2001）	竞争情报发展战略
			竞争情报人力资源战略
			领导者战略洞察力
		企业竞争情报文化 （Miller, 2004; Marceau and Sawka, 1999; Soto, 2001; 韦斯特, 2005; Hedin, 2000）	企业竞争情报氛围
			竞争情报价值观
			竞争情报道德观
			团队精神

通过企业竞争情报力内在结构体系可见，企业竞争情报力是由若干要素相互作用、相互影响所构成的体系。这个体系是静态的。通过静态分析，从多角度深入剖析企业竞争情报力内在构成，可以了解企业竞争情报力的基本构成脉络，较全面地描述企业竞争情报力的构成要素。在企业竞争情报内在结构体系中，各构成要素是竞争情报力必不可少的要素变量，缺少其中任何一个，整个系统的运行机能就会发生障碍。企业竞争情报力发展是其内在构成体系的各变量协调、均衡发展的结果。每个企业在其竞争情报力的发展中，只有在充分认识和了解竞争情报力内在构成基础上，根据外部环境的发展变化，根据企业自身的特点，充分赋予每一个要素不同的重视度和权重，才能获得企业竞争情报力的全面发展。

通过对企业竞争情报力内在构成的静态分析，为进一步分析其构成维度和构成要素间的相互作用、相互影响奠定了基础，同时也为企业竞争情报力测度、企业竞争情报力发展与提升研究构建了基础模型。

二、企业竞争情报力结构维度动态关系

每一个企业在生存发展过程中都构造或参与一个"企业生态系统"，企业是生态系统中的一员，是生态网络中的一个节点（李维安，2002）。企业组织是一个复杂的巨系统，企业竞争情报力就是其中的一个子系统，同企业生态系统演进一样，企业竞争情报力也是一个动态系统，是一个不断发展的有机体，具有开放性、复杂性、动态性、自组织性等特征。

企业竞争情报力正如人的素质一样，外在表现为对人整体评价的一种重要手段、重要表征。只有在充分了解、分析竞争情报力基本功能与外在表现后，才能结合竞争情报竞争力、发展力的基本特征与构成对企业竞争情报力进行科学的分析，才能帮助企业管理者充分了解其企业竞争情报的综合素质与整体水平，了解竞争情报价值增值中的关键因素与主要力量。在此基础上，调动各方面有利因素，充分发掘与利用企业潜能，全面促进竞争情报工作发展，更好地为企业决策提供信息支持与智力服务，以提升企业的竞争优势。

以上从静态角度详细分解竞争情报力三个主要维度的构成要素，构建了企业竞争情报力内在结构体系。企业竞争情报力是这些维度与要素之间相互联结、相互作用而成的一个复杂价值链系统。其实，在这个系统中，竞争情报能力、竞争情报竞争力、竞争情报发展力之间没有明显的界线，各要素之间相互依存、相互作用、相互影响，企业竞争情报力就是这些要素综合作用的结果（图4.8）。

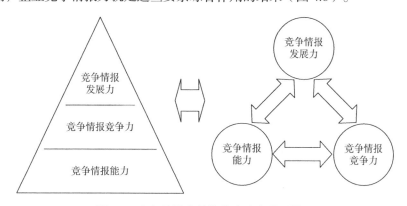

图 4.8　竞争情报力结构维度动态关系模型

竞争情报能力是竞争情报力的基础，也是竞争情报力的显性表征变量。而竞

争情报竞争力、竞争情报发展力则涉及竞争情报工作的发展、提升过程，以及组织对竞争情报力价值、绩效的反应过程，是竞争情报力的隐性素质的体现。

竞争情报竞争力是企业竞争情报力的核心组成部分，它既是对竞争情报能力的提升与发展，又是竞争情报发展力的基础能力。在整个企业竞争情报力内在结构中起着承上启下的作用。竞争情报竞争力是企业竞争情报比较优势的重要来源，因此，也是竞争情报价值创造中的关键作用因素。

竞争情报发展力是动态环境发展的结果。企业竞争情报力不是一个静态的概念，而是一个具有生命力的、不断发展的动态系统。竞争情报发展力就是这个有机体的运动系统，是推动有机体不断成长、不断发展、不断壮大的重要力量。没有竞争情报发展力，企业竞争情报力就会停止不前，就会失去发展动力，就会僵化、死亡，被企业淘汰。竞争情报发展力是以企业竞争情报能力、竞争情报竞争力为基础的。同时，它的发展又为这两者提供了新的、更高的发展平台。

基于以上分析，企业竞争情报力作为一个有机的动态系统，仅仅了解系统内部的局部环节还远远不足以解释系统行为，因为系统各部分（子系统）之间的相互作用在解释系统行为方面同等重要。在企业竞争情报力内在结构分析中，只有在分别分析三个主要构成维度的基础上，综合考虑三个主要维度间的相互联系、相互影响关系，将三个维度综合联系起来加以分析，才能构造出符合实际的竞争情报力模型，才能真正反映竞争情报力内在结构的动态关系（图4.9）。

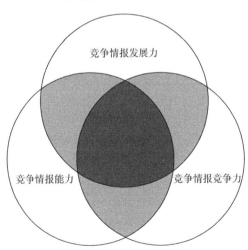

图 4.9　竞争情报力动态复合模型

从以上竞争情报力结构维度动态关系模型可见，企业竞争情报力作为一个动态系统，是这三个主要维度相互作用、相互支持的结果。这三个主要维度间的相互依存、相互影响与相互制约的关系，决定了系统的运行机制。竞争情报力系统不可持续状态的转换、可持续状态的维持以及系统综合素质与整体绩效的提升，都必须依赖于运行机制。这三个主要维度的动态关系决定了企业竞争情报力生存和发展的内在机能和运行方式，决定了系统间各个构成部分间的协调运转、灵敏反应外界变化、有效发展机能。

三、企业竞争情报力构成要素动态关系

所谓"要素"，即构成系统的必要因素。要素是组成系统的基本成分，是系统的最基本单位，也是系统存在的基础和实际载体。要素决定系统的结构、功能、性质、属性、特点等，同时也就决定系统的本质。要素与系统密不可分，系统离开要素就不成其为系统。要素在构成系统时要形成一定的结构，在一个稳定的系统中，一方面，要素之间相互独立、相互依存，又存在差别；另一方面，要素之间又按一定比例相互作用，通过一定结构与系统整体发生联系。系统的要素之间必须构成相互作用的耦合关系，毫无结构的要素的堆积并不是系统，也形成不了系统。在这种情况下，要素也就不称其为要素了。认识系统和把握系统需要划分系统要素，划分要素是认识事物、把握系统的最基本的手段，通过划分，系统中要素区分得当，既能准确地反映系统的特征，又易于认识系统各方面的变化规律，便于对系统实施控制。

前面，本书讨论了企业竞争情报力三个主要维度间相互作用、相互影响的动态关系，这种动态关系是由企业竞争情报力内在结构体系中的基本构成要素间的互相影响、互为因果的动态关系所决定的。

企业竞争情报力是一个由多层次、多要素构成一个具有复杂性、非线性的动态系统。要素之间存在着显性与隐性、近期与远期、局部与整体、基础与提升之间的复杂、动态关系，通过相互影响、相互作用在竞争情报价值创造中发挥作用。同时，竞争情报价值创造过程是企业内部与外部诸多因素的交互作用的过程。因此，竞争情报力对企业竞争情报整体绩效的影响实质上是一个复杂的过程，这就要求在企业竞争情报力分析中应充分考虑企业竞争情报系统的复杂性、非线性和动态性。

在企业竞争情报力内在结构体系的静态分析中，只能静态地将其基本构成框架和构成要素体现出来，很难真正勾画与描述出要素间的作用关系，很难将要素间的动态演化与发展纳入结构体系中。这些要素之间有些关系是清晰、确定的，但更多是模糊、随机、动态发展的，很难用定性的语言与逻辑来完全表述清晰，同时，要素间性质的差异，难以用数学的方法表述其内在关系。因此，必须采用一种定量与定性相结合、更接近于系统实际运行的直观的方法来加以描述。

系统动力学是由美国麻省理工学院 Jay W. Forrester 教授于 20 世纪 50 年代提

出的系统仿真方法，其解决问题的独特性在于其以因果关系和结构决定行为的观点，从系统内部的微观结构入手进行建模，模型能描述系统内部各种非线性的逻辑函数，同时借助计算机仿真技术来研究系统结构功能与动态行为的内在关系，从而找出解决问题的对策。系统动力学注重系统的内部机制与结构，强调单元之间的关系和信息反馈，用于具有复杂多变、多重反馈回路的系统仿真非常有效。另外系统动力学对于描述组织在其生命周期内的行为及其演化是一种有效的方法，为解释系统的动态行为提供现实的可能性（Forrester and Senge，1980）。

在研究中，以竞争情报力内在结构体系静态分析结果为依据，吸收与借鉴系统动力学分析方法中的系统模型的因素关系分析法，可以较清晰地分析企业竞争情报力构成要素间的复杂多变、具有多重影响与作用、多回路的信息沟通与反馈关系，在此基础上，构建企业竞争情报力内在构成要素动态关系模型（图4.10）。

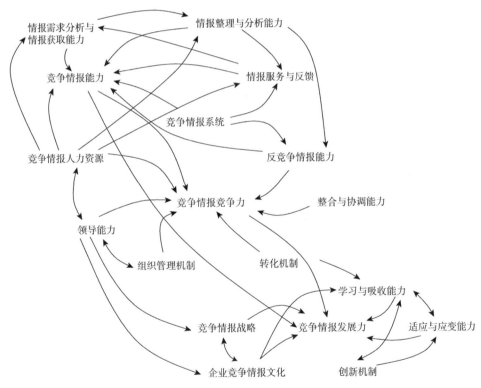

图 4.10　竞争情报力构成要素动态关系模型

通过动态关系模型可见，企业竞争情报力是以三个基本构成维度即竞争情报能力、竞争力与发展力的动态发展与支持性过程的交互作用来构成其完整的体系骨架。每一个维度的构成要素围绕中心点，形成对中心点的支撑，推动核心维度的发展。这是企业竞争情报力内在构成的最基本作用关系。

　　同时，每个主要维度的基本构成要素，其作用与影响方向具体表现在两个方面：一方面，在本核心维度作用范围内，构成要素之间存在着多重的、多回路的信息沟通与交流，存在着关系复杂的相互作用、相互影响，具有动态的因果关系。另一方面，在本核心维度作用范围之外，本核心维度构成要素与其他核心维度、其他核心维度构成要素之间，同样存在着信息的交流，同样存在着作用与反作用、促进与制约的相互作用、互为因果的关系。正是这种复杂的关系，将企业竞争情报力的三个核心维度紧紧地联系到一起。三个核心维度只有彼此之间达到一种动态的、和谐的、平衡的发展状态，才能促使企业竞争情报力的全面的提升与发展。

　　企业竞争情报力作为一个动态系统，通过价值链的获取、交流、共享、反馈等环节实现系统的协调与和谐，引发要素间良性互动，促进企业竞争情报力体系结构不断完善与发展。动态环境中，随着竞争情报价值链的纵深发展，企业竞争情报力构成要素间的相互作用、相互影响越来越深，关系越来越模糊，显性能力与隐性素质间的相互支撑、相互转换、相互融合越来越强。同时，企业竞争情报力作为一个复杂的有机体，是一个不断新陈代谢的生态系统。因此，在维持构成要素本质稳定性的条件下，系统构成维度与构成要素只有通过不断进化与发展，依据时间和空间的变换而不断变换，随着企业生存条件的变化而不断发展，对外部环境保持灵敏的适应性，对组织内部保持整个系统动态性、创新性，保持彼此间的平衡关系，才能促进企业竞争情报健康发展和整体绩效的提升。

第五章　企业竞争情报力测度体系构建

　　动态环境中，面对激烈的竞争形势，企业亟须有效地提升和发展其竞争情报力，以期提高竞争情报绩效。可是，竞争情报力提升的基础是企业能够对其现有竞争情报力水平进行全面、系统、科学、客观的衡量与评价。只有依据评价结果，根据现实条件与未来发展趋势，有针对性地整合相关资源，有侧重地进行投资，才能全面提升竞争情报的综合素质。反之，则难以对其进行行之有效的管理。因此，指标体系的建立是进行实际评价的前提和基础，有必要开发具有较高信度和效度的、基于动态环境的企业竞争情报力测度指标体系。

　　本章在企业竞争情报力内在构成研究基础上，通过对企业竞争情报力显性与隐性构成要素的进一步分析，提出了基于动态竞争环境的企业竞争情报力测度指标假设模型与假设体系。采用实证研究的方法，通过专家问卷与企业问卷的方式，运用探索性因子分析方法，利用所获得的数据的统计分析结果对所构建的企业竞争情报力测度指标假设模型与假设体系进行验证，进一步修正与完善测度指标体系，构建企业竞争情报力测度指标体系。随后，通过对国内外竞争情报领域专家的问卷调查，运用基于指数标度的层次分析法，获得了测度模型中各维度、各具体指标的权重赋值，使测度指标体系能够应用于实际测度与评价之中。

第一节　动态环境下企业竞争情报力测度

　　企业竞争情报力突破了静态环境企业竞争情报"能力论"分析模式，运用动态理论和系统理论，整合与优化企业竞争情报价值链，深入剖析了影响竞争情报价值创造的显性因素与隐性因素，揭示了竞争情报价值增值的内在机理，全面反映了动态环境中企业竞争情报的综合素质。

企业竞争情报力研究是对动态环境中企业竞争情报的理论总结，是竞争情报理论的重要组成部分。对企业竞争情报力进行评价与测度，是企业竞争情报力从理论研究走向实际应用的首要环节，是理论联系实际的重要纽带。企业竞争情报力测度的实质是企业竞争情报力的挖掘过程。竞争情报力测度过程是基于企业竞争情报价值链和企业竞争情报力的内在结构，运用实证分析的研究方法，通过对竞争情报力的主要描述指标、主要影响因素的剖析与挖掘，来识别影响企业竞争情报价值创造与提升中的各方面因素。因此，所构建的企业竞争情报力测度指标体系具有更强的发现性、探索性和客观性，对动态环境中企业竞争情报具有更多的现实性、指导性和可行性。在目前中国企业竞争情报力普遍不高的情况下，深入探讨企业竞争情报力测度与提升问题无疑更具有现实意义。

一、企业竞争情报力测度的理论阐述

企业竞争情报力是企业竞争情报的综合素质，渗透于竞争情报价值链中，体现于竞争情报价值增值，其最终的衡量标准是企业竞争情报绩效。可是，竞争情报作为决策的情报支持，在动态环境中，通过复杂的、动态的信息系统与企业战略决策融合为一体，起到环境扫描、竞争对手跟踪与监测、危机与风险预警、技术跟踪、机遇把握、评估企业生存环境的发展趋势、掌握行业发展规律等多项作用（秦铁辉和李艳，2001）。竞争情报的直接价值、直接产值是与企业其他有形的产品、无形的服务，以及企业竞争优势、竞争实力等相伴而生的，难以剥离，很难完全用定量指标加以衡量。因此，只有变换视角，采用适当的标准与方法才能对竞争情报力进行有效的衡量与评价。

作为企业竞争情报力的理论基础，企业核心竞争力的测度研究成果为竞争情报力测度研究提供理论依据和研究思路。同时，竞争情报价值与绩效等相关研究成果也为企业竞争情报力测度研究提供了理论依据、研究视角和思路。

企业核心竞争力评价与测量研究经历了从定性描述到定量分析的发展过程。Prahalad 和 Hamel（1990）在企业核心竞争力概念界定的基础上，提出了判断核心竞争力的三条准则：一是扩展性，即核心竞争力使企业具有进入广泛市场的潜力；二是贡献价值性，即核心竞争力可以提供顾客从最终产品感知到的价值；三是难以模仿性，即核心竞争力难以被竞争对手模仿。Meyer 和 Utterback（1993）在产品族和产品平台背景下，指出用产品技术、对用户需要的理解、分销渠道、制造能力四个维度评价企业核心竞争力。随后，Torkkeli 和 Tuominen（2002）、Gallon 等（1995）、Klein 等（1998）分别提出了有效测量核心竞争力的方法与指标。对这些研究成果进行深入分析发现，在核心竞争力的测量指标设定中考虑到了显性因素与隐性因素的影响力。

在核心竞争力测度研究方法上，Durand（1997）提出一个度量能力差距的测度框架，采用构造指标体系，然后用主观判断对各指标评分，综合计算出核心竞争力水平；Prencipe（1997）用专利指标来测度和评判企业核心竞争力；Henderson 和 Cockburn 等（1994）结合了主观评分方法和纯粹定量指标，针对具体行业提出了两种能力包含的指标。

在国内核心竞争力衡量与评价研究中，郭斌和蔡宁（2001）针对技术型企业，着重于技术创新，从企业战略管理能力、企业核心技术能力、企业核心制造能力、企业组织/界面管理能力、企业核心营销能力五个维度共计 104 个指标测度企业核心竞争力。魏江（1999）用企业技术能力的评价指标体系，包括人员能力、信息能力、设备能力、组织能力等方面 14 个指标，通过问卷调查评价企业核心竞争力，各指标权重通过专家打分确定。杜纲和崔婷（2005）认为企业核心竞争力可以从三个层面来评价，分别为基础层面、业务与技术层面、市场与盈利层面。每个层面指标权重的确定采用层次分析法，对各指标值进行加权平均，然后采用模糊综合评价方法进行测度。

与国外研究成果相比较，国内在核心竞争力评价与测量研究中，指标设定更详细、全面，这些指标既反映了影响核心竞争力的显性因素，也揭示了影响核心竞争力的隐性因素。而且，在这些模型框架中，隐性因素与间接作用力的指标的占比更大，说明其在评价中的重要作用。

在竞争情报价值与绩效评价研究中，Langabeer（1999）提出用 4I 来衡量竞争情报价值，即信息（information）、解释（interpretation）、洞察力（insight）、印象（impression），并进一步指出客观信息获取、信息分析、情报共享、指导与影响客户行为等是评价竞争情报绩效的关键指标。Lee 和 Choi（2003）通过实证研究得出竞争情报价值的三个衡量指标为速度、广度、深度其中速度是指特定时间段内竞争情报活动的数量，广度是指管理者获取与竞争相关的信息的多样性，深度代表管理者促进与提升竞争情报循环所采取的步骤数量。米勒和企业情报智囊团成员（2004）认为竞争情报从信息共享、企业决策文化、企业绩效、组织变革等方面给企业带来竞争优势，因此，这几方面均可作为评价情报价值的指标。以上研究主要是从定性角度对企业竞争情报价值与绩效的评价。

Jaworski 和 Wee（1993）、李羽和郎诵真（2001）用产品质量、市场信息、内部关系、外部关系、经营业绩和高质量战略计划等指标衡量竞争情报绩效。Fleisher 和 Blenkhorn（2001）提出评价竞争情报绩效的四个主要指标，即数量（输入与输出的比率）、质量（相关者对竞争情报的满意度）、成本（人工时间、物资、机遇等的统计）、时间（用来关注决策的时间、需要对竞争情报网络反应的时间、来自于网络参与者的反馈的时间）。韦斯特（2004）指出衡量竞争情报效用的五个关键指标是所提供情报的质量、竞争情报所作的用途、情报文化的形成、事件分析和市场份额。上述研究中既包括定性指标，也包括定量指标。

从以上相关研究成果来看，在竞争情报价值与绩效评价指标设定中，侧重点是竞争情报满足用户情报需求的基本能力，这些指标能够反映竞争情报的价值与绩效，但不够全面。虽然在研究中有些学者将企业文化、组织结构、情报意识等因素作为衡量竞争情报价值与绩效的指标，但是关注不够，研究不系统、不深入。

综上所述，在企业竞争情报力测度研究中，不应局限于对企业过去和现在竞争情报能力的衡量，还应反映与竞争对手相比所具有的优势，体现企业竞争情报未来的发展潜力。如果在研究中仅仅使用定量指标，则只能反映企业竞争情报力过去的或现在的水平，不能完全反映竞争情报力的潜力与未来趋势。在企业竞争情报力测度研究中，不仅要关注影响竞争情报价值与绩效的显性因素，更要重点关注隐默于竞争情报价值链中、在竞争情报价值创造中发挥关键作用的隐性因素。因此，需要构建一个由定量、定性指标相结合且定性指标占主体的企业竞争情报力测度指标体系，才能真正反映企业竞争情报力的整体水平，评价结果才能对企业竞争情报未来的发展具有现实的指导意义。

鉴于企业竞争情报力的特点、性质，根据外部环境发展趋势，本章使用"测度"这一概念。"测度"的本质是对企业竞争情报力的挖掘与剖析过程。这个过程是以企业竞争情报力内在构成为基础，通过剖析企业竞争情报力构成要素的反映指标、描述变量，来挖掘隐含的、未知的和潜在的影响因素，客观地衡量与评价企业竞争情报整体素质与综合水平。同时，考虑到企业竞争情报力提出的背景，这一测度指标体系又是动态的、发展的。

二、企业竞争情报力测度指标体系构建原则

企业竞争情报力不仅反映了企业竞争情报显性要素水平，也揭示了企业竞争情报价值创造中的隐性因素。因此，在对企业竞争情报力的测度中，只有准确、全面、客观地对这些因素进行有效的评价与衡量，才能保证竞争情报力测度的科学性和有效性。

为了科学、有效地评价企业竞争情报力，在竞争情报力测度指标体系模型的设计与构建中、在测度指标的选取中应遵循以下原则。

1）系统性原则

系统性原则是指在企业竞争情报力测度指标模型的设计与测度指标的选取中，指标设计要尽可能反映企业竞争情报力的各个构成要素，力求反映企

业竞争情报力各个层次的属性。从企业竞争情报力内在结构构成可见，影响企业竞争情报力的因素很多，既包括显性要素，又包括隐性要素，同时，这些影响因素既有定性属性，又有定量属性。因此，本章所构建的企业竞争情报力测度指标体系，既要考虑选取指标简约机制，更要考虑指标选取与系统设计过程中各项指标的代表性、影响性，能够较全面、系统地反映竞争情报力水平。

2）层次性原则

层次性原则是指所构建的企业竞争情报力测度指标体系能够层次清晰地反映指标系统的内在构成与逻辑关系。企业竞争情报力是由三个层面（即竞争情报能力、竞争情报竞争力、竞争情报发展力）构成的，且每个层面又分若干层次。在构建企业竞争情报力测度模型时，尽可能做到指标设计层次简洁、清晰明了，既能全面、便捷地测度竞争情报力，又尽可能与竞争情报力的内在结构相呼应。

3）可行性原则

可行性原则是指所构建的企业竞争情报力测度指标模型具有实用性、可用性，主要包括两个层面的含义：一方面是指所选取和设定的指标含义具有清晰度，并且数据具有可获得性；另一方面是指所构建的指标体系在企业实际运用中具有可操作性、实用性，而不是仅仅局限于理论层面的探讨。

4）指导性原则

指导性原则是指研究结果对企业竞争情报工作所具有的理论指导作用。企业竞争情报力理论是一个实践性很强的理论，研究所构建的测度指标体系要既能全面反映竞争情报力水平，揭示竞争情报价值创造与价值提升的内在机理；又能利用指标体系发现竞争情报工作中的问题，以使测度结果对企业竞争情报管理具有指导作用，对企业修正、完善、发展竞争情报工作具有指导意义，提升竞争情报的价值贡献度。

5）动态性原则

动态性原则是指竞争情报力测度指标体系既能全面地反映企业竞争情报素质现状，又能够动态地跟踪企业竞争情报发展，反映动态环境中企业竞争情报发展的特点。企业竞争情报力的动态性特点决定了企业竞争情报力是一个持续的、动态发展的概念，反映的是竞争情报持续提升的素质。因此，在测度指标体系构建与指标选取中，要能够反映企业竞争情报力的发展与变化特点，体现与外部环境的相适应、相匹配，保证所构建指标体系的科学性、有效性与效用的长期性。

三、企业竞争情报力测度指标设定

企业竞争情报力是由企业竞争情报能力、情报竞争力与情报发展力所构成的一个完整的体系，具有动态性、独特性、价值性等属性。

基于竞争情报力的特点，本书在第四章中以系统的、动态的、立体的视角，对竞争情报力的内在结构进行剖析，构建了企业竞争情报力内在结构体系模型。模型以企业竞争情报价值链作为竞争情报力分析的基础，较全面地体现了企业竞争情报力的内在构成维度与构成要素，尤其反映了隐默于竞争情报价值链中、在竞争情报价值创造与价值提升中起着至关重要的隐性因素。由此可见，企业竞争情报力的内在结构体系既包括影响企业竞争情报价值的显性指标，又包括隐性指标，既有定性要素，又有定量指标。

在企业竞争情报力内在结构体系中，企业竞争情报力主要维度的各项构成指标、各个构成要素具有一定的概括性与抽象性。对这些指标要素进一步细化，可以得到测度企业竞争情报力的三个主要维度，即竞争情报能力、竞争情报竞争力、竞争情报发展力（表 5.1~表 5.3）。

表 5.1　企业竞争情报能力主要描述变量

主要构成维度	二级构成维度	构成指标	主要描述变量与要素
竞争情报能力	情报需求分析与情报获取能力（骆建彬和严鸾飞，2005；Prescott and Miller，2001；Fleisher and Blenkhorn，2001；Lee and Choi，2003）	情报需求分析	用户情报需求的感知、理解与企业关键竞争情报主题识别
		竞争情报源	竞争情报的渠道、来源，人际网络的建立及一手信息与情报获取能力
		竞争情报收集与获取能力	情报搜集、获取手段与方法
		网络情报获取能力	利用互联网获取竞争情报能力
	竞争情报整理与分析能力（Prescott and Miller，2001；Lee and Choi，2003；韦斯特，2005）	竞争情报分析方法	分析方法的多样性与灵活性
		竞争情报分析过程	情报分析处理的客观性、公正性与科学性，数据自动处理程度
		预测分析能力	情报价值识别与判断，企业竞争态势和发展分析与预测
	竞争情报服务与反馈能力（Herring，1996b；Simon and Blixt，1996）	情报产品数量与质量	情报报告简洁性、生动性、客观性与易懂性
		情报服务质量	服务方式，服务质量，服务效率，情报产品与服务的个性化、定制化
		服务角色定位	情报在企业战略决策服务中的角色定位
		情报反馈效率与效果	与用户的沟通渠道、沟通机制，交流频率与效果

续表

主要构成维度	二级构成维度	构成指标	主要描述变量与要素
竞争情报能力	竞争情报系统（Prescott and Miller，2001；Marceau and Sawka，1999；邱均平和张蕊，2004；崔毅龙和陈莹，2004）	系统结构与功能	情报系统运行速度与功能设置
		情报数据库	企业资料库、情报库与知识数量、质量、更新的频率和速率
		系统性能	竞争情报系统的兼容性与性能的稳定性，系统的界面友好性、查询便捷性
		系统硬件设备	硬件设备（如网络、计算机、通信等）状况
	竞争情报人力资源（Prescott and Miller，2001；Johnson，2001；Fleisher and Blenkhorn，2001；赖晓云，2005；骆建彬和严鸾飞，2005；杨鹏鹏等，2005b）	人力资源结构	竞争情报人员中各专业人员占比
		竞争情报工作经验	竞争情报人员的相关工作经验与工作经历
		竞争情报与相关领域的专业知识	竞争情报人员学历程度，专业水平与计算机、外语水平及相关培训经历
		竞争情报能力	情报人员的表达能力、沟通能力、协调能力、洞察力、判断力、分析能力与预测能力
		竞争情报意识	企业员工信息情报敏感性与竞争情报意识及企业中的准确定位
	反竞争情报能力（赖晓云，2005；杨鹏鹏等，2005b）	反竞争情报意识	员工的保密意识、反竞争情报意识及对员工反竞争情报培训
		反竞争情报制度、规章	竞争情报工作各项目的保密措施，商业秘密的保护制度与保护措施
		反竞争情报方法、措施	针对竞争对手的竞争情报工作而采取的反情报方法与措施

表 5.2 企业竞争情报竞争力主要描述变量

主要构成维度	二级构成维度	构成指标	主要描述变量与要素
竞争情报竞争力	整合与协调能力（Marceau and Sawka，1999）	沟通渠道与方式	各层面员工、各部门沟通渠道与交流方式
		竞争情报工作流程	业务流程清晰与明确，工作流程科学性与合理衔接，各部门、各层面人员在工作中相互支持、相互配合、相互协作
		企业资源配置	竞争情报工作占有企业资源及这些资源在各个工作环节的有效分配与利用程度
	转化机制（Marceau and Sawka，1999）	知识与经验转化机制	工作经验的及时总结与积累，企业原有知识与工作经验在工作中的有效运用
		能力与素质的转化机制	企业善于挖掘潜在能力并应用于竞争情报工作中
	组织管理机制（Arnett et al.，2000；米勒和企业情报智囊团成员，2004；Fleisher and Blenkhorn，2001；Herring，2003）	竞争情报组织架构	企业组织架构、竞争情报机构的设置模式与职能划分
		竞争情报管理水平	企业内信息流方向，情报工作流程的正规化、规范化与标准化
		管理授权模式	情报部门整合组织各机构情报资源的权限，企业授权程度
	领导能力（Fleisher and Blenkhorn，2001；骆建彬和严鸾飞，2005）	基本管理能力与管理水平	领导者事业心与个人魅力，调动员工参与竞争情报能力
		战略洞察力	竞争情报工作的统筹把握能力与企业管理水平

表 5.3　企业竞争情报发展力主要描述变量

主要构成维度	二级构成维度	构成指标	主要描述变量与要素
竞争情报发展力	学习与吸收能力（Marceau and Sawka, 1999）	组织学习氛围	竞争情报部门内的学习氛围，员工学习兴趣与自我学习能力
		组织与员工学习能力	员工对新知识的敏感性，自觉学习与运用到工作中的能力与意识
		组织学习机制	激励员工不断学习的机制与措施
	创新机制（Arnett et al., 2000）	组织创新氛围	创新意识、创新思路与创新理念，变革的热情与力度
		组织创新机制	创新流程、机制与措施，与其相配套的激励措施
		组织创新能力	新方法、新知识在组织中的扩散和利用的速度与效率
	应变与适应能力（包昌火等，2004a）	组织应变能力	外部环境、竞争对手变化的敏感性与监测跟踪机制
		组织反应能力	预测、应对机制及应对变化的速度与效率
	企业竞争情报战略（包昌火等，2004a；Fleisher and Blenkhorn, 2001）	竞争情报发展战略	目标与长远发展规划，竞争情报战略与企业发展战略协调统一性
		竞争情报人力资源战略	竞争情报人力资源的发展规划
		领导者战略洞察力	企业管理者竞争情报前瞻性与战略洞察力
	企业竞争情报文化（米勒和企业情报智囊团成员，2004；Marceau and Sawka, 1999；Soto, 2010；韦斯特，2005；Hedin, 2000）	企业竞争情报氛围	员工竞争情报责任感与工作态度，相互信任与信息共享的企业文化，良好的人际关系与工作氛围，高层管理者对竞争情报工作的重视程度
		竞争情报价值观	竞争情报在企业决策中的地位与作用，企业对竞争情报价值的认同
		竞争情报道德观	企业竞争情报工作的道德规范与行为准则
		团队精神	工作中体现出的团队精神

企业竞争情报力内在结构体系为企业竞争情报力测度指标模型的构建奠定了理论基础。而这三个构成指标的描述性变量体系使企业竞争情报力内在结构更易观察、更易理解，为竞争情报力测度量表开发与设计提供了参考依据。

然而我们也发现，在内在结构指标体系中，这些构成维度与构成要素虽然全面地反映了企业竞争情报力的各个方面，但用构成要素直接作为企业竞争情报力测度指标会使整个体系略显繁杂，有些指标过于概括而不易观测，数据可获得性不强。并且，个别指标间具有重叠性和交叉性，会影响所构建的竞争情报力测度模型的科学性与有效性。

竞争情报力测度研究的主要目的：一方面，是对企业竞争情报整体水平与综合素质进行衡量与评价，也就是对企业竞争情报绩效进行全面评价；另一方面，主要是揭示竞争情报价值创造过程中各方面要素的水平与能力，即评价这些隐性要素在动态环境下企业竞争情报价值创造中所发挥的作用。因此，需要对企业竞争情报内在构成要素进行进一步梳理、整合与细化，以此作为测度指标选取与设定的参考依据，尽量做到选取指标既能够全面、有效地衡量企业竞争情报力的不同层次、不同侧面，又要尽可能简约，易于理解、易于获得，方便实际应用。

同时，企业竞争情报力是一个动态系统，在企业竞争情报力测度指标设定中，所选取指标应尽可能反映企业竞争情报力的未来能力。

基于上述分析，根据企业竞争情报力测度指标体系设计原则，可将影响竞争情报价值创造的显性因素与隐性因素作为指标设定与选取的标准，因此，可从显性测度类指标与隐性测度类指标两个层面构建企业竞争情报力测度指标模型。

企业竞争情报力内在结构模型与测度指标模型之间的关系如图 5.1 所示。

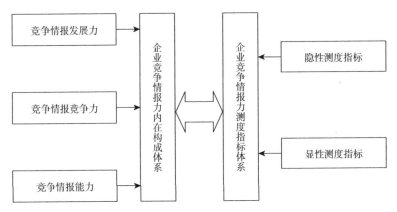

图 5.1　内在结构模型与测度指标模型关系图

第二节　企业竞争情报力测度研究假设

依据企业竞争情报力测度指标体系构建原则，本章提出测度指标模型构建的最基本的假设，即由显性测度指标与隐性测度指标两个主要测度维度构成企业竞争情报力测度的基本模型。

在此基础上，本着模型的合理性和逻辑性、测度数据的可获得性和可衡量性、测度指标体系的指导性和实用性等原则，本章构建了基于动态环境的企业竞争情报力测度指标假设模型与假设体系。

一、企业竞争情报力测度指标假设模型

在企业竞争情报力测度的基本模型的基础上，本章构建了企业竞争情报力测度指标假设模型（图 5.2）。

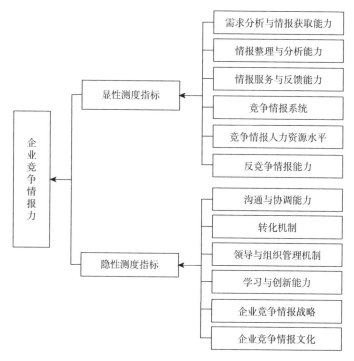

图 5.2　企业竞争情报力测度指标假设模型

企业竞争情报力测度指标假设模型主要由二级维度构成。在这个模型中，竞争情报力测度指标主要包括两个一级维度。

显性测度指标主要是指竞争情报的基本工作、基本方法、基本工作流程等直接构成竞争情报价值链并在价值创造中起直接作用的因素；隐性测度指标主要是指隐默于竞争情报价值链中，在竞争情报价值创造中发挥着核心与关键作用的隐性因素、间接作用力。

在企业竞争情报力测度指标假设模型中，各级维度之间的关系见图 5.3。通过这个模型，可以体现企业竞争情报力测度指标假设模型中的主要维度间的逻辑关系。

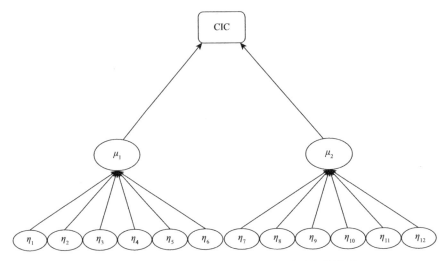

图 5.3　企业竞争情报力测度指标逻辑关系假设模型

在这个模型中，CIC 代表企业竞争情报力；μ_1、μ_2 代表竞争情报力的一级测度维度，即显性测度指标维度与隐性测度指标维度；μ_1、μ_2、$\cdots$、μ_{12} 分别代表竞争情报力测度指标模型中的 12 个二级测度维度。

二、企业竞争情报力测度指标假设体系

在企业竞争情报力测度指标假设模型的基础上，根据企业竞争力内在结构两个主要维度的描述指标，本着竞争情报力测度指标体系构建原则，尽可能通过一些表征现象与特征指标来代表影响竞争情报价值创造的不可观察的隐性要素与间接作用力，分别对各二级测度维度进行进一步的分析与细化，构建企业竞争情报力测度指标假设体系（表5.4）。测度指标假设体系是一个由三个层级构成的体系。

表 5.4　企业竞争情报力测度指标假设体系

一级测度维度	二级测度维度	测度指标
显性测度指标	需求分析与情报获取能力	情报需求分析能力
		竞争情报源
		竞争情报收集与获取能力
		网络情报获取能力
	情报整理与分析能力	竞争情报分析方法
		竞争情报分析过程
		预测分析能力

续表

一级测度维度	二级测度维度	测度指标
显性测度指标	情报服务与反馈能力	情报产品数量与质量
		情报服务质量
		服务角色定位
		情报反馈效率与效果
	竞争情报系统	系统结构与功能
		情报数据库
		竞争情报系统性能
		系统硬件设备
	竞争情报人力资源水平	人力资源结构
		竞争情报工作经验
		竞争情报与相关领域的专业知识
		竞争情报能力
		竞争情报意识
	反竞争情报能力	反竞争情报意识
		反竞争情报制度、规章
		反竞争情报方法、措施
隐性测度指标	沟通与协调能力	沟通渠道与方式
		竞争情报工作流程
		资源配置能力与水平
	转化机制	知识与经验转化机制
		能力与素质的转化机制
	领导与组织管理机制	竞争情报组织架构
		竞争情报管理机制
		竞争情报管理水平
		领导能力
	学习与创新能力	学习能力、学习氛围、学习机制
		创新氛围、创新机制、创新能力
	企业竞争情报战略	应变能力与反应能力
		竞争情报发展战略
		竞争情报定位
		竞争情报人力资源战略
		领导者战略洞察力
	企业竞争情报文化	企业竞争情报氛围
		竞争情报价值观
		竞争情报道德观
		团队精神

第三节 研究方法与研究设计

一、研究方法

竞争情报理论是具有很强的实践性与实用性的理论，与企业实际工作有着密切联系。尤其在动态环境中，企业竞争情报力的水平直接影响到竞争情报的绩效，影响到竞争情报的价值贡献度。因此，只有联系企业竞争情报实际工作，对企业竞争情报力的实际情况进行研究，其研究结果对企业来讲才更具有现实意义，才更具有价值。因此，在企业竞争情报力测度的研究中，主要采用实证研究的方法。

本章在理论研究基础上，提出了基于动态环境的企业竞争情报力测度指标假设模型与假设体系。基于假设模型与假设体系，进行量表设计与开发，采用问卷调查法来获取实证数据，运用探索性因子分析方法，对数据进行统计与分析，根据分析结果，对假设模型与假设体系进行验证，并对其进行进一步的修正与完善，最终构建更具科学性、客观性、有效性与实用性的企业竞争情报力测度指标模型与测度指标体系。

在本章中，主要的研究方法是探索性因子分析法。

探索性因子分析法是多元统计分析技术中的一个分支，用来探求所分析指标的共性，将共性大的指标提取出来作为一个新的指标，从而达到降维的目的，即减少分析变量数目的一种分析方法。通过研究众多变量间的内部依赖关系，探求观测数据中的基本结构，并用少数假想变量来表示基本的数据结构。这些假想变量能够反映出原来众多观测变量所代表的主要信息，并解释这些观测变量间的相互依存关系。

探索性因子分析的基本原理是一种数学变换，它把给定的一组相关变量通过线性变换转成另一组不相关的变量，这些新的变量按照方差依次递减的顺序排列。在数学变换中保持变量的总方差不变，使第一变量具有最大的方差，称为第一因子；第二变量的方差次之，并且和第一变量不相关，称为第二因子，依次类推。在多数情况下，不同指标之间是有一定相关性的，因子分析法正是根据评价指标中存在着一定相关性的特点，用较少的指标来代替原来较多的指标，并使这些较少的指标尽可能地反映原来指标的信息，从根本上解决了指标间的信息重叠问题。因子分析法的优点在于各综合因子的权重不是人为确定的，而是根据综合因子的贡献率大小确定的，它克服了人为因素，使评价结果更加客观合理。

本章之所以采用探索性因子分析法，是因为企业竞争情报力是企业竞争情报显性能力与隐性能力、直接作用力与间接作用力的综合反映，它是由众多因素构成的，是企业综合素质的集中体现。而且这些因素与变量之间又存在着较为复杂的因果关系、依赖关系。通过因子分析，可以简化测度指标体系与结构，合并具有较强关系的变量，使其最终所构建的测度指标体系更具客观性、简练性与实用性。

二、量表设计与开发

量表开发对实证研究十分重要，其设计是否合理、科学、全面都将直接影响实证研究结果的有效性。

量表的内容效度（content validity）是对量表的内容表现特定测度任务的优劣程度的一个主观而系统的评价。研究者或其他人需要检测量表项目是否充分地覆盖了被测概念的全部范围。虽然单独的内容效度不是量表效度的充分指标，但是它却有助于对量表分值的常识性解释（马尔霍特拉，2015）。

一般来说，量表开发与设计需要遵循以下原则。

一是操作化必须建立在正确的概念化基础上。在量表开发之前，需要研究测度对象，以找出一个理论框架（也就是概念化），然后以该理论框架为依托进行问项设计（也就是操作化）。

二是有效的测量工具必须从一般的问项库（pool）中提取具有代表性的问题。一般参照两种来源（其他学者相关研究中开发的量表和自己开发的量表）对相关概念测度量表问项进行设计。

三是多问项测度原则。对于具体的量表设计，一个基本的科学原则是，特定的概念至少应该通过两个以上的问项来测量。我们不是依赖一个单一测度来表征某一概念，而是使用多观测变量（显变量）来综合测量一个概念。

四是信度和效度原则。设计完成的量表和问卷必须具备相应的信度和效度，才能应用于正式研究。因此，正式调查之前必须进行预调查研究，并需要对预调查研究所得到的数据进行相关的信度与效度检验，然后才能确定正式调查问卷。

基于以上量表设计原则，根据企业竞争情报力的研究特点，在本章中，我们广泛地借鉴了核心竞争力、企业竞争情报能力、情报竞争力等研究领域的研究成果，包括理论研究和实证研究。

基于所提出的企业竞争情报力测度指标假设模型和企业竞争情报力测度指标假设体系，在征询企业竞争情报工作者与竞争情报研究学者建议的基础上，设计完成企业竞争情报力测度研究预调查问卷。问卷主要以所提出的企业竞争情报测度指标假设体系为基本框架。同时，根据企业竞争情报力是一种显性能力与隐性素质综合体的特点，尤其是考虑到隐性指标、隐性要素的评价与衡量的特点，在量表的设计中，尽可能将隐性要素通过适当的描述性语言表述出来，并不失其真正的含义，使被测指标的表征最有效、最充分和最恰当。

同时，为保证量表的内容效度，在问卷设计中，我们严格按照以下步骤进行量表设计工作。

首先，构建问项库。根据竞争情报力概念内涵、内在结构体系模型和假设测度指标体系，并根据相关的理论和文献梳理，本书选择了近百个相关问项构成一个有待进一步考察的问项库。

其次，设计量表，优化问项。在量表问项库的基础上，根据所构建的企业竞争情报力测度指标假设模型，针对相关的测度维度与测度指标，设计完成了调查问卷。邀请竞争情报理论与实践方面的专家对问卷中的问项提出修改意见，力求问项对被测概念的表征最有效、最充分和最恰当。这些专家包括竞争情报研究方面的教授、博士生、企业竞争情报工作者、信息咨询机构的竞争情报专家等。根据所征得的意见，对问卷问项进一步优化、修改、调整，形成调查问卷初稿的修改稿。研究者利用其所在的竞争情报 QQ 群（基本上都是从事竞争情报的专业人员或研究竞争情报的人士）进行了小范围的问卷测试，并征询了部分测试人员的意见（主要是问项内容表述、理解方面），对问卷进行了进一步修改，在征得研究团队同意后，形成了最后的预研究调查问卷。

在调查问卷初稿中，对一些问项采用了反向措辞，目的是减少响应（response）偏差。响应偏差是由受访者的态度和事先倾向（predisposition）所致。其中，一种常见的响应偏差是"yea-and nay-saying"，它是指响应受到了对正面或负面答案的总体趋势的影响（Alreck and Settle，1985）。因此，受访者有可能对量表中的所有陈述都做出正向响应或负面响应。学者建议，最常见的克服方法就是对一些问题采用正面措辞表述，而对另一些问项则采用负面措辞表述（Schmitt et al.，1991）。但调查问卷初稿的反馈意见表明，在企业竞争情报力测度指标研究中，由于测量目标十分明确，反向措辞不适合本调查研究，因此，在预调查问卷中，全部都改为正向措辞的问项。

同时，为了控制调查中出现的偏差，问卷编写了填答指导语。在填答指导语中申明问卷调查是纯学术目的，没有对错之分，问卷不记名，调查人对所知晓的信息保密，承诺可以反馈调查结果。

有学者指出，如果调研数据需要用复杂的统计方法进行分析，那么问项尺度至少应该在 5 级以上。综合考虑到受访者的实际判断能力，考虑到企业竞争情报力测度指标的识别度，本量表的所有问项都采用 5 级 Likert 量表。数值"1"表示非常不重要、"3"表示中等、"5"表示非常重要。

三、数据分析方法

在数据处理与分析中，本章采用描述性分析并使用 SPSS 12.0 等软件进行探索性因子分析。

（一）描述性分析

描述性分析是数据分析的第一阶段。为了检验性地把握数据的属性与质量，在研究中首先对样本的总体特征，包括年龄、学历、专业技术职务、所从事行业等进行分析。同时，对问卷中所有的变量进行描述性分析，包括均值、标准差等。

（二）数据预处理

数据分析的第二阶段是数据的预处理。

主要采用 EM（expectation-maximization，期望最大化）算法来处理缺失值。EM 算法是一种迭代算法，最初由 Dempster 提出，主要用来求后验分布的最大似然估计值，该算法在缺失值的估计上非常有效。这种算法可以从未缺失数据的分布情况中推算出缺失数据的估计值，从而能够有效地使用所有数据进行分析，来提高统计结果的可信度。

同时，探索性因子分析法要求统计数据必须是连续性变量。因此，在应用探索性因子分析之前，采用等级赋值法对所获得的调查数据进行连续性处理。

（三）信度与效度分析

数据分析的第三阶段是信度与效度分析。

这一阶段的信度与效度检验是通过对外部（测量）模型的检验来完成的。因此，这一阶段也可称为外部（测量）模型检验。外部测量模型利用内部一致性、内敛效度（convergent validity）进行评价，主要采用 SPSS 12.0 软件进行信度与效度分析。

信度是指如果测量被重复进行，一个量表产生一致性结果的可能性。内部一致性信度是最常用的信度评价方法，其中 Cronbach's α 系数应该达到 0.7 以上的水平（Nunnally and Bernstein，1994）。

效度是指一个量表测量它所要测度的内容的能力。内敛效度被用来测量同一概念不同问项之间的相关度（Brinberg and McGrath，1982）。问项在每个概念上的标准化载荷系数用来评价内敛效度，如果标准化载荷系数大于 0.707，意味着标识与它们相应的潜变量之间的相关度大于标识与误差之间的相关度。对于新开发的量表来说，0.5 或 0.6 也是可以接受的（Chin and Golinsky，1998）。

（四）探索性因子分析

探索性因子分析是数据分析的第四阶段。

在研究中，为了进一步分析调查问卷所获取的数据，采用 SPSS 12.0 软件进行了探索性因子分析。

在分析中，主要采用主成分分析法（principle components analysis）来提取数据与结果。

主成分分析法是一种数学变换的方法，它把给定的一种相关变量通过线性变换转换成另一组不相关的变量。将新的变量按照方差依次递减的顺序排列，以探求所要分析指标的共性，用较少的指标替代原来较多的指标，解决了指标间的信息重叠问题，使得分析结果更具客观性。

四、预调查研究

为了检验调查问卷的信度与效度，在正式研究之前进行了预调查。通过初步调查，获取相关数据，并对预调查数据进行分析，根据检验结果对问卷进行了修正，最终形成正式调查问卷。

利用基于量表形成的并经过修改的预调查问卷（附录 A-2）实施预调查。

预调查采用便利抽样法，在南开大学商学院 2004 级博士生和信息资源管理系等几个单位进行了预调查。调查使用受访者自填留置式问卷，共发出问卷 100 份，回收有效问卷 86 份，问卷有效回收率为 86.00%。

对预调查所获取的数据进行分析，分析结果表明预调查问卷能够反映被测指标体系的内容，具有较高的内容效度。根据预调查问卷所反映的情况，对个别项目的表述进行了修改，又根据调查反馈的意见，增加了 22 个调查问项。同时，在调查问卷中，为使受访者能够客观真实地回答问题而不受问项之间的内在逻辑的影响，没有对调查问卷中的二级测度指标之间的问项进行清晰的界定，而且尽量避免各问项之间发生内在的逻辑关系。最后，形成本书研究的正式调查（附录 A-1）。

正式调查问卷共设 84 个问项。测度问项中，竞争情报力显性测度指标观测变量为 38 项，竞争情报力隐性测度指标观测变量为 46 项。同时，在调查中使用相同的问卷进行专家调查与企业调查，没有进行具体的区分。

第四节　实证研究与数据分析

一、问卷调查

根据企业竞争情报力研究的特点，考虑到竞争情报在中国企业发展的实际情况，本书采用非概率抽样（nonprobability sampling）的方法，使得到的结论更具科学性、代表性。本书采用"方便抽样"、"判断抽样"与"目标式抽样"相结合的方法发放问卷。

在研究中将调查对象分为两个层面：一是竞争情报的研究人员与教学人员（专家问卷）；二是竞争情报实际工作者与应用者（企业问卷）。因此，问卷发放对象选择了国内各高等院校的竞争情报研究领域的教师与研究者、情报信息研究机构的研究者、中国科技情报学会竞争情报分会的部分会员、国内竞争情报工作实绩较突出企业的竞争情报工作者和哈尔滨工业大学管理学院的部分 EMBA（executive master of business administration，高级管理人员工商管理硕士）学员。这些调查对象较熟悉竞争情报概念及相关理论，对竞争情报理论或竞争情报实际工作有较为深入的理解，并且具有多年的竞争情报工作经验。同时，这些调查对象对竞争情报工作的重要性有着较深入的认识，能够以认真的态度对待此次调研，保证了调查结果的真实性与有效性。

样本规模对研究结果的真实性、客观性同样具有重要影响。样本规模越大，分析结果越能反映企业的真实情况与真实状态。Babbie（2002）建议样本最少应大于 100，大于 200 则更好，容量少于 100 的样本所产生的结果不够科学，使得探索性因子分析的信度与效度降低。因此，综合考虑调查问卷中各项指标内容与我国企业竞争情报现状，本书研究将样本规模确定为 150 个。

问卷调查采用电子邮件、信件和当场填写三种形式。采用发送电子邮件和普通邮寄的方式进行调查时，应事先沟通并善意督促和解答疑问；进行现场问卷调查时，调查人应在现场详细地解答问题，力图消除受访者的疑问或顾虑，但不能给予任何答题倾向引导，保证问卷填写的回收率和各类偏差控制。

本次研究共发放正式调查问卷 300 份，回收 192 份，回收率为 64.00%，其中有效问卷为 176 份，有效回收率为 58.67%。其中专家问卷发放 150 份，回收 107 份，回收率为 71.33%，其中有效问卷 104 份，有效回收率为 80.00%；企业问卷发放 150 份，回收 85 份，回收率为 56.67%，其中有效问卷 72 份，有效回收率为 48.00%。

二、描述性分析

在进行探索性因子分析之前，首先对样本的描述性特征进行必要的分析。在基本特征分析基础上，对变量做出简明的描述性统计分析。

（一）样本的基本特征

本次研究正式调查包括专家问卷与企业问卷两部分。以下是对正式调查中的样本基本特征的分析，见表 5.5~表 5.9。

表 5.5　样本的年龄分布状况

年龄		≤25 岁	26~35 岁	36~45 岁	46~55 岁	56~60 岁	>60 岁
全部问卷	人数	10	41	90	28	5	2
	比例	5.7%	23.3%	51.1%	15.9%	2.8%	1.1%
专家问卷	人数	3	22	59	16	2	2
	比例	2.9%	21.2%	56.7%	15.4%	1.9%	1.9%
企业问卷	人数	7	19	31	12	3	0
	比例	9.7%	26.4%	43.1%	16.7%	4.2%	0

表 5.6　样本的学历分布状况

学历		初中及以下	高中及中专	大专	本科	硕士及以上
全部问卷	人数	0	0	5	51	120
	比例	0	0	2.8%	29.0%	68.2%
专家问卷	人数	0	0	0	16	88
	比例	0	0	0	15.4%	84.6%
企业问卷	人数	0	0	5	35	32
	比例	0	0	6.9%	48.6%	44.4%

表 5.7　样本的专业技术职务分布状况

专业技术职务		初级专业技术职务	中级专业技术职务	副高级专业技术职务	正高级专业技术职务
全部问卷	人数	3	46	57	70
	比例	1.7%	26.1%	32.4%	39.8%
专家问卷	人数	0	16	28	60
	比例	0	15.4%	26.9%	57.7%
企业问卷	人数	3	30	29	10
	比例	4.2%	41.7%	40.3%	13.9%

表 5.8 样本的职业分布状况

职业		学生	教育工作者	科研人员	管理人员	销售及市场开拓人员	企业战略规划人员	竞争情报工作人员	企业信息工作者
全部问卷	人数	0	85	25	18	20	11	3	14
	比例	0	48.3%	14.2%	10.2%	11.4%	6.3%	1.7%	8.0%
专家问卷	人数	0	85	15	0	0	0	0	4
	比例	0	81.7%	14.4%	0	0	0	0	3.8%
企业问卷	人数	0	0	10	18	20	11	3	10
	比例	0	0	13.9%	25.0%	27.8%	15.3%	4.2%	13.9%

表 5.9 企业问卷样本行业分布状况

所有行业		通信	电子	化工	航空航天	信息咨询	汽车制造	金融保险	房地产
企业问卷	人数	8	6	6	3	2	4	6	5
	比例	11.1%	8.3%	8.3%	4.2%	2.8%	5.6%	8.3%	6.9%

所有行业		广告业	家电制造	建筑建材	军工	生物制药	卫生用品	塑料加工	其他
企业问卷	人数	1	3	4	5	7	1	5	6
	比例	1.4%	4.2%	5.6%	6.9%	9.7%	1.4%	6.9%	8.3%

从表 5.9 可知，在本次调查中，企业问卷主要来自于通信、电子、军工、航空航天、化工、金融保险、生物制药等类型的企业，基本上覆盖了各种企业类型，具有一定的代表性。

（二）变量描述性统计分析

变量描述性统计分析主要分析每个观测变量的最小值、最大值、均值和标准差等信息。

本次研究的专家问卷、企业问卷主要观测变量的描述性统计分析结果见表 5.10。

表 5.10 观测变量描述性统计分析

变量	企业问卷					专家问卷				
	样本	最小值	最大值	均值	标准差	样本	最小值	最大值	均值	标准差
1	72	3.00	5.00	4.361 1	0.956 58	104	3.00	5.00	4.634 6	0.860 26
2	72	3.00	5.00	4.097 2	0.898 91	104	3.00	5.00	4.442 3	0.812 24
3	72	3.00	5.00	4.416 7	0.970 31	104	3.00	5.00	4.346 2	0.794 39
4	72	2.00	5.00	3.625 0	0.786 46	104	3.00	5.00	3.923 1	0.706 02

变量	企业问卷					专家问卷				
	样本	最小值	最大值	均值	标准差	样本	最小值	最大值	均值	标准差
5	72	2.00	5.00	3.944 4	0.872 56	104	2.00	5.00	3.942 3	0.720 98
6	72	2.00	5.00	4.152 8	0.901 96	104	3.00	5.00	4.461 5	0.817 43
7	72	2.00	5.00	3.777 8	0.818 33	104	2.00	5.00	3.951 9	0.720 77
8	72	2.00	5.00	3.902 8	0.853 74	104	2.00	5.00	3.942 3	0.715 41
9	72	3.00	5.00	4.319 4	0.945 14	104	2.00	5.00	4.221 2	0.767 96
10	72	2.00	5.00	3.541 7	0.765 69	104	2.00	5.00	3.701 9	0.664 86
11	72	3.00	5.00	4.541 7	1.004 52	104	3.00	5.00	4.557 7	0.839 83
12	72	3.00	5.00	4.166 7	0.919 08	104	3.00	5.00	4.442 3	0.814 22
13	72	2.00	5.00	3.680 6	0.791 71	104	2.00	5.00	3.692 3	0.671 88
14	72	2.00	5.00	3.847 2	0.848 81	104	3.00	5.00	3.971 2	0.728 84
15	72	2.00	5.00	3.680 6	0.799 11	104	2.00	5.00	3.778 8	0.687 26
16	72	2.00	5.00	4.083 3	0.898 72	104	3.00	5.00	4.230 8	0.776 14
17	72	2.00	5.00	3.972 2	0.870 42	104	3.00	5.00	3.990 4	0.736 33
18	72	3.00	5.00	3.888 9	0.853 02	104	3.00	5.00	3.836 5	0.708 50
19	72	3.00	5.00	3.472 2	0.759 66	104	1.00	5.00	3.663 5	0.663 99
20	72	3.00	5.00	3.708 3	0.811 28	104	1.00	5.00	3.855 8	0.698 73
21	72	2.00	5.00	3.847 2	0.830 77	104	3.00	5.00	3.913 5	0.712 39
22	72	3.00	5.00	3.819 4	0.825 92	104	1.00	5.00	3.932 7	0.715 07
23	72	1.00	5.00	3.694 4	0.807 13	104	1.00	5.00	3.778 8	0.683 89
24	72	1.00	5.00	3.569 4	0.782 10	104	2.00	5.00	3.778 8	0.685 63
25	72	1.00	5.00	3.416 7	0.747 32	104	2.00	5.00	3.576 9	0.643 05
26	72	2.00	5.00	3.402 8	0.740 39	104	1.00	5.00	3.528 8	0.638 83
27	72	3.00	5.00	4.291 7	0.936 92	104	3.00	5.00	4.038 5	0.726 46
28	72	3.00	5.00	4.222 2	0.935 07	104	3.00	5.00	3.971 2	0.735 29
29	72	2.00	5.00	3.152 8	0.679 58	104	2.00	5.00	3.538 5	0.636 46
30	72	2.00	5.00	4.125 0	0.897 31	104	2.00	5.00	3.875 0	0.707 33
31	72	4.00	5.00	4.736 1	1.066 88	104	3.00	5.00	4.653 8	0.865 02
32	72	3.00	5.00	4.000 0	0.867 03	104	3.00	5.00	4.298 1	0.784 15
33	72	3.00	5.00	3.583 3	0.781 10	104	3.00	5.00	4.019 2	0.738 90
34	72	3.00	5.00	3.722 2	0.818 32	104	1.00	5.00	4.048 1	0.737 57
35	72	2.00	5.00	3.708 3	0.804 14	104	3.00	5.00	4.076 9	0.739 19
36	72	3.00	5.00	3.708 3	0.814 26	104	3.00	5.00	3.817 3	0.699 56
37	72	1.00	5.00	3.819 4	0.851 83	104	3.00	5.00	4.182 7	0.764 36
38	72	2.00	5.00	3.875 0	0.851 00	104	3.00	5.00	4.365 4	0.799 99

续表

变量	企业问卷					专家问卷				
	样本	最小值	最大值	均值	标准差	样本	最小值	最大值	均值	标准差
39	72	3.00	5.00	3.736 1	0.819 24	104	3.00	5.00	3.884 6	0.709 45
40	72	2.00	5.00	4.138 9	0.909 22	104	2.00	5.00	4.153 8	0.757 52
41	72	2.00	5.00	3.902 8	0.872 18	104	2.00	5.00	4.076 9	0.755 51
42	72	2.00	5.00	4.138 9	0.909 22	104	3.00	5.00	4.509 6	0.827 81
43	72	2.00	5.00	3.791 7	0.830 70	104	3.00	5.00	4.019 2	0.733 91
44	72	2.00	5.00	3.722 2	0.812 39	104	3.00	5.00	4.346 2	0.790 87
45	72	2.00	5.00	3.944 4	0.849 87	104	3.00	5.00	4.423 1	0.807 90
46	72	2.00	5.00	3.930 6	0.852 44	104	3.00	5.00	4.375 0	0.798 99
47	72	2.00	5.00	3.194 4	0.692 09	104	2.00	5.00	3.836 5	0.706 24
48	72	2.00	5.00	3.013 9	0.645 97	104	3.00	5.00	3.615 4	0.659 18
49	72	2.00	5.00	3.666 7	0.796 30	104	2.00	5.00	3.817 3	0.690 09
50	72	2.00	5.00	3.625 0	0.787 27	104	3.00	5.00	3.971 2	0.720 30
51	72	1.00	5.00	3.597 2	0.773 38	104	2.00	5.00	4.019 2	0.733 62
52	72	1.00	5.00	2.916 7	0.630 10	104	2.00	5.00	3.490 4	0.637 37
53	72	2.00	5.00	4.236 1	0.923 66	104	2.00	5.00	4.076 9	0.749 31
54	72	2.00	5.00	3.791 7	0.815 66	104	2.00	5.00	3.836 5	0.699 55
55	72	2.00	5.00	3.833 3	0.832 77	104	2.00	5.00	3.663 5	0.659 70
56	72	3.00	5.00	3.833 3	0.857 57	104	2.00	5.00	4.057 7	0.742 38
57	72	2.00	5.00	3.458 3	0.751 95	104	2.00	5.00	4.096 2	0.745 81
58	72	2.00	5.00	3.708 3	0.814 58	104	2.00	5.00	3.740 4	0.697 06
59	72	1.00	5.00	3.750 0	0.812 06	104	2.00	5.00	3.865 4	0.721 94
60	72	1.00	5.00	3.763 9	0.819 84	104	3.00	5.00	4.105 8	0.745 33
61	72	1.00	5.00	3.638 9	0.780 83	104	2.00	5.00	4.009 6	0.729 57
62	72	3.00	5.00	3.888 9	0.839 69	104	3.00	5.00	4.096 2	0.744 68
63	72	2.00	5.00	3.472 2	0.750 67	104	3.00	5.00	4.105 8	0.748 92
64	72	1.00	5.00	3.319 4	0.711 76	104	3.00	5.00	4.048 1	0.738 83
65	72	1.00	5.00	3.555 6	0.772 79	104	2.00	5.00	4.076 9	0.765 97
66	72	1.00	5.00	3.736 1	0.820 07	104	3.00	5.00	4.019 2	0.747 36
67	72	2.00	5.00	3.972 2	0.865 14	104	3.00	5.00	4.153 8	0.766 66
68	72	2.00	5.00	3.402 8	0.736 70	104	3.00	5.00	3.932 7	0.724 15
69	72	3.00	5.00	4.305 6	0.942 17	104	4.00	5.00	4.413 5	0.814 35
70	72	3.00	5.00	4.027 8	0.885 02	104	3.00	5.00	4.461 5	0.817 95
71	72	3.00	5.00	3.861 1	0.847 52	104	3.00	5.00	4.298 1	0.789 72

续表

变量	企业问卷					专家问卷				
	样本	最小值	最大值	均值	标准差	样本	最小值	最大值	均值	标准差
72	72	3.00	5.00	3.930 6	0.860 00	104	2.00	5.00	4.269 2	0.783 51
73	72	3.00	5.00	3.833 3	0.829 59	104	3.00	5.00	4.384 6	0.802 30
74	72	2.00	5.00	3.625 0	0.789 23	104	3.00	5.00	3.990 4	0.733 14
75	72	2.00	5.00	3.819 4	0.824 89	104	3.00	5.00	4.394 2	0.803 22
76	72	2.00	5.00	3.902 8	0.846 22	104	3.00	5.00	4.240 4	0.772 15
77	72	1.00	5.00	3.055 6	0.656 18	104	2.00	5.00	3.961 5	0.728 12
78	72	3.00	5.00	4.597 2	1.021 33	104	3.00	5.00	4.625 0	0.856 35
79	72	3.00	5.00	4.083 3	0.887 78	104	3.00	5.00	4.326 9	0.788 94
80	72	2.00	5.00	3.444 4	0.745 83	104	3.00	5.00	4.163 5	0.760 60
81	72	1.00	5.00	3.916 7	0.850 31	104	3.00	5.00	4.201 9	0.771 26
82	72	1.00	5.00	3.527 8	0.767 77	104	3.00	5.00	4.057 7	0.738 21
83	72	1.00	5.00	3.541 7	0.769 12	104	3.00	5.00	4.019 2	0.727 13
84	72	1.00	5.00	3.763 9	0.829 03	104	3.00	5.00	4.086 5	0.747 60

三、信度与效度检验

评价内部一致性的一种方法是计算每个概念的 Cronbach's α 系数，它的可接受的水平为 0.70（Nunnalyy and Bernstein，1994）。本章利用 SPSS 12.0 软件，采用 Cronbach's α 系数对整体调查问卷、专家问卷和企业问卷分别进行可靠性检验。

表 5.11 和表 5.12 列出了两种问卷每个概念量表的 Cronbach's α 系数值。可以看出，来自专家问卷各个概念量表的 Cronbach's α 系数值为 0.85~0.96，来自企业问卷各个概念量表的 Cronbach's α 系数值为 0.79~0.93，都达到了 0.70 的可接受信度水平，表明回收问卷有比较高的信度。

表 5.11　量表 Cronbach's α 系数（专家问卷）

量表名称	问项数	Cronbach's α 系数
情报需求分析与情报获取能力	7	0.897 9
竞争情报整理与分析能力	5	0.903 4
竞争情报服务与反馈能力	6	0.897 8
竞争情报系统	7	0.869 0

续表

量表名称	问项数	Cronbach's α 系数
竞争情报人力资源	8	0.903 0
反竞争情报能力	5	0.927 1
整合与协调能力	5	0.926 7
转化机制	3	0.853 4
领导与组织管理机制	11	0.942 3
学习与创新能力	10	0.912 5
企业竞争情报战略	8	0.908 9
企业竞争情报文化	9	0.952 3

表 5.12　量表 Cronbach's α 系数（企业问卷）

量表名称	问项数	Cronbach's α 系数
情报需求分析与情报获取能力	7	0.916 7
竞争情报整理与分析能力	5	0.925 6
竞争情报服务与反馈能力	6	0.905 6
竞争情报系统	7	0.913 2
竞争情报人力资源	8	0.897 9
反竞争情报能力	5	0.903 4
整合与协调能力	5	0.873 7
转化机制	3	0.832 3
领导与组织管理机制	11	0.911 2
学习与创新能力	10	0.799 8
企业竞争情报战略	8	0.854 0
企业竞争情报文化	9	0.868 9

四、探索性因子分析

（一）变量相关性分析

　　根据相关研究成果的观点，项目-总体相关系数是用来检验每个问题是否都与其所在的维度相关，将相关系数未达到显著水准及删除后不会造成 Cronbach's α 系数值降低的问项予以删除。同时，探索性因子分析的目的是简化数据并找出基本数据结构。因此，使用因子分析的前提条件是观测变量之间具有较强的相关关系。如果变量之间的相关程度很小，它们之间就不能共享公共因子。对所获问卷数据进行整理后，用企业竞争情报力调查量表中所有变量的相关矩阵对探索性因子分析是否适用进行检验。运用SPSS 12.0统计软件对84个变量做相关分析。分析结果表明，84个变量在其所在维度上的相关系数都大于0.5，高于删除临界值。而且变量两两间存在相关关系，且显著性水平均大于0.5，相关关系具有统计意义。因此，本次调研所获数据可以进行探索性因子分析。

（二）适用性分析

KMO（Kaiser-Meyer-Olkin）检验统计量是用来比较变量间简单相关系数和偏相关系数的指标，其值越接近1，数据越适合做探索性因子分析。

本次研究的KMO检验值为0.679，大于0.5，表明量表各个项目间的相关程度无太大差异，可认为对于84个变量的量表，176个样本是充分的，数据适合做探索性因子分析。

同时，Bartlett球体检验（Bartlett's test of sphericity）近似卡方值为17 478.241，自由度为3 486，检验的显著性水平为0.000，小于1%（表5.13），再次表明本组数据适合做探索性因子分析。

表5.13　KMO与Bartlett球体检验

KMO 检验		0.679
Bartlett 球体检验	近似卡方	17 478.241
	自由度	3 486
	显著性水平	0.000

从碎石图（图5.4）可以直观地看到特征根有突然的下降，进一步说明所获数据适合进行因子分析。

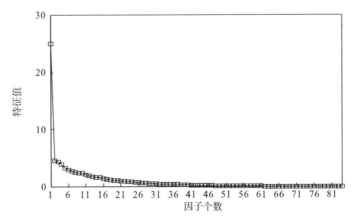

图5.4　碎石图

（三）主成分分析

在探索性因子分析中，采用主成分分析法进行公共因子提取。以特征值大于1为标准来截取数据，公共因子提取数量不限定，使提取出的公共因子至少可以解释一个变量。采用方差最大化正交旋转，根据旋转后的因子载荷矩阵，进行公共因子确定、变量归并与整合。

以下是探索性因子分析的主要步骤与分析结果。

附录 A-3 提供了所有变量的相关系数矩阵的特征值、方差贡献率及累计贡献率。

根据公共因子提取准则，先取特征值大于1的主成分作为公共因子，共有20个因子的特征值大于1，则共选取 20 个公共因子（表 5.14）。这 20 个公共因子的累计贡献率达到了82.396%，所以这 20 个公共因子就可以较好地代表原始变量的信息量。

表5.14 总方差解释表

成分	初始特征值			提取平方和载荷			旋转平方和载荷		
	总计	方差贡献率	累计贡献率	总计	方差贡献率	累计贡献率	总计	方差贡献率	累计贡献率
1	24.990	29.750%	29.750%	24.990	29.750%	29.750%	11.872	14.134%	14.134%
2	4.610	5.489%	35.238%	4.610	5.489%	35.238%	6.718	7.998%	22.132%
3	4.386	5.221%	40.460%	4.386	5.221%	40.460%	4.493	5.349%	27.480%
4	3.973	4.729%	45.189%	3.973	4.729%	45.189%	4.316	5.138%	32.618%
5	3.283	3.908%	49.097%	3.283	3.908%	49.097%	4.176	4.972%	37.590%
6	2.964	3.528%	52.625%	2.964	3.528%	52.625%	3.308	3.938%	41.528%
7	2.682	3.193%	55.818%	2.682	3.193%	55.818%	3.193	3.801%	45.330%
8	2.484	2.957%	58.775%	2.484	2.957%	58.775%	3.004	3.576%	48.906%
9	2.439	2.904%	61.679%	2.439	2.904%	61.679%	2.843	3.384%	52.291%
10	2.375	2.827%	64.506%	2.375	2.827%	64.506%	2.816	3.353%	55.643%
11	2.042	2.431%	66.937%	2.042	2.431%	66.937%	2.805	3.340%	58.983%
12	1.923	2.289%	69.226%	1.923	2.289%	69.226%	2.664	3.172%	62.155%
13	1.723	2.051%	71.277%	1.723	2.051%	71.277%	2.587	3.080%	65.234%
14	1.641	1.954%	73.231%	1.641	1.954%	73.231%	2.554	3.040%	68.274%
15	1.596	1.899%	75.130%	1.596	1.899%	75.130%	2.520	3.000%	71.274%
16	1.396	1.662%	76.792%	1.396	1.662%	76.792%	2.397	2.854%	74.128%
17	1.301	1.549%	78.341%	1.301	1.549%	78.341%	1.987	2.365%	76.493%
18	1.243	1.480%	79.821%	1.243	1.480%	79.821%	1.820	2.167%	78.660%
19	1.111	1.323%	81.144%	1.111	1.323%	81.144%	1.624	1.934%	80.594%
20	1.052	1.252%	82.396%	1.052	1.252%	82.396%	1.514	1.802%	82.396%

注：提取方法为主成分分析

图5.4的碎石图能清楚地展现各因子负荷系数的偏向情况，可见前20个因子作为公共因子时损失甚少。

同时，由表5.15可以看出，变量的共同度最低为63.6%，最高达到92.9%，所有变量的共同度都在50%以上，共同度较高，因而所提取的公共因子基本可以较好地反映与代表所有变量的信息。

表5.15 变量共同性表

变量	初始值	共同度	变量	初始值	共同度
VAR01	1.000	0.815	VAR27	1.000	0.882
VAR02	1.000	0.820	VAR28	1.000	0.843
VAR03	1.000	0.849	VAR29	1.000	0.768
VAR04	1.000	0.866	VAR30	1.000	0.924
VAR05	1.000	0.790	VAR31	1.000	0.887
VAR06	1.000	0.872	VAR32	1.000	0.825
VAR07	1.000	0.773	VAR33	1.000	0.636
VAR08	1.000	0.885	VAR34	1.000	0.793
VAR09	1.000	0.891	VAR35	1.000	0.800
VAR10	1.000	0.823	VAR36	1.000	0.869
VAR11	1.000	0.880	VAR37	1.000	0.863
VAR12	1.000	0.839	VAR38	1.000	0.814
VAR13	1.000	0.817	VAR39	1.000	0.832
VAR14	1.000	0.834	VAR40	1.000	0.851
VAR15	1.000	0.786	VAR41	1.000	0.860
VAR16	1.000	0.807	VAR42	1.000	0.818
VAR17	1.000	0.868	VAR43	1.000	0.876
VAR18	1.000	0.791	VAR44	1.000	0.929
VAR19	1.000	0.889	VAR45	1.000	0.926
VAR20	1.000	0.735	VAR46	1.000	0.890
VAR21	1.000	0.909	VAR47	1.000	0.804
VAR22	1.000	0.873	VAR48	1.000	0.807
VAR23	1.000	0.880	VAR49	1.000	0.751
VAR24	1.000	0.871	VAR50	1.000	0.823
VAR25	1.000	0.875	VAR51	1.000	0.805
VAR26	1.000	0.847	VAR52	1.000	0.844

续表

变量	初始值	共同度	变量	初始值	共同度
VAR53	1.000	0.811	VAR69	1.000	0.877
VAR54	1.000	0.870	VAR70	1.000	0.822
VAR55	1.000	0.747	VAR71	1.000	0.835
VAR56	1.000	0.709	VAR72	1.000	0.796
VAR57	1.000	0.758	VAR73	1.000	0.792
VAR58	1.000	0.730	VAR74	1.000	0.822
VAR59	1.000	0.761	VAR75	1.000	0.648
VAR60	1.000	0.918	VAR76	1.000	0.849
VAR61	1.000	0.894	VAR77	1.000	0.754
VAR62	1.000	0.850	VAR78	1.000	0.716
VAR63	1.000	0.861	VAR79	1.000	0.711
VAR64	1.000	0.640	VAR80	1.000	0.726
VAR65	1.000	0.928	VAR81	1.000	0.843
VAR66	1.000	0.794	VAR82	1.000	0.844
VAR67	1.000	0.856	VAR83	1.000	0.839
VAR68	1.000	0.748	VAR84	1.000	0.860

注：提取方法为主成分分析

采用方差最大化正交旋转，得到旋转后的因子载荷矩阵（表5.16），从旋转因子载荷矩阵的结果可得所提取的 20 个公共因子与其所载荷的变量的对应关系，以及每个变量的载荷系数。根据旋转因子载荷矩阵可以进行公共因子的确定、变量的归并与整合。

表 5.16　旋转因子载荷矩阵

变量	公共因子									
	1	2	3	4	5	6	7	8	9	10
VAR01	0.280	0.049	0.103	0.065	0.114	0.009	−0.028	0.106	0.820	−0.047
VAR02	0.231	0.303	0.161	0.342	0.020	0.140	0.112	0.159	0.282	−0.008
VAR03	0.080	0.145	0.004	0.216	0.136	0.034	0.027	−0.065	−0.033	−0.014
VAR04	0.309	0.470	0.004	−0.030	0.013	0.242	0.066	0.213	−0.122	−0.006
VAR05	0.066	0.316	−0.275	0.136	0.081	0.101	0.074	0.189	−0.115	0.122
VAR06	0.240	0.428	0.102	0.176	0.224	0.348	−0.057	0.433	0.062	−0.060
VAR07	0.192	0.302	−0.091	0.146	0.198	0.582	0.196	0.174	0.229	−0.083

变量	公共因子									
	1	2	3	4	5	6	7	8	9	10
VAR08	0.315	0.113	−0.057	0.012	0.018	0.434	0.042	0.217	0.067	0.240
VAR09	0.113	0.126	0.062	0.076	−0.043	0.154	0.222	0.017	0.088	−0.080
VAR10	0.297	−0.018	0.095	−0.043	−0.027	0.737	0.072	0.112	−0.111	−0.033
VAR11	0.062	0.053	0.163	0.075	0.081	0.120	0.066	0.066	0.000	0.048
VAR12	0.183	0.515	0.290	0.142	0.175	0.076	0.076	0.095	0.177	−0.082
VAR13	0.294	0.122	0.033	0.063	−0.235	0.114	−0.062	0.420	0.497	0.127
VAR14	0.261	0.147	−0.038	0.163	0.250	0.048	0.207	0.656	0.243	0.141
VAR15	0.218	−0.018	0.128	0.060	0.016	0.110	0.026	0.811	0.045	0.059
VAR16	0.496	0.133	0.062	0.301	0.048	0.143	0.139	0.153	0.097	0.045
VAR17	0.444	0.000	−0.010	0.350	−0.015	0.346	0.065	0.027	0.277	0.225
VAR18	0.214	0.036	0.215	0.055	0.050	0.333	0.179	−0.097	0.143	0.077
VAR19	−0.133	0.120	0.338	−0.146	0.293	0.211	0.323	0.031	0.107	0.146
VAR20	0.132	0.139	0.342	−0.138	0.214	0.460	0.125	−0.123	0.043	0.144
VAR21	−0.013	0.065	0.084	0.161	−0.048	0.112	0.774	0.016	−0.079	0.069
VAR22	0.123	0.155	0.074	0.008	0.311	0.017	0.821	0.056	−0.023	−0.019
VAR23	0.247	0.315	−0.086	0.276	0.184	0.396	0.421	0.036	0.082	0.111
VAR24	0.412	0.400	0.082	0.043	0.016	0.244	0.372	0.269	0.331	0.007
VAR25	0.342	0.350	−0.107	−0.043	0.047	0.174	0.416	0.263	0.245	0.005
VAR26	−0.052	0.051	0.156	−0.017	−0.009	−0.056	−0.016	−0.023	−0.028	0.198
VAR27	−0.126	0.287	−0.005	0.320	−0.201	−0.100	−0.286	−0.091	−0.051	0.084
VAR28	0.006	0.105	−0.084	0.041	0.022	−0.085	0.018	−0.006	0.133	0.041
VAR29	0.319	−0.049	0.116	0.104	0.108	0.162	0.109	−0.042	−0.005	−0.193
VAR30	−0.002	−0.169	−0.014	0.027	0.165	0.096	−0.129	0.186	0.029	−0.008
VAR31	−0.098	0.152	−0.115	0.014	0.275	−0.297	0.166	−0.001	0.296	−0.042
VAR32	0.104	0.104	0.070	0.059	0.127	0.045	0.050	0.046	0.102	0.165
VAR33	0.228	0.264	0.252	0.110	0.042	0.113	0.051	−0.076	−0.040	0.087
VAR34	0.177	0.224	0.254	0.063	0.694	0.125	0.174	0.045	0.139	−0.006
VAR35	0.275	0.265	0.283	0.197	0.645	−0.070	0.170	0.171	−0.013	0.161
VAR36	0.271	0.115	0.038	0.034	0.503	0.104	0.071	−0.133	−0.094	0.356
VAR37	0.538	0.275	−0.075	0.059	0.390	0.215	0.276	0.156	0.176	0.179
VAR38	0.521	0.246	0.047	−0.066	0.312	0.124	0.158	0.204	0.212	0.245
VAR39	0.119	0.095	0.194	0.125	0.104	0.014	0.024	0.131	0.010	0.811
VAR40	0.351	0.350	0.018	0.371	−0.051	0.023	−0.045	−0.060	0.073	0.459

续表

变量	公共因子									
	1	2	3	4	5	6	7	8	9	10
VAR41	0.677	0.213	−0.006	0.246	0.030	−0.036	−0.044	0.016	0.157	0.269
VAR42	0.303	0.620	−0.010	0.422	0.032	0.074	−0.009	0.030	−0.025	0.236
VAR43	0.274	0.552	0.125	0.455	0.375	0.032	0.066	−0.071	−0.036	0.073
VAR44	0.317	0.826	0.023	0.000	0.238	0.013	0.062	0.018	0.150	−0.033
VAR45	0.157	0.896	0.015	0.117	0.121	−0.029	0.154	−0.064	−0.035	0.083
VAR46	0.206	0.745	0.045	0.122	0.193	0.114	0.118	0.158	0.088	0.085
VAR47	0.326	0.263	0.115	0.298	0.232	0.010	0.257	0.087	−0.090	0.389
VAR48	0.353	0.201	0.263	0.269	0.180	0.013	0.284	0.035	−0.231	0.242
VAR49	0.313	0.040	0.060	0.330	0.076	0.256	0.272	0.169	−0.027	−0.045
VAR50	0.538	0.143	0.020	0.177	0.389	−0.076	0.059	0.135	−0.111	0.019
VAR51	0.697	0.027	0.170	0.238	0.092	−0.101	0.087	0.325	0.005	−0.053
VAR52	0.496	0.218	0.205	0.104	0.309	0.031	0.224	0.201	−0.033	0.094
VAR53	0.105	0.067	0.015	0.696	0.246	−0.090	−0.021	0.281	0.108	0.151
VAR54	0.294	0.164	−0.053	0.728	0.053	−0.027	0.126	0.031	−0.031	0.303
VAR55	0.093	0.298	−0.016	0.172	−0.111	0.029	0.051	0.118	0.326	0.185
VAR56	0.292	0.086	0.254	0.379	0.089	−0.050	0.216	0.170	0.043	0.386
VAR57	0.492	0.073	0.306	0.186	−0.074	−0.152	0.158	0.010	0.046	0.052
VAR58	0.561	0.066	0.066	0.070	0.226	0.372	−0.033	0.189	0.209	−0.059
VAR59	0.577	0.254	−0.104	0.042	0.100	0.123	−0.010	0.193	−0.089	0.109
VAR60	0.464	0.250	−0.108	0.235	0.559	0.179	0.040	0.168	0.053	0.040
VAR61	0.623	0.059	−0.044	0.078	0.158	0.101	0.155	0.182	0.130	0.046
VAR62	0.289	0.152	0.031	0.194	0.562	0.137	0.057	−0.067	0.036	−0.071
VAR63	0.538	0.216	0.377	0.205	0.171	0.013	0.149	0.128	−0.043	0.099
VAR64	0.644	0.185	0.132	0.014	0.110	0.167	0.007	0.106	0.043	−0.281
VAR65	0.660	0.382	0.215	0.011	−0.116	0.122	0.191	0.092	−0.184	0.134
VAR66	0.667	0.345	0.247	0.026	0.097	0.105	0.007	0.187	−0.061	0.056
VAR67	0.329	0.315	−0.090	0.428	0.309	0.242	−0.102	0.129	0.169	0.354
VAR68	0.416	0.254	0.145	0.041	0.395	−0.004	0.040	0.163	0.041	0.176
VAR69	0.127	−0.025	0.730	0.099	0.088	−0.069	−0.180	0.277	−0.234	0.214
VAR70	−0.036	−0.034	0.861	0.025	0.051	0.080	0.064	−0.020	0.004	−0.066
VAR71	0.193	0.421	0.539	−0.212	0.333	0.136	0.013	0.082	0.116	0.028
VAR72	0.310	−0.111	0.514	−0.017	−0.117	0.066	0.198	−0.112	0.251	−0.006
VAR73	0.463	−0.194	0.496	−0.031	0.008	−0.051	0.172	−0.264	0.114	0.088

变量	公共因子									
	1	2	3	4	5	6	7	8	9	10
VAR74	0.219	0.085	0.486	0.214	0.126	0.305	−0.157	−0.037	0.424	0.261
VAR75	0.225	0.196	0.511	0.032	0.179	−0.164	0.094	0.242	0.285	0.101
VAR76	0.548	0.086	0.141	0.432	0.115	−0.018	0.067	0.271	0.248	0.116
VAR77	0.715	0.215	0.251	0.125	0.056	−0.024	0.068	−0.115	0.084	0.000
VAR78	0.207	0.123	0.080	0.683	0.025	0.143	0.067	−0.032	0.072	−0.160
VAR79	0.070	0.203	0.085	0.180	0.034	−0.094	0.236	−0.030	0.086	0.020
VAR80	0.499	0.241	0.493	0.022	0.098	0.049	0.177	0.048	0.174	0.198
VAR81	0.502	0.520	−0.026	0.067	−0.034	0.160	−0.035	0.077	0.147	0.229
VAR82	0.749	0.138	−0.023	0.171	0.258	0.246	0.033	0.033	0.198	0.149
VAR83	0.788	0.075	0.015	0.167	0.123	0.223	−0.036	0.013	0.204	0.136
VAR84	0.599	0.295	−0.039	0.213	0.145	0.381	−0.040	0.073	0.298	0.221

变量	公共因子									
	11	12	13	14	15	16	17	18	19	20
VAR01	−0.027	0.061	0.038	−0.070	−0.029	0.065	0.042	−0.020	0.044	0.011
VAR02	0.290	−0.222	−0.183	0.208	0.004	−0.003	0.005	−0.426	0.023	−0.046
VAR03	0.818	0.127	0.029	0.072	0.013	−0.094	0.187	−0.057	−0.102	−0.005
VAR04	0.440	−0.114	0.138	0.284	0.125	0.143	0.153	0.109	0.046	0.485
VAR05	0.063	0.328	0.275	0.276	−0.064	0.374	0.009	0.270	0.151	−0.052
VAR06	0.049	−0.018	0.254	−0.126	0.141	0.171	−0.040	−0.116	0.131	0.478
VAR07	−0.052	0.135	0.001	0.072	−0.050	−0.059	0.030	−0.028	−0.273	−0.022
VAR08	0.057	0.134	−0.086	0.188	−0.080	0.178	0.225	0.548	−0.075	−0.109
VAR09	0.166	0.003	0.002	−0.091	−0.033	−0.162	0.833	0.058	0.026	0.053
VAR10	0.218	−0.011	−0.079	−0.041	0.145	0.070	0.238	0.092	0.015	−0.032
VAR11	0.086	0.884	0.087	0.009	0.036	0.066	−0.059	0.012	0.057	0.016
VAR12	0.213	0.296	0.136	−0.067	0.003	−0.170	−0.076	0.371	0.132	0.029
VAR13	0.228	0.297	0.031	−0.052	0.059	0.190	0.017	0.019	0.104	−0.064
VAR14	0.016	0.201	0.166	−0.027	0.068	0.004	0.052	0.081	−0.054	0.118
VAR15	−0.052	−0.002	−0.162	0.010	0.099	−0.007	0.021	0.024	−0.042	−0.033
VAR16	0.090	0.034	0.372	0.044	0.144	0.008	−0.240	0.176	0.131	−0.311
VAR17	−0.257	−0.010	0.138	0.071	0.173	−0.160	0.019	0.062	0.162	−0.345
VAR18	−0.065	0.220	0.145	−0.402	0.348	−0.269	−0.015	−0.234	0.142	−0.099
VAR19	0.372	0.296	0.164	0.166	−0.201	0.238	0.211	−0.007	−0.026	0.174
VAR20	0.111	0.199	0.132	0.030	−0.015	0.312	−0.227	−0.109	−0.140	−0.012

变量	公共因子									
	11	12	13	14	15	16	17	18	19	20
VAR21	0.130	0.164	0.075	−0.035	−0.170	0.124	0.322	−0.165	0.098	0.103
VAR22	0.005	−0.008	−0.035	0.041	−0.038	0.000	0.053	0.105	0.186	−0.018
VAR23	−0.188	−0.020	0.119	0.104	0.114	−0.257	−0.094	0.312	−0.047	0.008
VAR24	−0.206	0.233	0.019	0.038	−0.072	0.076	−0.159	−0.002	−0.047	−0.125
VAR25	0.098	0.046	0.119	0.182	0.189	0.111	−0.141	0.025	−0.379	−0.128
VAR26	0.046	0.146	0.173	0.828	0.152	0.016	−0.092	0.016	0.037	0.012
VAR27	0.032	0.061	0.346	0.248	0.550	0.033	0.169	−0.060	0.054	−0.086
VAR28	0.117	0.218	0.764	0.344	0.113	0.074	0.084	−0.057	0.008	−0.055
VAR29	0.050	−0.077	0.134	0.675	0.209	0.148	0.029	−0.023	−0.024	0.031
VAR30	0.025	0.085	0.096	0.214	0.849	0.070	−0.102	−0.006	−0.083	−0.006
VAR31	0.070	0.508	0.014	0.249	0.160	0.340	0.136	0.131	−0.052	−0.236
VAR32	−0.042	0.086	0.118	0.127	0.038	0.816	−0.144	0.008	0.080	−0.015
VAR33	−0.158	−0.003	0.550	−0.005	0.117	0.156	−0.097	0.124	−0.033	0.124
VAR34	0.021	0.023	0.064	−0.032	0.201	0.083	−0.098	0.056	0.167	−0.018
VAR35	0.005	−0.016	0.081	−0.040	0.000	0.063	−0.010	−0.072	−0.110	−0.013
VAR36	0.219	0.046	0.286	0.140	0.054	−0.051	0.248	−0.334	−0.158	0.050
VAR37	−0.053	0.215	−0.010	0.051	−0.040	−0.103	−0.004	0.096	0.227	0.039
VAR38	0.018	−0.191	−0.028	−0.060	0.215	−0.104	−0.046	−0.176	0.244	−0.002
VAR39	−0.025	0.067	0.070	0.056	−0.020	0.211	−0.085	0.037	0.007	−0.036
VAR40	0.081	0.123	0.244	−0.043	0.162	−0.216	0.033	0.242	0.164	0.029
VAR41	0.001	0.121	0.264	0.078	0.038	−0.077	0.073	0.235	0.161	0.101
VAR42	0.158	0.167	0.153	0.010	0.035	0.065	−0.048	0.081	0.091	−0.040
VAR43	0.179	0.045	0.076	−0.103	0.115	0.184	−0.089	0.087	−0.044	−0.030
VAR44	−0.071	−0.014	0.080	0.157	0.015	0.071	0.105	−0.052	0.042	0.059
VAR45	0.067	0.078	0.091	−0.030	0.011	−0.003	0.022	0.024	0.098	0.036
VAR46	0.097	0.053	−0.004	0.027	−0.244	0.113	0.257	−0.123	0.065	−0.042
VAR47	−0.172	0.062	−0.127	0.328	−0.127	0.191	−0.041	−0.008	0.114	0.119
VAR48	−0.326	0.133	−0.101	0.214	0.002	0.256	0.074	−0.001	−0.020	0.149
VAR49	0.041	0.103	0.057	0.181	0.417	−0.128	0.053	0.052	0.056	0.341
VAR50	0.007	−0.019	0.159	0.186	−0.058	0.079	0.374	−0.154	0.025	−0.236
VAR51	0.165	0.134	0.122	−0.040	0.005	0.178	0.016	0.005	−0.039	−0.062
VAR52	−0.283	0.260	0.251	0.162	0.061	0.020	0.006	−0.088	0.190	0.127
VAR53	−0.027	0.173	0.197	0.023	0.034	0.189	0.031	−0.099	0.099	0.017

续表

变量	公共因子									
	11	12	13	14	15	16	17	18	19	20
VAR54	0.102	0.140	0.041	0.073	0.046	−0.143	0.020	−0.182	−0.073	0.111
VAR55	−0.055	0.498	0.150	0.088	0.221	−0.067	0.323	0.078	0.018	0.063
VAR56	−0.111	−0.054	−0.061	−0.056	0.198	0.153	0.129	−0.084	−0.066	0.241
VAR57	0.063	−0.036	0.056	0.152	−0.115	−0.125	0.111	−0.090	−0.122	0.478
VAR58	−0.068	0.224	−0.181	0.038	0.169	−0.042	−0.027	0.041	−0.075	−0.020
VAR59	0.140	0.054	−0.127	0.108	0.349	−0.084	0.233	0.091	−0.024	−0.161
VAR60	0.178	0.155	−0.318	0.103	−0.058	0.085	0.001	0.060	−0.094	−0.068
VAR61	0.469	−0.119	−0.013	−0.082	0.162	0.149	−0.170	0.125	0.192	0.114
VAR62	0.422	0.184	−0.229	0.107	0.011	0.228	−0.093	0.128	−0.033	0.058
VAR63	0.171	0.008	−0.202	0.167	−0.279	0.143	−0.052	0.050	0.034	0.243
VAR64	−0.054	0.036	−0.090	0.099	−0.002	0.060	0.094	−0.049	0.048	−0.045
VAR65	0.279	−0.014	−0.102	0.001	−0.230	0.002	0.035	−0.134	−0.105	−0.063
VAR66	0.110	−0.047	0.108	0.038	−0.180	0.046	−0.072	0.179	−0.036	−0.071
VAR67	0.212	0.183	−0.098	0.112	−0.051	−0.015	0.029	0.065	0.119	−0.013
VAR68	0.230	0.079	0.099	0.134	0.061	0.028	0.065	0.161	0.211	0.325
VAR69	−0.056	0.124	0.074	−0.035	−0.062	0.056	−0.103	−0.070	0.099	−0.195
VAR70	0.086	0.100	−0.034	0.097	−0.005	0.011	0.056	−0.120	0.015	0.114
VAR71	−0.121	0.006	0.081	0.092	−0.025	−0.293	0.052	−0.008	0.123	−0.012
VAR72	−0.287	−0.083	0.027	0.008	−0.004	0.323	0.099	0.281	−0.036	0.078
VAR73	−0.026	−0.054	0.094	0.024	0.019	0.221	−0.107	0.184	−0.014	0.251
VAR74	−0.137	−0.009	0.078	0.061	0.151	0.064	0.062	0.197	0.029	0.053
VAR75	0.035	−0.040	0.020	0.062	0.078	−0.123	0.093	0.177	0.100	0.029
VAR76	0.091	−0.131	0.131	−0.024	0.295	0.118	−0.116	−0.048	0.054	−0.075
VAR77	0.018	0.063	0.127	0.036	0.010	0.046	0.140	0.044	0.158	0.136
VAR78	0.149	−0.074	−0.072	−0.013	0.016	0.022	0.127	0.211	0.181	−0.036
VAR79	−0.068	0.086	0.031	0.033	−0.038	0.082	0.018	−0.003	0.726	−0.044
VAR80	0.104	0.010	−0.101	0.141	0.043	−0.009	0.026	−0.069	−0.012	−0.109
VAR81	0.067	0.092	−0.315	−0.203	0.033	−0.038	−0.047	0.045	−0.197	−0.091
VAR82	−0.013	−0.029	−0.045	−0.020	0.107	0.090	−0.034	−0.077	−0.041	0.107
VAR83	−0.121	−0.019	0.104	−0.032	−0.013	−0.021	0.036	0.008	−0.132	0.105
VAR84	−0.027	0.028	0.043	−0.091	−0.086	−0.104	0.105	0.023	0.001	0.124

注：提取方法为主成分分析法；旋转方法为方差最大正交旋转，旋转在 41 次迭代中收敛

第五节 企业竞争情报力测度指标模型

一、研究分析

根据上述探索性因子分析结果，本书得到了 20 个公共因子来代表调查量中的 84 个变量。根据因子载荷矩阵结果及旋转空间成分图（图 5.5），可以观测载荷因子的空间分布与聚类情况，将 84 个变量重新归并（表 5.17）。

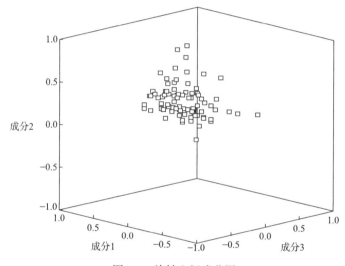

图 5.5 旋转空间成分图

表 5.17 观测变量探索性因子分析结果

变量	公共因子									
	1	2	3	4	5	6	7	8	9	10
VAR16	0.496									
VAR17	0.444									
VAR24	0.412									
VAR37	0.538									
VAR38	0.521									
VAR41	0.677									
VAR48	0.353									
VAR50	0.538									
VAR51	0.697									

续表

变量	公共因子									
	1	2	3	4	5	6	7	8	9	10
VAR52	0.496									
VAR57	0.492									
VAR58	0.561									
VAR59	0.577									
VAR61	0.623									
VAR63	0.538									
VAR64	0.644									
VAR65	0.660									
VAR66	0.667									
VAR68	0.416									
VAR76	0.548									
VAR77	0.715									
VAR80	0.499									
VAR81	0.502									
VAR82	0.749									
VAR83	0.788									
VAR84	0.599									
VAR02		0.303								
VAR12		0.515								
VAR43		0.552								
VAR44		0.826								
VAR45		0.896								
VAR46		0.745								
VAR69			0.730							
VAR70			0.861							
VAR71			0.539							
VAR72			0.514							
VAR73			0.496							
VAR74			0.486							
VAR75			0.511							
VAR42				0.422						
VAR53				0.696						
VAR54				0.728						
VAR56				0.379						

续表

变量	公共因子									
	1	2	3	4	5	6	7	8	9	10
VAR67				0.428						
VAR78				0.683						
VAR34					0.694					
VAR35					0.645					
VAR36					0.503					
VAR60					0.559					
VAR07						0.582				
VAR10						0.737				
VAR20						0.460				
VAR21							0.774			
VAR22							0.821			
VAR23							0.421			
VAR25							0.416			
VAR14								0.656		
VAR15								0.811		
VAR01									0.820	
VAR13									0.497	
VAR39										0.811
VAR40										0.459
VAR47										0.389
VAR03										
VAR19										
VAR62										
VAR11										
VAR31										
VAR55										
VAR28										
VAR33										
VAR26										
VAR29										
VAR18										
VAR27										
VAR30										
VAR49										

续表

变量	公共因子									
	1	2	3	4	5	6	7	8	9	10
VAR05										
VAR32										
VAR09										
VAR08										
VAR79										
VAR04										
VAR06										

变量	公共因子									
	11	12	13	14	15	16	17	18	19	20
VAR16										
VAR17										
VAR24										
VAR37										
VAR38										
VAR41										
VAR48										
VAR50										
VAR51										
VAR52										
VAR57										
VAR58										
VAR59										
VAR61										
VAR63										
VAR64										
VAR65										
VAR66										
VAR68										
VAR76										
VAR77										
VAR80										
VAR81										
VAR82										
VAR83										

续表

变量	公共因子									
	11	12	13	14	15	16	17	18	19	20
VAR84										
VAR02										
VAR12										
VAR43										
VAR44										
VAR45										
VAR46										
VAR69										
VAR70										
VAR71										
VAR72										
VAR73										
VAR74										
VAR75										
VAR42										
VAR53										
VAR54										
VAR56										
VAR67										
VAR78										
VAR34										
VAR35										
VAR36										
VAR60										
VAR07										
VAR10										
VAR20										
VAR21										
VAR22										
VAR23										
VAR25										
VAR14										
VAR15										
VAR01										

变量	公共因子									
	11	12	13	14	15	16	17	18	19	20
VAR13										
VAR39										
VAR40										
VAR47										
VAR03	0.818									
VAR19	0.372									
VAR62	0.422									
VAR11		0.884								
VAR31		0.508								
VAR55		0.498								
VAR28			0.764							
VAR33			0.550							
VAR26				0.828						
VAR29				0.675						
VAR18					0.348					
VAR27					0.550					
VAR30					0.849					
VAR49					0.417					
VAR05						0.374				
VAR32						0.816				
VAR09							0.833			
VAR08								0.548		
VAR79									0.726	
VAR04										0.485
VAR06										0.478

通过载荷矩阵可以发现，变量 17、24、48、2、42、23、25、47、19、62、18、49、5、67、68 等的最高载荷系数较低，分别为 0.444、0.412、0.353、0.303、0.422、0.421、0.416、0.389、0.372、0.422、0.348、0.417、0.374、0.428、0.416，都在 0.45 以下（表 5.17 中灰色部分）。由此可见，这 15 项具有较小的载荷系数，虽然它们的共同度都较高，在 0.70 以上，但在进行公共因子归并时，我们可以先将其剔除出来，在随后的分析中再进行处理。除以上 15 个变量没有达到应有的载荷系数要求外，其他都载荷到相应的公共因子上，但在其他因子上的载荷系数较低。

表 5.17 的数据显示：

（1）变量16，变量37、38、41、50、51、52、57，变量58、59、61，变量63、64、65、66，变量76、77、80、81、82、83、84都载荷到同一个公共因子上，这与假设模型出现了不一致。

在假设模型中，其分别作为竞争情报组织与管理、学习与创新能力、竞争情报文化等若干方面的测度指标。

（2）在探索性因子分析结果中，将变量36，变量60与变量34、35归并到一个公共因子上，这也与假设模型不一致。

（3）探索性因子分析结果将变量1与变量13载荷到同一公共因子上，而在假设模型中它们分别属于情报收集与获取能力、情报服务与反馈能力两个不同的测度指标。

为此，对这些变量的问项内容再次进行了细致分析，可以发现：

（1）公共因子1载荷了大量的变量，其累计贡献率达到29.75%。我们对所归并的变量16、37、38、41、50、51、52、57、58、59、61、63、64、65、66、76、77、80、81、82、83、84进行仔细分析后发现，在假设模型中，虽然这些变量分别属于竞争情报组织与管理、学习与创新能力、竞争情报文化等若干方面的测度指标，但它们都属于隐性测度指标。虽然它们所发挥作用的着力点不同，但它们之间互相联系、互相影响，并相互作用，竞争情报文化与竞争情报管理有着密切的联系，同时，学习与创新能力也同样影响着竞争情报管理与文化。

在测度指标体系修正中，可以将其独立设定，也可以对公共因子1的变量再次进行主成分分析，对其进行进一步的变量归并。但这种归并可能会割裂上述变量之间内在的、隐含的关联，尤其是在对竞争情报价值创造的隐性作用上。基于以上分析，根据探索性因子分析结果，可以将这些因子归并到一个公共因子上。

（2）我们对变量34、35与变量36、变量60的问项内容的再次分析发现，变量36问项所表述的内容从表面上可以理解为竞争情报管理能力，但其实质是竞争情报工作中的协调问题。从实际工作看，竞争情报沟通与协调不仅包括信息、情报内容，还包括工作流程、工作资源与设备等多方面的内容。而变量60也反映了沟通与协调能力测度指标。这两个问项正好与变量34、35载荷到竞争情报沟通与协调能力因子上。

（3）变量1的问项内容反映了对企业竞争情报需求分析能力的测度。而变量13反映的是企业竞争情报服务质量的测度。在假设模型中，本书研究将其作为两个不同的测度指标。在对探索性因子分析结果进行分析后，我们也认识到，动态环境中的企业竞争情报工作流程与价值链已经发生了很大变化，在前面我们也已经做过论述，很难再简单地将竞争情报工作流程划分为若干环节，这些环节有些已经整合到一起。因此，根据探索性因子分析结果，我们将反映竞争情报流程的因子都归并到一类指标上。

最后，我们对由于因子载荷系数较低而剔除的 15 个变量进行进一步分析。我们发现，这些变量可以划分为两类。

第一类变量是虽然载荷系数较低，但根据探索性因子分析结果其所归并的公共因子能够代表其内容与信息，可以划归到这些公共因子上，如变量 17、48、68、23、25、18、62 等，均可划归到所对应的公共因子上。

第二类是这些变量载荷因子系数较低，并且根据探索性因子分析结果，其所归并到的公共因子并不能够反映其内容。我们对这些变量（如变量 24、2、49、5、47、19、67）的问项内容进行分析后发现，这些变量都体现了竞争情报工作最基础性的工作，是竞争情报的基础，体现的是竞争情报基本能力，如果只根据载荷因子系数的大小将其剔除，则不能客观地反映竞争情报基本工作水平，因此我们在指标模型与指标体系中，仍将其保留在对应的测度维度上。

基于上述分析，可以对这 20 个公共因子进行经济性描述，概括其所代表的经济含义（表 5.18 和表 5.19）

表 5.18　公共因子的经济解释（一）

公共因子	载荷变量	经济解释	解释度
1	76、77、80	竞争情报价值观	14.134
	57、58、59、61、62、64、65、66、68	学习、创新机制与能力	
	50、51、52	竞争情报管理能力与领导水平	
	81	竞争情报道德观	
	82、83、84	共享意识与团队精神	
	37、38、41、48	竞争情报组织管理机制	
	16、17	竞争情报管理水平	

注：□表示虽然因子载荷系数较低，但依然可以划归到相对公共因子上的变量

表 5.19　公共因子的经济解释（二）

公共因子	载荷变量	经济解释	解释度
2	12、43、44、45、46	反竞争情报能力	7.998
3	6、70、71、72、73、74、75	企业竞争情报战略	5.349
4	53、54、56、78	竞争情报管理能力与领导水平	5.138
5	34、35、36、60	沟通与协调能力	4.972
6	07、10、20	竞争情报系统功能	3.938
7	21、22、23、25	情报数据库建设水平	3.801

续表

公共因子	载荷变量	经济解释	解释度
8	14、15	竞争情报产品、服务质量	3.576
9	01、13	情报需求分析与满足能力	3.384
10	39、40、47	知识与经验转化机制	3.353
11	03、[62]	情报获取能力	3.340
12	11、31、55	竞争情报工作经验与能力	3.172
13	28、33	竞争情报与相关领域专业知识	3.080
14	26、29	人力资源结构	3.040
15	[18]、27、30	竞争情报工作经验与能力	3.000
16	05、32	竞争情报意识	2.854
17	09	竞争情报分析过程水平	2.365
18	08	竞争情报分析能力	2.167
19	79	竞争情报定位	1.934
20	04、06	竞争情报源多样性水平	1.802

注：□表示虽然因子载荷系数较低，但依然可以划归到相对公共因子上的变量

通过以上公共因子的经济解释，可以进一步明确公共因子所载荷的变量所代表的普遍含义，这将为企业竞争情报力测度指标假设模型与假设体系的修正提供有效的依据。

二、模型修正

根据探索性因子分析结果与变量载荷归并的结果，构造由 20 个公共因子构成的测度指标模型，但是所构建的模型逻辑性不强，而且较为繁杂。

根据企业竞争情报力测度模型构建原则，通过对 20 个公共因子所反映的内容的进一步分析及公共因子的经济解释的分析可知，可以对其进行进一步的归并，这样，所构建的测度指标模型更加简约、易懂，并且反映了竞争情报的实际情况，层次清晰，逻辑性更强。

因此，我们可以将动态环境中企业竞争情报力测度模型进行修正与完善，构建新的测度指标模型，见图 5.6。

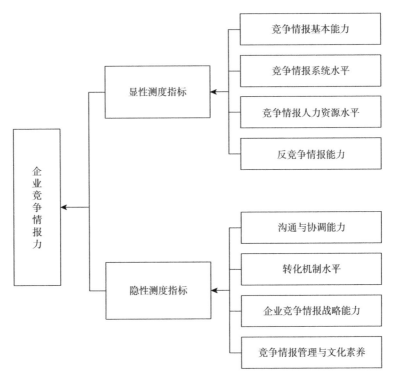

图 5.6　企业竞争情报力测度指标模型

　　这个模型的二级测度维度与假设模型相比，维度数量减少，逻辑性更强，而且测度指标更容易获得，能够较好地满足实际测度的需要。

　　根据修正后的企业竞争情报力测度指标模型和公共因子的经济含义，可以对企业竞争情报力测度指标假设体系进行修正，形成动态环境下的企业竞争情报力测度指标体系（表 5.20）。

表 5.20　企业竞争情报力测度指标体系

一级测度维度	二级测度维度	测度指标
显性测度指标	竞争情报基本能力	情报需求分析能力
		竞争情报源多样性水平
		竞争情报收集与获取能力
		竞争情报分析能力
		情报产品数量与质量
		情报服务综合评价
	竞争情报系统水平	系统结构与功能
		情报数据库
		网络与系统性能

续表

一级测度维度	二级测度维度	测度指标
显性测度指标	竞争情报人力资源水平	人力资源结构
		竞争情报工作经验与能力
		竞争情报与相关领域专业知识水平
		竞争情报意识
	反竞争情报能力	反竞争情报意识
		反竞争情报制度、规章
		反竞争情报方法、措施
隐性测度指标	沟通与协调能力	沟通渠道与方式
		竞争情报工作流程水平
		资源配置能力与水平
	转化机制水平	知识与经验转化机制
		能力与素质转化机制
	企业竞争情报战略能力	应变能力与反应能力
		竞争情报发展战略
		竞争情报定位
		竞争情报人力资源战略
		领导者战略洞察力
	竞争情报管理与文化素养	竞争情报组织管理机制
		竞争情报管理水平与领导能力
		学习、创新机制与能力
		企业竞争情报氛围
		竞争情报价值与道德观
		团队精神

由所获得的企业竞争情报力测度指标体系模型可知，该模型既包括体现企业竞争情报工作的基本要素和基于价值链竞争情报活动的"硬性"的、显性的测度指标，又包括隐默于竞争情报价值链中，在竞争情报价值创造与提升中起到关键作用的"软性"的、隐性的、潜在的测度指标。该模型涵盖了显性与隐性两个维度的构成能力及其具体评价指标，具有实际、可执行、可衡量、直观性等特征，全面地反映了由竞争情报能力、竞争情报竞争力和竞争情报发展力三个层面构成的企业竞争情报力内在结构。

三、测度维度与指标释义

企业竞争情报力是直接作用力与间接作用力共同作用的结果，是显性要素与隐性要素共同作用的结果。经过修正所获得的企业竞争情报力测度指标体系全面地反映了企业竞争情报力的各个方面，这些指标彼此联系、有机融合，能够从信息用户角度对信息质量做出全面、系统、综合的衡量评价。

为更好地理解动态环境中企业竞争情报力测度指标体系模型，把握体系中每个主要维度、构成能力和具体测度指标要素的基本内涵，使之更易理解并更具有操作性，根据测度模型中各指标所属能力及内在联系，结合前文对企业竞争力的基本内涵阐释和特点分析，我们对各企业竞争情报力评价指标体系中的各主要维度、构成能力和具体测度指标要素基本内涵进行解释与描述，见表 5.21。

表 5.21 企业竞争情报力测度指标体系指标释义

所属维度	维度（能力、指标）名称	维度、能力或指标解释与描述
一级测度维度	显性测度维度	直接构成企业竞争情报价值链并在价值创造中起直接作用的各种要素和各种能力
	隐性测度维度	隐默于竞争情报价值链中，在竞争情报价值创造中发挥着间接且关键作用的各种要素和各种能力
显性测度维度	竞争情报基本能力	竞争情报工作在为企业各类决策提供情报支持与智力保障过程中体现出的基本能力，是一种基准性胜任能力
	竞争情报系统水平	为企业竞争情报工作和竞争价值链的各个环节提供技术支持和信息支持的信息平台在技术、结构、内容等方面的水平
	竞争情报人力资源水平	企业竞争情报人员（包括专职与兼职人员）在知识结构、意识、能力、专业等方面表现出的综合水平
	反竞争情报能力	企业在商业秘密保护和针对主要竞争对手竞争情报所展开情报防御等工作中所体现出的综合能力
隐性测度维度	沟通与协调能力	在竞争情报工作中有效调配与整合各种资源、协调价值链各环节、整合内设机构间关系等方面的能力
	转化机制水平	将企业相关的知识和经验、显性能力和隐性素质转换为企业竞争情报工作能力的机制
	企业竞争情报战略能力	企业对竞争情报工作愿景、战略目标、战略定位等方面做出的长远而系统的谋划
	竞争情报管理与文化素养	企业在竞争情报工作的组织、领导、文化、价值观等方面的综合管理能力和管理水平
竞争情报基本能力	情报需求分析能力	对企业各层次用户情报需求的感知、获取与把握能力和对企业关键竞争情报需求的识别能力
	竞争情报源多样性水平	在情报搜集与获取中，情报渠道和途径的种类、情报来源类型的多样性程度

续表

所属维度	维度（能力、指标）名称	维度、能力或指标解释与描述
竞争情报基本能力	竞争情报收集与获取能力	根据情报需求，企业及时、有效、全面搜集与获取所需信息和情报的能力
	竞争情报分析能力	对情报价值的有效识别与判断能力，对竞争环境发展变化、竞争对手竞争策略、企业自身竞争态势的分析与预测能力
	情报产品数量与质量	为情报用户各类决策所提供有效支持的竞争情报产品类型、产品数量及产品质量的综合水平
	情报综合服务质量水平	竞争情报部门为用户决策（尤其是战略决策）提供的竞争情报服务在服务方式、效率、态度等方面的综合质量水平
竞争情报系统水平	系统结构与功能	企业竞争情报系统在系统结构设计、功能设置等方面的合理与完备程度
	网络与系统性能	竞争情报系统与网络的软硬件性能水平，包括系统兼容性、性能稳定性、软硬件先进性、系统友好性等方面
	情报数据库质量	竞争情报系统中情报数据库结构与内容的综合质量水平，尤其是数据库中的信息与数据质量水平、更新频率与速率等方面
竞争情报人力资源水平	人力资源结构	竞争情报人员（专职与兼职）的数量、学历、专业等综合情况，专职人员的数量与占比情况
	竞争情报意识	企业全体员工（尤其是竞争情报工作人员）竞争情报意识和对企业决策有价值信息情报的敏感程度
	竞争情报工作经验与能力	专职情报人员的竞争情报工作年限、相关工作经验与经历等基本情况和竞争情报工作能力及沟通能力、协调能力、洞察判断能力等相关能力水平
	竞争情报与相关领域专业知识水平	专职竞争情报人员相关专业知识掌握程度，计算机和外语水平、相关培训经历等，兼职人员相关专业培训情况
反竞争情报能力	反竞争情报意识	企业全体员工保密意识与反竞争情报意识水平，企业对员工反竞争情报培训情况
	反竞争情报制度、规章	企业各项保密规章、制度的完备与规范程度，对核心商业秘密的保护制度等完备程度
	反竞争情报方法、措施	企业各项安全保密设备与措施的完备程度，针对竞争对手竞争情报工作而采取的反情报方法与措施
沟通与协调能力	竞争情报工作流程水平	竞争情报业务流程规范化、标准化程度，与其他工作（尤其是战略决策）流程合理衔接、密切配合、有效兼容程度
	资源配置能力	竞争情报部门从企业内外部获得所需各类资源能力及对这些资源的合理分配与有效利用程度
	沟通渠道与方式	竞争情报部门与企业各部门、各层面员工在情报需求、获取、服务等方面沟通渠道与交流方式的多样性水平和交流沟通品质
转化机制水平	知识与经验转化能力	对竞争情报工作经验及时总结与推广、将其他部门知识与经验在竞争情报工作中吸收与运用的能力
	能力与素质转化程度	企业挖掘利用其在各方面工作中的现有和潜在能力与素质应用于竞争情报工作的水平
企业竞争情报战略能力	竞争情报发展战略	竞争情报发展战略与发展规划的前瞻、明确、清晰程度，与企业发展战略的协调统一程度
	竞争情报定位	竞争情报在企业决策中的地位与作用，企业对竞争情报价值认同的清晰、明确程度
	领导者战略洞察力	企业管理者对竞争情报战略地位的洞察力，对竞争情报工作长远规划的前瞻性和统筹把握能力
	竞争情报人力资源战略	着眼于企业竞争情报发展战略的竞争情报人力资源规划的前瞻性、实施与保障的制度化程度
	应变能力与反应能力	竞争情报工作应对竞争环境、竞争对手发展变化的应变机制、应变速度与效率水平

续表

所属维度	维度（能力、指标）名称	维度、能力或指标解释与描述
竞争情报管理与文化素养	竞争情报组织管理机制	竞争情报机构的独立程度、部门职能责任明确、流程清晰、规章制度规范等方面的综合水平
	竞争情报管理者水平与领导能力	竞争情报部门管理者的统筹把握与沟通协调能力，对竞争情报工作各方资源的有效分配与调动能力
	学习、创新机制与能力	竞争情报部门的学习与创新氛围，员工学习和创新意识与能力，以及与之相配套的激励措施等
	企业竞争情报氛围与文化	企业整体竞争情报氛围的浓厚程度和全体员工竞争情报责任感、相互信任与信息共享的竞争情报文化
	竞争情报价值与道德观	企业竞争情报价值观念、工作宗旨、道德规范和竞争情报工作行为规范与行为准则
	团队精神	员工在竞争情报工作中体现出的相互支持、相互配合、相互协作的团队精神

四、进一步研究探讨

通过本章的调查问卷与探索性的分析，我们对所预建的动态环境中企业竞争情报力测度指标模型与指标体系进行了修正与完善，使之更适用于目前环境发展与企业实际需求，更具客观性、实用性、科学性。

但是，通过表5.10观测变量描述性统计分析，我们可以发现这样一个问题：在隐性素质与间接作用力指标的问项中，部分指标在专家问卷与企业问卷数据的分别统计中，其均值与标准差存在着一定的差距。在一些问项指标中，专家问卷的均值较高，标准差较低，而企业问卷则均值偏中，标准差较高。而在另外一些指标中，虽然同样具有相同的标准差，但专家问卷的均值较高，企业问卷的均值较低。

这个数据结果说明竞争情报研究者与实践者在对待竞争情报力隐性素质指标上具有一定的分歧。对这一结果进行进一步深入分析可以发现一个很值得进一步探索的问题：我国竞争情报发展到目前的状态，专家学者已经充分认识到了隐性素质（如文化、组织、学习能力、创新能力等）在竞争情报价值创造中的重要作用，并且认识到，随着竞争情报的进一步发展与成熟，随着竞争的加剧，随着企业对竞争情报依赖性的增强，这些隐性因素的影响、作用力会更大，将会决定竞争情报的竞争实力与发展潜力，是不容忽视的问题。在这一点上，通过统计数据分析结果可以得出，专家学者已经达成了共识。根据统计分析结果，相比较而言，企业在其竞争情报工作中，尤其是在竞争情报发展中，对隐性因素的作用力与影响力还没有充分的认识，没有认识到其在竞争情报中的重要价值。在一些重要的隐性因素指标上，较低的标准差表明所有的企业都忽视了这些间接作用指标的重要性，同时，对于另外一些指标，较高的标准差表明了企业在竞争情报隐性素质的重要性上还没有取得一致的意见，也就是说，许多企业在对其竞争情报的投入与发展中，还没有重视对其隐性素质的投入与发展。

第六节 企业竞争情报力测度体系适用性

为能够运用所构建的动态环境中企业竞争情报力测度指标体系对企业竞争情报综合素养实际水平进行全面、系统、客观的衡量与评价，我们将采用基于指数标度的层次分析法，通过专家调查获取数据，计算获得企业竞争情报力测度指标体系中各维度与指标的权重，以提升其实际应用的可行性。

一、研究思路与研究方法

（一）研究思路

如前所述，为有效提升企业竞争情报力测度指标体系的适用能力，获得各测度维度与指标的权重，在本部分，我们将遵循基于指数标度的层次分析法的基本研究思路来进行研究。

首先，基于企业竞争情报力测度指标体系，将研究问题概念化，获取所涉及的主要因素。依据指标体系的内在结构及各要素间的关联、隶属关系，构建递阶层次结构。

其次，运用专家问卷调查方法，对国内外竞争情报领域知名专家与学者进行调查，获取层次分析中所需数据。

最后，利用基于指数标度的层次分析法，通过对所获取的专家调查数据的分析与计算，获得企业竞争情报力测度指标体系中各维度、各构成能力和具体评价指标的权重。

（二）层次分析法简介

为使所获得的测度指标体系中各维度、各指标的权重能够客观反映该维度和指标在企业竞争情报力评价中的地位与分量，我们将采用基于指数标度的层次分析法对测度指标体系的指标权重进行研究。

层次分析法是美国运筹学家萨蒂（T. L. Saaty）于20世纪80年代提出的、适用于多方案或多目标问题决策的一种分析方法（朱庆华，2004）。该方法将各个复杂的多目标决策问题作为一个系统整体，将系统总目标分解为多个目标或准则，进而分解为多个指标（或准则、约束），通过定性指标模糊量化方法计算出最低层（方案、措施、指标等）对最高层（总目标）的相对重要程度的权值或相对优劣次序，以此作为多目标（多指标）、多方案问题的优化决策依据（王莲芬和许树柏，1990）。

层次分析法是按照人们的思维、心理规律把决策过程层次化、数量化的方法，此方法将定性与定量决策合理地结合起来，是一种被广泛采用的层次权重决策分析方法。

层次分析法的基本思路为：首先，根据问题的性质和要达到的总目标将问题概念化，找出研究对象所涉及的主要因素；其次，按照因素间的相互关联及隶属关系，将因素按不同层次聚集组合，构造一个系统的递阶层次结构模型；最后，利用构造的判断矩阵，计算出最低层（方案、措施、指标等）相对于最高层（总目标）的相对重要程度的权值或相对优劣次序（朱庆华，2004）。

在利用层次分析法进行决策分析时，判断矩阵标度系统的选择至关重要。标度是在层次分析过程中将定性分析转化为定量分析的工具和桥梁。标度系统决定判断矩阵的量化数值，其自身的优劣将影响根据判断矩阵计算获得的排序权重的正确性。基于不同标度系统所构造的判断矩阵不仅一致性不同，由判断矩阵所获得的排序序值及顺序也存在差异性，这会直接影响到最终的决策结果（朱庆华，2012）。在实际应用过程中，使用最多的标度系统为 1-9 标度系统和指数标度系统两类。

在这两类标度系统中，1-9 标度系统因其方便性得到较为广泛的应用。但该系统自身存在一定的局限性和不足。一方面，1-9 标度系统在应用过程中，仅适用于数量较少的专家群体的评判，不适用于范围较大的专家群体，从而降低了评价结果的权威性；另一方面，1-9 标度系统所获得的排序结果有时会出现与人的心理判断差别大、判断一致性与思维一致性相矛盾等问题（吕跃进等，2003）。

与 1-9 标度系统相比，指数标度系统具有较高的自治性。从标度运算封闭性、构造一致判断矩阵能力、标度值与重要性程度等级对应方式和排序方法的协调性、思维判断一致性与矩阵一致性关系、一致性容量等各个方面综合分析，指数标度系统是能够全面满足各方面条件的标度系统（舒康和梁镇韩，1990）。同时，由于其标度过程的特点，其能够适用于范围较大的专家群体的评价，有效提升了其评价的适用范围和权威性。

由此，我们将在本部分研究中采用基于指数 a^n 标度的层次分析法，对企业竞争情报力测度指标体系的权重展开研究。

基于指数 a^n 标度的层次分析法中，$n = 0,1,2,\cdots,8$，$a = 1.316$，这是由 $a^8 = 9$ 解出的，极端重要仍为 9，因为同层元素的重要性应在同一数量级之内，否则没有可比性。该方法有效地改进了传统层次分析法中（尤其是采用 1-9 标度系统）判断矩阵的一致性指标难以达成、判断矩阵一致性与人们决策思维一致性的差异等一致性问题（吕跃进等，2003）。

（三）基于指数 a^n 标度的指标权重计算过程

基于指数 a^n 标度的指标权重计算过程包括以下几个关键步骤：确定各指标两两比较的比例标度、基于比例标度构建判断矩阵、求得各维度和指标的权重、进行一致性检验（朱庆华，2012）。

1. 确定比例标度

根据指数标度系统的特点，在比例标度权重确定过程中，我们采用基于满分频度的标度计算方法，尽量保证所确定标度的准确性与客观性。

1）计算满分频度

对象指标的满分频度是指对某一指标做出满分评价的专家数与对该对象做出评价的专家总数之比。指标满分频度的取值范围为 0~1，满分频度值越大，说明对该指标给满分的专家越多，因而该指标的相对重要性越高；反之，该指标的相对重要程度越低。满分频度是基于指数 a^n 标度的层次分析法中判断矩阵比例标度确定和指标权重计算的基础。在本部分研究中，满分频度为对该项指标评价为 5 分的专家的比例。

2）计算指数标度，将其作为判断矩阵中的比例标度

满分频度最大值为 100%，最小值为 0%，之间相差 100%。而在指数标度中，n 取值范围为 0~8，相距为 9 个点，共 8 段，将 100% 分为八等份后，则每一等份值为：$(100\% - 0\%) / 8 = 12.5\%$。

由于 n 的取值范围为 0~8，同时我们又把 100% 分为八等份，相当于建立了一个对应关系，即在 0~8 体系中的 1 等同于 0%~100% 体系中的 12.5%。因此，将任意两个满分频度的差与 12.5% 相比，得出的数值即判断矩阵中的标度 n。在基于指数 a^n 标度的指数标度系统中，判断矩阵中的元素两两比较的比例标度值就是 a^n，即 1.316^n（朱庆华，2012）。

例如，"竞争情报基本能力（A1）"准则下的具体评价指标"情报需求分析能力（A11）"的满分频度为 70.37%，"竞争情报源多样性水平（A12）"的满分频度为 14.81%，那么：

$$n = \frac{70.37\% - 14.81\%}{12.5\%} = 4.44, a^n = 1.316^{4.44} = 3.38$$

即在判断矩阵中，"情报需求分析能力（A11）"对"竞争情报源多样性水平（A12）"的比例标度为 3.39。

2. 构造判断矩阵

利用指数标度的通式 a^n，根据指数标度系统的互反性原则，即判断矩阵中的元素 a_{ij}^n 与 a_n^{ij} 互为倒数，可以求得两个指标间互反关系标度值。

例如，"情报需求分析能力（A11）"对"竞争情报源多样性水平（A12）"的比例标度为 3.38，根据指数标度系统的互反性原则，故"竞争情报源多样性水平（A12）"对"情报需求分析能力（A11）"的比例标度为 1/3.38，即 0.30。

依据此方法，我们可以对构建的递阶层次结构中目标层、各准则层间具有隶属关系的维度与指标进行两两比较，计算比例标度，构造所有判断矩阵。

3. 计算指标权重

在层次分析法中，通常采用求解判断矩阵的最大特征根及其相应的特征向量的方法来确定相应各种方案、措施、指标对于上一层次某准则的相对重要性排序权值。

若 A 是一个层次分析法中对应于准则 B_k 的一致性判断矩阵，它的最大特征根 $\lambda_{\max} = n$ 的特征向量 $W = (W_1, W_2, \cdots, W_n)^{\mathrm{T}}$ 就是受准则 B_k 支配的元素对于准则 B_k 的排序权向量，即 A 中所包括的各方案、措施或指标对于准则 B_k 的权重。

计算判断矩阵的最大特征根及其对应的特征向量的方法有多种，最常用的是方根法和和积法。我们将在本章中采用方根法来计算判断矩阵的最大特征根及其对应的特征向量。

4. 一致性检验

利用一致性指标、随机一致性指标和一致性比率对所获取的各权重数值进行一致性检验，若检验通过，则可以确定该指标权重；若没有通过，则需要检查递阶层次结构或重新构造判断矩阵。

指数标度作为一套单独标度系统，其平均随机一致性指标值 R.I.不同于 1-9 标度系统的平均随机一致性指标值 R.I.。

指数标度系统的平均随机一致性指标值 R.I.如表 5.22 所示（吕跃进等，2003）。

表 5.22　指数标度系统的平均随机一致性指标指 R.I.

矩阵阶数	1	2	3	4	5	6	7	8	9	10
R.I.	0.00	0.00	0.36	0.58	0.72	0.82	0.88	0.93	0.97	0.99

二、研究设计与数据获取

（一）递阶层次结构构建

以所构建的企业竞争情报力测度指标模型与测度体系为基础，根据其各主要评价维度、构成能力与指标间的隶属关系构造的递阶层次结构模型如表 5.23 所示。

表5.23　企业竞争情报力测度递阶层次结构模型

目标层	准则层一	准则层二	准则层三
企业竞争情报力	显性测度维度（A）	竞争情报基本能力（A1）	A11 情报需求分析能力
			A12 竞争情报源多样性水平
			A13 竞争情报收集与获取能力
			A14 竞争情报分析能力
			A15 情报产品数量与质量
			A16 情报服务综合评价
		竞争情报系统水平（A2）	A21 系统结构与功能
			A22 情报数据库
			A23 网络与系统性能
		竞争情报人力资源水平（A3）	A31 人力资源结构
			A32 竞争情报工作经验与能力
			A33 竞争情报与相关领域专业知识水平
			A34 竞争情报意识
		反竞争情报能力（A4）	A41 反竞争情报意识
			A42 反竞争情报制度、规章
			A43 反竞争情报方法、措施
	隐性测度维度（B）	沟通与协调能力（B1）	B11 沟通渠道与方式
			B12 竞争情报工作流程水平
			B13 资源配置能力与水平
		转化机制水平（B2）	B21 知识与经验转化机制
			B22 能力与素质转化机制
		企业竞争情报战略能力（B3）	B31 应变能力与反应能力
			B32 竞争情报发展战略
			B33 竞争情报定位
			B34 竞争情报人力资源战略
			B35 领导者战略洞察力

续表

目标层	准则层一	准则层二	准则层三
企业竞争情报力	隐性测度维度（B）	竞争情报管理与文化素养（B4）	B41 竞争情报组织管理机制
			B42 竞争情报管理水平与领导能力
			B43 学习、创新机制与能力
			B44 企业竞争情报氛围
			B45 竞争情报价值与道德观
			B46 团队精神

（二）调查问卷设计

结合基于指数 a^n 标度的层次分析法的特点与优势，采用专家调查问卷方式来获得专家的评判数据。

本节研究所用调查问卷是在企业竞争情报力测度递阶层次结构模型的基础上设计的（附录 A-4）。该问卷由两部分构成，第一部分主要获取专家基本信息；第二部分是对各测度维度、构成能力及具体测度指标的相对重要程度的调查。该部分又包括三个构成部分，是基于竞争情报力测度递阶层次结构模型的三个准则层设计的，包括正式问项 42 项。在相对重要程度判断中，采用 5 级量表，其中"1"表示该指标"非常不重要"，"5"表示该指标"非常重要"。

（三）样本选取与数据采集

在层次分析法中，参与评价的专家的选取是研究的关键。专家选择的恰当与否直接决定了所获取数据的代表性和测定结果的准确性。

本书研究选取专家的基本原则为：①所选专家应在国内外竞争情报领域有一定影响力；②既包括来自教学、科研领域的专家学者，又包括来自企业竞争情报实践领域的专家；③专家的地域分布具有广泛性。

在广泛搜集各方面相关文献资料的基础上，我们获得了大量备选专家信息，依据以上原则，经过研究人员的认真挑选，以及与相关专家的联系和沟通，最终确定了调查专家名单。

根据参与调查的专家的要求，我们通过电子邮件和信件两种形式，共发放专家调查问卷35份，实际回收28份，其中有效问卷27份，有效回收率为77.14%，符合研究要求。

有效专家样本基本情况如表 5.24 所示。在专家样本中，既包括来自武汉大学、南开大学、中山大学等高校的竞争情报教学研究领域的学者，又包括来自中国科学技术信息研究所、湖南科学技术信息研究所、云南省科学技术情报研究院等研究机构的竞争情报研究人员，还包括来自北京万方数据股份有限公司、中国广核集团等企业的竞争情报实践领域专家。同时，调查样本受教育程度、专业技术职务、地域分布等均符合预期，调查对象具有较强的代表性。

表 5.24　调查专家基本信息

专家编号	性别	教育程度	专业技术职务	工作单位
1	女	博士	副教授	南开大学商学院
2	男	博士	副研究馆员	江苏大学图书馆
3	女	博士	副研究员	北京万方数据股份有限公司
4	男	硕士	教授	苏州大学公共管理学院
5	男	博士	研究员	云南省科学技术情报研究院竞争情报中心
6	男	博士（后）	教授	上海商学院
7	男	博士（后）	副教授	苏州大学公共管理学院
8	男	博士	教授	武汉大学信息管理学院
9	女	硕士	高级工程师	中国广核集团
10	男	博士	教授	中山大学资讯管理学院
11	女	博士（后）	教授	北京林业大学经济管理学院
12	男	博士（后）	教授	华南师范大学经济与管理学院
13	男	博士	副教授	河海大学商学院
14	女	博士	研究员	湖南省科学技术信息研究所
15	女	博士（后）	副教授	江苏大学管理学院
16	男	博士	副教授	美国弗吉尼亚州詹姆斯麦迪逊大学商学院
17	女	博士	教授	南京理工大学经济管理学院
18	男	硕士	教授	南开大学商学院
19	男	博士	教授	郑州航空工业管理学院
20	女	博士	副教授	河北工业大学管理学院
21	女	博士	教授	天津师范大学管理学院
22	女	博士	副教授	华南师范大学经济与管理学院
23	女	博士（后）	副教授	安徽大学管理学院
24	男	博士（后）	研究员	中国科学技术信息研究所
25	男	博士（后）	副研究员	中国科学技术信息研究所
26	男	博士	副研究员	中国科学技术信息研究所
27	女	博士（后）	副研究员	中国科学技术信息研究所

三、测度指标权重

利用以上专家调查所获数据，根据基于指数 a^n 标度的层次分析法的基本分析过程，计算企业竞争情报力测度指标体系中各维度与各项评价指标的权重，并进行一致性检验。

（一）构造判断矩阵

如前所述，我们首先计算专家问卷调查中各项指标评价的满分频度，利用指数标度的通式 a^n，获得判断矩阵中的比例标度，并根据指数标度系统的互反性原则，构造形成各判断矩阵。所有计算过程均是在 Microsoft Excel 软件中完成的。

根据企业竞争情报力测度递阶层次结构模型中各层次准则层的隶属与支配关系，共构建了 11 个判断矩阵，其中对于准则 A1（竞争情报基本能力）的判断矩阵如表 5.25 所示，其他所有判断矩阵见附录 A-5。

表 5.25　竞争情报基本能力（准则 A1）判断矩阵

	A11	A12	A13	A14	A15	A16
A11	1.00	3.39	1.63	0.85	2.45	1.63
A12	0.30	1.00	0.48	0.25	0.72	0.48
A13	0.61	2.08	1.00	0.52	1.50	1.00
A14	1.18	3.99	1.92	1.00	2.88	1.92
A15	0.41	1.38	0.67	0.35	1.00	0.67
A16	0.61	2.08	1.00	0.52	1.50	1.00

（二）指标权重计算及一致性检验

在所构建的判断矩阵的基础上，采用方根法求解判断矩阵的最大特征根及其相应的特征向量，来确定各项指标对于上一层次准则的相对重要性，获得各项指标权重数值。所有计算过程同样利用 Microsoft Excel 软件完成。

表 5.26 为竞争情报基本能力（准则 A1）判断矩阵及权重，其他所有判断矩阵及权重见附录 A-5。

表 5.26　竞争情报基本能力（准则 A1）判断矩阵及权重

	A11	A12	A13	A14	A15	A16	权重
A11	1.00	3.39	1.63	0.85	2.45	1.63	0.243
A12	0.30	1.00	0.48	0.25	0.72	0.48	0.072
A13	0.61	2.08	1.00	0.52	1.50	1.00	0.149
A14	1.18	3.99	1.92	1.00	2.88	1.92	0.286
A15	0.41	1.38	0.67	0.35	1.00	0.67	0.099
A16	0.61	2.08	1.00	0.52	1.50	1.00	0.149

随后，利用一致性指标、随机一致性指标和一致性比率对所获得的各权重数值进行一致性检验，若检验通过，则可确定该指标的指标权重。

竞争情报基本能力（准则 A1）判断矩阵的一致性检验过程如下。

准则 A1 判断矩阵的最大特征值 λ_{max} 计算如下：

$$\mathbf{XP} = \begin{bmatrix} 1.00 & 3.39 & 1.63 & 0.85 & 2.45 & 1.63 \\ 0.30 & 1.00 & 0.48 & 0.25 & 0.72 & 0.48 \\ 0.61 & 2.08 & 1.00 & 0.52 & 1.50 & 1.00 \\ 1.18 & 3.99 & 1.92 & 1.00 & 2.88 & 1.92 \\ 0.41 & 1.38 & 0.67 & 0.35 & 1.00 & 0.67 \\ 0.61 & 2.08 & 1.00 & 0.52 & 1.50 & 1.00 \end{bmatrix} \times \begin{pmatrix} 0.243 \\ 0.072 \\ 0.149 \\ 0.286 \\ 0.099 \\ 0.149 \end{pmatrix} = \begin{pmatrix} 1.461 \\ 0.431 \\ 0.896 \\ 1.719 \\ 0.597 \\ 0.896 \end{pmatrix}$$

$$\lambda_{max} = \frac{1}{6} \times \left(\frac{1.461}{0.243} + \frac{0.431}{0.072} + \frac{0.896}{0.149} + \frac{1.719}{0.286} + \frac{0.597}{0.099} + \frac{0.896}{0.149} \right) = 6.0$$

判断一致性指标 CI 为

$$CI = \frac{\lambda_{max} - n}{n - 1} = \frac{6.0 - 6}{6 - 1} = 0$$

查表 5.22，可知 R.I. = 0.82，则随机一致性比率 CR 为

$$CR = \frac{CI}{RI} = \frac{0}{0.82} = 0$$

由于 CR = 0 ≤ 0.10，则判断矩阵具有可以接受的满意的一致性，即通过一致性检验。

以上判断矩阵的一致性检验的计算过程均利用 Microsoft Excel 软件完成。经检验，本书研究中的 11 个判断矩阵均通过一致性检验。

（三）测度体系指标权重

经过以上计算过程，我们获得了企业竞争情报力测度指标体系中所有主要测

度维度、构成能力及具体指标的权重，形成了可以用来测量与评价企业竞争情报力实际水平的适用体系，如表 5.27 所示。

表 5.27　企业竞争情报力测度指标适用体系

一级测度维度（权重）	二级测度维度（权重）	测度指标（权重）	
显性测度指标（0.561）	竞争情报基本能力（0.374）	情报需求分析能力	0.243
		竞争情报源多样性水平	0.072
		竞争情报收集与获取能力	0.149
		竞争情报分析能力	0.286
		情报产品数量与质量	0.099
		情报服务综合评价	0.149
	竞争情报系统水平（0.153）	系统结构与功能	0.276
		情报数据库	0.489
		网络与系统性能	0.235
	竞争情报人力资源水平（0.293）	人力资源结构	0.154
		竞争情报工作经验与能力	0.319
		竞争情报与相关领域专业知识水平	0.181
		竞争情报意识	0.346
	反竞争情报能力（0.180）	反竞争情报意识	0.386
		反竞争情报制度、规章	0.257
		反竞争情报方法、措施	0.356
隐性测度指标（0.439）	沟通与协调能力（0.248）	沟通渠道与方式	0.316
		竞争情报工作流程水平	0.342
		资源配置能力与水平	0.342
	转化机制水平（0.229）	知识与经验转化机制	0.541
		能力与素质转化机制	0.459
	企业竞争情报战略能力（0.344）	应变能力与反应能力	0.162
		竞争情报发展战略	0.224
		竞争情报定位	0.243
		竞争情报人力资源战略	0.084
		领导者战略洞察力	0.286
	竞争情报管理与文化素养（0.179）	竞争情报组织管理机制	0.131
		竞争情报管理水平与领导能力	0.213
		学习、创新机制与能力	0.181
		企业竞争情报氛围	0.181
		竞争情报价值与道德观	0.154
		团队精神	0.142

第六章　国内企业竞争情报力实证分析

动态竞争环境中，运用所构建的测度评价模型对企业竞争情报力进行全面、系统的衡量与评价，客观了解企业竞争情报力和竞争情报综合素养的实际水平，是本书的根本所在，也将为后续研究奠定基础。

以构建的企业竞争情报力测度指标体系为基础，本章运用实证调查方法，对我国各类不同性质、不同行业、不同地区、不同规模企业的竞争情报力现状展开调查。通过对调查所获数据的对比分析，客观了解与把握我国各地区、各行业、各类型企业竞争情报力实际水平和存在的主要弱点、彼此间的差异和水平差距。一方面，通过本章的实际调查研究，进一步验证所构建的企业竞争情报力测度指标体系模型的适用性。另一方面，通过本章的调查研究分析结论，为后文所要进行的企业竞争情报力发展动力和提升机制的研究提供理论支持，为在此基础上进行的动态环境中企业竞争情报力有针对性的培育、提升策略提供数据和实证支持。

在此基础上，以国内某知名企业为研究对象，运用案例分析方法，基于竞争情报力视角，系统剖析与探究其在战略转型及新竞争态势下竞争情报能力发展过程中的成功经验，挖掘其关键性成功因素、机理与路径。

第一节　企业竞争情报力综合评价研究

一、研究设计与实施

（一）研究设计与调查问卷

本章研究的基本思路为：①基于企业竞争情报力测度指标体系设计调查测评问卷。②运用测评问卷对样本企业的竞争情报力进行实际测量，获取研究数据。

③利用企业竞争情报力测度指标体系中各维度、各指标权重对所获实际测量数据进行统计与分析，获得调查样本企业竞争情报力实际水平。

以企业竞争情报力测度体系模型中各具体测度指标为依据，设计调查问卷初稿。在征询本领域专家、学者意见的同时，研究团队利用该调查问卷初稿在天津师范大学 MBA 班和中韩合作硕士研究生班的企业学员中进行了小范围预调查。根据专家的反馈意见和调查结果，我们对调查问卷进行了较大幅度的修改与完善，形成正式调查测评问卷。

正式调查问卷由两部分、39 个问项构成。其中，第一部分包括 7 个问项，为企业基本情况调查；第二部分为企业竞争情报力评价调查，共 32 个问项。该部分采用 5 分评价制，其中，"1 分"表示企业在该项竞争情报力评价指标上的能力水平非常低（或表现非常不好），"5 分"表示企业在该项竞争情报力评价指标上的能力水平非常高（或表现非常好）。具体调查问卷见附录 A-6。

（二）样本选取与数据采集

为提高调查结果的全面性与客观性，真正反映我国企业竞争情报力实际水平和客观现状，根据研究目的，本次调查样本尽可能覆盖全国各省市区各个行业的不同性质、不同规模的企业。考虑到我国问卷调查实施过程中的客观现状和企业竞争情报工作实际情况，此次调查主要采用便利抽样与判断抽样两种非概率抽样方法选取调查样本。具体样本主要通过研究团队成员所结识的工商企业界人士、天津师范大学管理学院历届 MBA 学员、哈尔滨工业大学 MBA 学员、天津师范大学中韩合作硕士研究生班历届学员、部分省区工商税务部门公务人员等途径获取。在实际调查过程中，鉴于企业竞争情报工作的功能和在企业中的地位，调查问卷的实际调查者主要为各调查企业的高层管理者或来自于市场营销、战略规划、研发设计、技术支持等核心部门的中层管理者。

根据调查覆盖面与调查时间性要求，本次调查主要通过电子邮件方式发放与回收调查问卷（仅一小部分采用印刷问卷形式）。调查始于 2014 年 11 月 5 日，截至 2014 年 12 月 5 日，共回收调查问卷 757 份，其中有效问卷 665 份，有效回收率为 87.85%，符合预定样本规模。

（三）样本基本构成

665 份有效问卷的基本构成情况如表 6.1 和表 6.2 所示。

表 6.1　调查样本性质与所属行业统计

基本情况	调查类别	数量	占比
企业性质	国有企业	167	24.51%
	民营企业	356	52.18%
	外商独资企业	53	7.52%
	中外合资企业	86	12.93%
	其他	3	2.86%
	合计	665	100%
企业所属行业	制造业	164	24.66%
	建筑业	41	6.17%
	商业零售业	45	6.77%
	交通运输业	28	4.21%
	邮政物流业	17	2.56%
	能源材料业	41	6.17%
	房地产业	40	6.02%
	信息技术业	66	9.92%
	金融保险证券业	42	6.31%
	公共设施管理业	24	3.61%
	通信服务业	35	5.26%
	餐饮住宿业	24	3.61%
	文化娱乐服务业	39	5.86%
	食品加工业	32	4.81%
	其他	27	4.06%
	合计	665	100%

注：在企业性质中，其他类型企业主要是指部分参与调查的、属于非完全企业性质的机构；在企业所属行业中，其他类型的行业主要包括健康服务、环保、租赁、彩票等非传统服务业及教育培训机构

由表 6.1 可见，调查样本涵盖了各主要企业性质类型，且各类性质企业占比基本与我国企业结构相一致。

而从行业分布情况看，调查样本几乎覆盖了所有行业类型，不仅包括制造业、建筑业、商业零售业、食品加工业等传统行业，还包括信息技术业、通信服务业、能源材料业等新兴行业。除制造业调查样本占比较高外（占比为24.66%），其他行业调查样本分布相对均匀。整体调查样本具有一定代表性。

表 6.2　调查样本规模情况统计

基本情况	调查类别	数量	占比	基本情况	调查类别	数量	占比
企业员工数量	100 人及以下	194	29.17%	近五年企业年销售额	1 000 万元以下	181	27.22%
	101~400 人	155	23.31%		1 001 万~5 000 万元	159	23.91%
	401~1 000 人	117	17.59%		5 001 万~1 亿元	109	16.39%
	1 001~2 000 人	114	17.14%		1 亿~1.5 亿元	66	9.92%
	2 001~3 000 人	38	5.71%		1.5 亿~3 亿元	52	7.82%
	3 000 人以上	47	7.07%		3 亿元以上	98	14.74%
	合计	665	100%		合计	665	100%

从表 6.2 的统计数据可知，无论是从企业员工数量角度，还是从企业销售额角度，此次调查样本规模分布与我国企业总体构成比例基本相符。

从调查样本地域分布统计可见，此次调查覆盖了全国 30 个省（自治区、直辖市），不含港、澳、台地区，仅西藏自治区没有调查样本。具体数据见附录 B 的调查分析报告。虽然各地区参与调查的企业数量不均，最多为天津市（61 家企业），最少为海南省、湖南省（各为 8 家企业）。考虑到各地区经济发展的差异性，从整体分布看，无论是从传统区域划分角度，还是从国家经济发展战略与经济区域分布地域划分角度，本次调查企业样本分布都较为广泛，且与区域经济发展水平相一致，样本结构相对均衡，具有一定代表性。

二、企业竞争情报力综合评价与分析

（一）综合评价统计结果

利用企业竞争情报力测度体系中各项维度与评价指标权重，通过对调查所获数据的统计与计算，获得整体调查样本的企业竞争情报力综合评价结果及各层次能力评价结果，如表 6.3 所示。

表 6.3　调查样本企业竞争情报力评价结果

综合评价分数	测度维度评价分数	具体构成能力评价分数	测度指标	具体测度指标得分	方差
企业竞争情报力（2.789）	显性测度维度（2.880）	竞争情报基本能力（2.959）	情报需求分析能力	3.015	1.078
			竞争情报源多样性水平	3.030	0.942
			竞争情报收集与获取能力	2.959	0.985
			竞争情报分析能力	2.982	1.126
			情报产品数量与质量	2.910	1.052
			情报服务综合评价	2.862	1.104

续表

综合评价分数	测度维度评价分数	具体构成能力评价分数	测度指标	具体测度指标得分	方差
企业竞争情报力（2.789）	显性测度维度（2.880）	竞争情报系统水平（2.982）	系统结构与功能	2.971	0.946
			情报数据库	2.949	0.978
			网络与系统性能	3.063	1.139
		竞争情报人力资源水平（2.697）	人力资源结构	2.746	1.190
			竞争情报工作经验与能力	2.648	1.504
			竞争情报与相关领域专业知识	2.665	1.364
			竞争情报意识	2.738	1.425
		反竞争情报能力（2.925）	反竞争情报意识	2.944	1.125
			反竞争情报制度、规章	2.973	1.075
			反竞争情报方法、措施	2.878	1.092
	隐性测度维度（2.674）	沟通与协调能力（2.638）	沟通渠道与方式	2.671	1.206
			竞争情报工作流程水平	2.633	1.364
			资源配置能力与水平	2.612	1.348
		转化机制水平（2.622）	知识与经验转化机制	2.653	1.528
			能力与素质的转化机制	2.586	1.493
		企业竞争情报战略能力（2.702）	应变能力与反应能力	2.639	1.277
			竞争情报发展战略	2.624	1.389
			竞争情报定位	2.654	1.581
			竞争情报人力资源战略	2.648	1.385
			领导者战略洞察力	2.865	1.379
		竞争情报管理与文化素养（2.734）	竞争情报组织管理机制	2.609	1.341
			竞争情报管理水平与领导能力	2.719	1.510
			学习、创新机制与能力	2.678	1.466
			企业竞争情报氛围	2.621	1.456
			竞争情报价值与道德观	2.716	1.508
			团队精神	3.069	1.610

由表 6.3 可知，665 家调查企业整体的竞争情报力评价得分为 2.789 分，在 5 分评价制中处于中等水平。该调查结果表明，被调查企业总体的竞争情报力水平不高。但从整体角度看，经过三十余年的发展，我国企业竞争情报力已经达到一定的水平，企业竞争情报工作基本能够满足企业决策过程中对情报与信息的基本需求。

（二）具体构成评价分析

整体调查样本的企业竞争情报力各测度维度与构成能力的评价结果如表 6.3 与图 6.1 所示。

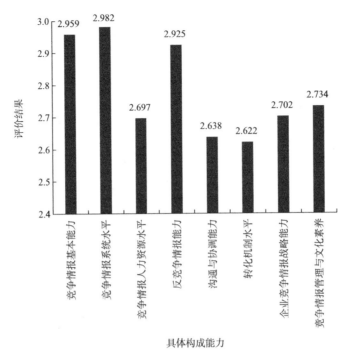

图 6.1　调查样本企业竞争情报力具体构成能力评价结果

　　在企业竞争情报力测度维度方面，由具体评价结果可见，整体调查样本在显性能力维度上的评价结果略高于在隐性能力维度上的评价得分，表明企业竞争情报基本能力和硬件设施水平略高于企业竞争情报内在要素水平和发展潜力。

　　具体到企业竞争情报力各构成能力方面，评价结果显示，调查企业在显性能力维度中的竞争情报基本能力、竞争情报系统水平、反竞争情报能力等具体能力上得分较高，而在转化机制水平、沟通与协调能力、竞争情报人力资源水平等能力上的得分偏低，且差距较大，尤其是显性能力维度中的竞争情报人力资源水平，评价结果甚至低于隐性能力维度中的企业竞争情报战略能力、竞争情报管理与文化素养两方面能力，这是值得进一步分析与讨论的问题。

　　在企业竞争情报力具体评价指标方面，调查样本整体在企业竞争情报力各项具体指标上的评价结果存在较大差异。其中，在系统与网络性能、团队精神、竞争情报源多样性水平、情报需求分析能力等具体指标上的得分均超过 3 分，得分较高；同时，在部分体现企业竞争情报活动、硬件设施和反竞争情报能力等能力方面具体评价指标上得分也明显偏高。但在能力与素质转化程度、资源配置能力、竞争情报组织管理机制、竞争情报发展战略等具体评价指标上的得分则明显偏低，且方差值明显偏高（图 6.2）。

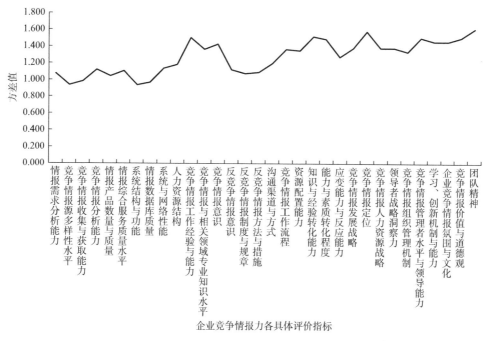

图 6.2 调查样本企业竞争情报力各具体评价指标方差值对比图

以上企业竞争情报力各构成层次调查结果表明，我国企业竞争情报力发展呈现不均衡态势。在竞争情报工作基本能力与基础设施方面已经具备了一定的水平与实力，具备了基本的竞争情报工作条件与能力，为竞争情报工作开展奠定了基础，但是在影响企业竞争情报发展和绩效的深层次内在因素方面，尤其是在反映其隐性能力和软实力的能力方面依然处于较低水平，存在一定的缺陷与不足。同时，调查统计结果显示，样本企业在企业竞争情报力各构成能力上的发展也不均衡，尤其在软实力因素方面，水平差距较大。以上两方面因素共同作用，将直接影响企业竞争情报力水平和整体素养；另外，这也将长期影响到企业竞争情报工作未来发展与可持续发展，是值得关注的问题。

三、企业性质与行业视角评价分析

（一）基于企业性质视角的统计分析

基于企业性质角度的调查企业竞争情报力综合评价、主要维度的评价统计结果如表 6.4 所示。

表 6.4   基于企业性质视角的企业竞争情报力评价统计结果

评价维度与评价指标	总体评价	企业性质				
		国有企业	民营企业	外商独资企业	中外合资企业	其他类型企业
企业竞争情报力	2.789	2.927	2.857	3.033	2.440	3.412
显性能力维度	2.880	3.011	2.911	3.438	2.689	3.613
竞争情报基本能力	2.959	3.033	3.004	3.541	2.816	3.945
竞争情报系统水平	2.982	3.118	2.898	3.911	3.062	3.496
竞争情报人力资源水平	2.697	2.935	2.809	2.854	2.180	3.555
反竞争情报能力	2.925	3.001	2.897	3.772	2.940	3.116
隐性能力维度	2.674	2.820	2.789	2.516	2.121	3.156
沟通与协调能力	2.638	2.844	2.768	2.694	2.164	3.105
转化机制水平	2.622	2.761	2.717	2.319	2.111	3.639
企业竞争情报战略能力	2.702	2.813	2.820	2.526	2.098	2.964
竞争情报管理与文化素养	2.734	2.878	2.848	2.503	2.116	2.980

注：在此处，将其他类型机构评价数据统计在内，但因其不具备完全企业性质，且数量较少，故不在本书中对其进行分析与讨论

　　企业竞争情报力综合评价结果显示，外商独资企业以 3.033 分位于首位，国有企业、民营企业位居二、三位，这三种性质的企业的综合评价结果彼此间差距不大，且均高于调查样本整体评价结果。只有中外合资企业的综合评价结果低于整体评价结果，位于末位且与其他三类企业差距较大。

　　以上统计分析结果基本反映出我国各类性质企业竞争情报力的实际水平。在各类企业中，外商独资企业凭借自身优势和多年国际市场的竞争经验，培育形成具有较高水平的竞争情报力。国有企业和民营企业经过多年发展，竞争情报工作整体水平也得到明显提升。但是，中外合资企业的竞争情报力处于较低水平，值得进一步关注与研究。

　　基于企业性质角度的企业竞争情报力主要测度维度的评价结果如图 6.3 所示。

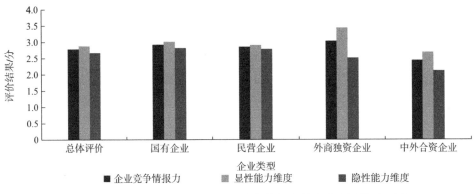

图 6.3   基于企业性质视角的企业竞争情报力构成维度评价对比图

从表 6.4 和图 6.3 的企业竞争情报力显性能力维度与隐性能力维度的评价结果可知，各类性质调查企业在其显性能力维度上的评价结果与综合评价结果基本一致，但隐性能力维度评价结果则与综合评价结果存在一定差异。

在显性能力维度评价结果中，除外商独资企业遥遥领先于其他类型企业、反映出较高水平外，国有企业、民营企业在该维度上的评价结果也高于调查样本整体结果。中外合资企业处于末位且低于整体评价结果，虽然与其他三类企业有一定差距，但 2.689 分的评价得分表明中外合资企业在体现其竞争情报基本能力和硬件条件方面已经达到一定的水平。

在隐性能力维度方面，与综合评价相比较，评价结果中各类企业的位序发生了较大变化。国有企业、民营企业以一定优势位于前两位。而外商独资企业在该维度评价中仅获得 2.516 分，退居第三位且低于调查样本整体得分。同时，不同性质企业彼此间在该维度上的评价结果差距明显增大，尤其是中外合资企业的评价得分远低于其他性质企业。这一结果反映出不同性质企业类型在体现企业竞争情报软实力和潜在发展能力上差距较大。这种差异将会影响到企业未来竞争情报力提升和竞争情报素养的培育。

从企业竞争情报力显性能力维度与隐性能力维度的评价结果可以进一步发现，不同性质企业自身在企业竞争情报力两个主要维度的评价结果间的差异性上呈现出显著不同。国有企业、民营企业在这两个维度上的评价结果之间的差距不大，而外商独资企业和中外合资企业在这两个维度上的评价结果之间的差距则明显增大。

基于企业性质角度的样本企业竞争情报力具体构成能力评价对比结果如图 6.4 和图 6.5 所示。

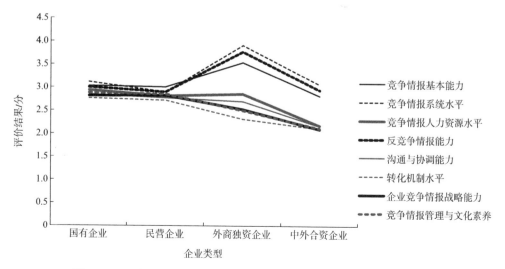

图 6.4　企业性质视角企业竞争情报力具体构成能力评价对比图（一）

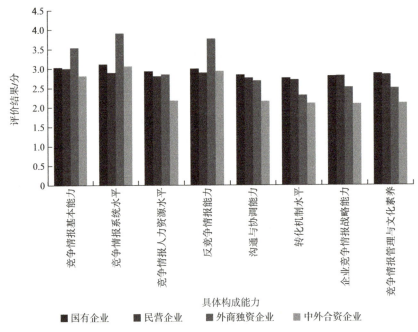

图 6.5　企业性质视角企业竞争情报力具体构成能力评价对比图（二）

从图 6.4 和图 6.5 中可以看出，在企业竞争情报力各具体构成能力评价结果中，调查样本中的国有企业、民营企业的各具体构成能力的评价结果基本处于同一水平，波动幅度不大；但外商独资企业、中外合资企业在各具体构成能力上的评价结果则出现幅度较大的波动，能力水平差距明显。

在具体构成能力评价角度，由图6.4和图6.5可见，在竞争情报基本能力、竞争情报系统水平、反竞争情报能力方面，除外商独资企业以极高得分遥遥领先外，国有企业、民营企业与中外合资企业均得分较高且彼此间差距不明显。但在竞争情报人力资源水平和隐性能力维度的各构成能力方面，各类性质企业则呈现出明显差异。国有企业和民营企业在这些能力上以较高得分位于前列，且各能力评价得分较为稳定、波动不大；而外商独资企业和中外合资企业在这些能力上的评价结果波动较大，得分偏低。

以上企业竞争情报力测度维度和具体构成能力的评价分析结果表明，各性质企业在竞争情报力构成上存在较大差异。一方面，各性质企业在企业竞争情报基本能力、竞争情报硬件设施条件方面差距不明显，已经达到一定水平。但在企业竞争情报软实力和潜在发展能力方面，则存在较大差距。另一方面，从各性质企业自身竞争情报发展均衡性角度，虽然外资企业在竞争情报力综合评价中位于首位，但在竞争情报力构成上呈现出显著的不均衡状态。而国有企业和民营企业则在竞争情报力各构成能力上发展较为均衡，且在与竞争情报软实力密切相关的各能力和评价指标上的表现均优于外商独资企业和中外合资企业。

（二）基于行业视角的评价分析

从所属行业角度，各行业企业的竞争情报综合评价结果如表 6.5 和图 6.6 所示。

表 6.5 基于行业视角的企业竞争情报力评价结果

评价维度与评价指标	总体评价	行业划分							
		制造业	建筑业	商业零售业	交通运输业	邮政物流业	能源材料业	房地产业	信息技术业
企业竞争情报力	2.789	3.084	2.701	2.742	2.371	2.369	2.658	2.720	3.014
显性能力维度	2.880	3.098	2.776	2.783	2.443	2.539	2.754	2.735	3.179
竞争情报基本能力	2.959	3.213	2.727	2.802	2.496	2.583	2.856	2.549	3.304
竞争情报系统水平	2.982	3.042	2.828	2.922	2.658	2.930	2.996	2.884	3.382
竞争情报人力资源水平	2.697	3.004	2.777	2.584	2.216	2.249	2.412	2.777	2.840
反竞争情报能力	2.925	3.057	2.831	2.946	2.517	2.589	2.892	2.928	3.300
隐性能力维度	2.674	3.067	2.606	2.691	2.280	2.152	2.537	2.701	2.803
沟通与协调能力	2.638	3.006	2.668	2.601	2.338	2.119	2.445	2.675	2.734
转化机制水平	2.622	3.042	2.734	2.692	2.350	1.990	2.561	2.672	2.657
企业竞争情报战略能力	2.702	3.099	2.507	2.681	2.217	2.254	2.607	2.721	2.900
竞争情报管理与文化素养	2.734	3.125	2.549	2.831	2.232	2.208	2.497	2.737	2.899

评价维度与评价指标	总体评价	行业划分						
		金融保险证券业	公共设施业	通信服务业	餐饮住宿业	文化娱乐服务业	食品加工业	其他
企业竞争情报力	2.789	2.869	2.155	2.895	2.349	2.566	2.412	3.120
显性能力维度	2.880	3.058	2.405	3.084	2.521	2.673	2.533	3.127
竞争情报基本能力	2.959	3.128	2.383	3.216	2.613	2.981	2.623	3.257
竞争情报系统水平	2.982	3.219	2.704	3.310	2.763	2.642	2.648	2.997
竞争情报人力资源水平	2.697	2.858	2.152	2.620	2.266	2.435	2.327	3.190
反竞争情报能力	2.925	3.103	2.606	3.371	2.539	2.445	2.584	2.868
隐性能力维度	2.674	2.628	1.836	2.654	2.129	2.430	2.257	3.111
沟通与协调能力	2.638	2.662	1.848	2.571	2.052	2.457	2.198	3.110
转化机制水平	2.622	2.333	1.792	2.464	2.151	2.423	2.188	3.015
企业竞争情报战略能力	2.702	2.766	1.853	2.789	2.171	2.308	2.279	3.125
竞争情报管理与文化素养	2.734	2.692	1.843	2.755	2.128	2.638	2.383	3.210

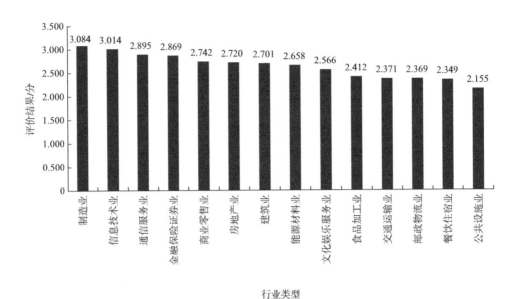

图 6.6　不同行业调查样本企业竞争情报力综合评价排序

从图 6.6 可知，根据企业竞争情报力综合评价结果，可将所有调查行业划分为三个梯队。其中，制造业、信息技术业、通信服务业、金融保险证券业等行业企业的竞争情报力评价结果均高于整体评价结果，属于第一梯队。在该梯队中，除制造业外，其他三个行业均处于行业的快速成长期，技术创新速度加快，与国际市场整合程度较高，面对实力强大的竞争对手，市场竞争压力增大，可有效促进企业竞争情报力水平的提升。制造业作为我国支柱型产业，近些年来，在国家倡导的"由中国制造向中国创造转变"发展战略背景下，制造业所面临的产业升级压力、自主知识产权压力、人力资源压力等陡然提升。为有效应对竞争环境的变化，制造业整体竞争情报力水平得到大幅度提升。

处于第二梯队的行业主要包括商业零售业、房地产业、建筑业、能源材料业和文化娱乐服务业。该梯队五个行业企业的竞争情报力综合评价水平均略低于整体评价结果。总体来看，这五个行业中的大部分企业面向的是国内市场，虽然也会面对跨国知名企业的竞争，但主要竞争对手还是国内同行。同时，处于第二梯队中的大部分行业属于传统行业，且部分行业中企业的战略决策受国家政策影响较大。在以上因素的共同作用与影响下，企业所面临的竞争压力要远小于第一梯队中各行业的企业。正因如此，该梯队中各行业的整体竞争情报力处于中等水平。

根据统计结果，处于第三梯队的食品加工业、交通运输业、邮政物流业、餐饮住宿业、公共设施业等行业的企业的竞争情报力综合水平均远低于总体评价结果。纵观该梯队中的各个行业，一部分行业（如公共设施业、交通运输业、邮政物流业等）依然处于国家垄断或国家行政干预较多的竞争环境中；另一部分行业（如食品加工业、餐饮住宿业等）则属于传统行业，这些行业中的大部分企业面向的是区域性竞争市场（有的甚至仅局限于某个省份、某个城市的市场）。由此，这些行业整体竞争态势相对平缓，竞争激烈程度较低，竞争压力较小。同时，受到传统管理模式和管理理念根深蒂固的影响，这些行业中的部分企业在战略决策中对竞争情报重视程度不够，危机意识不强。在这些因素的共同影响下，整体行业的企业竞争情报力处于较低水平。

基于行业视角的样本企业竞争情报力构成维度评价结果如图 6.7 所示。

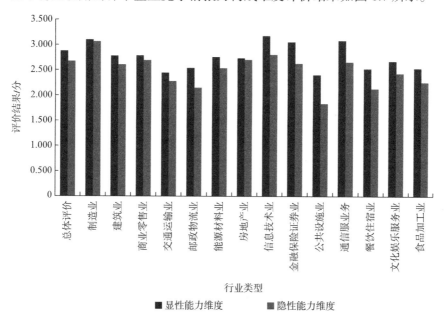

图 6.7　基于行业视角的企业竞争情报力测度维度评价对比图

由图 6.7 可知，调查样本竞争情报力显性能力维度的评价结果与综合评价结果基本一致。第一梯队中各行业在该维度上的得分较高，均超过 3 分，且远高于调查样本整体在该维度上的评价结果。第二梯队中的各行业评价得分略低于整体评价结果。而与第一梯队、第二梯队中各行业的评价结果相比（尤其是第二梯队），第三梯队中各行业在显性能力维度上的评价结果虽然存在差距，但总体差距不大。

在隐性能力维度上，各行业调查评价结果则出现了显著变化。一方面，不同行业在该维度上的评价结果差距明显增大。由表 6.5 可以直观发现，不仅排在首位的制造业和排在末位的公共设施业在该维度上存在 1.2 分的差距，其他不同行业间的差距幅度也十分明显。另一方面，与竞争情报力综合评价和显性能力维度评价结果相比，不同行业在隐性能力维度上的评价结果发生了根本性改变。根据评价数据，仅第一梯队中的制造业、信息技术业和第二梯队中的房地产业、商业零售业在该维度上得分高于调查样本整体在该维度上的得分，而其他行业（尤其是在综合评价中处于第一梯队的通信服务业、金融保险证券业）的评价结果均低于调查样本整体评价结果。

以上调查结果表明，在企业竞争情报基本能力和硬件设施水平方面，除公共设施业、交通运输业等个别行业外，其他各行业的整体水平实力相当，差距不明显。但在体现企业竞争情报软实力和可持续发展的潜在能力方面，各行业实力水平差距明显，尤其是部分竞争情报综合实力水平较高的行业，在该能力上表现得不够让人满意。

基于行业视角，样本企业竞争情报力具体构成能力的评价结果如图 6.8 所示。

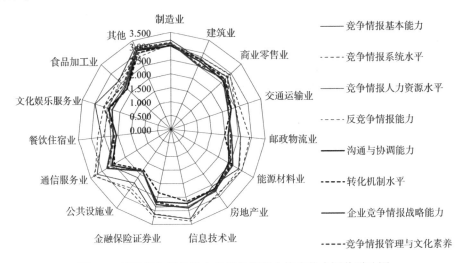

图 6.8　基于行业视角的企业竞争情报力构成能力评价雷达图

如图 6.8 所示，基于行业视角的调查样本在企业竞争情报力具体构成能力的评价结果上呈现出如下特点。

第一，从具体能力构成角度。在竞争情报基本能力、竞争情报系统水平和反竞争情报能力方面，除信息技术业、通信服务业、金融保险证券业等行业在这三项能力上的评价结果远高于调查样本整体评价结果，公共设施业、食品加工业等行业得分偏低外，其他各行业调查样本均有不俗表现，能力水平相当。

在竞争情报人力资源水平和隐性能力维度的四个构成能力方面，各行业调查样本评价结果出现较大变化。一方面，雷达图上这几项能力曲线不规则幅度增大，表明不同行业在这些能力上彼此之间差距明显扩大。另一方面，第一梯队中的通信服务业、金融保险证券业等行业在这些能力上的得分出现明显下降趋势，而处于第二梯队的房地产业、建筑业等则在这些能力上有较好表现。

第二，从每个具体行业角度。不同行业调查样本自身在企业竞争情报力各具体构成能力上的评价结果存在显著差异。制造业、建筑业、商业零售业、房地产业、食品加工业等行业调查企业自身在各项能力上的评价得分较为接近，表明其竞争情报力各方面构成能力水平相当，发展较为均衡；而文化娱乐服务业、信息技术业、公共设施业、金融保险证券业、邮政物流业等行业调查样本自身在各项构成能力上的评价得分差距较大，表明这些行业的企业自身在竞争情报综合能力上的发展不均衡。

以上调查结果进一步验证了上文的结论，即各行业企业的竞争情报基本能力和竞争情报技术、硬件条件方面已具有一定的基础和水平，但在竞争情报软实力上存在较大差距，水平相差较为悬殊。同时，调查统计结果进一步表明，不同行业的企业自身竞争情报力内在构成发展存在差异。部分行业竞争情报力各构成能力发展较为均衡，而部分行业则呈现出发展失衡的态势，尤其在体现隐性能力和软实力的能力上水平偏弱。

四、基于企业规模视角的评价分析

（一）基于企业员工数量角度的评价分析

从企业员工数量角度，不同规模样本企业竞争情报力综合水平及其各维度的评价结果如表 6.6 所示。

表 6.6　基于企业员工数量的企业竞争情报力评价结果

评价维度与评价指标	总体评价	企业员工数量					
		100 人及以下	101～400 人	401～1 000 人	1 001～2 000 人	2 001～3 000 人	3 000 人以上
企业竞争情报力	2.789	2.824	3.010	2.757	2.344	2.649	3.192
显性能力维度	2.880	2.814	3.021	2.863	2.650	2.893	3.270
竞争情报基本能力	2.959	2.898	3.089	2.918	2.764	2.948	3.367
竞争情报系统水平	2.982	2.760	3.012	2.965	3.083	3.314	3.326
竞争情报人力资源水平	2.697	2.761	2.985	2.666	2.145	2.461	3.095
反竞争情报能力	2.925	2.774	2.945	2.984	2.871	3.123	3.308

续表

评价维度与评价指标	总体评价	企业人数员工数量					
		100 人及以下	101~400 人	401~1 000 人	1 001~2 000 人	2 001~3 000 人	3 000 人以上
隐性能力维度	2.674	2.836	2.997	2.621	1.953	2.336	3.092
沟通与协调能力	2.638	2.738	2.961	2.622	1.995	2.295	3.032
转化机制水平	2.622	2.789	2.984	2.548	1.831	2.189	3.197
企业竞争情报战略能力	2.702	2.911	2.988	2.605	1.972	2.451	3.108
竞争情报管理与文化素养	2.734	2.886	3.077	2.741	2.011	2.361	3.013

从企业竞争情报力综合评价结果可知，从企业员工数量角度，企业规模和企业竞争情报力水平之间不具有正相关关系。3 000 人以上大规模企业和 400 人以下两种小规模企业的竞争情报力综合水平均高于调查样本整体水平。而其他三种规模的企业（即401~1 000 人规模、2 001~3 000 人规模、1 001~2 000 人规模）的竞争情报力综合评价结果均低于总体评价结果。尤其是 1 001~2 000 人的企业，其评价结果与其他规模的企业差距较大，处于较低水平。

基于企业员工数量划分的样本企业竞争情报力主要测度维度评价结果如图 6.9 所示。

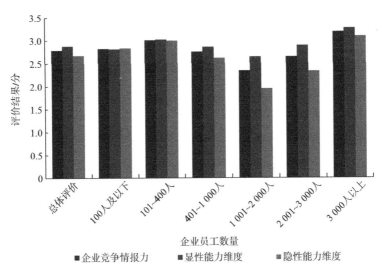

图 6.9 基于企业员工数量的企业竞争情报力测度维度评价结果

由图 6.9 可知，与综合评价结果相比，各规模企业在显性能力维度上的评价结果发生了较大变化，除 3 000 人以上大规模企业外，其他规模的企业彼此间评价得分差距不大。该结果表明，各类规模企业在竞争情报基本能力和硬件设施方面虽有差距，但实力相差不大。综合评价排名靠前的 100 人以下小微企业在该维度上得分偏低，这一结果说明小微企业在竞争情报基本能力和硬件设施方面较其他规模的企业存在一定弱势。

在反映企业竞争情报软实力的隐性能力维度评价方面，虽然各规模企业的评价结果与企业竞争情报力综合评价结果完全一致，但不同规模企业之间在该维度上的得分差距十分明显。一方面，这反映出不同规模企业在竞争情报软实力水平上存在差距。另一方面，1 001~2 000 人、2 001~3 000 人两类中大型规模企业在此维度上得分非常低，而 100 人以下、101~400 人两类小微规模企业在该维度的上得分较高，这是导致不同类型企业综合水平差距的主要原因。更重要的是，其背后所隐含的深层次原因是值得进一步分析与探讨的。

同时，对比不同规模的企业自身在两个维度上的评价结果间的差距也可发现，综合评价较高的三种规模的企业（即 3 000 人以上、101~400 人、100 人以下）在两个维度上的评价结果间的差距较小，表明这几种规模的企业自身在竞争情报力内在各方面发展较为均衡。而其他三种规模的企业在这两个维度上的评价结果间的差距较大，反映出这些企业在竞争情报力发展方面的不均衡。

各类规模样本企业竞争情报力具体构成能力评价结果如图 6.10 所示。

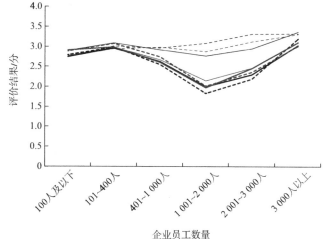

图 6.10　基于企业员工数量的竞争情报力构成能力评价对比图

从不同规模类型角度可知，3 000 人以上、100 人以下和 101~400 人这三种规模的企业在竞争情报力各项具体构成能力上的评价得分相对均衡。但1 001~2 000 人和 2 001~3 000 人两种规模的企业在竞争情报力各项构成能力上呈现出较大差异，得分差距较明显，部分能力得分较高，而部分能力得分偏低。

而从各具体构成能力角度可知，在竞争情报系统水平、竞争情报基本能力和反竞争情报能力三项能力上，各类规模企业评价结果波动幅度较小，但在其他能力上，各类规模企业的评价结果出现幅度较大的波动，得分差距十分明显。

以上企业竞争情报力各项具体构成能力评价结果进一步验证了各类规模企业在竞争情报力上发展的不均衡。与显性、隐性能力维度的评价结果相一致，各类规模企业的基本竞争情报素质和硬件水平差距不大、水平相当，但在竞争情报软实力方面存在较大差距。同时，该结果也进一步表明，不同规模类型企业自身竞争情报力水平状态存在差异，部分规模企业竞争情报力各方面发展均衡，但部分规模企业自身在竞争情报力各方面的发展处于失衡状态。

（二）基于企业年均销售额角度的评价分析

从企业年均销售角度，不同规模样本企业竞争情报力综合水平及其各维度的评价结果如表 6.7 所示。

表 6.7　基于企业年均销售额角度的企业竞争情报力评价结果

评价维度与评价指标	总体评价	年均销售额					
		1 000 万元以下	1 001 万~5 000 万	5 001 万~1 亿元	1 亿~1.5 亿元	1.5 亿~3 亿元	3 亿元以上
企业竞争情报力	2.789	2.678	2.642	2.707	2.378	3.173	3.397
显性能力维度	2.880	2.675	2.730	2.842	2.681	3.369	3.418
竞争情报基本能力	2.959	2.738	2.811	2.940	2.771	3.481	3.479
竞争情报系统水平	2.982	2.688	2.830	3.055	3.093	3.565	3.306
竞争情报人力资源水平	2.697	2.586	2.556	2.594	2.144	3.059	3.429
反竞争情报能力	2.925	2.676	2.760	2.862	3.020	3.476	3.366
隐性能力维度	2.674	2.683	2.530	2.535	1.991	2.924	3.371
沟通与协调能力	2.638	2.606	2.500	2.524	2.034	2.992	3.265
转化机制水平	2.622	2.660	2.500	2.415	1.778	2.818	3.445
企业竞争情报战略能力	2.702	2.718	2.528	2.568	2.067	2.910	3.422
竞争情报管理与文化素养	2.734	2.752	2.613	2.639	2.055	2.989	3.324

根据评价统计结果，基于年均销售额角度所划分的各类规模企业在竞争情报力综合评价中，仅销售额在 1.5 亿元以上的两类大规模企业的评价结果高于调查样本整体评价结果，其余各规模企业类型的评价结果均低于调查样本整体评价结果，且彼此间的得分差距十分明显。该结果表明，各类规模企业彼此间在竞争情报综合水平和素养上存在较大差异，水平差距较大。

另外，从各规模类型综合评价结果总体趋势来看，与基于企业员工数量角度各规模类型的评价结果整体趋势相一致，即企业规模与企业竞争情报力水平之间不具有正相关关系。中等规模企业竞争情报力综合水平出现明显下降趋势，值得关注与研究。

样本企业竞争情报力显性能力维度与隐性能力维度评价结果对比如图 6.11 所示。

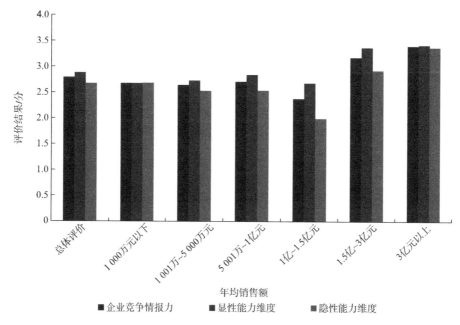

图6.11　基于年均销售额的各类规模企业竞争情报力主要维度评价结果

由图6.11可知，各类规模企业在显性维度上的评价结果与综合评价结果基本一致。其中，除 3 亿元以上、1.5 亿~3 亿元两类规模企业在该维度上的评价结果遥遥领先外，其他几类规模企业的评价结果均小于样本总体评价结果，但彼此间相差不大。

在隐性能力维度方面，各类规模企业的评价结果较综合评价结果发生了很大变化。一方面，各规模企业在该维度的评价得分差距明显增大，尤其是排在末位的 1 亿~1.5 亿元规模企业与排在前二位的 1.5 亿~3 亿元、3 亿元以上规模企业差距非常大。另一方面，也尤为突出的是，销售额 1 000 万元以下规模企业在该维度上一举跃居第三位，且评价得分高于其自身在显性能力维度上的得分，与其他规模企业的评价结果形成鲜明对比，值得关注和进一步深入研究。

以上调查结果表明，基于年均销售额角度的各类规模企业类型，其在竞争情报基本能力与硬件水平上，大致呈现出随着企业规模扩大而扩大的态势。虽然存在差距，但在总体上差距不大，说明各类企业已经具备了基本的竞争情报能力和基础设施条件。但在竞争情报软实力方面，各类规模企业之间存在较大差距，尤其是中等规模的企业，其情报软实力呈大幅下降趋势，实力水平非常之弱。

年均销售额视角的各类规模企业竞争情报力各具体构成能力评价结果如图 6.12 所示。

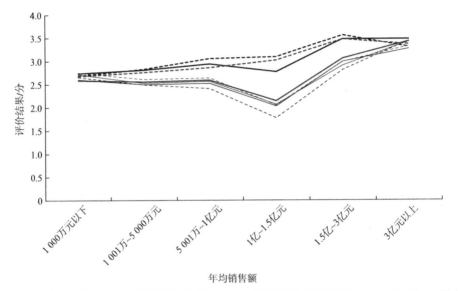

图 6.12　基于年均销售额的企业竞争情报力构成能力评价对比

如图 6.12 所示，在企业竞争情报力各项构成能力中，竞争情报基本能力、竞争情报系统水平、反竞争情报能力等能力大致呈现出随企业规模扩大而逐步提升的趋势。除 1.5 亿~3 亿元、3 亿元以上两类大规模企业外，其他规模的企业在体现企业竞争情报基本能力与硬件设施水平的以上各项能力方面评价结果差距不大，实力水平相当。

但在企业竞争情报人力资源水平和隐性能力维度的各具体构成能力方面，由图6.12可知，各类规模企业的评价得分差距十分明显。在这些能力中，1.5 亿元以上两类规模企业优势突出，而 1 亿~1.5 亿元规模企业则呈现较低水平，进一步反映出各类规模企业在竞争情报工作软实力、竞争情报核心素质与能力上的差距。

从企业竞争情报力内在能力均衡性角度，图6.12直观反映出不同规模类型企业在竞争情报力各方面内在能力发展均衡性上的差异。3亿元以上、1 000万元以下两类规模企业在各项能力上的得分相近,表明这两类规模企业的竞争情报力各方面发展处于均衡状态。而 1 亿~1.5 亿元、1.5 亿~3 亿元、5 001 万~1 亿元三类规模企业自身在各项能力上的评价结果则呈现出较大差距,显性能力维度的部分构成能力的得分偏高,而人力资源水平和隐性能力维度全部构成能力的得分明显偏低,表明这三类规模企业自身竞争情报力各方面发展不均衡。

五、基于地域视角的评价分析

（一）传统区域分布视角的评价与对比分析

在传统区域划分中,按所在版图位置将我国 31 个省（自治区、直辖市）（不包括港澳台地区）划分为华东、华南、华中、华北、西北、西南、东北七个区域。以上七个区域的样本企业的竞争情报力综合评价和各构成层次评价结果如表 6.8 所示。

表 6.8　基于传统区域划分视角的企业竞争情报力评价结果

评价维度与评价指标	总体评价	区域划分						
		华东地区	华南地区	华北地区	华中地区	西南地区	西北地区	东北地区
企业竞争情报力	2.789	3.171	2.581	2.909	2.798	2.672	1.871	2.635
显性能力维度	2.880	3.284	2.857	2.954	2.837	2.720	2.063	2.740
竞争情报基本能力	2.959	3.330	3.009	3.041	2.885	2.810	2.212	2.780
竞争情报系统水平	2.982	3.452	3.109	2.971	2.977	2.672	2.392	2.824
竞争情报人力资源水平	2.697	3.102	2.395	2.866	2.732	2.573	1.628	2.500
反竞争情报能力	2.925	3.344	3.078	2.903	2.790	2.815	2.183	2.978
隐性能力维度	2.674	3.026	2.230	2.852	2.748	2.610	1.626	2.499
沟通与协调能力	2.638	2.934	2.126	2.857	2.737	2.575	1.620	2.437
转化机制水平	2.622	2.975	2.104	2.805	2.693	2.556	1.658	2.405
企业竞争情报战略能力	2.702	3.079	2.333	2.874	2.726	2.642	1.611	2.556
竞争情报管理与文化素养	2.734	3.120	2.335	2.865	2.873	2.666	1.622	2.598

由以上综合评价结果可知,一方面,七大区域样本企业竞争情报力综合评价水平大致呈阶梯状排列,由东部沿海向西北内陆逐层降低。华东地区整体水平较高,西北地区则处于较低水平,且各区域彼此间竞争情报综合水平与整体素质差距较大。另一方面,该评价结果与区域经济综合发展水平之间具有一定相关性,是区域经济发展水平的重要折射点。经济发展水平较高的地区,其样本企业竞争

情报综合水平较高；而经济发展水平较低的地区，其样本企业竞争情报力综合水平则明显偏低。特别是华南地区，其综合评价水平不高与其包含经济欠发达的省区有直接关系。

传统区域视角的调查样本企业竞争情报力主要构成维度评价对比如图 6.13所示。

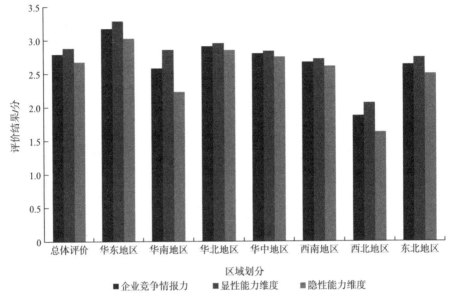

图 6.13　传统区域划分视角的企业竞争情报力构成维度评价对比图

由图6.13可知，在显性能力维度评价方面，仅华东和华北两个地区的得分高于样本整体评价结果。纵观各区域评价结果，除华东地区以较高得分、西北地区以较低得分与其他地区有显著差距外，其他五个地区彼此间差距不大。在隐性能力维度评价方面，虽然各区域样本在隐性能力维度上的评价结果与竞争情报力综合评价结果基本一致，但各区域评价结果彼此间极不均衡，梯度差异明显。

从各区域样本企业自身在竞争情报力显性能力维度和隐性能力维度上的评价结果之间的差距角度，华中、华北和西南地区样本企业自身在这两个维度上得分相当，差距不明显。而华南地区和西北地区样本企业自身在这两个维度上得分差异显著，显性能力维度上的得分明显高于隐性能力维度上的得分。

通过以上几个角度的讨论可见，除去西北地区，其他各区域样本在企业竞争情报基本素养和硬件条件上均具有较高水平，实力差距不大。但在企业竞争情报核心素养和软实力方面，各区域间差距显著。华东、华北和华中地区具有较高的水平，而西北、华南地区水平较弱，特别是西北地区，实力水平非常弱。同时，根据评价结果，华北、华中和西南地区样本企业自身在竞争情报力内在构成上发展较为均衡，而西北、华南地区调查企业自身在竞争情报力内在发展上明显呈现不均衡态势。

各区域样本企业竞争情报力具体构成能力评价结果的雷达图如图6.14所示。

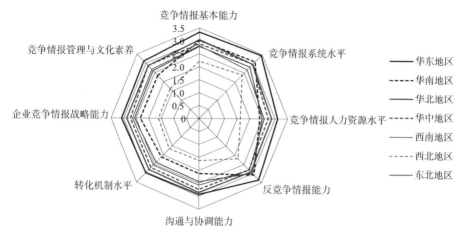

图6.14　传统区域视角企业竞争情报力构成能力评价雷达图

由图6.14可知，华东地区调查样本在企业竞争情报力的各项构成能力上均表现出较高水平，特别是在竞争情报基本能力、竞争情报系统水平和反竞争情报能力上，其幅度折线远偏离于其他区域，表明其实力远高于其他地区。而西北地区样本企业在竞争情报力各项能力方面弱势明显。

除去华东、西北两个区域，其他区域调研对象在企业竞争情报力各构成能力上的评价结果呈现出以下两种趋势。

第一，在企业竞争情报基本能力、竞争情报系统水平和反竞争情报能力等能力上，各区域调查样本评价得分相当、差距不大，华南地区调查样本在这三个能力上的得分位于其他区域前列。

第二，在其他能力上，各区域调查样本的评价结果则出现幅度较大的波动，尤其是华南地区样本企业在这些能力上的评价结果出现较大回落，远低于其他区域调查样本得分。同时，各区域样本彼此间在这些能力评价结果间的差距明显增大。

以上趋势进一步验证与揭示了不同区域调查样本在竞争情报力上的现状和差异。企业竞争情报基本能力和硬件设施水平实力水平相当、差距不大；但在企业竞争情报软实力上则体现出较大差异，实力水平差距较大。

另外，从各区域样本在雷达图上所构成的图形中可以发现，西北地区和华南地区的图形呈现明显的不规则状态，向竞争情报系统水平、竞争情报基本能力和反竞争情报能力三个方向凸出，而其他地区基本呈规则的八角形。该图形展示结果也进一步表明，西北和华南地区调查样本自身在企业竞争情报力内在构成能力上发展不均衡，而其他地区调查样本自身在竞争情报力的内在构成能力上则体现出较强的均衡性，各方面能力发展均衡。

（二）东、中、西部地区评价对比分析

为进一步了解与把握不同地域企业竞争情报力水平，我们从东、中、西部地区这一国家发展战略区域划分角度，对三个区域调查样本的企业竞争情报力综合水平及各构成层次具体水平进行评价与分析，评价结果如表 6.9 所示。

表 6.9 东中西部地区企业竞争情报力评价分析结果

评价维度与评价指标	总体评价	地区划分		
		东部地区	中部地区	西部地区
企业竞争情报力	2.789	3.058	2.759	2.267
显性能力维度	2.880	3.145	2.812	2.396
竞争情报基本能力	2.959	3.233	2.824	2.510
竞争情报系统水平	2.982	3.218	2.942	2.536
竞争情报人力资源水平	2.697	3.013	2.653	2.092
反竞争情报能力	2.925	3.114	2.934	2.535
隐性能力维度	2.674	2.948	2.692	2.102
沟通与协调能力	2.638	2.913	2.642	2.076
转化机制水平	2.622	2.900	2.607	2.070
企业竞争情报战略能力	2.702	2.975	2.729	2.126
竞争情报管理与文化素养	2.734	3.003	2.801	2.136

与传统区域角度的竞争情报力综合水平评价结果相一致，在东、中、西部地区样本企业竞争情报力综合评价中，仅东部地区调查企业的评价结果高于调查样本整体评价结果，中部和西部地区调查样本的评价结果均低于整体评价结果。并且地区间企业竞争情报实力水平差距较大，尤其是西部地区企业竞争情报力水平远远落后于东部和中部地区，实力悬殊。

在企业竞争情报力主要构成维度方面，与综合评价结果相同，东、中、西部地区调查样本彼此间在两个维度上的差距非常明显。在显性能力维度上，仅东部地区调查样本以较高评价得分高于整体调查样本评价结果。在隐性能力维度方面，东部和中部地区调查样本的评价结果都高于整体调查样本在该方面的评价结果。而西部地区调查企业在这两个维度上的评价结果均处于末位，且与东部和中部地区差距较大。

通过表 6.9 可知，在企业竞争情报力具体构成能力方面，东部地区调查样本在全部能力上均以较高得分位于首位；中部地区调查样本在各能力上的评价得分围绕样本整体在各能力上的评价结果上下波动，波动幅度较小；而西部地区调查样本在各具体构成能力上都以偏低的得分位于末位。

同时，从东、中、西部地区样本企业竞争情报力各具体构成能力评价结果波动区间的比较可知，东、中、西部地区调查样本在企业竞争情报基本能力、竞争情报系统水平和反竞争情报能力等能力上的评价结果呈现匀速下降趋势，虽然有差距，但总体差距值不大。而在企业竞争情报人力资源水平和隐性能力维度的各构成能力方面，东、中、西部分地区调查样本的评价结果的差距呈明显增大态势，尤其是西部地区，调查样本在这些能力上的评价得分与东部和中部地区的差距陡然增大。

从各区域内调查样本自身在企业竞争情报力各构成能力评价结果比较角度，东部和中部地区调查样本自身在各项构成能力上的评价结果彼此间差距不明显；但西部地区调查样本自身在各构成能力上的评价结果彼此间则存在较大差异，在竞争情报基本能力、竞争情报系统水平和反竞争情报能力等能力上得分相对较高，而在竞争情报人力资源水平和隐性能力维度的各构成能力上得分偏低。东部地区企业彼此间竞争情报力实力发展较为均衡，而西部地区企业间的竞争情报实力水平明显呈发展失衡状态。

由以上几个方面的分析与讨论可见，从宏观层面，与传统区域调查统计结果相吻合，企业竞争情报力水平与地区经济发展水平密切相关，是区域经济发展水平、企业发展水平的直接体现。区域间竞争情报力水平的差距反映出区域间经济发展水平的差距。东部地区企业竞争情报力水平远高于经济欠发达的西部地区。同时，如果我们将以上因果关系倒置，则是值得思考和进一步深入分析的问题，即企业竞争情报力水平是影响和决定区域经济发展水平的重要因素。这是因为，企业的竞争情报力水平与竞争情报力素养直接影响和决定企业决策的成败，企业在该方面能力的低下或缺失将间接影响企业竞争情报力水平，而企业竞争情报力水平是影响与制约区域经济整体发展水平的重要因素。

从微观层面，东、中、西部地区企业竞争情报力综合水平呈现逐级降低趋势，且西部地区企业竞争情报力综合水平与东部和中部地区差距悬殊。从各个层面、不同角度的分析可知，虽然在竞争情报基本能力和硬件设施条件方面存在一定差距，但更为关键的是，西部地区企业在反映竞争情报力和竞争情报素养的人力资源水平和隐性能力维度各能力水平方面的低下，以及自身企业竞争情报力发展的不均衡，是影响竞争情报力综合水平和素养的直接因素。

第二节　HR 集团竞争情报力培育案例①

在本章的前一部分，利用所建构的企业竞争情报力测度指标体系对动态竞争环境中我国企业竞争情报力实际水平与综合素养现状进行了测量、评价与分析，并对通过调研分析所发现的我国企业竞争情报力所存在的问题进行了探讨与阐释。

动态环境中，面对经济全球化和信息全球化的挑战，我国一些企业在其竞争情报工作中，对其战略定位、价值观念、组织结构、业务流程、管理方式和手段进行改革与创新。变革的目标就是要使企业与动态环境相适应，保证企业决策信息的通畅与高效。变革促进了竞争情报的发展，为企业竞争情报力的培育与提升注入了源源不断的动力。

在本节，将通过对 HR 集团战略发展与战略转型过程中，尤其是进入21世纪初期阶段，对集团信息化提升和企业竞争情报力培育与发展的实际案例的剖析，进一步阐明动态环境中企业竞争情报力培育、发展与提升的具体策略与有效途径，为后续研究奠定现实基础。

一、互联网时代 HR 集团战略平台分析

HR 集团经过三十余年持续稳定的发展，已成为世界范围内知名的、最具影响力的大型跨国企业集团。自创建以来，HR 集团从仅拥有单一产品线的小型企业，发展成为拥有近百个产品门类的大型企业集团；从单一家电企业发展成为涉足通信、IT、金融、房地产等多个领域的多元化企业集团。进入21世纪以来，依托于完善的竞争情报系统和高水平的情报能力，HR 集团先后成功实施了国际化战略、全球品牌化战略，建成数个全球研发中心，销售网点和用户遍布全球 100 多个国家和地区，成为全球范围内具有较强竞争力和影响力的跨国企业集团。

网络时代，在已经建立起来的具有国际竞争力的全球设计网络、采购网络、制造网络、营销与服务网络的基础上，在为用户创造价值的同时最大限度实现员工自身价值的共创共赢，网络化战略成为 HR 集团应对新的竞争态势的

---

① 因文中引用的多是企业一些内部资料及非正式出版物，故在正文中不标注所引用资料来源，仅向所引用资料的作者表示感谢。

战略选择。HR集团不断探索新的战略模式。HR集团的互联网转型战略包括两个方面：一是从以企业为中心转向以用户为中心；二是从制造型企业转向平台型企业。

为探索互联网时代创造用户的新型商业模式，HR集团首先提出了"人单合一双赢"模式。该模式的核心思想是把每一个员工和用户有机结合到一起，通过"人单合一"的动态管理，满足用户被互联网"激活"后用户的碎片化、个性化需求，更好地为用户创造价值。

在此基础上，HR集团更进一步从消费互联网应用向产业互联网应用拓展，以智能服务形式，推进用户与企业、企业与企业、智能社会与智能生活的深度融合，推动集团互联网战略进入"体验互联网"阶段。通过对外智慧家庭与对内智能制造，打造形成一个共创共赢的生态圈，为全球的集团用户提供全流程的最佳智慧体验。

在对外智慧家庭打造过程中，HR集团以全球首个智慧生活开放平台U+为支撑，在该平台上整合各类生活服务商、资源商以及产品销售、售后及产品使用场景等功能内容，为消费者提供全方位的服务体验，实现由硬件向服务的转型和延伸。同时，该集团正在打造基于云架构的体验互联网平台——Explatform。该平台搭建形成用户与资源方的服务、交易通道，除满足HR集团自身需求外，还向其他面向用户体验的企业开放，为它们提供"让用户获得最佳体验"的解决方案。

面对"互联网+"时代的挑战，HR集团在原有各类战略平台基础上，着力打造开放创新平台HOPE。该平台由"创新需求"、"技术方案"、"科技资讯"及"社区"四大主要板块构成，技术创新领域的专家、高校研究机构人员、极客、创客等为其核心用户。在开放、合作、创新、分享理念指导下，集团希望通过该平台与全球研发机构和个人合作，整合全球一流资源、智慧及优秀创意，为平台用户提供前沿的科技资讯及创新解决方案。

HR集团致力于打造全球最大的创新生态系统和全流程创新交互社区。一方面，HOPE平台提供了一个开放式创新服务入口，利用其独有的商业智能，通过智能分析与匹配算法，为用户精准推荐与匹配其需求、资源和技术资讯。另一方面，HOPE平台创造了一种新的并联研发模式。该模式将用户和资源引导在统一平台上，通过技术方、资源方、普通用户等的多方交互，让用户和资源通过深度交互参与到产品研发过程之中，最终实现各相关方的利益最大化，

在以上多种模式、多个平台基础上，HR集团构建了具有特色的互联网时代战略支撑平台（图6.15），为其战略布局和战略实施奠定了坚实的基础。

图 6.15 互联网时代 HR 集团战略支撑平台

二、HR 集团竞争情报发展模式

信息与情报是 HR 集团的重要资源。将信息视为集团的"血液",将信息网络视为集团的"生命线",信息成为 HR 集团发展的导向,成为集团发展决策的重要依据。

随着集团三十多年的快速发展,集团竞争情报工作经历了从无到有、从无足轻重到举足轻重的发展过程,竞争情报工作水平与竞争情报整体素质得到不断提升。纵观 HR 集团竞争情报工作三十余年的发展历程,其竞争情报发展与集团战略发展密切相关,竞争情报模式与集团战略转型紧密相连,为集团的战略决策提供了强有力的情报支持与情报保障。

经过三十余年的发展,HR 集团发展形成具有集团特色的竞争情报模式,即与企业信息化有机融合、信息情报一体化的竞争情报模式。在该模式中,信息化为竞争情报工作的形成、发展提供了有利的平台、丰富的资源和稳定的基础,而竞争情报则是集团信息化演进、拓展和价值增值的展现环节。基于此模式,技术情报与市场情报并重是集团竞争情报发展过程中的核心脉络。

(一)集团内部信息情报一体化模式

在 HR 集团创建初期,集团设立信息处,利用有限渠道收集获取各种信息。随着计算机、通信技术的发展,随着集团不断壮大,结合国家信息化工程,HR 集团制定了详尽的集团信息化发展战略规划。在此基础上,经过多年努力,广泛运用众多高新技术,HR 集团逐步建立了以定单流为中心的信息化集成模式,即

"HR 集团模式"。

该模式是在业务流程再造基础上构建的"前台一张网，后台一条链"（"前台一张网"是指 HR 集团客户关系管理网站，"后台一条链"是指 HR 集团的市场链）的闭环系统。该系统将集团内部的供应链系统、ERP 系统、物流配送系统、资金管理结算系统、分销管理系统和客户服务响应 CALL-CENTER 系统相连接，以订单信息流为核心，实现各系统之间无缝连接的系统集成，是我国企业信息化的重要样板模式之一。

在该模式基础上，随着 HR 集团由多元化战略向国际化战略的发展与转变，结合集团的发展实际与未来发展规划，集团陆续在洛杉矶、东京、悉尼、里昂等城市设立海外信息站，并将国内的信息网络延伸到县级市场，逐步形成覆盖全国和世界主要区域的信息网络。

在该阶段，以集团信息化网络为依托，HR 集团的竞争情报系统与该信息化系统整合为一体，利用信息化平台，通过信息化发展带动集团竞争情报工作的发展，形成 HR 集团的竞争情报独特模式，即集团内部信息情报一体化模式。

该竞争情报模式以 HR 集团遍布全国、覆盖全球的信息网络和信息系统为基础，以 HR 中央研究院为信息汇集与分析中枢。凭借该竞争情报模式，HR 集团实现了对国际最新科技信息、市场信息的及时获取，能够随时掌握世界范围内专业市场的需求动态和规律，随时掌握竞争对手的最新发展动向与发展趋势。在此基础上，HR 集团可以充分利用所获得的市场需求信息，加强跨省市、跨地区，甚至跨国的管理，提高售后服务质量。同时，还可以更为有效地获取与整合集团内部的各类信息资源，突破时间与空间制约，实现对内、对外信息的透明度和全面共享。其最终目的是及时、准确地搜集与获取各目标市场和主要竞争对手的竞争战略情报，根据竞争对手的一举一动来为集团的海内外市场拓展战略和竞争战略提供有效的情报支持。

HR 集团的内部信息情报一体化模式是由集团当时的竞争情报现状和发展需求决定的，具有一定的实效性。竞争情报价值贡献度具有间接性、不可直接测量、不可观察的特点。在当时情报条件下，HR 集团由于专业化的竞争情报工作起步较晚，如果将竞争情报与信息化分割开来，独立建构竞争情报系统和工作模式，无论是在工作中，还是在资源获取、管理者认识、员工认同和认可度方面都会遇到不小的障碍。因此，将竞争情报工作与集团信息化工作有机融合，既可以节省大量的人力、物力、财力，又有助于推动集团竞争情报的发展与提升，使竞争情报能够与集团信息化发展相辅相成、相互促进。

HR 集团竞争情报工作随着企业信息化的发展而得以持续发展，其竞争情报综合能力素质得以有效提升。竞争情报在集团的国际市场需求变化和竞争对手的跟踪与监测中、在国际反倾销案中、在企业专利申请与知识产权的保护中均发挥了重要的作用。随着竞争情报能力的不断增强，竞争情报工作不但对集团的国际化战略决策提供有力的支持，也对推动集团竞争实力的进一步提升发挥了重要作用。

（二）战略信息情报内外互联模式

进入21世纪以来，随着 HR 集团由国际化战略向全球化战略发展，为了适应以移动互联、物联网、工业 4.0 为代表的新的竞争态势，在坚持信息情报一体化、技术情报与市场情报并重的竞争情报发展基本原则的前提下，HR 集团竞争情报模式向战略信息情报内外互联模式转变，逐步形成了基本雏形。

如前所述，HR 集团在全球品牌战略、互联网体验经济网络化战略发展过程中，通过对内的人单一体化和智能制造，对外与用户、供应商等利益攸关方构建共创共享的商业生态圈，在满足用户最佳体验的同时，实现由产品经济向体验经济的转型。而在此过程中，HR 集团逐步搭建了智慧生活开放平台 U+、互联工厂智能制造平台、HOPE 平台等，这些平台与集团原有的 GVS 核心业务信息系统平台、信息智能交互平台、Explatform体验互联网平台共同构成 HR 集团体验经济网络化战略的支撑平台。通过支撑平台上各平台的相互支撑、相互兼容、相互配合，HR 集团打造形成了"形散而神不散"的战略信息情报内外互联模式（图 6.16），为集团体验经济网络化战略决策提供了有力的情报支持。

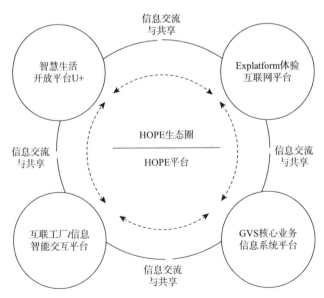

图 6.16　HR 集团战略信息情报内外互联模式

在该模式中，每个平台的基本功能决定了其在竞争情报中的作用与价值。其中，GVS核心业务信息系统平台是HR集团已经运行多年的以 ERP 为核心的集成数据平台。该平台通过全球化信息系统集成与共享整合，消除了集团内各子系统之间、集团与外部利益相关者之间相互割裂的信息孤岛格局。通过用户边界跨越→企业业务边界跨越→组织边界跨越三个层次的全面跨越，实现了集团商流、物流、资金流的数据与信息的统一和共享，推动了集团信息系统的有机整合和信息情报的集成与整合，构建了 HR 集团内外信息互联的基础。

在此基础上，HR 集团正在对内建构智能制造模式，利用信息智能交互平台实现用户、工厂、供应商之间的信息互联，打造按需设计、按需制造、按需配送的互联工厂体系，实现产品迭代引领目标，体现出集团以用户个性化需求来推动企业智能制造的新思路。该平台不但推进和拓展了 GVS 核心业务信息系统平台所承载的情报功能，更进一步拓宽了集团的情报获取范围、优化了情报流程。

同时，HR 集团对外持续释放并着力打造智慧家庭。以全球首个智慧生活开放平台 U+ 为支撑，联合各类生活服务商、资源商，从产品销售、售后及产品使用场景等方面为消费者提供和实现全方位的服务体验，实现了由硬件向服务的延伸和转型。其内核和根本是依托于开放平台所分析获取的各方（尤其是用户需求）情报资源。而基于云架构的体验互联网平台——Explatform 平台和 HOPE 平台是 HR 集团正在集中优质资源建构的创新生态系统的重要平台。其中，Explatform 平台以多边参与、开放和开源、消费与工业物联网架构、共享等为建构理念；而 HOPE 平台则是通过"创新需求"、"技术方案"、"科技资讯"和"社区"等四大模块所获得的信息和情报，实现掌握最新行业技术动态、建立专业交互圈子、持续产出各类颠覆性创意、快速精准匹配全流程资源、创意转化全流程支持等的根本目标。正是在 Explatform 平台"用户获得最佳体验方案"和 HOPE 支撑 HR 开放创新的基础上，形成了 HR 集团的战略信息情报内外互联的完整系统。该系统模式为 HR 集团的开放创新生态系统构建提供了有力支持和重要支撑。

三、HR 集团竞争情报力培育与发展

围绕 HR 集团竞争情报基本发展模式，纵观其竞争情报工作日渐完善、竞争情报力日趋提升的发展历程，可以发现 HR 集团在其竞争情报工作发展、竞争情报能力培育、竞争情报为集团战略决策提供支持的过程中，形成了既有其企业特色又具有学习与借鉴价值的方略。

（一）与企业战略紧密结合的情报发展战略

以集团战略为基础，制定与集团战略相伴相随的、具有前瞻性的竞争情报战略，通过信息情报一体化、内外互联，为集团的国际化战略、全球化战略、体验

经济网络化战略的推进，为集团进军国际市场、应对网络经济挑战、提升国际竞争力的核心战略提供了重要保障。

围绕集团发展过程中各阶段的战略转型，HR 集团竞争情报的核心目标是整合全球范围内的信息与情报资源，掌握环境变化趋势，把握核心技术前沿，了解用户需求。以此为基础，HR 集团制定了本企业的竞争情报战略规划。

一方面，该战略与集团的总体发展战略密切相关，以总体战略为指导，为战略决策提供具有前瞻性的情报支持。作为集团总体发展战略的重要构成部分，该集团的竞争情报战略规划的具体内容以集团发展不同阶段的战略侧重为核心。

另一方面，该战略突出信息情报一体化、信息情报工作分散化特点。如前所述，信息情报一体化与集团的信息化工作密切相关、相互支持、有机融合，体现了集团情报发展实际。而信息情报工作分散化则是集团全面竞争情报能力培养的基础，既可以满足集团市场、技术、用户需求等方面的情报重点需要，又有利于全面培养集团的综合情报能力与素养。

HR 集团合理规划、重点突出的信息化和竞争情报发展战略，与企业外部环境、企业发展战略和企业竞争情报工作实际情况相结合，为集团竞争情报与信息化发展提供了战略性指导，为集团竞争情报业务流程与价值链规划、组织结构、人力资源建设、企业文化建设等指明了发展方向，具有前瞻性、可行性。

以集团竞争情报战略为基础，HR 集团把集团信息化与竞争情报工作作为一项系统工程，认为只有在全面规划、统筹协调、合理安排的前提下，根据集团总体战略需要，有所侧重地进行集团信息化建设和竞争情报战略实施，才能保证该项工作目标明确、稳步推进。以此为指导，在具体实践过程中，HR 集团运用系统工程方法，对集团进行了系统全面的调查和深入分析，明确系统目标，制定总体规划。以此为基础，有步骤、按层次开展信息化和竞争情报工作。突出重点、分阶段和层次实施，逐步扩大，取得较好的成效。

（二）集团管理者的高度重视与参与

企业信息化是"一把手"工程，企业竞争情报更是"一把手"工程。没有企业高层管理者的重视，竞争情报工作无法得到有效开展，竞争情报力的培育和发展更无从谈起，这是情报实践中已经达成的共识。信息化系统相当于一种通用语言，离开它就无法和别人沟通与交流。而竞争情报相当于企业的神经网络，没有竞争情报，就没有企业神经中枢对市场和竞争对手的快速反应。

HR 集团全面的信息化管理和竞争情报工作取得的成功，为集团各发展阶段的战略制定与实施提供了有力的保障，一个至关重要的成功因素就是高层管理者的重视。高层管理者对竞争情报的态度与认识，决定了信息化和竞争情报工作在集团中的地位，为集团竞争情报力的培育与发展注入了巨大的发展动力。

纵观 HR 集团三十多年的发展历程，在集团早期的多元化战略中，正是依赖于高层决策者对市场信息和技术情报的倚重，为集团的发展打下了良好基础。在国际化战略、全球品牌化战略中，正是在集团高层管理者对信息和情报价值与作用的高度关注下，集团上下以信息和情报为核心，借助遍布全球的情报信息网络，在决策过程中高度重视和充分信赖竞争情报，为其战略成功奠定了基础。而在 HR 集团网络化战略，尤其是互联网体验经济网络化战略中，情报与信息更是成为集团决策层关注的焦点，利用其所搭建的各类平台获得广泛、及时、准确的信息和情报成为集团"互联网+"时代发展的关键。

集团领导对信息情报工作的前瞻性规划，对信息情报工作的全力支持与参与，为 HR 集团信息化和情报工作提供了重要保证。在集团的信息化与竞争情报建设中，集团高层管理者在自身重视信息、情报的同时，一方面，不断强化集团各层面管理者对信息化建设与竞争情报工作开展的重视程度，不断提升各层面员工对企业信息和情报的重要性认识；另一方面，亲自参与企业管理信息化和竞争情报平台的规划建设，积极推进企业管理信息化建设的进程，指导竞争情报工作顺利开展。

具体而言，在 HR 集团信息化建设与竞争情报实践过程中，集团高层亲自参与并指导信息与情报部门建设、人才队伍建设、信息情报系统与平台建设等具体工作。尤其是在 HOPE 开放创新平台建设过程中，集团 CEO 多次召开高层决策会议讨论、布置相关工作，在多个公开场合进行推介，并为其配备了优质的专业人才队伍，调动集团内优质资源来推进该平台的建设。

（三）与企业文化相融合的情报文化建设

HR 集团总裁曾指出：企业发展的灵魂是企业文化。HR 集团的成功可以概括为内有文化、外有市场。全面的企业文化体系与企业管理的有机融合是 HR 集团制胜的法宝。

在集团信息化建设与竞争情报发展过程中，HR 集团各个层面管理者（尤其是高层决策者）坚持"两手抓""两手都要硬"。坚持情报系统、情报组织建设与情报文化建设同步进行、两手并举的原则，积极建构适应市场竞争需要和企业发展的竞争情报文化。在注重集团信息情报网络、信息情报系统建设的同时，更注重对集团信息化与竞争情报系统建设中所需要的员工的情报理念、意识、氛围的建设和在情报工作中所需要的沟通、协调、共享、合作等方面的培养，为集团信息化与竞争情报工作开展奠定了必要的思想基础。

"我们变成一种开放式创新，在和用户交互的过程当中，不断迭代，并把各种资源都整合进来"（刘晓燕和鄢玲，2013）。开放、合作、创新、分享的理念是 HR 集团企业文化体系的重要构成。其中，创新文化和共享文化是集团文化的内核。以这两个内核为基础，围绕这两个内核及与两个内核相融合的情报文化的建设与发展，为 HR 集团信息化和竞争情报工作的发展，为集团情报能力的培育和提升奠定了基础。

创新之道是 HR 集团的核心，通过持续创新来不断地为客户创造价值是 HR 发展历程的主要脉络。从人单合一的双赢文化到 HOPE 开放创新平台的构建，创新一直是其根本手段。通过创新文化为员工、用户和各方资源提供机会公平、结果公平的创新平台，以最终达到开放吸引全球创客资源进入集团生态圈体系的最终目标。

而与集团创新文化相融合的信息情报文化主要体现在两个方面：一方面，为参与创新的各利益相关者提供有价值的情报和信息，实现信息情报服务与创新过程的融合。另一方面，通过推行只要参与创新过程的用户都能够获得相应产品收益分享的方式，HR 集团实现了情报从被管理到自主管理，达到"自主、自治、自推动"的竞争情报最高境界。同时，以创新文化为驱动，在实现员工、用户和各方资源无缝对接的过程中，让全世界都变成 HR 集团的研发中心，这正是其竞争情报战略的目标。

HR 集团文化理念中"以顾客至上为中心，各流程成为过程连贯、信息通畅的市场链""利用网络的共享信息和组织结构扁平化所带来的最短信息链，发展自我、挑战自我、体现自身价值，形成团队合力"为集团情报信息共享文化的形成和发展奠定了基础。与此同时，HR 开放创新平台与全球研发机构和个人合作，为平台用户提供前沿科技资讯和超值的创新解决方案，最终实现各相关方的利益最大化，实现平台上所有资源提供方及技术需求方的互利共享。

具体而言，HR 集团把竞争情报文化建设作为一项系统工程。将文化建设渗透到集团信息化建设和竞争情报系统构建的每一个环节，将其具体落实与体现在集团的发展战略和各种规范、规章制度的实践过程中。

HR 集团竞争情报文化培育与建构的经验表明，在竞争情报发展过程中，持续创新、合作共享等文化要素与观念至关重要。建立与企业文化相交融的情报文化体系，创建独具特色的信息与情报文化氛围，是企业竞争情报文化建设中的重要保障因素。

（四）以用户为中心的扁平化组织架构

HR 集团组织结构经历了多次战略调整与转型。围绕以用户需求为中心的组织架构的核心理念，根据国际化、网络化的发展思路，依据业务流程纵向一体化的要求，HR 集团进行了以市场为导向、以价值链为纽带的组织结构变革和业务流程再造，形成 HR 集团的扁平化组织构架和工作流程。该组织结构体现了以"用户为中心"、扁平化的特点。而以该结构为基础的集团情报与信息价值链为集团的情报获取、传递和服务的有效开展奠定了基础。

　　在 HR 集团国际化战略阶段，围绕"以顾客至上为中心"，集团打造形成了以订单信息流为中心的业务流程。基于该业务流程，集团的竞争情报信息流和订单信息流、物流、资金流等整合交织在一起，流程清晰、过程连续、信息畅通、运行高效（图 6.17）。该组织架构的运行能够最大限度地减少组织的结构性损耗，大大提升运行效率。随着信息流在市场链中的流转，这种市场链同步情报流程模式保证了信息与情报的时效性，有利于实现情报共享，有利于将竞争情报传递到最需要的用户手中，情报价值不断提升并得到有效发挥，为集团的战略决策提供有效支持。

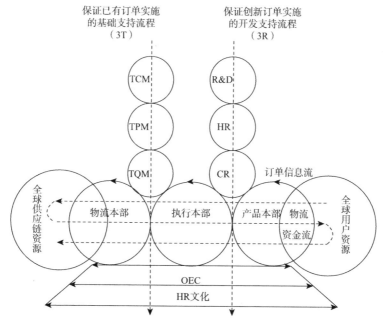

图 6.17　HR 集团市场链与信息同步流程模型图
资料来源：HR 集团内部资料

　　在以工业 4.0 及智能制造为代表的全球制造业变革浪潮中，随着移动互联、云计算等技术的广泛应用，随着集团网络化战略发展，HR 集团突破原有思维模式，让全球用户由仅涉及产品购买环节向参与集团产品研发、设计、生产等全过程转变，用户成为新品研发制造的"指挥官"。

　　在该创新思维模式基础上，以去中心化和分布式管理为根本目标，HR 集团彻底改造传统的组织串联式模式，建构了两个圈：并联生态圈和用户圈。并联生态圈作为内圈，不设层级，只包括三个参与方，即平台主、小微主和创客；外圈则是用户圈。并联生态圈和用户圈最终有机融合在一起，形成集团的生态圈，为用户提供最佳体验。与此同时，在"去两化"（去中心化、去中介化）后，HR 的职能部门合并成为"两个平台"：一个为共享平台，一个为驱动平台。在这两个平台上，每名员工均可以成为中心，与用户进行零距离接触和充分沟通交流。

这种组织架构的颠覆，更好地将用户全流程地参与及融入产品的设计、研发中，实现了"端到端的信息融合"，突破了信息在时间和空间上的阻隔，彻底消除了在企业和用户间引发效率迟延和信息失真的中间障碍，让集团和用户直接连在一起，实现了集团和用户间的信息零距离传递。与信息流相伴随，该扁平化、分布式的组织架构所形成的竞争情报分散式、自组织价值链模式，具有技术驱动和用户驱动的双驱动特色，能够高效地捕获用户需求、技术发展方面的情报，在生态圈各方自组织利用的同时，为集团的战略决策提供情报支持和保障。

与集团组织变革相适应，HR 集团对集团内部的信息沟通渠道、人力资源配置均进行了较大的调整与变革。其中，信息技术既是流程重组的出发点，又是流程重组最终目标的体现者。信息技术应用是集团流程重组的重心所在。集团为此建立前瞻性的技术创新与应用远景规划，制定与之相匹配的评价指标体系，以提升各层面对信息技术创新与应用的重视程度。集团为以用户为中心的扁平化组织模式的有效运行搭建了技术平台，提供了技术保证。

（五）全员性竞争情报人才培育与建设

HR 集团总裁曾指出：企业领导者的主要任务不是发现人才，而是建立一套可以出人才的机制。这种机制应该给企业内每名员工相同的竞争机会，变静态为动态，变相马为赛马，充分挖掘每名员工的潜质。在该理论指导下，经过多年探索，HR 集团建立了一套完善的人才选拔、人才激励、人才培养制度，不仅为集团竞争情报、企业信息化工作，还为整个集团发展战略提供了人力资源保障。

在 HR 集团中，随着信息化工作和竞争情报的持续发展，集团信息人员和竞争情报工作者的范围由最初单纯的专职情报人员、信息人员，逐步扩大到集团各个层面、各个部门的员工，包括技术人员、销售人员、生产人员、服务人员等。集团利用内部市场链价值的创造经营模式，将信息和竞争情报职能与集团内每名员工的本职工作有机结合，将该项职能作为其价值创造的一部分，极大地激发了每名员工的竞争情报工作热情。而集团内的专职信息人员和情报人员则由单纯的信息、情报提供者拓展成为情报流程的推动者、网络协调员和知识工作者，拓宽和延伸了其职能与职责，真正成为集团决策者的合作伙伴。同时，HR 集团在信息化建设与人力资源管理有机结合基础上，对人力资源管理在管理内容与管理方式上进行了彻底改革，有效提升了人力资源管理的科学化、精细化和时效性。同时，利用面向全球的网络系统，集团尽可能挖掘与利用集团外的人力资源和智力资源，提升和增强了集团的创新能力。

当前，在 HR 集团网络化战略发展阶段，通过与工业化、信息化的深度融合，在以用户为中心的集团创新生态系统和全流程创新交互社区创造过程中，员工效能的发挥成为核心要素。一方面，在此过程中，通过 HOPE 创新平台，HR集团员工与外部合作方、资源提供方、平台上的每位用户共同构建形成一个生态圈（ecosystem）。在该生态圈中，所有的人都能够通过创新、创业来贡献自己的价值，同时分享应得的利益。另一方面，在集团创新过程中，HR 集团不仅鼓励员工主动进行职能跨越，并在客观上提供给每名员工相对完整的信息来源，培养员工的领导和决策能力。而集团 IT 部门的角色在这一阶段也发生了根本性转变，从原来被动地满足业务部门的 IT 需求，转向主动承接集团战略流程，主导集团战略流程的优化和创新，通过信息流程变革帮助业务部门解决问题的同时，进一步推动企业边界跨越。由此可见，HR 集团中每个部门、每个员工既是价值链与市场链中的一个环节，又是整个集团战略的重要构件，在以全局观念完成个人价值创造的同时，更齐心协力来创造用户最佳体验。

（六）完善而高效的竞争情报系统

HR 集团的竞争情报系统是搭建在集团信息化集成系统上的分系统。作为典型的信息情报一体化集成模式，HR 集团信息系统集成是由网络系统集成、应用系统集成、网络和应用系统综合集成构成的。集成系统的核心和关键是数据与信息集成。在此基础上，系统跨越情报与信息的数据层、知识层和决策层，将原始信息层与企业的生产运作、物流、资金流相结合，与企业决策层有机地联系在一起。

在 HR 集团竞争情报初期，集团选择百度企业竞争情报系统（即百度 eCIS）作为集团竞争情报系统搭建的软件平台，并将该平台作为集团的信息化集成系统的构成部分。该系统形成了集团情报收集的漏斗形态，前期的工作由"机器"（即百度 eCIS）自动、自主采集各个情报源的情报，根据用户配置对情报进行过滤、分类和整理后，将收集、整理并归类的情报与信息汇集到技术转化部，经过竞争情报人员的主观分析、处理，再将其发送到相关的情报部门（图 6.18）。eCIS 系统实现了基础工作自动化、信息交流双向功能，成为 HR 集团内部人员获取竞争对手、外部和内部信息的主要渠道。

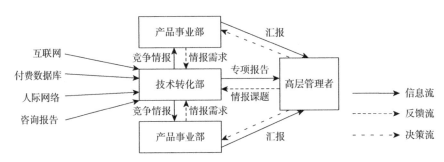

图 6.18　HR 集团竞争情报系统的情报流转模式
资料来源：HR 集团内部资料

集团的 GVS 核心业务信息系统平台、互联工厂智能制造平台、智慧生活开放平台 U+、HOPE 平台的陆续建设，标志着 HR 集团的信息智能交互平台的完成。如前所述，该平台不但实现了商流、物流、资金流的数据统一与共享，推动边界的全面跨越，还通过与用户边界跨越—企业业务边界跨越—组织边界跨越的三个层次全面跨越，推动了企业信息系统不断完善、有机整合和信息情报集成与整合，构建了 HR 集团内外信息互联的基础。

一方面，该平台通过新架构的开放创新系统，建设有强大的搜索匹配引擎，能够快速将后台资源库、方案库、需求库、创意库进行配对。在实现站内匹配基础上，HOPE 平台通过分布于全球各地的数百台爬虫服务器，随时关注互联网动态，抓取最新技术信息分析入库，为精准匹配提供了有效数据（图 6.19）。该平台不但推进和拓展了 GVS 核心业务平台所承载的情报功能，还进一步提升了情报获取范围，优化了情报流程。

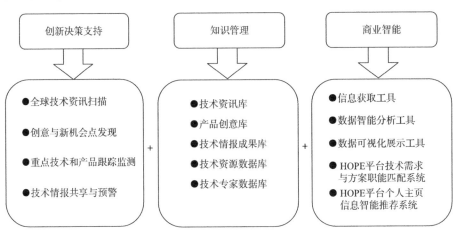

图 6.19　HR 集团 HOPE 平台竞争情报系统功能
资料来源：根据成博（2015）整理

　　另一方面，基于智慧生活开放平台 U+、Explatform 平台和 HOPE 平台，企业打造形成各方情报获取与分析的开放平台。通过智慧生活开放平台 U+，HR 集团实现对外打造智慧家庭，实现由硬件向服务的延伸和转型，实现为消费者提供全方位的服务体验，其基础是平台对各类生活服务商、资源商，从产品销售、售后及产品使用场景等有机融合。Explatform 平台则完全基于多边参与、开放和开源、消费与工业物联网架构、共享等理念构建而成。而 HOPE 平台是通过"创新需求"等四大模块，实现对入驻企业掌握最新行业技术动态、建立专业交互圈子、持续产出各类颠覆性创意、快速精准匹配全流程资源和创意转化的全流程支持。以上平台在实现其核心功能与价值的同时，汇聚了大量用户需求信息、技术方案信息，形成了针形的竞争情报系统，为大数据匹配提供了良好的数据基础，为企业决策提供了有效的信息支持，实现了竞争情报系统与集团信息互联系统的进一步融合。

　　同时，HR 集团站在开放创新与全球协作的角度，重构了其竞争情报体系与流程，如图 6.20 所示。

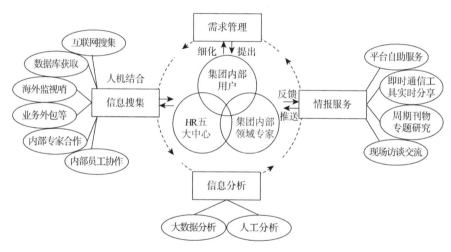

图 6.20　基于 HOPE 平台 HR 集团竞争情报系统

资料来源：成博（2015）

　　可见，该体系与流程是以用户需求为基础的竞争情报系统。该系统采用先进的信息管理技术手段，具有人际网络管理、公共服务、定制信息服务、支持呼应性和主动性两类服务等功能，强调人机结合，运用现代信息网络，对资源进行优化配置，突破集团内信息情报流程中组织结构的空间限制和信息传递的时间限制，通过信息系统、集成和共享，真正实现了竞争情报与用户需求导向的协同合作，实现了竞争情报的动态决策调整、分布式信息服务和集成化的决策支持。

第七章 企业竞争情报力发展动力与机制研究

竞争情报力是企业竞争情报整体水平与综合素质的概括与抽象。在研究中，我们全面、深入地阐释了企业竞争情报力基本内涵，剖析了竞争情报力内在构成，构筑了竞争情报力研究的理论基础。在此基础上，构建形成动态环境下企业竞争情报力测度评价体系，并运用该体系对我国企业竞争情报实态进行了客观的测度与评价。

作为企业持久竞争优势的重要来源，企业竞争情报力是支持企业决策的一种动态能力和战略能力，其自身具有动态发展性。因此，只有进一步对企业竞争情报力的发展与演进规律进行系统分析，并结合动态环境和企业发展战略，科学规划与系统设计竞争情报力的发展机制与发展模式，持续增加对竞争情报工作的投入，全面均衡地提升企业竞争情报力，才能真正有效地将竞争情报力理论应用于企业竞争情报工作实践中，为企业决策提供支持，提升竞争情报价值贡献度。

本章主要以企业竞争情报力发展动力为切入点，在竞争情报力发展动力结构剖析基础上，构筑企业竞争情报力发展动力模型，进而对企业竞争情报力发展演进路径和机制、竞争情报力动态发展主要模式进行分析与讨论，为企业竞争情报力发展与提升策略研究奠定基础。

第一节 竞争情报力发展动力结构与模型

一、能力演化理论基础

对于组织与能力的演化本质，在经济学、组织科学和管理学的相关研究中，在吸收与借鉴生物进化相关理论的基础上，产生了以下两种基本观点（王翔，

2006；邓向荣，2004）。

一种观点为达尔文主义。该观点认为，组织发展和演化是环境选择的结果，组织和能力的发展与演进必须适应环境的变化与发展，否则就会被"淘汰"。因为组织所培养的适应性变革与适应性发展的能力受到环境惯性力量的严格束缚与限制。组织种群中的任何演化和发展都依赖于环境的自然选择力量，而不是通过组织内部的适应得以发生。这个演化过程强调变异→选择→保留，是自然选择、随机变革、选择性保留等作用的结果，是一个连续、渐进的发展过程。达尔文主义的根本观点为，组织和能力的发展与演进是环境选择的结果，管理意图的影响很小或根本没有（图 7.1）。

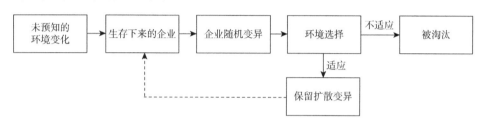

图 7.1　达尔文主义的演化过程

资料来源：王翔（2006）

另一种观点是拉马克主义。该观点认为，组织和能力的发展与演进是组织内部适应性变化有意识发生的结果，是组织对所观察到、所感应到的持续变化的环境压力一种主动的回应。因此，组织的演进过程不是偶然的，而是企业推动自身演化的一个主动过程。虽然这个过程有的是连续的，有的是非连续的，但都是意图明确、受控的过程。拉马克主义观点的实质为，组织的发展与变异均不是随机发生的，它的变异方向要依赖于组织自身的能力储备，而组织主动变异所获得的功能可以遗传下去（图 7.2）。

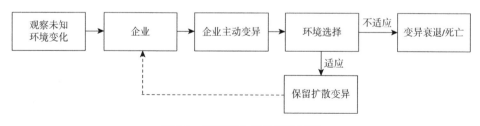

图 7.2　拉马克主义的演化过程

资料来源：王翔（2006）

以上两种基本观点对组织发展与演进的理论与实践具有较深的影响。但综观这两种观点的核心思想，它们在对组织发展和演进核心本质的分析中，存在一定的片面性。

近些年来，组织外部环境变化呈现出新特点、新趋势。同时，随着组织科学、管理学对组织"黑箱"内部认识的逐步深入，基于以上两个观点，组织发展与演化理论出现两者相互融合的趋势，一种新的组织演化观点——共同演化思想逐渐形成并受到越来越多的关注，该观点的核心思想是，组织的发展与演进是组织内部管理适应和外部环境选择共同作用的结果。

共同演化是指一种物种的改变是对与其具有互动作用的其他物种变化的一种反应（王翔，2006）。共同演化观点认为，在特定环境中，企业要想获得生存和持续的发展，其发展与演化必然要受到环境中各种因素变化的影响和约束。与此同时，企业作为具有智慧和主动性的有机体，它又能够对环境做出积极主动的预测和反应，通过主动变异来应对外部的发展与变化来把握机会和规避威胁。因此，组织、能力的发展和演进不是单一管理适应或环境选择的结果，而是管理意图（managerial intentionality）和环境效应（environmental effects）互动作用的结果，是管理的适应性活动与环境的选择性活动间的共同作用结果（Baum and Singh，1994）。

由此可见，共同演化思想更加强调系统要素之间的动态相互作用，更为关注系统要素的有机融合（Levin and Volberda，1999）。企业演化过程应该是达尔文主义的自然选择和拉马克主义的管理适应的综合。同时，该思想还强调，共同演化不仅发生在企业内部的多个层次上，也会发生在企业之间、企业与环境间的众多层次上。

共同演进思想将组织发展和演化本质的阐释推进到一个全面、动态、相互作用的思想阶段。站在共同演化视角，企业竞争情报力的发展与演进虽然应该是一种管理者的主动行为，但从规范意义上讲，它更是管理适应和环境选择彼此作用、共同演化的结果。因此，在企业竞争情报力发展过程中，不能忽视外部环境和内部组织情境的作用与影响。

二、竞争情报力发展动力结构

竞争存在于一个由大量并存的行动和反应所构成的演化性组织网络中，而竞争过程中的决策就是将无知减少到市场参与者易于控制程度（有限理性）的过程（Lee and Choi，2003）。竞争情报是竞争的产物，竞争是竞争情报持续发展的动力源泉。

由竞争情报力基本内涵的阐释与剖析可知，企业竞争情报力是一个具有内在结构的、由多种能力和多项要素资源构成的有机整体和复杂系统，又是一个持续与外部环境进行物质、能量和信息交换的、具有生命力的、不断成长的"动态系统"。其实质是企业竞争情报在长期的、艰难的成长历程中，逐渐培养起来的、适应知识信息社会对企业发展要求的、适应环境动态变化的企业竞争情报综合素质。

作为企业的一种核心能力，竞争情报力是企业核心竞争力的重要构成部分。根据组织演化理论，在大数据时代和动态环境中，企业竞争情报力的发展与演进必然受到外部环境要素和企业内部诸多因素的共同影响，是两者交互作用、共同影响的结果。

基于共同演化思想，站在企业角度，影响和决定企业竞争情报力发展和竞争情报价值实现程度的要素主要包含两个方面：一个方面是企业内动力要素，是竞争情报发展的内动力，它直接决定着企业竞争情报能力发展程度；另一个方面是来自企业外部的动力要素，是竞争情报发展的外动力，对企业竞争情报能力的形成与发展起到一定诱导作用。由此，动态环境中企业竞争情报力动力结构如图 7.3 所示，企业竞争情报力的发展与提升是内外作用力共同作用的结果。

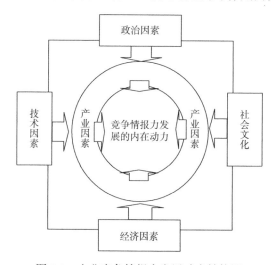

图 7.3　企业竞争情报力发展动力结构图

在企业竞争情报力发展动力结构中，外动力主要来自于竞争情报力发展的社会条件与环境基础，是外部环境诸因素对企业竞争情报力发展的作用力。如前所述，企业作为社会系统中的细胞，时刻与外部环境进行着物质、能量、信息的交换，以维持自身的生存和发展。作为企业能力重要构成部分的企业竞争情报力更是一个开放的系统，外部环境不但为其发展提供了广泛的支持平台，外部环境诸要素也是其持续发展的动力来源。在竞争情报力发展过程中，只有有效、充分利用外部环境中的各项资源，只有与企业环境机遇相一致，把握发展机会，才能真正实现竞争情报力的可持续发展力。

外动力主要是指存在于企业外部、对企业竞争情报力形成、发展和壮大具有关键驱动作用的活动或要素。具体而言，外动力主要包括政治、经济、文化、技术和产业条件等外部环境因素对竞争情报力发展的作用力、推动力和支撑力。

在外动力的诸要素中，经济因素、技术因素无疑是企业竞争情报力发展与提升的最主要动力；有利的政治环境、人文与社会环境等在一定程度上也会促进企业竞争情报诸方面的优化与发展，对企业竞争情报力提升具有推动和诱导作用。

与此同时，竞争情报力的发展与提升不仅依赖于企业在其所处产业中的相对竞争地位和竞争态势，还取决于企业所拥有或者控制的产业资源。产业环境为企业竞争情报力的持续发展与提升提供密切相关的资源和直接的动力，产业环境自身的发展与变化也将会影响竞争情报力的持续发展。

在企业竞争情报力发展动力结构中，内动力主要是指来自于企业内部的、对企业竞争情报力发展具有主导、直接、根本性推动作用的各项力量，是企业竞争情报力发展的决定性作用力。

企业是一系列资源的集合。企业所拥有各类有形、无形的战略资源，不仅为竞争情报力的形成与发展提供了物质保证、能力保证，还为竞争情报力发展奠定了重要资源基础，成为决定企业竞争情报力发展方向、目标和边界的关键因素。

竞争情报力是一个自适应、自协调、自组织的有机系统，其发展的最根本动力来自于系统内部。企业竞争情报力的内动力是企业在竞争情报中长期积淀的、在动态环境中凸现的企业内在综合素质，是由多个维度、若干要素所构成的立体的、多维的能力系统。内动力产生于企业内部，来自于企业竞争情报工作自身，是竞争情报力发展的主导力量，主要由企业竞争情报力内在构成的各主要因素、主要力量所组成。企业竞争情报力的发展就是这些内在构成要素综合作用与和谐发展的结果。内在动力引导竞争情报力提升的轨迹与方向，激发竞争情报力的拓展能力和发展活力。内动力是企业竞争情报力发展中的最核心力量，也是竞争情报力发展的原动力。因此，探索竞争情报力发展的内在动力是推动竞争情报力可持续发展的关键所在。

根据作用力对竞争情报价值创造与提升的影响，内动力可以分为直接作用力与间接作用力两部分，内动力是直接作用力与间接作用力共同作用于企业竞争情报价值链而产生的一种合力。

直接作用力是指在企业竞争情报价值创造与提升中起着直接影响的动力，它是企业竞争情报力发展的基础，直接作用于竞争情报价值链，直接影响到价值链中情报流的价值创造。直接作用力来自于企业竞争情报力内在构成的显性要素和显性能力。而间接作用力则是指间接作用于企业竞争情报价值链，对情报价值创造与提升起着间接影响的作用力。它虽然不直接对情报价值提升起作用，但其作用是不容忽视的，尤其是在动态环境中，随着竞争日趋激烈，间接作用力在情报价值创造中发挥着愈来愈重要的作用。通过竞争情报价值链，间接作用力借助直接作用力在情报价值创造中发挥作用，推动企业竞争情报力的发展。间接作用力主要来自于企业竞争情报力构成中的隐性要素、隐性素质。

由以上竞争情报力发展的动力结构可见，企业竞争情报力发展动力系统是一个由内外多种能力和多项要素资源构成的、具有内在结构的有机整体和复杂系统。企业竞争情报力的发展是该系统中环境因素与内在动力、内在因素的共同作用结果。在此过程中，这些能力要素彼此之间具有一定的关联性与层次性，在企业竞争情报力提升与发展中发挥着不同作用。其中，外动力为企业竞争情报力的发展提供了条件保证、提供了知识和经验基础。而内动力的直接作用力与间接作用力中各项构成能力、要素相互协调、相互作用，成为企业竞争情报力发展的核心动力。与此同时，内动力系统通过与外部环境、外动力系统的持续交互作用，吸收有利因素，为自身奠定基础。内外动力共同构成了企业竞争情报力提升与发展的动力系统。内动力不足，外动力的支撑与推动作用就无法得到有效发挥；而外动力缺乏，则内动力难以启动。只有内动力与外动力相互作用、彼此支持，互相协调、彼此转化，形成共同合力，才能够为企业竞争情报力的发展与提升提供强劲的动力源泉，推动企业竞争情报力不断提升。

三、竞争情报力发展动力模型

动力模型是对系统内各种动力因素的作用方式、作用方向及彼此间的相互作用、相互依存、相互制约关系的总体抽象与概括（贾仁安，2014）。

企业竞争情报力的发展与提升是在外动力与内动力的共同作用下持续、动态进行的。在这个持续演进过程中，基于外动力与内动力的作用与影响，可以构建企业竞争情报力发展动力模型，如图 7.4 所示。

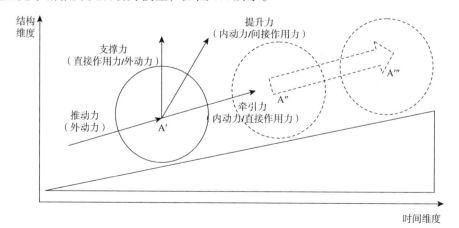

图 7.4　企业竞争情报力的发展动力模型

　　由以上发展动力模型可见，外动力是竞争情报力发展中的推动力、支撑力，内动力则是竞争情报力发展中的关键作用力，通过直接作用力的牵引作用、支撑作用与间接作用力的提升作用促进和推动竞争情报力的发展。内外动力相互作用、相互配合、彼此协调，共同推动与促进企业竞争情报力的提升与发展。

　　在企业竞争情报力发展中，外动力是推动力和支撑力。如前所述，竞争情报是竞争的产物，竞争情报力是伴随着外部环境的变化而持续发展的。外部环境动态发展一方面为竞争情报发展提供了机遇，另一方面又对竞争情报工作不断提出新的要求，企业只有持续提升其竞争情报素质与工作水准才能满足环境发展与变化的要求。因此，在外部环境快速发展、变化过程中，竞争情报力作为一个动态系统，只有伴随着环境变化而不断变化，才能真正把握环境变化所提供的机遇，为自身的发展提供动力。

　　与此同时，外部环境是企业竞争情报力发展的基础，政治、经济、技术、社会文化等外部环境要素在企业竞争情报力发展过程中发挥着重要支撑作用，为其发展与提升提供支持与保障。外部环境不但为企业竞争情报力发展提供政策环境、各类资源和技术的支持，还为竞争情报力发展搭建了基础性平台。情报力在发展过程中，根据平台发展水平来调整自身的发展与演化，同时依赖于与该平台的物质、能源与信息交互来支撑其发展。因此，外部环境在企业竞争情报力的发展和提升过程中起到重要的支撑作用，为企业竞争情报力发展搭建了重要的支撑平台。

　　内动力在企业竞争情报力发展中发挥着至关重要的作用，是竞争情报力发展的动力源泉。内动力的两个构成部分（即直接作用力与间接作用力）在竞争情报力的发展与提升中发挥着不同作用。

　　直接作用力是企业竞争情报力发展中的牵引力和支撑力。直接作用力直接作用于企业竞争情报价值链，对竞争情报价值创造与提升产生直接影响，发挥着直接作用。在竞争情报力发展历程中的每一个阶段，竞争情报力的每一次提升与每一次飞跃，都离不开直接作用力。尤其在竞争情报力的低层次发展中，直接作用力是其基础作用力，是"动力机车"，牵引着竞争情报由低层次向高层次爬升。

　　在企业竞争情报力构成中，直接作用力主要来自于企业竞争情报工作的基本资源、基础条件和基本能力，是以竞争情报价值链为基础的一种基准性胜任能力，是竞争情报力金字塔的基础。在直接作用力构成中，竞争情报能力是在由竞争情报收集与获取、整理与分析、服务与反馈等基本环节构成的竞争情报价值链中形成，通过全面、准确地把握企业竞争情报需求，有效分析并利用所获情报为企业决策提供情报保障与智力支持的能力。竞争情报能力是企业竞争情报力的基础，也是情报力发展的基础。而竞争情报系统、集成信息系统平台、人力资源不但是企业竞争情报价值链效能与价值增值的基础条件和重要保障，也是企业竞争情报力发展的重要支撑和保障。因此，作为企业竞争情报力发展的基础，直接作用力将为企业竞争情报力的发展与演进提供重要的支撑。

间接作用力是企业竞争情报力发展的提升力。企业竞争情报工作的根本目的是为企业战略决策提供信息支持、提供情报服务，其绩效水平衡量与评价的标准是企业的竞争力与竞争优势。动态环境中，随着竞争情报在企业战略决策中地位的不断提升，对竞争情报的要求也越来越高，需要其不断提升工作水平与整体素质，而间接作用力在竞争情报力的提升中发挥着关键的作用。与此同时，竞争情报力作为一个动态系统，是显性要素与隐性要素共同整合、综合作用的结果。企业竞争情报力发展与提升过程中的结构效应、规模效应、环境效应及自适应学习效应等的发挥均需要依赖于企业文化建构和组织结构优化，需要依赖于企业战略管理能力、组织学习和创新能力、系统协调和整合水平等方面的持续提升作用。间接作用力在竞争情报内在构成要素的优化、整合及变化、创新中发挥着重要作用，其作用结果将直接牵动企业竞争情报力的提升和发展。

竞争情报力是企业中具有隐性、社会性特征的生产性知识（技术知识、组织知识）载体，也是能够通过学习并且根据知识的积累不断成长的实体。综观企业竞争情报力发展动力模型，动态竞争环境中，随着企业竞争态势的不断发展变化，竞争情报力如同斜坡上的圆球，只有在各种动力的综合作用下持续向前滚动，实现整体位置的前移，才能够满足企业动态竞争的需要，才能够为企业竞争优势提供支持。企业竞争情报力这种不断发展与提升的状态，既需要有较扎实的支撑力，有较大的推动力和牵引力，更需要有强大的提升力。在外动力和直接作用力所形成的支撑力作用下，在外动力的推动作用、直接作用力的牵引作用与间接作用力的提升作用的共同作用下，企业竞争情报力这个圆球才能持续向上滚动。在此过程中，内动力与外动力之间是协同互助的，需要在均衡、和谐的条件下，内外动力互为动力，只有其中任何一个"力"的良性发展都对其他"力"产生良性作用，共同形成良性的发展动力，才能推动企业竞争情报力的发展。

在决策过程中，竞争优势的形成过程中，企业竞争情报力具有超过其他能力的优势，主要是因为它们能够提供一系列的高阶的组织机制，高效地实现个人和群体信息、知识的共享和转移，规范知识整合和创新而形成独特的能力。

竞争情报力发展动力模型是企业竞争情报力动态发展机制和发展模式的基础。通过该模型，可以充分识别与了解企业竞争情报力动力系统中各种力量在情报力发展与提升中的作用方向、作用功能，把握各种力量的实质，为企业竞争情报力发展机制、发展模式的研究奠定基础。

第二节　竞争情报力的动态发展路径与机制

一、竞争情报力发展路径

企业竞争情报力是一个具有生命力的、动态发展的有机体。企业竞争情报力的发展过程，就是竞争情报资源不断积累、能力不断形成与提升、机制不断完善的过程。由发展动力模型可见，在内外动力的共同作用下，企业竞争情报力的发展路径和发展轨迹与其发展的时间历程、内在结构密切相关。

企业竞争情报力的基本发展路径是时间维度与内在结构共同作用的轨迹。因循着自身发展的时间历程，企业竞争情报力的发展与其三个主要构成层面逻辑演进密切相关，由低级向高级逐渐发展、逐层提升。随着竞争情报力整体实力的演进历程，企业竞争情报力在其自举能力、自组织、再创造能力的共同作用所形成的良性循环作用下，伴随时间发展，推动竞争情报力由弱到强不断发展和演进（图7.5）。

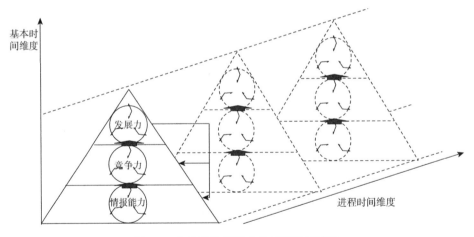

图7.5　企业竞争情报力的动态发展路径

由以上企业竞争情报力动态发展路径模型可见，动态竞争环境中，企业竞争情报力的发展路径是由两个时间维度所限定和规范的。

第一方面，遵循基本时间维度，在竞争情报力形成初期和发展过程中，企业竞争情报基本价值与效能是由以竞争情报系统和竞争情报价值链中的基本活动为基础的竞争情报能力所决定的。因此，竞争情报能力的提升和发展是企业竞争情报力发展的基础。动态环境中，随着企业间竞争互动的快速转化与竞争强度的增大，仅仅依靠竞争情报能力的量的积累已经不能满足企业对竞争情报的高层次需求，企业战略决策对竞争情报的组织架构、工作流程及各种资源要素提出更高要求。只有通过对竞争情报价值链进一步再造、优化和整合，实现显性能力与隐性素质的快速转化与有机融合，获得一定的知识积累与竞争优势，培育形成竞争情报竞争力，才有助于推动企业竞争情报力的发展与提升。在竞争力基础上，利用吸收、学习与创新机制，经过企业竞争情报自组织和再创造过程，能够形成适应动态环境变化的、具有持久竞争优势的竞争情报发展力。因此，由竞争情报能力发展为竞争情报竞争力，再由竞争情报竞争力发展为竞争情报发展力的演化脉络就是基于基本时间维度的竞争情报力的基本发展路径。

在时间维度层面，企业竞争情报力遵循着自身发展规律，从萌芽到壮大、从低级到高级，在开放中与外部动态环境相互作用，不断运动和变化，不断提升与发展，以求竞争情报价值最大化、贡献最大化。

由此可见，从基本时间维度视角的企业竞争情报力的发展路径和轨迹在很大程度上是由其内在结构决定的。如前对发展路径的基本分析所述，在由竞争情报能力、竞争情报竞争力、竞争情报发展力三个主要层次构成的竞争情报力复杂体系的发展过程中，各种能力是相互联系、相互作用、相互转化、有机结合的。其中，竞争情报能力是基础，是"硬件"。竞争情报基本流程与构成环节、竞争情报价值链是企业竞争情报力的重要支撑基础，是其不可或缺的构成要件，也是竞争情报价值的基本源泉，是竞争情报绩效的基础。而竞争情报竞争力、竞争情报发展力隐默于竞争情报价值链中。竞争情报竞争力是"心脏"，是企业竞争情报力内在结构中的核心层面，起着"承上启下"的作用，"启下"是对竞争情报能力的提升，"承上"是竞争情报发展力的基石。竞争情报发展力是"灵魂"，是企业竞争情报力内在结构的最高层面，是竞争情报能力与竞争力的结晶与升华，是企业竞争情报持久竞争优势根本所在（刘冰，2006）。

第二方面，遵循进程时间维度。在企业竞争情报力的发展过程中，以时间维度为主要脉络，因循着竞争情报力的内在衍生逻辑，实现一次又一次创新的突破和飞跃。根据竞争情报力的持续性特质与内在发展逻辑，企业竞争情报力整体发展遵循良性循环、螺旋上升、质的飞跃的整体发展路径。

在企业竞争情报力的演化过程中，围绕竞争这个主题，企业竞争情报力在由低层次向高层次逐级演化、螺旋上升过程中的持续性、积累性的线性发展特点，已经不能充分满足企业动态竞争的需要。动态竞争环境中，伴随着竞争的日趋复杂，伴随着企业竞争态势、竞争优势的持续变化，伴随着旧技术、旧知识等的湮灭与新技术、新知识的产生，竞争情报力系统不断与环境进行物质、能量、信息等的交换，产生竞争情报能力的能量差，这个能量差使情报力系统能够不断打破原有的平衡，在动力系统的动力作用下形成更高层次竞争情报力，实现竞争情报力的螺旋式上升，实现企业竞争情报力由一种定态向另一种定态激发跃迁的发展过程。

在需求变化迅速、竞争博弈复杂的环境中，企业竞争情报力是在这两个时间维度的限定与规范下发展、提升的。竞争情报力发展基本路径反映了企业竞争情报力提升的基本脉络和趋势。企业通过搜寻适合发展的可行的选择，并结合随时间积累起来的经验而得到发展，这种选择是一种尝试性过程，是一种学习过程。因此，企业竞争情报力的发展必须采取一种"动态发展观"。以竞争情报价值链为基础，以竞争力为依托，明确企业竞争情报战略，通过不断学习与创新，持续夯实和重构竞争情报的知识基础，整合与提升核心能力，培育积极的竞争情报文化，最终实现发展的循序衔接，把竞争情报力的发展与提升从一次次突破转化为一种稳定的、持续的过程（刘冰，2006）。

二、竞争情报力发展机制

机制是系统内部的一组特殊的约束关系，通过微观层次运动的控制、引导和激励来推动系统微观层次的相互作用转化为宏观的定向运动（Grönlund，2010）。

在竞争情报力发展路径的探讨中，根据时间维度，可以将其发展路径抽象为：一方面遵循由能力、竞争力、发展力的结构维度从低层到高层的发展轨迹，是一种具有持续性、累积性特征的线性发展过程。另一方面随着竞争情报价值链的逐渐优化、逐步发展，企业竞争情报力在内外动力的作用下经历着由量的积累到质的飞跃、由量变至质变、由一个层次到另一个层次的发展与提升路径。然而，在现实条件下，由于竞争情报力的三个主要构成维度及其内在构成要素之间复杂的动态关系，由于竞争情报系统内诸要素与外部环境之间的交互关系，由于时间维度的连续性与持续性，为有效把握与识别各因素、各种力量在企业竞争情报力发展与提升中的作用关系，需要对竞争情报力发展的内在原因和增长规律做更进一步的系统、全面剖析，即企业竞争情报力发展机制研究。

企业竞争情报力发展机制是指：在竞争情报力由低到高、由弱到强发展与提升过程中，企业竞争情报力各构成要素及其之间的关系、内在构成要素与外部环境要素之间的动态变化关系，以及对企业能力和企业竞争优势的作用关系。

根据前文的分析与阐述，企业竞争情报力的基本发展脉络，如图7.6所示。

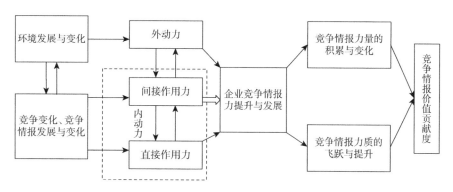

图 7.6　企业竞争情报力发展过程基本脉络

企业竞争情报力发展是由多方力量、多种动力、多项能力与要素构成的复杂、开放、综合性系统。根据企业竞争情报力发展动力结构模型和发展路径分析，竞争情报力的发展机制不仅包括促进竞争情报力实现跃迁的动力系统，还包括在发展过程中的各类机制，因为动力只有在各类机制的协同作用下才能实现功能的发挥。因此，基于复杂系统理论，特别是复杂适应系统演化的基本思想和基本原理，在对企业竞争情报力的关键维度及其相关性与合力、能力层次体系及演进机理、作用机制等系统分析基础上，形成企业竞争情报力的动态发展机制。

在企业竞争情报力的动态发展机制中，企业竞争情报力发展的根本动因有两个方面：一方面是环境动态发展与变化；另一方面是企业竞争力的提升。核心竞争力和竞争优势的根本在于对动态环境的适应、对环境机遇的把握。企业竞争情报力影响与决定竞争情报价值贡献程度，是企业竞争优势的重要来源。竞争情报力发展与提升是企业竞争情报与环境发展和变化相适应的结果，在提升竞争情报价值贡献度的同时，达成企业持久竞争优势。企业竞争情报力的持续性特征决定其发展与提升是一个稳步发展、逐渐成长的过程。

环境是企业生存和发展的基础，也是企业竞争情报力的基础，对竞争情报力的持续发展具有重要影响。涵盖企业外部自然资源、经济环境、技术环境、政府宏观政策、法律法规环境等的一般环境和产业动态发展所形成的产业环境因素对企业竞争情报力的发展提供了持续的推动和支撑作用力，这种推动力通过直接作用于竞争情报力的各个层次，通过推动竞争情报力的逐层提升，达到推动竞争情报力整体发展的目的。在此过程中，竞争情报力通过与外部环境的持续交互来实现能力的提升和质变飞跃（图 7.7）。

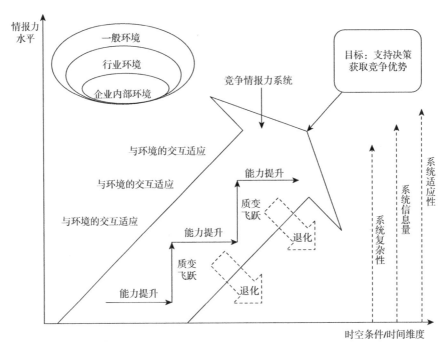

图 7.7　环境对企业竞争情报力的作用机理

环境因素外动力作为企业竞争情报力动力系统中支撑力和主要来源，不但为竞争情报力发展过程中所需要的资源和能力提供重要支撑和来源，更重要的是为作用于竞争情报力发展的基础性的学习、创新机制提供了重要保障和支持。同时，由我国企业竞争情报实态调查讨论与分析结果可见，企业竞争情报力的发展与深化过程具有周期性。这个周期性受到外部竞争环境的影响，更重要的是受到企业内在因素的影响，尤其是间接作用力的影响。当前的外部环境和企业状态影响、决定企业竞争情报力的发展阶段、发展状态。

在竞争情报力发展过程中，作为企业核心竞争力的重要构成部分，竞争情报力的发展必然要依赖于企业所拥有资源、能力等相关要素，在企业竞争情报力发展中发挥着重要的、基础性、支撑性的作用，即企业竞争情报力动力系统运行的基础是企业稳态条件下的资源基础和能力基础。但其作用的发挥，受到外部环境因素的持续影响和制约。

在竞争情报力动态发展过程中，虽然外部环境中的各要素直接作用与推动竞争情报力各层次的发展，为其发展提供重要的支撑；虽然资源、能力是竞争情报力发展的基础和支撑，但环境作用力、内生资源与能力作用力的发挥，在很大程度上要通过企业内的各类转化机制体系（如转化机制、学习与创新机制、组织机制、匹配机制）发挥其动力性能与功能。尤其是动态环境中，随着环境快速发展变化，对企业资源和能力与环境相适应的速度要求越来越高。所以，动态环境中，企业战略再定位、战略柔性是必然趋势。而与此相适应的企业战略匹配影响竞争情报力的发展，为此提供保障。由于内动力中的间接要素（文化、组织等）具有内生长性、能动性、源于资源又作用于资源等特点，其对竞争情报力发展（尤其是在竞争力、发展力等方面）发挥着关键性推动作用（图 7.8）。企业竞争情报力会在这些机制的配合下，与环境、资源和能力共同演化，进行多层次、多方向、非线性的互动作用。而外部环境变化的压力迫使企业组织结构发生变革与演化，进而对企业竞争情报力体系的发展与变化提出新的要求。

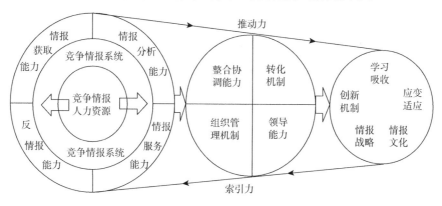

图 7.8　企业竞争情报力系统内在传动机制

　　竞争情报力内在构成的发展与演化是企业竞争情报力发展的核心与基础，竞争情报力内在构成发展驱动竞争情报力体系发生时序变化，引发竞争情报流程、系统、能力、机制、战略、文化等核心构成的变化与提升，并在环境作用力、机制作用力的共同作用下，最终推动企业竞争情报力的质的发展与飞跃（图 7.9）。

　　由以上动态发展机制可见，动态竞争环境中，企业竞争情报力发展机制与相对稳定环境下企业竞争情报能力提升相比较，具有本质差异，根本点在外动力与间接作用力方面。在相对稳定的环境中，企业竞争情报能力发展的直接推动力是直接作用力，不能完全否认间接作用力的作用与影响，但其作用力量的影响要小得多、次要得多。由于竞争情报需求的相对稳定，竞争情报能力的提升更多依赖于任务导向，内驱动发挥着至关重要的作用，外动力可以忽略不计。因此，静态环境中，企业竞争情报力的发展直接体现以任务为导向的发展，是在对现有知识整合基础上、在内动力的作用下的一种线性发展模式。在向更高层、更为复杂结构的发展过程中，它的演化主要由"干中学"经验积累机制来主导。

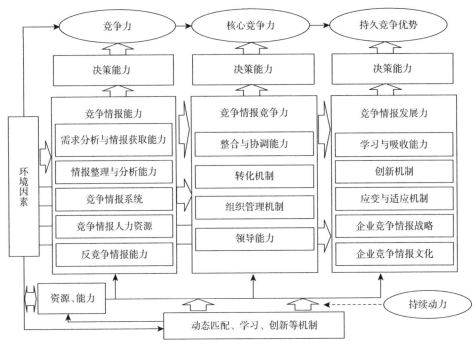

图 7.9　企业竞争情报力动态发展机制

　　动态环境中的企业竞争情报力的提升，是各种因素的综合影响、各类机制的交互作用、内外动力共同作用的结果。由上述分析可见，企业要在竞争日益加剧的动态环境中形成核心竞争力，获得持久竞争优势，外部环境各要素的发展、变化对竞争情报力所产生的推动力是不容忽视的，适应与匹配效率、把握和利用效果决定竞争情报力动态发展水平。而企业内部的各类机制是企业竞争情报力动态发展机制中的转化装置和匹配装置。通过将企业内外资源、能力转化，并与企业竞争情报力内在构成层次、构成要素匹配与融合，为企业竞争情报力发展提供资源、动力支持。在企业竞争情报力发展机制中，直接作用力发挥着基础性的作用，而内动力中的间接作用力对情报价值贡献度的持续提升、对企业竞争优势的获取起着最关键的、最终的决定性作用。

　　与此同时，随着环境的动态变化，企业需要不断提升、调整竞争情报力的内在构成要素，基于能力，着力发展竞争情报竞争力和发展力，在各类机制的作用下，与内外环境相匹配，与企业战略相融合，才能有利于企业核心竞争力的形成，提升企业的竞争优势。

　　因此，动态环境中，企业竞争情报力的发展是以战略为导向的发展，是一种迭代性发展模式和一种深度学习与创新机制。这种深度学习与创新机制是企业竞争情报力持续发展的关键驱动力。在竞争情报基本能力基础上，企业成员不仅能够将自己的经验与知识转换为组织共享知识，并且能够进行知识创新和能力提升，成为企业竞争情报力发展过程中的重要内生变量。与此同时，通过综合学习与创新过程建立起动态发展机制，内外环境中的补充性资源和能力、竞争情报力的各个层次，通过组织内部作用机制提高战略转移速度，相互转化而得到持续提升与发展。通过开放协作创新，促进企业组织知识随环境变化而繁殖与生长。

第三节　竞争情报力动态发展模式

企业竞争情报力在其系统动力的综合作用下，因循发展路径而得到持续的发展与提升。竞争情报力动态发展机制揭示了在其发展过程中，企业内外诸因素的作用机理。

通过企业竞争情报力实态调查结果可以发现，不同行业、不同区域、不同规模的企业的竞争情报力实际水平具有较大差异，尤其是企业所处的行业环境、企业所拥有的资源差异，均直接影响到企业竞争情报力水平。

在以上分析基础上，综合考虑企业竞争情报力现状与竞争情报力发展机理，在竞争情报力动态发展中，有两种模式可供企业在综合考虑外部环境、内在条件的基础上，进行选择与参考。

一、企业竞争情报力整体发展模式

企业竞争情报力整体发展模式也可称为全面发展模式、一体化发展模式，是一种带有长期性和全局性的发展模式，是指动态环境中企业竞争情报力各构成层次、构成要素整体协调、相互促进、共同发展与提升的系统演进模式，如图 7.10 所示。

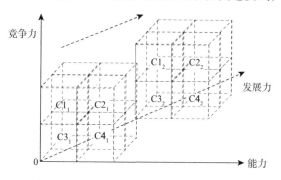

图 7.10　企业竞争情报力整体发展模式

　　整体发展模式是把企业竞争情报力看成一个系统，是站在战略高度对企业竞争情报力系统进行能力规划后产生的。该发展模式的确立过程是一个先"自上而下"而后"自下而上"的过程。在此过程中，以企业战略发展目标、竞争情报工作总体目标和对环境动态的分析判断为基础，首先从竞争情报力系统整体出发，然后由各构成能力的"面"发展到各分支能力的"线"，再推进到各能力构成要素的"点"，进行企业竞争情报力系统的整体发展规划与提升。在此基础上，秉持整体发展、协同发展的总体思路，由"点"出发，推进到"线"，再推进到"面"，最后达到情报力系统的整体的具体发展实施过程。

　　系统整体演进由构成系统本身的各个层次、各个要素之间的规模效应产生。动态环境中的企业竞争情报力是一个完整的、综合的动态系统，突出表现了企业竞争情报工作的整体水平、整体素质。企业竞争情报力发展与提升是这个复杂系统的整体发展与提升。因此，企业竞争情报力整体发展模式可以通过系统规模效应来实现，并最终实现系统的规模效应。

　　整体发展模式是企业竞争情报力发展的重要条件。根据"木桶理论"，竞争情报力内在构成中的某种能力、某个要素的独自提高并不意味着企业竞争情报力的提升。在动态环境条件下，企业竞争情报力发展和提升过程中，最为关键的动力不只是来自于企业竞争情报力构成的某个层次、某种因素，也不只是由支持竞争情报力某种能力、某类资源的局部调整和能力更新决定的，而是由竞争情报力系统作为一个整体生态系统，通过获取、更新、提升资源、能力、流程、结构、系统等，实现与环境的动态协调所决定的。竞争情报力整体发展模式突出强调了竞争情报力的发展是一种整体的、均衡的发展。在其发展过程中，突出体现了各个构成要素、构成能力之间的相互作用、相互配合、相互协调。

　　竞争情报力整体发展模式体现了企业竞争情报力的发展是一个长期的过程，其价值体现更具有长期性、持久性，改变了原来发展的短期性、时效性的缺憾。同时，这种整体发展模式有利于将分布在企业内各个部门、分散在竞争情报价值链各个环节的有限资源充分调动起来，整合资源，实现资源的重新分配，发挥资源的整体效能，让资源发挥最大作用，以达到竞争情报力整体水平提升的目标。

　　企业竞争情报力整体发展模式强调的是能力的全面发展和动态平衡，有助于企业竞争情报力的协调发展和全面提升。但这一发展模式投入大，对企业资源、能力要求较高，对企业竞争情报工作现实的发展条件要求较高。同时，该模式存在重点不突出、与环境匹配程度不高等缺陷。因此，这种模式比较适合具有一定竞争力基础或较强资源实力的大规模企业。

二、企业竞争情报力重点突破发展模式

企业竞争情报力重点突破发展模式是指在企业竞争情报力现实水平和构成要素分析基础上，结合环境的动态演化，对具有一定发展潜力的能力价值系统中的关键构件、存在一定欠缺或问题的一项或几项能力要素进行重点关注、加大投入、着力建设，使之快速发展与提升，进而对企业竞争情报力系统中其他能力产生辐射和带动作用，最终实现企业竞争情报力的跨越式发展。

在企业运行中，其结构和状态往往处于不断变化之中。企业竞争情报力的各层次、各具体能力的演化和发展速度也不相一致。这是正常的发展规律，不平衡状态是企业竞争情报力发展中的常态。

波特指出，在企业众多价值创造活动中，并不是每一个环节都在创造价值。实际上，企业的价值创造主要来自于企业价值链上某些特定的、关键的"战略环节"（波特，2009）。在企业竞争情报力系统中，虽然情报力的发展和提升与其系统的每个层面、每一个维度密切相关，但由于竞争情报价值链"战略环节"和竞争情报力系统中"战略性能力""战略性维度"在情报力发展中的关键性作用，由于竞争情报力发展的不均衡态，企业竞争情报力的发展需要依赖于系统中某些特定环节、特定能力，通过情报力系统中某个特定能力、特定环节的突破而实现竞争情报力的发展。某个特定战略能力的突破可以决定其他能力发展的方向，对企业竞争情报力的提升具有重要意义。通过带动情报力系统中其他能力、维度的提升，进而达到企业竞争情报力整体发展的目的。

重点突破发展模式突出战略的价值导向，坚持重点推进、分层发展。是以企业竞争情报力的评价与衡量结果为依据，根据企业自身的特点，结合外部环境的动态发展需求，发现竞争情报价值链中价值创造与价值提升的关键环节、重点部位，发现影响价值创造的重要因素、关键能力。在竞争情报力发展过程中，通过重点投入与资源倾斜机制，有所侧重、有所倾向地重点扶持、培育企业竞争情报力内在构成的某个维度、某个要素或某种能力。重点突出的发展思路可以解决整体发展中不均衡的状态，实现薄弱环节的突破，建立竞争情报的竞争优势，突出其价值创造效能，提升其价值提升效率，真正实现竞争情报力的均衡发展、协调发展。

重点突破发展模式不是对整体发展模式的否定，不与整体发展模式相矛盾。竞争情报力系统内各层次能力和维度是相互联系的。在竞争情报力发展过程中，彼此之间协同发展才能最大限度地降低内耗，提高发展效率。因此，重点突破发展模式是以企业竞争情报力系统内部协同为基础，通过外溢和辐射效应将竞争情报力被分解的各项能力、维度和活动进行有机整合，实现与外部动态环境的匹配

与适应，从而推动企业竞争情报力整体的发展与提升。

企业竞争情报力重点突破发展模式适合资源较为匮乏、实力较为薄弱的中小规模企业的竞争情报力发展，也适合竞争情报工作处于发展初期的企业和竞争情报力发展不均衡的企业。

第八章　企业竞争情报力提升与发展策略

动态环境中企业竞争情报力研究的最终目的是基于对企业竞争情报力的客观了解与评价，结合企业实际发展情况与未来发展战略，通过不断加大对竞争情报工作投入，推动企业竞争情报力的持续发展，提升其对企业战略决策的支持与服务水平，提升竞争情报价值贡献度。

在本书中，我们全面地阐释了企业竞争情报力的内涵及其内在构成，构筑形成竞争情报力的理论基础。在此基础上，对企业竞争情报力的发展动力系统、演进路径、发展机理和发展模式等进行了系统剖析，为企业竞争情报力提升与发展具体策略实施研究奠定了理论基础。

本章主要从企业竞争情报力发展与提升的基本原则和条件分析入手，分别从竞争情报力发展的内动力与外动力两个方面，详细阐述企业竞争情报力发展与提升的具体实践策略和有效途径。

第一节　竞争情报力提升发展的基本原则与条件

一、竞争情报力提升发展基本原则

（一）协同性原则

协同性原则是指以企业战略目标为导向、以企业现实为条件，在企业竞争情报力发展战略制定和具体实践过程中，遵循合理配置资源、共享资源和知识、能力的各构成维度协调与合作的原则，以达到资源效用的最大化，形成各能力与维度的协同效应，拓展竞争情报力的发展空间。协同性原则是企业竞争情报力发展与提升实践策略中所应遵循的首要原则，也是竞争情报力发展的最核心原则。

企业竞争情报力的动态发展过程是在协同机会识别的基础上，为实现能力水平提升而对各类资源、各种能力进行的选择、配置和协调的过程。通过最大化地挖掘企业竞争情报力系统中各子系统或构成要素的潜在优势，改善或突破情报力发展中所遇到的各类瓶颈，发挥协同要素的最佳作用，使竞争情报力在发展和提升中由于优势互补而产生整体功能效应。

企业竞争情报力是一个具有内在结构的、由多种能力、多项要素资源构成的有机整体和复杂系统，又是一个持续与外部环境进行物质、能量和信息交换的、具有生命力的、不断成长的"动态系统"。在企业竞争情报力发展实践中，企业所拥有的资源是有限的，但企业资源彼此之间是相互依存、相互制约的。只有实现资源间的均衡协调、相互融合、有效共享、彼此配套，才能够产生结构效益，形成新的能力模式或状态。因此，竞争情报资源结构的合理优化与有效配置是企业竞争情报能力提升的重要手段。

同时，企业竞争情报力各构成能力、各构成维度之间既相互促进又相互制约。其中任何一个要素的行为改变都将会对其他要素产生直接或间接影响。因此，对于竞争情报力发展与提升实践策略而言，需要情报力系统各子能力或构成维度间的有机协同，以实现它们彼此间的优化组合与合理配置，在此基础上将竞争情报力推进到一个在结构、功能等方面远远超越原有水平、具有新的生命体的层次。

（二）前瞻性原则

前瞻性原则是指在企业竞争情报力发展实践过程中，尤其是在其发展战略规划中所应秉持的"运筹帷幄之中，决胜千里之外"的原则，即在动态环境中，主动分析环境发展趋势，对企业竞争情报力发展方向、发展速度做出全局性、战略性的规划，用以指导竞争情报力发展与提升实践。前瞻性原则是企业竞争情报力发展中的基本原则，也是指导性原则。

内外部环境的动态发展为企业的持续发展提供了一定的机遇与挑战，也为竞争情报力的发展提供了不竭动力。前瞻性原则实质是指企业竞争情报力发展实践中，适应内外部各种变化、主要趋势，把握发展机遇的过程。掌握环境发展变化的规律、未来趋势，洞察和把握商机，为企业决策（尤其是战略决策）提供情报支持，是企业竞争情报的基本职能。前瞻性、战略性眼光对未来趋势的把握和判断能力是企业竞争情报力的重要构成能力。

竞争情报力作为企业竞争情报整体水平和综合素质的概括与抽象，面对竞争博弈复杂、对抗日趋激烈的动态环境，在其发展战略规划和具体提升实践过程中，必须站在战略高度，用一种战略眼光，主动分析环境趋势，分析市场变化规律，洞察潜在机会，据此来指导、规划与调整竞争情报力发展策略。在竞争情报力发展过程中，前瞻性原则发挥着至关重要的作用，直接影响情报力发展的方向、发展的效果。

（三）匹配性原则

匹配性原则是指企业竞争情报力的发展策略、发展实践与外部环境的发展变化、与企业整体发展战略、与企业各组织系统和能力系统相适应、协调和匹配的原则。匹配性原则是企业竞争情报力发展中需要遵循的原则，决定了竞争情报力系统中外动力作用效能。

如前所述，企业竞争情报力系统是一个持续与外部环境进行物质、能量和信息交换的、具有生命力的、不断成长的"动态系统"。其实质是企业经过长期培育的、适应知识信息社会对企业发展要求的、适应环境动态变化的企业竞争情报综合素养。因此，只有在发展中坚持匹配性原则，才能与环境变化相匹配、相适应，提升企业对外部环境变化的响应速度和响应能力，才能有效借助外部环境为其发展所提供的推动力和支撑力。

与此同时，竞争情报工作作为企业价值链的重要构成，是企业价值系统的有机构成部分，与企业各组织结构间持续进行信息交互。而竞争情报力作为企业综合竞争力系统的重要构成能力，彼此间交互作用、协同发展。在竞争情报力发展策略制定与实施过程中，实现与企业各组织结构、各能力系统匹配，一方面能够借助企业各种资源、各种能力助推竞争情报力的发展；另一方面能够借助企业整体发展动力，提升竞争情报力的水平。

匹配性原则与企业竞争情报力发展机制中的匹配机制相适应。匹配机制主要是解决竞争情报力发展中动力系统、资源系统与外部环境变化的适时匹配问题，以不断形成新的发展动力，推动企业竞争情报力的持续发展。而坚持匹配性原则，是竞争情报力发展策略和具体实践匹配机制得以有效发挥的重要保障。只有坚持、遵循匹配性原则，才能保证在竞争情报力发展策略的制定和实践中，主动去感知、适应环境，主动去协调配合其他能力，主动去持续地学习和创新。

由此可见，在竞争博弈复杂、需求变化迅速的市场环境中，必须采取"动态发展观"来发展与提升企业竞争情报力。在此过程中，以竞争情报价值链为基础，以企业核心竞争力为依托，明确竞争情报发展战略，通过不断学习、创新，持续夯实和重构竞争情报的知识基石，整合与提升核心能力，培育积极的竞争情报文化，最终实现发展的循序衔接，把竞争情报力的发展与提升从一次次突破转化为一种稳定的、持续的过程。

（四）自主性原则

自主性原则是指在客观充分了解自身竞争情报实际状况与水平的条件下，以自身资源和能力为主导，激发和调动自身的优质资源，依靠自己的能力优势，利用内部动力所提供的发展动力，完成竞争情报力的发展与提升。

竞争情报力动力源识别与开发是对可以作为竞争情报力提升的内外动力的、推动竞争情报发展可资利用的企业内外资源、要素、条件等的识别与开发。在企业竞争情报发展初期，在缺乏相应的人力资源与相关工作经验的条件下，企业可以借助外部的力量（如咨询机构、信息中介机构、情报服务机构）来满足其竞争情报需求，由它们作为企业"外脑"来协助建立企业竞争情报系统或完成竞争情报工作。然而，需要注意的是，竞争情报力是企业竞争情报的一种综合素质，是企业竞争情报发展到一定阶段的产物。企业竞争情报力不仅包含有显性的情报活动、软硬件设备等构件，还包括隐性的、软性的构成要素，如整合与协调能力、竞争情报文化、创新与学习机制等，这些因素是外部力量难以提供的。

因此，自主性原则是企业竞争情报力的发展战略规划、策略制定和具体实施过程中应坚持的根本性原则，虽然可以借助外部的资源，但必须依靠企业自己的力量，充分调动现有动力源的能量，增强其使用效率与效能，并进一步开发与发掘隐含的、潜藏的动力，激发动力潜能，通过动力开发，激活其推动力。在此基础上，通过持续的学习与创新，才能进一步提升其竞争情报力，提高竞争情报的价值贡献度，获取竞争优势。

二、竞争情报力发展与提升条件

（一）明确战略定位

战略定位是企业竞争情报在企业战略决策中、在企业竞争力构成中的明确位置，是对竞争情报战略目标的高度凝练，是对企业竞争情报力发展方向的高度概括。明确的战略定位决定企业竞争情报力的发展方向。

在战略制胜时代，大数据环境中，诸多国际著名公司的经验表明，竞争情报已经不仅是企业的一项工作、一种职能，而且是企业在竞争中以智取胜、获得持续竞争优势的基本战略（普赖斯科特和米勒，2004）。动态环境中，企业发展需要竞争情报，而竞争情报发展则需要具有前瞻性的竞争情报战略的引领。竞争情报战略明确了企业竞争情报的发展方向与目标定位，为竞争情报力的发展与提升指明了方向。

明确的竞争情报战略定位是企业竞争情报力发展的基本条件。只有明确战略定位，组织才能将竞争情报力发展与提升的注意力集中到战略目标的关键要素上，才能使企业成员真正了解与理解竞争情报力的发展方向与目标，才能实现发展中组织内部的相互协调与配合，才能根据环境的变化不失时机地调整策略，依据战略意图调整与分配资源，最终达到动力系统中各方面作用力的协调统一。因此，明确战略定位是竞争情报力发展的方向保证。

（二）变革思维惯式

思维惯式是指管理者（尤其是竞争情报工作管理者）在企业竞争情报工作长期发展过程中所形成的心智模式，在思维方式、行为习惯、经验教训等基础上所产生的理解与看待竞争情报工作、竞争情报发展的思维方式。心智模式一旦形成，管理者会在竞争情报战略制定、策略制定、具体实施中自觉或不自觉地从固定视角、惯性思维、习惯路径去认识、思考、解决所发生的问题。

动态环境中，竞争趋向立体化、多方位，呈现出非连续性、非均衡性和超强竞争的特点，全方位竞争取代了局部竞争，竞争焦点向价值链终端聚集（D'Aveni，1994）。企业竞争行为与竞争模式发生了根本性的改变。

随着环境中诸因素复杂、剧烈的运动，随着竞争理念、竞争模式的变化，不仅需要企业的竞争情报行为、竞争情报模式随之而变化，更需要竞争情报思维模式与心智模式的变化，"管理者不能将明天简单地理解为只是今天的延续，必须依据不断变化的情况进行管理"（德鲁克，2009）。如果继续延用惯性思维来提升与发展企业竞争情报力，将会阻碍竞争情报力的健康、持续发展。因此，动态竞争环境中，需要运用复杂理论、创新理论新思维来重新思考竞争情报的发展战略、发展思路和发展策略，需要站在动态视角调整竞争情报力的发展方式与发展路径，结合竞争情报力的特点、趋势，顺势而为、因势而变，根据竞争情报战略定位，通过改变价值增值方式、改变组织框架、改变管理模式、调整内在机制来提升和发展企业竞争情报力，来提升价值贡献度，来创造企业的竞争优势（图 8.1）。思维惯式的变革是企业竞争情报力发展的重要内隐条件。

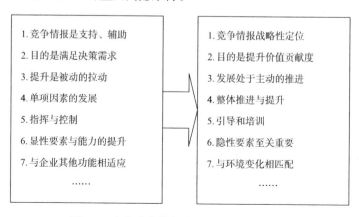

1.竞争情报是支持、辅助	1.竞争情报战略性定位
2.目的是满足决策需求	2.目的是提升价值贡献度
3.提升是被动的拉动	3.发展处于主动的推进
4.单项因素的发展	4.整体推进与提升
5.指挥与控制	5.引导和培训
6.显性要素与能力的提升	6.隐性要素至关重要
7.与企业其他功能相适应	7.与环境变化相匹配
……	……

图 8.1　企业竞争情报力发展思维模式变化

（三）树立全员意识

全员意识是企业所有员工均应具备的一种情报搜集、情报服务、情报交流、情报保护的自觉意识。全员意识是以竞争情报为中心，在整合企业资源基础上的一种员工自觉意识，是企业竞争情报氛围核心构成部分，是竞争情报文化培育与构建的基础。

企业竞争情报力是由多个因素、多种资源有效结合、有机构成的生态系统。在其生长、发展过程中，既需要系统每个因素、每个"器官"、每种能力持续、健康生长，更需要资源的优化配置和各因素、各能力间的协调、配合和交融。动态环境中，竞争情报不再仅仅是竞争情报部门的职能，它已经成为具有现代特征的企业中每个部门、每名员工的基本职责之一，具有"全员性"的特质。

在此背景下，"竞争情报不是一个部门的战斗，也不是专职竞争情报人员孤独的战斗"，企业中的每一名员工都是竞争情报的参与者，是竞争情报的信息触角、信息捕获者。而竞争情报又贯穿于企业决策过程的始终，是企业科学决策的基础。

因此，除有效发挥与提升竞争情报部门的高层领导的情报规划和情报传播者角色、专职分析人员的情报分析者角色的效能外，最为关键的是充分调动与发挥企业全体人员（上到最高领导、下到一线员工）的情报搜集者角色的积极性和效能，搭建形成完善高效的企业人际情报网络，将成为动态环境中企业竞争情报力发展的重要条件。

第二节 外动力与企业竞争情报力发展

企业与环境之间是一种耦合关系，企业发展的本质是与外部环境相适应、相匹配（刘益等，2005）。在发展过程中，企业要适应环境的变化，但不是被动地适应，而是要主动地与环境之间形成良好的互动（霍春辉，2006）。企业竞争情报力的发展与提升，就是为企业更好地适应外部环境的动态变化、为企业可持续发展提供支持与服务。外部环境不仅为企业提供了发展空间，也是竞争情报力在发展与提升过程中所需要的重要的动力来源。

由企业竞争情报力发展动力系统、发展路径与发展机制阐述可见，外部环境对企业竞争情报力的发展与演进产生重要影响，是竞争情报力发展中的主要支撑力和推动力。企业在与外部环境的相互作用中，可以获取竞争情报力发展过程中所需要的人才、技术、信息、知识等资源要素。外部竞争环境的发展与变化，也将有效调动和影响企业竞争情报工作开展的积极性与主动性，进而影响企业竞争情报工作的效果。与此同时，动态环境中，外部动力因素呈现出动态性、复杂性特征。外动力不受任何单个组织的直接影响与控制，是不可预期的、不可控制的，但又是现实的、客观的。同时，企业也呈现出不断变化与非均衡状态。在这种条件下，外动力为企业竞争情报力发展提供了互补性动力、提供新的发展机遇。

在企业竞争情报力发展中，不是被动地适应环境的变化，而应积极主动地发现、挖掘环境中的各种有利因素、有用资源，用动态的眼光对待外部环境中一切可以利用的动力，分析政治、经济、技术、社会文化等外部动力因素与企业竞争情报力演进的关系，整合内外动力，将外部环境中更多的动力因素融合到企业竞争情报力的发展中，通过这些外动力因素作用于价值链上的内动力因素，推动企业竞争情报力的发展。

一、政治动力因素

政治动力因素主要包括企业竞争情报活动、竞争情报发展中具有现实或潜在作用与影响的政治力量、政治活动、政治关系、政治局势等，还包括支持和推动竞争情报力发展的法律、法规等。

政治动力因素不仅作用于影响企业竞争情报力的发展，对企业整体发展也有非常重要的影响，将直接影响竞争情报大环境的发展和竞争情报相关政策的成熟与完善，进而推动企业竞争情报战略、竞争情报活动和竞争情报行为等诸多方面的发展。同时，它还是企业竞争情报力提升的外动力源之一，影响甚远但容易被忽视。

在企业竞争情报工作中，在竞争情报力发展中，企业管理者与竞争情报工作者要积极利用政治法律动力因素中的有利条件，如稳定的政治局势、区域发展政策、重点行业发展与扶持政策、相关政策的稳定性与连续性、国家相关的法律法规（包括专利法、商业秘密保护法、反不正当竞争法、反垄断法等）等，积极主动地对这些政治法律动力因素加以深入分析与研究，找到与企业竞争情报发展的契合点，并及时地把握要素的变化、法律政策的修订与修改，及时地调整自己的竞争情报战略，完善竞争情报管理制度，有效调配竞争情报价值链中的资源配置，实现内外动力的有机结合，借助外部力推动内部力来提升与发展企业竞争情报的综合素质，共同推动竞争情报力发展。

二、经济动力因素

经济动力因素是指推动企业竞争情报力发展的经济变量和经济因素。从国际市场的变化发展，到国家宏观投资、财政政策、产业政策，再到市场的复杂化、多元化及产品周期的缩短，均是动态环境中影响企业竞争情报力发展的活跃经济因素。

企业作为一个经济组织，经济因素中任何一种构成要素的发展都将为竞争情报力的发展提供动力。经济动力是外动力中与企业竞争情报力联系最为密切的因素之一。作为外动力的主要源泉，经济因素对企业竞争情报力的发展起着至关重要的作用。尤其是 20 世纪 90 年代以来，随着信息经济、网络经济和知识经济的发展，各类新兴经济力量、经济因素为企业发展、企业竞争情报力的发展提供了更多的动力支持与保障。

因此，在企业竞争情报力的发展中，竞争情报管理者要在总体把握宏观经济趋势的条件下，积极有效地利用经济动力因素为竞争情报发展提供的空间，剖析这些经济动力因素中的关键力量，重点挖掘经济动力中微观层面的各项经济因素所提供的发展力，研究将这些外动力转化为发展的内动力的有效途径、方法与手段，将经济因素中的核心作用力转变为企业竞争情报力发展的内动力。

三、技术动力因素

技术动力因素主要是指外部环境中影响深远的革命性新发明、拓展发展空间与领域的新发现，以及技术革命与技术发展所带来的新技术、新工具、新方法、新服务等为企业竞争情报力发展提供动力的因素。

在企业竞争情报力的提升与发展中，技术动力因素是关键因素。新技术的出现或技术进步，不仅为企业竞争情报提供了新的技术、新的方法、新的工具，大大提高了竞争情报工作的效率与效果，提升了竞争情报的时效性与价值性，同时，还为竞争情报力的发展拓展了新的领域和空间。

动态环境中，技术革命和技术进步呈现跳跃式的发展。因此，企业在其竞争情报力发展策略制定和实施过程中，要密切关注技术动力因素的发展变化，及时掌握、了解并将新技术、新设备、新方法（如计算机设备、网络设备、管理信息系统、先进数据挖掘技术、信息分析系统等）应用到竞争情报系统中，有效提升竞争情报基本活动与流程的工作效率、产品质量，提升竞争情报价值链的流程整合、信息速度，提升竞争情报价值链的价值创造与价值贡献度，推动竞争情报综合素质的发展与提升。

同时，技术动力因素还将为企业竞争情报发展提供新的思路、新的视角、新的领域。企业若能积极主动地把握这种动力，在竞争情报力发展中拓展思路、扩大视野，其竞争情报力将会有很大的提升空间。

四、社会文化动力因素

社会文化动力因素是指对企业竞争情报力发展具有影响的社会公众的价值观、思想、态度、社会行为以及文化教育水平、道德水准、综合素养等方面的外动力因素。

动态环境中，社会文化因素的变化较为缓慢，但对企业竞争情报力发展与提升的作用与影响是无法抗拒的、深远的。社会文化因素在企业竞争情报力构成要素的有机协调与整合中，以及在竞争情报文化建设、人力资源结构优化、员工素质提升、组织结构构建、学习与创新能力发展中都发挥着直接的、长期的、深远的、潜在的作用。

在企业竞争情报力发展策略谋划和实施过程中，应积极、有效地利用社会文化外动力因素，尤其是其关键的核心动力，重视企业竞争情报文化建设中与社会文化价值观、文化观的相互融合；利用社会的学习氛围和对教育的重视，提升企业竞争情报部门的学习型组织建设和创新精神、创新能力的培育；借助社会生活中所倡导的协同、和谐理念，推动竞争情报整合与协调能力的提升。

充分、合理、有效地利用社会文化的外动力因素，将极大地改善企业内部竞争情报的氛围，在推动企业竞争情报力的发展、提高竞争情报的价值贡献度、提升企业竞争情报综合素养等方面有不可估量的、巨大的潜能。

五、行业环境动力因素

行业环境动力因素主要是指为企业竞争情报力发展提供支撑力和推动力的行业环境要素。具体包括行业发展动力、行业竞争态势、各类竞争对手、供应商、销售商等方面的因素。

行业环境动力因素对企业竞争情报力发展和提升的作用是直接的、显性的。在企业竞争情报力发展和提升过程中，客观地了解整个行业的竞争态势和行业发展趋势、准确地把握行业竞争动力和发展动力，将行业竞争力和发展动力有效地与竞争情报力的内动力相匹配，借力助力是竞争情报力发展规划和具体实践需要关注的重点。

动态环境中，随着竞争对手构成日趋复杂、多样，随着竞争对抗强度的提升，竞争对手成为企业竞争情报力发展中的重要作用力。对竞争对手的持续跟踪与监测是竞争情报的基本活动，对竞争对手的战略规划与竞争策略的分析是竞争情报核心内容。以主要竞争对手为标杆，密切关注竞争对手的一举一动。随着竞争互动的加剧，提高竞争情报活动的频率，提高竞争情报的效率和整体反应速率，将推动企业竞争情报基本能力、管理能力的提升。而在此基础上，对竞争对手竞争情报工作的有效把握，对竞争对手情报能力的充分了解，对竞争对手竞争情报战略的明澈洞析，将成为竞争情报力培育与发展中的重要工作。而根据竞争对手的竞争情报战略，调整企业自身竞争情报力发展战略，依据竞争对手的竞争情报能力，着力培育竞争情报力的发展重点；参照竞争对手竞争情报工作经验和竞争情报力发展策略，不断优化与提升企业自身竞争情报力的发展规划和发展策略，均为企业竞争情报力发展与提升的关键。

供应商、销售商作为企业广义价值链的重要构成部分，与企业发展密切相关，是竞争情报的重要内容之一，也是企业竞争情报力发展的重要行业动力要素。在竞争情报力发展过程中，一方面密切关注供应商、销售商所在行业的发展动力，关注竞争动力和竞争情报发展驱动力，将其有效整合在企业竞争情报力动力系统中；另一方面，关注与了解主要供应商、销售商的竞争情报工作战略、发展规划与策略，以及具体竞争情报实践，借鉴与吸收到企业竞争情报力的发展实践中，将有效驱动企业竞争情报力的发展和综合素养的提升。

第三节　直接作用力与企业竞争情报力提升

直接作用力作为企业竞争情报力发展动力系统中内动力的重要组成部分，是发展动力的基本力量源泉。它来源于竞争情报价值链的基本活动，在竞争情报价值创造和价值贡献中发挥着重要作用。根据竞争情报力发展动力衍生机理，直接作用力又是间接作用力的基础，没有直接作用力前期力量的积累，就没有间接作用力提升作用的发挥。间接作用力只有借助直接作用力，与直接作用力相互融合、相互协调，才能通过竞争情报价值链在情报价值创造中发挥作用。因此，只有在企业竞争情报力的发展规划、提升策略制定、实施过程中，将重点放在直接作用力机制上，以直接作用力因素为基本要素，通过优化直接作用力构成要素，通过有效途径与手段调动直接作用力的动力效能，提升作用效率，才能真正为竞争情报力持续、协调发展提供动力，达到培育和提升企业竞争情报力的目的。

一、优化以用户为中心的情报流程

企业竞争情报价值链是由情报流程中的各个业务环节、各项情报活动所构成的，每个环节间的衔接方式和能力状态将直接影响情报价值创造、影响情报工作的最终效果。只有持续优化价值链中的每个环节、有机整合每个环节的能力作用关系，才能体现出高水平的竞争情报能力。

用户（即决策者）的情报需求是竞争情报工作的立足点。以用户为中心，满足用户即时的、个性化的情报需求，提升情报用户满意度是竞争情报服务的理想模式，是竞争情报力发展的基点。因此，企业竞争情报力提升与发展的基本途径之一就是围绕服务模式优化以用户为中心的竞争情报流程。这是对动态条件下竞争情报价值链基本构成与基本活动的整合、优化、协调的过程。这个过程是通过对情报需求的有效分析、对情报源的深度开发、对情报信息的广泛获取、对情报内容的客观分析、对产品与服务的个性化与高质量提升等一系列有效的手段、方法与路径来实现的。

详尽地分析用户的情报需求是企业竞争情报力提升的起点。以用户需求为中心的竞争情报过程就是围绕用户的情报需求，建立畅通高效的沟通机制和沟通渠道，站在竞争情报用户的角度，分析、描述其竞争情报诉求，透过需求表述，分析和挖掘用户潜在情报需求，把握需求实质，将原始诉求提炼形成情报基本要素（eesential element of intelligence，EEI）或关键信息要素（elements crotical information，ECI）。以此作为情报收集与获取的重要依据，调动各种竞争情报来源，广泛获取来自于各个渠道的信息与情报。

情报有效搜集与获取是企业竞争情报的基本工作。"巧妇难为无米之炊"，竞争情报源的开发能力和情报搜集获取能力是竞争情报力发展的力量源泉之一。伴随着科学技术的发展，网络竞争情报源的开发和人际情报网络的建立成为动态竞争条件下企业的重要情报来源。网络信息资源的全面性、多样性，人际网络情报资源的针对性、及时性，极大地提升了企业战略决策情报需求的满意度。因此，在竞争情报力的发展与提升过程中，企业在加大网络信息源开发的同时，需要充分而有效地利用各种网络检索工具和数据挖掘技术来获取信息与情报。而构建以竞争情报组织为中心的内部人际情报网络，构建由竞争情报组织内部的人际关系、竞争情报组织与企业其他职能部门之间的人际关系，以及竞争情报组织与企业外部社会实体的人际关系等构成的立体的、全面的企业人际情报网络，应成为企业竞争情报网络建设的重中之重。通过这张覆盖组织内的所有层面、所有员工，并延伸到与企业竞争、决策密切关联的外部领域的情报网络，通过该网络通畅的沟通渠道与信息交流机制来获取各方面的一手资料、一手信息，提升情报支持力度，推动企业竞争情报力发展。

"竞争情报分析是竞争情报工作的灵魂、信息增值服务的关键、情报循环的中心环节、知识发现的基本手段"（包昌火等，2005），"情报分析的复杂化和系统化是未来竞争情报的一大趋势"（包昌火等，2004a）。情报整理与分析是竞争情报价值链中价值创造的核心环节。在此过程中，在充分利用计算机智能系统对所获情报信息进行自动、智能分析基础上，提升竞争情报分析人员的深度分析能力，确保情报分析结果的价值性，满足用户需求，提升竞争情报价值贡献度。

竞争情报产品与服务是竞争情报绩效实现的最终环节。通过提高竞争情报产品质量和竞争情报服务效率来提升企业竞争情报力是值得关注的有效途径。竞争情报报告不是"一个适合所有人的产品"（王煜全和 Zutshi，2004）。报告信息的可靠性、语言的精炼性、表述的准确性、内容的易解性都直接影响到报告在决策者决策中的价值。因此，竞争情报产品要以特定用户的特殊需要为基础，根据情报用户的个性、特质以及决策的时效性、影响度、复杂性等特点，提供有针对性的、便捷的、个性化、高质量的情报报告。而竞争情报服务质量的高低取决于服务的方式、服务的效率、服务的渠道。只有根据用户的不同特点、不同需求，通过情报价值链，以恰当的方式提供恰当的、多渠道、多方位的、高效率、主动性的情报服务，才能真正体现出情报产品的价值所在，提升产品的内在价值，实现情报产品的价值最大化。

二、构建完善情报系统平台

竞争情报系统是企业竞争情报力培育、发展与提升的平台。竞争情报系统作为企业综合信息情报交互平台，跨越数据层、信息层、知识层和决策层，将原始数据层、信息层和企业决策层有机联系在一起，为将零散分布、结构复杂的企业内外数据、信息向为企业决策提供支持的体系明晰、逻辑缜密的竞争情报转变提供了技术平台与条件保障。高效、稳定的竞争情报系统成为企业竞争情报力提升与发展的重要平台。

动态竞争环境中，企业竞争情报系统的构建要以企业战略规划和竞争环境变迁对内外资源的整合处理和集成配置为依据，利用竞争情报系统实现竞争情报的动态决策调整、分布式信息服务和集成化的决策支持。同时，根据移动互联网络的特点，应用与融合先进的信息技术和管理理念，在竞争情报系统中构造内联加外联、上下导相交织、移动平台与固定平台相叠加的多层次网络，使其成为企业部门之间、企业竞争情报价值链与外部价值链节点之间以及企业内部不同价值链的集成系统。在情报安全的前提下，突破部门、组织结构、空间、时间、供应链以及计算机物理配置的限制，实现企业竞争情报信息流的信息交流、集成和共享，"真正实现以企业战略为目标，以用户需求为导向的协同合作，为企业获取长期持续的竞争优势提供最大限度的信息服务和决策支持"（刘玉照等，2005）。

与此同时，在强大的搜集获取能力和情报分析功能基础上，提升和优化竞争情报系统的个性化、交互化、人性化服务功能，是动态环境中竞争情报系统的核心目标。既能为个人用户服务，也能为高层管理团队服务，实现情报成果在组织内任何一个需要地方的实时共享。因此，在所建立的企业竞争情报系统和相应机制中，应当采用先进的信息管理技术手段，构建形成以用户情报需求为导向、突出关键情报课题管理、支持响应性服务和主动性服务的，强调人机结合、融入人际网络管理的管理系统，具体包括需求分析、定制情报服务、KITs 管理、咨询管理、人际网络管理等功能，实现对信息与情报的标准化、规范化、集成化管理。

三、开发人力资源效能

人才是企业发展的根本，是企业最宝贵的财富。企业竞争归根到底是人才的竞争，"人才"是企业竞争情报工作的核心战略资源。人才资源是企业竞争情报能力建设过程中的最核心要素之一，无论是在竞争情报的收集、分析、整理、传递阶段，还是在竞争情报服务过程中，人在其中都发挥着关键性作用，人力资源水平是竞争情报工作成败的主导要素。企业能否有效开展竞争情报工作，能否充分挖掘与利用企业内外信息资源，为战略决策与战术决策提供有效支持，在很大程度上取决于企业竞争情报人力资源构成、水平和综合素养。在企业竞争情报力实态调查中，各行业、各类型、各规模、各区域企业的竞争情报力中人力资源水平的评价测度结果表明，调查样本企业竞争情报方面的人力资源整体水平较低，直接影响到企业竞争情报力整体水平和综合素养。竞争情报人才队伍建设、结构优化、人力资源效能开发等应成为企业竞争情报力培育与发展中的重要内容、关键工作。

人力资源管理战略是竞争情报战略性的重要构成部分，也为竞争情报战略发展提供了人力资源保障。战略人力资源管理的核心理念是"以人为本"。在企业竞争情报人力资源战略中，坚持"以人为本"的理念，通过有效的预测和分析，把握环境变化的脉搏及企业竞争情报发展中人力资源的要求与趋势，明确人力资源管理的目标、方向和任务，在人才招录、人才培养、人才使用、人才激励等方面以战略为导向，优化人力资源结构，储备优秀情报人才，创造出一个有利于各种情报人才成长的环境，力求做到人尽其才、才尽其用、事尽其功、人事相宜的生态环境和氛围，以满足竞争情报力发展中对人力资源的需求。

动态竞争环境中，"竞争情报不是一个部门的战斗，也不是专职竞争情报人员孤独的战斗"，竞争情报呈现全员性特点，企业中的每一名员工都是企业的信息触角，是企业竞争情报的参与者和信息捕获者。因此，企业人力资源潜能的开发与挖掘是企业竞争情报力提升的重要手段。在此过程中，除了有效发挥与提升竞争情报部门管理者情报规划和情报传播者角色、专职分析人员情报分析者角色的效能外，最为关键的是充分调动与发挥企业全体人员（上到最高领导、下到一线员工）的情报搜集者角色的积极性和效能，搭建完善高效的企业人际情报网络。

完善的人际情报网络不仅能有效提升企业情报搜集、分析和交流能力，还是提升竞争情报服务的最佳手段和途径。通过人际情报网络，可以实现企业内外知识资源、信息资源、专家资源、人脉资源的充分利用和共享，扩大企业社会资本和竞争优势（郑荣，2008），为竞争情报力的发展提供强劲动力。

加强人力资源有效管理，推动竞争情报战略的实施和战略目标的实现。动态环境中，竞争情报人员的角色与职能发生了很大变化，竞争情报人员由单纯的情报提供者拓展为情报流程的推动者、战略流程的推动者、网络协调员（主要协调内外部网络信息的流入与流出）、知识工作者和培训师。竞争情报人员只有同时承担与扮演好这些角色，才能真正成为决策者的密切合作伙伴与得力助手。竞争情报工作者的工作阅历、学历、培训程度、专业知识等是其承担与扮演以上角色的基础，而情报意识、工作态度、工作积极性、创新意识、信息敏感性则是影响其角色的关键因素。在加大情报人员竞争情报业务专业培训、竞争情报知识与技能培训，提升其专业工作水准的同时，更要加强对其情报意识、情报洞察力、情报敏感性的培养，全面提升情报工作者综合素养。

四、提升反竞争情报能力

随着竞争日趋复杂多变，企业需要持续地、全面地获取竞争对手战略与运营中诸方面的竞争情报，以满足动态环境下企业决策的需要。与此同时，又需要不断审视和完善企业自身核心商业信息的防护系统与隔离机制，以防止为竞争对手的竞争情报工作者或商业间谍所获得。"任何组织在开展情报活动提升自己利益的同时，其他组织也会通过情报活动来损害该组织的利益"（包昌火等，2005）。

动态环境中，随着竞争的变化，随着竞争对手彼此间对抗强度的提升，保护企业核心信息与获取对手竞争情报同等重要。企业在其竞争情报力发展过程中，只有且必须有效地进行反竞争情报工作，提升反竞争情报能力，才能真正为竞争情报力的发展提供动力保障。由竞争情报与反情报构成的企业广义竞争情报工作是组织在市场竞争中的矛与盾，是一个问题的两个不同侧面，互为条件，缺一不可，在企业竞争情报力的提升与发展过程中发挥着直接作用。只有将反竞争情报与企业竞争情报流程有机整合起来，彼此间相辅相成、互相配合，才能为企业竞争情报力发展提供推动力和支撑力。

动态环境中的反竞争情报是一种积极主动的活动，应从被动的、防御性活动发展成为同竞争情报一样的、一种主动的带有谋略性的战略性活动。应从战略高度制定反竞争情报战略，将反竞争情报战略作为竞争情报战略的重要组成部分。

具体而言，围绕反竞争情报战略，从反竞争情报制度和措施制定、员工反竞争情报意识与基本素养培育等方面着眼，详细制定本企业竞争情报保密制度、商业秘密保护制度、专利申请制度、竞争情报工作纪律、新闻发布制度以及来电来访接待制度、保密制度、产品展示措施、文章发表检查措施、学术与技术交流保密措施等，以主动、严密的措施入手，完善企业反竞争情报制度体系，同时，培养与提高员工反竞争情报意识，建立与企业密切相关的外部企业与客户的相关反竞争情报的沟通、防范机制，构筑立体的、主动的企业反竞争情报体系，并积极运用法律武器来维护自己的商业秘密，在反竞争情报过程中与企业竞争情报相互融合、有机结合、相互贯通、相互协调，真正提升企业竞争情报力。

第四节　间接作用力与企业竞争情报力发展

企业竞争情报力发展与提升的内动力是直接作用力与间接作用力的合力。间接作用力主要来源于竞争情报价值创造与价值提升过程中的间接影响因素、隐性因素。这些因素通过作用于竞争情报价值链的直接作用力因素，影响到直接作用力的效能、效果与效率，并在此基础上形成企业竞争情报力中的创新动力、学习动力，对企业竞争情报绩效和价值贡献度产生间接影响。虽然，间接作用力对竞争情报价值创造的作用力与影响力是间接的，但在动态环境中，随着企业竞争情报工作的不断发展，它的作用日益强大，在竞争情报力提升过程中起着至关重要的作用。

一、制定全面竞争情报战略

企业竞争情报战略是企业在对外部环境与自身竞争情水平充分分析基础上，对竞争情报愿景、战略目标定位、情报管理系统、管理价值链、管理方法等做出的长远而系统的谋划（刘冰，2007d）。竞争情报战略明晰了竞争情报工作的方向与目标。充分利用竞争情报战略资源，实现竞争情报与企业战略目标的高度契合，提升企业决策能力，使企业能够获得持续竞争优势是企业竞争情报战略的根本目标。竞争情报不仅仅是研究企业对手，而且是研究如何能让我们更有竞争力（泰森，2005）。作为企业竞争情报力提升的间接动力，竞争情报战略对竞争情报价值创造具有引领作用，对提高企业的市场发展趋势敏感性，提升企业驾驭与控制能力具有重要影响。

动态环境中，竞争情报战略是一种全面战略。竞争情报战略的根本点是为企业战略服务，缺乏战略成熟度的企业很难形成长期竞争优势，很难在竞争环境中生存（Camerer and Vepsalainen，1988）。企业竞争情报全面战略是动态环境下竞争情报发展的必然选择，是企业超越竞争对手、创造卓越的重要手段。竞争情报全面战略主要突出了竞争情报流程的一体化，突出了企业、行业、国家竞争情报有机融合的立体化。它能够满足竞争情报价值创造过程中进攻性与防御性相适应的多维度要求，能够满足合作竞争中情报价值链横向拓展的要求，能够适应与应对动态竞争对竞争情报所提出的新的要求（图 8.2）。

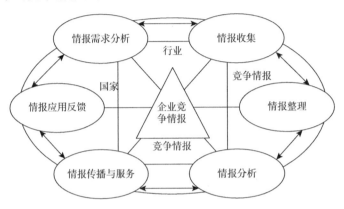

图 8.2　基于动态竞争环境的竞争情报战略模型

　　动态环境中，环境特点决定了企业未来发展的不可预见性，要求竞争情报战略分析内容在时间、空间上具有更广泛的涵盖，要求情报战略具有前瞻性、超前性、预见性（李鹏燕，1999）。作为一种积极的进攻型战略，竞争情报全面战略以主动出击、积极分析竞争对手和竞争环境为战略导向。通过企业与同业、外部环境密切互动且频繁交流情报，整合内外信息，满足企业战略决策需要已成为企业持续竞争优势的重要支撑，真正体现了竞争情报作为战略资源的价值。

　　具体而言，动态竞争环境中，机会稍纵即逝，快速地识别机会并加以利用就成为竞争的关键。竞争情报全面战略可以大大缩短企业机会识别与利用之间的时间跨度，根据竞争环境变化连续地调整战略，提高战略的适应性和应变能力。同时，竞争情报全面战略又是一种积极的个性化战略，符合竞争的时代特点，并有利于以情报为主要驱动力的、共享与交流、尊重与信任的企业文化的创建与培育（刘冰，2007d）。

　　动态环境中的企业竞争情报全面战略是系统化、立体化、全方位的战略。竞争情报战略要面向企业整体战略，与企业使命相协调，与企业发展战略保持一致，用长远的、具有前瞻性的规划来有效配置与利用资源，发挥情报战略资源的功效、实现价值最大化、构建持续竞争优势，依靠竞争情报战略提升企业的核心竞争力与持续竞争优势。

二、建立独具特色竞争情报文化

竞争情报文化是企业在竞争情报实践中所形成的以企业核心价值观为基础并为全体员工认同与遵循的竞争情报价值观、意识观、道德观和协同观的综合集成（刘冰和高洁，2009）。作为企业竞争情报工作的灵魂，竞争情报文化的实质是一种以情报价值为核心的意识形态，是一种以道德规范为准则的管理模式，是一种具有特殊内涵和表现手段的企业文化，是企业基于情报资源、情报活动与情报技术而创造的精神财富。

竞争情报文化是企业文化的重要组成部分，是企业文化复合体的亚文化子系统。竞争情报文化以企业文化的核心价值观为基点，是竞争情报工作中企业文化的具体化与微观化。

竞争情报文化是企业竞争情报指导思想、运营理念、管理风格以及企业成员行为方式的集中体现，是企业竞争情报力的灵魂和重要精神支撑，是企业竞争情报力健康发展动力系统中最持久的决定因素之一，具有高度的复杂性与系统性。企业竞争情报力的提升是企业各种能力共同参与、相互协调、有机整合的结果。而在这一过程中，竞争情报文化所倡导的企业宗旨、经营理念、价值观念、企业精神等一方面起着统帅作用，另一方面又渗透与融合进其他各种能力中，影响这些能力的形成，发挥着重要的凝聚功能、导向功能、激励功能和优化功能。

竞争情报文化作为一个整体，具备其独特的层次结构，具有更深层面文化内涵。由浅入深、从现象到本质，企业竞争情报文化内在结构由核心层（深层）、理念层（中层）、实践层（表层）三个层面构成（图 8.3），揭示了情报文化的内涵与作用机理。

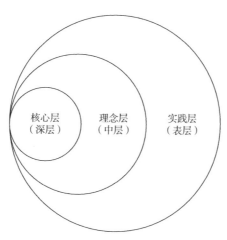

图 8.3　企业竞争情报文化层次结构图

竞争情报价值观凝练是企业竞争情报文化培育与建设的核心。伴随着动态环境变化与知识经济发展，价值观在竞争情报发展中发挥着越来越重要的作用，直接决定着企业竞争情报的道德观、意识观和协同观，直接影响竞争情报文化内在构成要素的形成与发展。竞争情报文化培育过程就是价值观凝练的过程。在企业竞争情报文化的培育与构建中，在充分了解本企业战略目标的基础上，通过对现代竞争情报根本宗旨、根本目标与精神归宿的刻意表述、提炼与升华，结合东方文化强调群体意识、重道德、重实用的基本价值取向，对竞争情报文化进行清晰定位，提炼出符合企业特点、富于个性、独具民族特色的情报价值观和文化底蕴，形成一种为企业领导者与大多数员工认同的情报信念、意识和精神，实现企业精神与竞争情报价值观的和谐统一、竞争情报价值观与员工基本价值理念的协调一致，最终达到"人企合一"的境界。

竞争情报制度建设是企业竞争情报文化构建的保障，是优秀竞争情报文化培育的有效手段。竞争情报制度建设过程就是把企业所倡导的情报价值观转化为具有操作性管理制度的过程，主要包括竞争情报的基本工作准则、行为规范、道德规范、管理制度等多项内容，涉及竞争情报工作的方方面面。只有健全的制度、符合道德与法律要求的操守与强有力的行为规范，才能促进在竞争情报文化培育过程中的约束力的形成，保证企业文化健康发展，从而保证企业竞争情报宗旨与目标的实现。

员工情报素质培养是竞争情报文化建设的基础。企业竞争情报工作的主体是人，人的积极性调动和潜能发挥是影响竞争情报工作绩效的重要因素（刘冰等，2009）。竞争情报文化是一种人本文化，在企业竞争情报文化形成与发展过程中，任何价值与理念都必须经过基于集体意志的组织规范的"内化"才能真正成为众人的规范。因此，员工竞争情报素质培养在竞争情报工作绩效中、在将内化为"自律"的过程中发挥着重要的作用。通过员工情报素质培养，不仅可以提升其竞争情报工作的技能与方法，更在于对员工的竞争情报价值观认同感的培养和协作精神的培养，塑造一种全新的企业竞争情报心智模式，以提升员工的情报意识和信息素养。

管理者情报理念培育是竞争情报文化构建的主导。企业管理者（尤其是高层管理者）的竞争情报价值观、竞争情报意识以及对竞争情报战略地位的认识与评价直接影响企业竞争情报文化的培育与构建；高层管理者在企业战略决策、部署、实施中表现出的竞争情报意识，决定并影响着企业竞争情报文化的建设与发展。可以说管理者是企业竞争情报文化倡导、培育、建设和发展的主导力量。在企业竞争情报文化建设中，管理者要在借鉴和吸收中外优秀文化传统、管理思想、价值观念、经营理念等基础上，立足于本企业竞争情报特点，将竞争情报价值观、根本宗旨、根本目标等凝练成自身的竞争情报核心理念，通过管理者的思想、行动将这些理念推而广之，使其逐渐被广大员工所认同和接受。同时，利用机制、制度的建设促使其被全体员工在竞争情报实践中遵守并践行。

企业竞争情报文化建设就是在企业竞争情报工作中形成领导带头与全员参与的重视情报、使用情报和共享情报的理想信念、价值观念和行为规范，形成一种以情报价值为核心的意识形态。企业情报文化的形成，关键在于情报共享文化的培育。竞争情报竞争力就在于企业内情报共享所形成的合力。情报共享文化有利于情报资源的共享，有利于"材尽其用"，发挥竞争情报的最大价值。情报共享文化培育的关键在于管理者，企业各层面的管理者应站在全局的角度来对待竞争情报，打破局部、小团队的思想，通过与文化建设相匹配的组织架构改造、情报流程的协调与整合、学习型组织的建设等，在组织内营造一个共享的氛围，促进情报共享文化的建立。

循序渐进提升企业竞争情报文化是其发展的客观规律。竞争情报文化很复杂，各企业因行业、规模的不同具有很大差异性。为了建立领导带头、全员参与的情报文化，要将竞争情报"编织"到组织的业务流程和决策中去，经过时间推移与"增强"循环的促进计划，才能建立起组织的竞争情报文化（图8.4）。

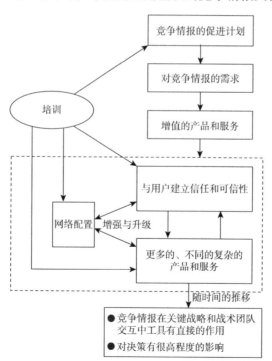

图 8.4　形成竞争情报文化的促进计划

资料来源：Prescott（2000）

三、强化组织管理机制

竞争情报工作的高效运行，需要科学管理体制与组织体系做保障。加强与改善各种管理政策、管理制度、管理实践和组织结构等多个方面的综合能力，通过制度化、程式化的管理过程，将有效促进企业竞争情报力的发展和提升。

动态环境中，竞争情报在满足企业战略决策需要的同时，越来越多地被用于动态对抗中的战术问题。要达到努力在战略与战术之间保持恰当平衡，同时满足两方面的情报需求，充分发挥竞争情报价值的目的，需要企业有科学的竞争情报构架、高效的管理机制与强有力的领导能力。

动态环境中，企业信息传递的速度与质量将直接影响到竞争情报发展。随着环境的快速变化和企业间竞争对抗强度的提升，企业信息需求量越来越大，对情报质量要求越来越高，需要企业建立一种新的竞争情报组织结构模式与之相适应。竞争情报组织机构的扁平化、虚拟化及竞争情报团队的建立是组织发展的必然趋势。

建立扁平化情报组织结构，将有助于减少情报流转环节、提高信息传递效率、提升企业对市场的反应能力、提高组织的灵活性和创造能力、增强企业的应变和竞争能力。在进行组织结构扁平化改造的同时，也可考虑将原层级结构组织垂直情报传递方式转变为横向、斜向情报传递渠道相交织的网状传递方式，有助于进一步提高情报工作效率，提升情报能力。

动态竞争环境中，随着组织结构和情报需求的改变，建立在稳定条件下的刚性竞争情报组织模式越来越不适应竞争情报发展的需要，组织柔性化成为发展之必然。动态环境中的竞争情报柔性组织构架有多种选择模式。

一种是矩阵模式，由竞争情报部门与业务部门共同参与构建形成矩阵结构构架。一方面可以满足不同部门的特定竞争情报的需求，另一方面更有利于情报与信息的共享。同时，这种柔性架构还为全员参与竞争情报搭建了便利平台。

另一种模式是建立竞争情报团队。根据项目实施的需要，围绕某项具体情报工作，由企业各部门、各层次人员（如竞争情报人员、营销人员、信息系统管理人员、技术创新人员、项目管理人员、决策人员等）搭建形成具有动态性的工作团队。在此团队中，除了企业内部人员，还应该适当涵盖供应商、用户或价值链中上下游企业的员工，依托于他们共同的知识、经验、技能，完成项目所需的特定竞争情报任务。这种竞争情报团队，是与动态竞争条件、动态竞争环境相适应的具有灵活性、适应性、创造性、学习性和敏锐性等特征的组织形态模式。该模式的主要优点为：团队主要成员是经过系统培训、掌握基本信息搜集与获取技能的各部门员工，面向项目和决策的特定情报需求，能够凭借其工作中各方密切接触的优势和所拥有的人际网络，迅速、及时地获取竞争对手信息，及时为企业各类危机提供预警；也有利于对企业竞争环境和竞争对手进行长期、持续的跟踪与监测。同时，这种模式能够以制度方式确保信息传递与反馈的迅速、高效、稳定，有利于组织内信息、情报的共享和利用。而团队成员之间的良好的协作精神、优势互补作用，有助于实现组织、人员、技术的有效集成和有机整合，以应对动态的竞争环境。

德勤咨询公司（Deloitte Consulting）与未来集团（Futute Group）在总结各国经验的基础上，为国际电信业开发的集组织、流程、技术、决策、文化于一体的世界级竞争情报机构框架代表了国际竞争情报组织架构的发展方向（图 8.5）（Marceau and Sawka，1999），这是值得我国企业在动态环境中学习与借鉴的竞争情报组织架构。

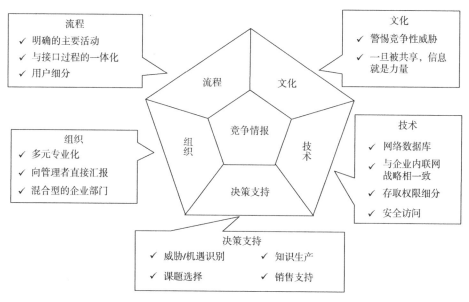

图 8.5　世界级竞争情报机构特征模型

资料来源：Marceau 和 Sawka（1999）

随着竞争情报机构扁平化、虚拟化、团队化的发展，与组织变革管理相适应、相匹配的管理机制与管理模式也应做出相应的变革，从情报项目的系统规划到项目的具体实施，再到企业内竞争情报系统的稳定、高效运行，均需要建立与系统目标和情报需求相配套的、完整的管理制度体系。只有建立在完善、规范的管理制度基础上的各类竞争情报活动，才能与企业生产经营各个层面有机融合，才能最大限度地发挥竞争情报价值，推动竞争情报力提升。同时，对组织职能、人力配置等做出相应调整，对提高竞争情报工作的管理水平与管理效率会有深远的影响。

　　高层管理者使用竞争情报是一种塑造组织未来的方式（包昌火等，2005）。动态环境中企业领导能力的提升是企业竞争情报力发展的基础。企业管理者的现代情报意识、情报理念、情报敏感性、团结力、威信力、表率力等均将影响竞争情报管理水平，影响竞争情报的价值创造。动态环境中的领导者，不但要从经验、知识、经营者阅历以及经营者的修养和反思、总结、吸纳、创新中提升对竞争情报的管理水平，还要改变思维方式，特别是企业领导，必须加强对情报竞争力在企业生存与发展中的地位和重要作用的深刻理解和充分认识。真正从思想上和行动上重视和加强企业竞争情报管理，带领企业全体员工确立情报竞争力意识，积极关心和参与竞争情报工作。

四、开发组织学习、创新与转化能力

　　在经济全球化和知识经济的大背景下，学习与创新是任何寻求持续发展的企业都应具备的能力。而转化能力则是将企业通过学习、创新能力所获得的动力以及企业内外间接动力转化为企业竞争力的关键能力（图8.6）。

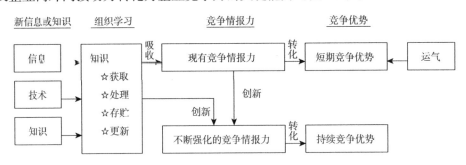

图 8.6　竞争情报力提升中的学习、创新与转化能力

　　理论和实践表明，企业竞争情报是一个开放系统，竞争情报的生产和使用是一个社会过程，只有保持对外部环境的较高敏感性和敏锐反应性，才能捕获外部环境和竞争对手的最新发展动向，为企业决策提供及时、有效的情报支持（丁月华，2015）。在此过程中，需要不断吸收、学习与借鉴其他企业的先进情报经验，需要在组织内形成开放的、学习的氛围，倡导开放创新、兼收并蓄，并同企业自身的情报活动、情报管理工作紧密结合，用新的理念、新的视野来优化竞争情报管理机制，保持对动态环境的快速反应，提升企业战略决策与外部环境变化的动态匹配能力。

　　动态环境中，企业竞争情报力提升与学习、创新和转化能力密切相关。企业学习、创新与转化能力为竞争情报力发展提供了源源不断的知识动力。企业竞争情报作为一个动态的学习型系统，学习贯穿于情报过程始终。动态环境中，企业竞争情报力的持续性特点与竞争情报发展的线性路径决定了这种学习、创新与转化过程是一种渐进的、自我持续改进的过程，也是一个良性循环过程。通过对新知识、新技术的学习与吸收，经过转化机制，开发学习能力和创新机制来适应竞争环境，提升企业竞争情报力，获取竞争优势（图 8.7）。

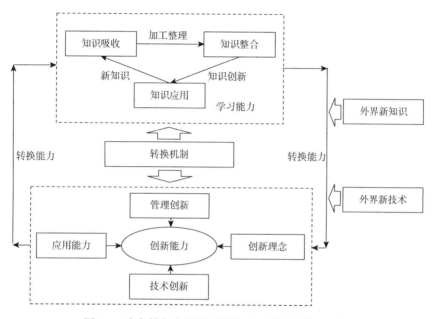

图 8.7　竞争情报力发展系统学习、创新与转化机制

借助学习型组织建设的契机开发竞争情报的学习、创新与转化能力，是动态环境中企业竞争情报力发展的有效路径。学习型组织建设的作用不仅仅在于学习本身，其根本宗旨是培育组织学习的价值取向，使之成为组织内所有员工的生活方式，进而形成新的竞争优势。建立良好的学习氛围与学习机制、创新氛围与创新机制、转化机制，有利于通过畅通的企业内部交流网与分布广泛的人际关系网，实现组织内知识的传递和分享。通过正式、非正式的交流与共享机制，有利于提高员工知识获取和利用效率，进而提升员工的技术能力和创新能力。学习、创新与转化是一个相互融合、密切配合的整体机制。在学习型组织的构建中，企业应将学习与竞争情报管理制度创新、竞争情报价值链创新、竞争情报流程创新和企业的技术创新、管理创新结合起来，将知识获取、吸收能力与知识转换机制、创新能力激活系统与能力转化机制整合起来，形成学习、创新与转换的内在机制和流程。

动态环境中，组织学习主要包括三个层面，即全员学习层面、全程学习层面和团队学习层面。基于企业竞争情报价值链和竞争情报流程，将学习、创新与情报价值流程各单元、情报价值创造各环节紧密结合，让员工边学习边工作、边学习边创新、边学习边提升。在此过程中，通过学习与情报价值创造的相互支持、相互配合，建构形成企业竞争情报学习机制的逻辑构架与完整体系。进而达成情报价值链上各知识种群间的平衡与协调，促进情报工作者与用户、企业员工和其他利益相关者彼此间的知识交流与共享，实现团队学习的目的。

竞争情报创新机制是在学习机制和学习功能基础上，企业竞争情报多种要素以新的、独特的方式有机组合，主要包括技术创新和管理创新。技术创新是企业竞争情报力发展的基础动力，对企业竞争情报力持续稳定发展极为重要。技术创新不仅重视硬件技术的创新，更要重视竞争情报搜集获取、整理与分析方法和手段上的改革与创新。而管理创新是竞争情报力提升的"血液"源泉，主要是对竞争情报传统管理的扬弃，实现管理思想、体制、方法、手段等方面的创新，形成有效的管理体系和机制，充分挖掘内部潜力，为竞争情报力发展铺平道路。

动态复杂环境中，企业竞争情报创新既包括渐进式创新，也包括突变式创新。同时，竞争情报创新过程并非是一次性的创新，而是一个持续的过程。只有通过这种持续的创新，采取连续的创新行为和手段，打破市场中的竞争现状，才能为竞争情报力跃迁提供持续的动力，才能有助于企业形成持续竞争优势。

企业通过竞争情报力提升而获取的持久竞争优势是组织长期积累性学习与创新的结果，是通过显性知识与隐性知识、竞争情报力中的显性能力与隐性素质的转换机制获取的。动态环境中，企业通过建立知识和经验积累机制、内部知识库建立机制、内部数据挖掘与利用机制，将竞争情报中的知识、情报与工作经验及时加以归纳总结，转化为企业内部知识库内容。同时，充分利用企业已积淀的知识储备、信息情报，将它们激活为企业竞争情报的内容，大大提升企业竞争情报的绩效。这种知识转化机制一方面有利于促进显性知识在企业内各部门、各层次之间以及企业内外的快速传递，为员工搭建高效获取与分享知识的平台。另一方面，有利于促进隐性知识在企业非正式交流中的传播和共享，促进隐性知识向显性知识的转化，外部知识向企业内部知识的转化，有效地增强与提升企业整体竞争情报能力和创新能力。

五、完善竞争情报整合与协调机制

企业竞争情报力是由多个因素、多种资源有效结合、有机构成的生态系统。在其生长、发展过程中，既需要系统每个因素、每个"器官"、每种能力持续、健康生长，更需要资源的优化配置和各因素、各能力间的协调、配合和交融。

　　动态环境中，竞争情报不仅仅是竞争情报部门的职能，它已经成为具有现代特征的企业中每个部门、每名员工的基本职责之一，具有"全员性"的特质。为满足企业竞争战略发展的需要，为满足新型竞争模式的需要，竞争情报逐渐突破企业边界、延伸到产业价值链的上下游企业之内，拓展到战略联盟合作伙伴边界之内，与其情报价值链相交融。

　　在此背景下，完善企业竞争情报整合能力、优化竞争情报协调机制，成为动态环境中企业竞争情报力发展的无形内在驱动力。

　　组织整合与协调机制符合一般系统论的原则。在动态竞争环境中，企业竞争情报的整合与协调能力的作用凸现，只有完善组织整合与协调机制，才能适应环境对竞争情报和竞争情报价值链提出的新要求。在企业竞争情报力发展实践中，竞争情报整合与协调机制是建立在竞争情报价值各环节有效整合与无缝对接基础上的，由多个因素、多种资源有效配置、有机组合构成的一个动态系统，实现与企业价值链、相关部门信息链的协同与兼容。而企业竞争情报文化的构建与企业竞争情报组织架构的重构是竞争情报的整合与协调机制的基础，为其提供精神与制度保障。

　　整合与协调机制构建的基础是组织和员工的共享与合作意识。没有共享与合作的意识，就没有有效的整合与协调。因此，首先是思想上、意识上的整合与协调。在组织中，以学习型组织建设为契机，通过以共享文化为主导的竞争情报文化建设，在组织内各部门中、各层面员工中树立共享意识，尤其是中层管理者，更应注重加强与提升其合作意识与合作意愿。以此为基础，从竞争情报价值贡献的整体性、系统性出发，依靠价值链，实现机构的整合，打破信息孤岛、多头领导，用价值链将各个部门、每个员工密切地联系在一起。在此过程中，由于部门机构的整合与协调涉及范围广、涉及面多，可以考虑分步、分阶段进行。

　　在动态环境中，竞争情报整合与协调机制以"价值链"为纽带。通过对价值链的有效整合与协调，改变价值链中的线性信息流模式，构建立体的、网状的价值链模型与信息交互模式，能有效提升竞争情报价值贡献度。以情报价值增值为核心，带动信息流的畅通、员工间的合作、部门间的协调，实现价值链各环节的无缝链接。将企业内原来的条线分割、纵向流动的信息流转化为横向的以价值为导向的相互配合、自动调节运行的信息流，只有这样才能保障信息在价值链中的通畅。这种整合与协调可以优化管理资源和竞争情报资源的配置，提高竞争情报价值创造的效率与效果，提升价值贡献度。

　　动态环境中，企业竞争情报的整合与协调机制与组织构架的重构密切相关。组建具有开放性、跨功能、跨层级、求同存异和共同创造的竞争情报团队是价值链整合与协调的基本保障。竞争情报工作与其他工作相比，更突出、更强调团队工作，它是一项系统性的工作，强调企业内部各部门、各层面的配合、协作，它强调信息流的畅通，尤其是在竞争情报价值链中，竞争情报价值的贡献度取决于信息流的效率与速度，根本之处在于竞争情报价值链各环节的无缝对接。跨功能和跨层级团队的工作有助于各种思想的融合，促进知识种群的多样性和创新。

在动态、开放的经济环境中，为了获得持续竞争优势并保持市场有利的竞争态势，企业要拥有快速的响应能力。响应能力是以企业竞争情报的整合与协调机制为基础的，它不仅包括对客观变化的敏锐感应能力，还包括与合作伙伴、战略联盟间的有效互动能力。因此，基于情报内在整合与协调机制，企业一方面应在竞争情报系统设置相应的外接、内联端口，实现价值链的互联、交互。另一方面，应协调整合机制，加强相应的应对策略能力。在经济快速发展的今天，要时刻关注竞争市场的变化，了解消费者潜在需求与新的需求，密切关注市场、行业中出现的机制与危机（如新竞争对手、替代产业以及新生产技术的出现等），并对此迅速响应以提升企业竞争情报力。

第九章 结 论

围绕着动态环境下企业竞争情报力的研究主题，通过概念阐释、理论论证、实证分析等多层面、全方位的研究，本书得出了一系列有价值的结论。同时也发现，动态环境中企业竞争情报力研究领域还有许多相关问题值得进一步探讨与研究。

本章将首先对本书的主要结论和主要贡献进行概括与阐释，在此基础上，指出本书研究的局限性，进而提出未来研究的方向和值得关注的问题。

第一节 主 要 结 论

动态环境中，竞争强度不断加剧，竞争全球化进程不断深化，竞争情报在企业战略决策中的作用与价值日益凸显，成为企业竞争优势的重要来源。近年来，随着大数据、"互联网+"的快速发展，全面提升自身竞争情报能力和综合实力成为企业应对新的竞争态势的核心与关键。在此背景下，竞争情报价值创造与价值提升内在机理、企业竞争情报整体水平与综合素质的研究成为竞争情报领域的关注焦点。

围绕企业竞争情报力研究主题，基于相关理论，本书以动态环境中企业竞争情报价值链为研究基础，以竞争情报价值创造与提升影响因素和动力机制剖析为研究主线，综合运用演绎推理、文献分析、实证研究和案例分析等研究方法，对企业竞争情报力的基本内涵、内在结构、测度指标体系、发展动力系统、提升机制和具体策略等方面进行了多层面的纵深研究与探讨，取得了一些较有价值的研究结论。

第一，企业竞争情报力体现了动态环境中企业竞争情报的整体水平与综合素质，反映了隐性因素在竞争情报价值增值中的作用力与影响力，揭示了竞争情报价值创造与价值提升的内在作用机理。竞争情报价值增值是企业竞争情报力的内核。企业竞争情报力是对企业各种资源的充分发掘与有效利用，是对各方面能力的整合与优化，是企业竞争情报现实能力与潜在素质的有机结合。企业竞争情报价值贡献的提高与绩效的提升取决于企业竞争情报力实际水平，企业竞争情报力是决定竞争情报价值贡献度的主要力量，是竞争情报持续发展的动力源、生命源，是企业持续竞争优势的重要来源。

第二，企业竞争情报力是由多种要素构成的、不断成长的有机体。动态环境条件下企业竞争情报力识别路径的研究表明，企业竞争情报力是由竞争情报价值链中可观察、可描述的显性要素和隐默于竞争情报价值链中不可观察的隐性要素共同构成的复杂系统。这些构成要素通过彼此间的相互联系、相互作用、相互影响，推动竞争情报力的动态持续发展。企业竞争情报力反映了构成要素间的相互配合、相互协调与和谐均衡发展的程度和水平。

第三，动态环境中，隐性因素在竞争情报价值创造中的重要性日益凸现。企业竞争情报力是由竞争情报显性能力与隐性素质构成的，竞争情报价值是这些因素共同作用的结果。研究发现，伴随着环境的动态发展，尤其是随着企业竞争情报力的持续发展，隐性因素成为影响竞争情报价值增值的关键驱动因素，在竞争情报价值创造中发挥着至关重要的作用。

第四，实证研究表明，企业竞争情报力测度指标体系是由显性测度指标和隐性测度指标构成的。竞争情报力测度指标体系是联系竞争情报力理论与企业竞争情报实践的桥梁。利用研究所构建的企业竞争情报力测度指标体系，可以对动态环境中企业竞争情报力进行系统、全面的衡量与客观、公正的评价。

第五，我国企业的竞争情报力整体水平和综合素养处于中等水平，且发展不均衡。实际调查评价结果表明，我国企业的竞争情报力综合评价结果仅处于中游水平，不同性质、不同行业、不同规模、不同地域的企业之间的竞争情报力水平差距显著；企业个体间的竞争情报力整体水平也存在较大差距，企业自身竞争情报力发展不均衡。竞争情报力隐性维度软实力水平总体偏弱是我国企业竞争情报力实际水平偏低、综合素养不高的主要原因。

第六，企业竞争情报力发展是由内外动力有机构成的动力系统综合作用的结果。企业竞争情报力研究的最终目的是全面提升企业竞争情报的综合素质与整体水平，提高竞争情报价值贡献度。在全面了解企业竞争情报力发展动力系统的发展路径和演进机制基础上，企业只有对竞争情报力做出客观评价，根据竞争情报价值创造内在机理，积极有效地利用外部动力，全面、均衡地发展直接和间接作用力构成要素，彼此间达到一种动态、和谐与均衡的状态，才能促进企业竞争情报力的提升与发展。

第二节 研究的主要贡献

目前，国内外对企业竞争情报价值创造与价值提升内在机理、对企业竞争情报综合素质与整体水平衡量和评价的研究还处于起步阶段，研究成果还不多，尤其是系统的理论研究成果极少。在此背景下，本书提出了企业竞争情报力的概念，运用理论阐释、实证研究等多种研究方法，围绕竞争情报力内在构成、测度体系、发展动力等展开重点研究，为全面研究和客观揭示企业竞争情报的综合素质和整体水平、为深入探讨竞争情报价值创造与价值提升的内在机理开拓了一个新的视角。本书的贡献主要体现在以下几个方面。

首先，从动态竞争角度重新界定企业竞争情报力概念，并对其基本内涵进行系统阐释。

基于国内外竞争情报的研究成果，以企业核心竞争力理论作为理论基础，本书从动态竞争角度澄清了企业竞争情报力概念，对其基本内涵进行了系统分析、详细阐释。竞争情报力概念的重新阐释与界定，为面向动态环境的竞争情报研究提供了一个新的研究视角和新的研究切入点。企业竞争情报力概念界定与内涵剖析，其实质是基于企业动态竞争优势理论和企业核心竞争力理论视角的企业竞争情报理论的研究与探索，突破了基于迈克尔·波特战略管理理论的竞争情报研究框架。企业竞争情报力是企业竞争情报整体水平与素质的综合体现，是对竞争情报价值创造与价值提升内在机理的充分揭示。作为企业核心竞争力的重要组成部分，企业竞争情报力研究将竞争情报价值贡献度与企业绩效有机结合在一起，从另一个角度对企业竞争情报进行新的诠释。

其次，构建形成完整的企业竞争情报力内在结构体系模型。

在系统分析动态环境中企业竞争情报发展变化基础上，本书以竞争情报价值链作为研究对象，从微观视角对企业竞争情报力的内在构成进行了系统、深入的剖析，构建了企业竞争情报力内在结构体系模型。该模型是对影响竞争情报价值创造和价值提升的直接因素与间接因素、显性能力与隐性素质的构成及内在作用关系的全面系统展示。通过企业竞争情报力内在结构体系及其构成要素间的作用关系，揭示了竞争情报价值的真正来源，奠定了企业竞争情报均衡发展的理论基础。

再次，建立了具有较强适用性的企业竞争情报力测度指标体系。

基于相关研究理论和研究成果，本书运用规范实证研究方法，构建了动态环境中企业竞争情报力测度指标模型与指标体系，采用层次分析法赋予该体系模型中各层次维度、各具体指标权重。并利用该测度体系对我国企业竞争情报力实际水平进行了评价与分析，进一步验证该指标体系的适用性。竞争情报力测度指标体系的建立，改变了以往单纯采用定性方法或单一层面评价企业竞争情报整体水平与综合实力的模式。该测度指标模型与指标体系可以用来全面、客观地衡量与评价企业竞争情报实力，有助于发现竞争情报工作中存在的优势与劣势、优点与不足，为企业竞争情报的有效管理提供科学依据。

最后，系统剖析并全面揭示了企业竞争情报力的发展动力系统与发展机制。

基于前期的理论研究和系统动力学原理，本书在系统剖析企业竞争情报力发展动力结构、发展动力作用机理基础上，构建了企业竞争情报力发展与提升机制模型。本书构建的企业竞争情报力发展动力结构、发展与提升机制，多层次、多角度、全方位地剖析了企业竞争情报力发展的内在机理、内外动力要素间的相互作用关系及其在竞争情报发展和提升中的作用方向等，较为深入地揭示了企业竞争情报系统中情报价值产生、价值增值的根本动因。

在此基础上，根据企业的现实生存环境与未来发展趋势，结合企业实际案例，阐明了符合现实条件并着眼于未来的企业竞争情报力提升的有效途径，从理论与实践相结合的角度提出竞争情报力有效提升路径，具有前瞻性、指导性和可行性，有助于实现企业竞争情报力全面、均衡地发展，有利于实现企业竞争情报素质的有效提升。

第三节　研究局限与未来研究方向

本书从动态竞争角度对企业竞争情报力概念进行重新阐释与界定，围绕动态环境下企业竞争情报力这一研究主题，在研究中，我们采用了规范的研究方法，严格遵循科学的研究流程，并尽可能广泛地吸收与借鉴国内外相关理论、相关研究成果，结合我国企业竞争情报工作实际，展开全面、系统的研究。但是，由于这是一个较新的研究领域，国内外直接相关研究成果相对较少，且受研究条件以及个人研究能力所限，研究中尚存在一些局限性和不足之处。

在具体内容方面，本书仅从理论分析角度，对动态环境中企业竞争情报力的内在结构及构成要素进行了分析，构建了企业竞争情报力内在结构体系模型，并对在此基础上建立的企业竞争情报力发展动力系统和发展机制进行了整体性、宏观层面的阐释；没有从微观层面，从系统动力角度继续对竞争情报力内在结构中每个具体因素在竞争情报价值创造中的影响与作用、要素之间的内在作用关系，以及发展动力系统中各种动力要素的作用与制约因素、各动力之间的交互作用机理进行更进一步的研究。

在实证研究方面，本书在企业竞争情报力测度研究部分采用规范的实证研究方法。一方面，构建了企业竞争情报力测度指标模型与指标体系；另一方面，用该测度体系对我国企业竞争情报力水平展开实际评价与衡量。在测度体系构建中，由于没有现成的量表可供借鉴与参照，在量表的设计与开发过程中，尽管我们严格遵照量表开发程序，仍可能存在不足之处；在问卷调查过程中，虽然我们从研究人员和实践工作者两个方面选取样本，尽可能保证样本具有代表性，但仍略显不足。而在企业竞争情报力调查中，我们更是通过加大调查样本数量来提高样本的覆盖范围、覆盖类型，以期提升样本代表性。但是，由于受我国企业竞争情报发展实际和研究条件所限，仍没有达到我们的预期。

在案例研究方面，在企业竞争情报力动态发展策略研究部分，我们采用案例研究方法，通过个案分析对所提出的策略进行进一步阐释与验证。在研究中，虽然我们通过实地访谈掌握了一定量的一手资料，但由于时间有限，同时受该企业对其竞争情报工作经验归纳与总结不够和出于竞争与保密需要的影响，所获一手资料不够充分。因此，我们参阅了部分二手资料和他人研究成果，使得个案研究中的部分分析略显单薄。

针对上述研究局限，在未来研究中，以下几个方面的内容值得进一步深入探讨。

首先，尝试进行企业竞争情报力内在构成变量的交互作用关系研究。企业竞争情报力内在构成要素、内在构成动力之间是相互联系、相互作用、相互影响的动态平衡关系。这种关系是模糊的、隐默的、动态的，是无法用常规方法进行多维剖析的。如果在未来的研究中能够吸收、借鉴神经网络、人工智能等研究方法与研究成果，借助计算机仿真技术模拟企业竞争情报力内在构成要素间的互动关系，发现其内在运作规律，可以更进一步丰富与完善企业竞争情报力理论体系，对指导企业竞争情报实践将更具价值。

其次，进行有针对性的深入研究。虽然本书所构建的企业竞争情报力测度指标模型与指标体系具有一定普适性，并通过实证调研对其适用性进行了验证。但由于企业性质、企业规模、所处地域、所属行业的差异，其竞争情报力在内在结构体系、测度与评价上也会存在一定差异。为使企业竞争情报力的研究成果更具实用性、指导性，在未来的研究中，在现有研究基础上，可以考虑针对不同规模、不同性质、不同区域的具体类型企业的特点，对现有通用模型进行有针对性的修正与调整，以进一步提高研究的适用性、针对性，提高研究的外部效度，提升研究结果的实用价值与指导作用。

再次，在条件成熟的情况下，进行国内外企业竞争情报力对比性拓展研究。一方面，利用竞争情报力测度指标体系以国外各类型企业为例进行实际测度与评价，对国内外企业评价结果进行对比分析，期待发现有价值的结论。另一方面，选取合适的具有代表性的国外企业，围绕该企业竞争情报力做深入的个案研究，其研究将更具价值性。

最后，进行企业竞争情报力的跟踪研究。可以在未来相当长的一段时间内，对某一个企业样本进行持续的跟踪研究，分析企业竞争情报力的发展对企业绩效的影响，其结论将会更有价值。

参 考 文 献

安琳. 2010. 基于知识转化的企业竞争情报能力模型研究[J]. 情报杂志,（8）：152-157.

巴顿 D L. 1995. 知识与创新[M]. 孟庆国, 候世昌译. 北京：新华出版社.

包昌火. 1991. 情报研究方法论[M]. 北京：科学技术文献出版社.

包昌火. 1998. 加强竞争情报工作 提高我国企业竞争能力[J]. 中国信息导报,（11）：33-36.

包昌火. 2014. 对当前我国情报工作发展方向的几点建议[J]. 情报杂志,（5）：1-2.

包昌火, 谢新洲, 李艳. 2003a. 竞争对手分析论纲[J]. 情报学报, 22（1）：103-114.

包昌火, 谢新洲, 吴淑燕, 等. 2003b. 竞争情报战略——评美国企业的竞争情报活动[J]. 情报学报, 22（6）：735-748.

包昌火, 赵刚, 黄英, 等. 2004a. 略论竞争情报的发展走向[J]. 情报学报, 23（3）：352-366.

包昌火, 谢新洲, 李艳, 等. 2004b. 企业竞争情报咨询活动案例分析[J]. 情报学报, 23（1）：97-107.

包昌火, 赵刚, 李艳, 等. 2005. 竞争情报的崛起——为纪念中国竞争情报专业组织成立10周年而作[J]. 情报学报, 24（1）：3-19.

包昌火, 李艳, 王秀玲. 2006. 人际情报网络的开发[J]. 中国信息导报,（11）：45-47.

波特 M. 2005a. 竞争战略[M]. 陈小悦译. 北京：华夏出版社.

波特 M. 2005b. 竞争优势[M]. 陈小悦译. 北京：华夏出版社.

波特 M. 2009. 竞争论[M]. 刘宁, 高登第, 李明轩译. 北京：中信出版社.

博伊索特 M H. 2005. 知识资产：在信息经济中赢得竞争优势[M]. 张群群, 陈北译. 上海：上海人民出版社.

蔡翔. 2002. 关于企业核心能力与企业战略发展[J]. 研究与发展管理, 14（3）：6-10.

曹如中. 2013. 动态环境下企业竞争情报价值识别与价值实现研究[J]. 情报理论与实践, 36（1）：58, 78-81.

柴斌峰. 2007. 企业竞争情报能力的评价与培育机制研究[D]. 吉林大学硕士学位论文.

常艳丽. 2005. 海尔的竞争情报策略[J]. 现代情报, 25（3）：188-190.

陈峰. 2003. 面向企业战略管理的竞争情报服务研究[J]. 情报理论与实践, 26（4）：380.

陈峰. 2007. 竞争情报的价值及其实现[J]. 图书情报工作, 51（11）：6-9.

陈峰. 2011. 企业竞争情报工作的评价方法[J]. 图书情报工作，55（20）：56-58，120.

陈峰，梁战平. 2003a. 构建竞争优势：竞争情报与企业战略管理的互动与融合[J]. 情报学报，23（5）：632-635.

陈峰，梁战平. 2003b. 竞争情报价值链：概念和意义[J]. 图书情报工作，（7）：33-35.

陈峰，梁战平. 2004. 竞争情报与战略管理[M]. 北京：科学技术文献出版社.

陈佳贵. 2002. 培育和发展具有核心竞争力的大公司和大企业集团[J]. 中国工业经济，（2）：5-10.

陈清泰. 2004. 企业面临的形势与改革——在 2004 年全国企业家活动日大会上的专题报告[C]. 全国企业联合会管理现代化办公室. 2004 年全国企业家活动日大会论文集：20.

陈元志. 2015. 价值导向竞争情报的战略评价研究[J]. 情报理论与实践，38（5）：20-24.

陈远，成全，彭哲. 2007a. 竞争情报价值及其析取模型研究[J]. 中国图书馆学报，33（2）：92-95.

陈远，罗琳，陈子夏. 2007b. 竞争情报价值的度量探究[J]. 图书情报知识，（3）：15-19.

陈昭楠. 1995. 加强对竞争情报的研究和提供[J]. 情报资料工作，（2）：24-26.

成博. 2015. 海尔 HOPE 平台：以技术竞争情报服务"创客"[J]. 竞争情报，11（1）：15-17.

成思危. 1999. 复杂科学与系统工程[J]. 管理科学学报，（2）：1-7.

成思危. 2000. 中国管理科学的结构与发展重点选择[J]. 管理科学学报，3（1）：1-6.

程锋. 2010. 企业核心能力及其会计反映研究[D]. 西南财经大学博士学位论文.

程也. 2000. 情报能力与企业发展[J]. 上海大学学报（社会科学版），（6）：83-90.

崔新建. 2002. 企业构筑核心竞争力的基石——竞争情报[J]. 管理评论，（12）：23-25.

崔毅龙，陈莹. 2004. 竞争情报系统的投资回报[J]. 知识经济，（2）：74-75.

戴伊 G S，雷布斯坦固 D J，冈特 R E. 2003. 动态竞争战略[M]. 孟立慧，顾勇，龙炼译. 上海：上海交通大学出版社.

稻香. 2006. 得情报者得天下：企业竞争情报管理[M]. 青岛：青岛出版社.

德鲁克 P F. 2009. 21 世纪的管理挑战[M]. 朱雁斌译. 北京：机械工业出版社.

邓向荣. 2004. 企业组织演化理论评价[J]. 经济学动态，（8）：108-111.

丁栋虹. 1999. 制度变迁中企业家成长模式研究[M]. 南京：南京大学出版社.

丁玉芳，单广荣. 2009. 基于模糊评价的企业核心竞争力研究[J]. 统计与决策，（19）：178-179.

丁月华. 2015. 协同学视角下企业竞争情报系统协同的形成和实现机制研究[J]. 情报理论与实践，38（10）：57-63.

杜纲，崔婷. 2005. 企业核心竞争力的层次——维度结构及其评价判定模型研究[J]. 科学学与科学技术管理，26（1）：138-142.

杜纲，程继川，陈卫东. 2000. 企业核心能力分析及其评价方法研究[J]. 天津大学学报（社会科学版），2（1）：56-60.

范锋. 2014-09-24. 创业企业也会有"中等收入陷阱"[EB/OL]. http://fanfeng.blogchina.com/2257296.html.

范莉莉, 高喜, 叶常发. 2010. 企业基于整体无形资产的核心竞争力评价[M]. 北京: 科学出版社.

范昕. 2009. 基于平衡计分卡的企业竞争情报工作绩效评价研究[D]. 合肥工业大学硕士学位论文.

范新华. 2008. 高新技术企业核心能力评价研究[D]. 江苏大学博士学位论文.

方统法. 2001. 论企业核心能力的识别[J]. 外国经济与管理, 23（7）: 9-14.

费莱舍 C S, 本苏桑 B E. 2004. 战略与竞争分析: 商业竞争分析的方法与技巧[M]. 王俊杰, 沈峰, 杨斌, 等译. 北京: 清华大学出版社.

费伊 L. 2005. 竞争者: 以才智、谋略与绩效制胜[M]. 朱舟译. 北京: 中国人民大学出版社.

冯桂平. 2009. 动态竞争条件下的企业间竞争行动特征研究[J]. 科技与管理, 11（6）: 96-99.

冯维扬. 2002. 面向任务的动态竞争情报组织结构模型分析[J]. 情报学报, 21（4）: 486-490.

福斯 N J, 克努森 C. 1998. 企业万能: 面向企业能力理论[M]. 李东红译. 大连: 东北财经大学出版社.

傅湘玲. 2006. 企业信息化集成管理: 理论与案例[M]. 北京: 北京邮电大学出版社.

高峻. 2007. 竞争情报能力与企业核心能力[J]. 图书情报导刊, 17（5）: 98-99.

戈登 I H. 2004. 聚焦锁定目标打击对手[M]. 唐胜军译. 北京: 企业管理出版社.

管益忻. 2000. 培育、强化企业核心能力亟待划清的 10 个界限[J]. 中国工业经济, 3（9）: 6-9.

郭斌, 蔡宁. 2001. 企业核心能力审计: 指标体系与测度方法[J]. 系统工程理论与实践, 21（9）: 7-15.

郭华, 史健勇, 曹如中, 等. 2015. 基于大数据的网络竞争情报服务系统构建研究[J]. 科技管理研究, （16）: 164-169.

郭岚, 任改玲. 2005. 解析企业核心能力知识内涵与层次结构[J]. 商业时代, （23）: 31-32.

郭璇. 2012. 高技术企业竞争情报部门绩效影响因子的路径分析[J]. 图书情报工作, 56（4）: 55, 96-100.

郝德 M, 尼伯格 L. 2005. 信息整合的新竞争力[M]. 王继平译. 北京: 中国劳动社会保障出版社.

胡星光, 包昌火, 等. 2002. 竞争情报解决方案: 企业竞争情报系统和竞争情报技能[M]. 北京: 兵器工业出版社.

化柏林, 李广建. 2015. 大数据环境下的多源融合型竞争情报研究[J]. 情报理论与实践, 38（4）: 1-5.

黄继刚. 2002. 核心竞争力动态管理研究[D]. 中国社会科学院博士学位论文.

黄骥, 王绍平. 2004. 竞争情报效益评价的研究[J]. 情报杂志, 23（12）: 46-47, 50.

黄蕾. 2004. 基于提升企业竞争力的知识管理与竞争情报整合[D]. 北京大学博士学位论文.

黄敏. 2010. 基于伙伴关系的国际承包商核心竞争力研究[D]. 清华大学博士学位论文.

黄晓斌. 2003. 电子商务环境下企业竞争情报工作的创新策略[J]. 武汉大学学报（哲学社会科学版），56（3）：375-379.

黄晓斌. 2006. 网络环境下的竞争情报[M]. 北京：经济管理出版社.

黄晓斌，刘薇. 2015. 网络动态信息及其在企业竞争情报中的应用[J]. 图书情报工作，59（10）：29-33，101.

惠志斌. 2006. 基于知识管理的组织竞争情报研究[J]. 情报杂志，25（5）：97-99.

霍春辉. 2006. 动态竞争优势[M]. 北京：经济管理出版社.

贾仁安. 2014. 组织管理系统动力学[M]. 北京：科学出版社.

江汶，邱晓琳，佘诗武. 2005. 竞争情报决策的信息风险分析及控制研究[J]. 情报杂志，24（4）：50-51.

蒋有凌. 2006. 3PL 企业核心竞争力评价与培育研究[D]. 天津大学博士学位论文.

焦微玲，裴雷. 2015. 竞争情报背景下社会化媒体的价值识别与实现[J]. 情报资料工作，（2）：37-42.

焦玉英，刘鲁. 2000. 论企业核心竞争力与竞争情报战略[J]. 情报理论与实践，23（4）：285-287.

焦玉英，刘鲁. 2003. 企业竞争情报流程整合[J]. 情报科学，21（10）：1017-1019.

金 W C，莫博涅 R. 2005. 蓝海战略：超越产业竞争情报，开创全新市场[M]. 吉宓译. 北京：商务印书馆.

金碚. 2003. 竞争力经济学[M]. 广州：广东经济出版社.

康荣平，柯银斌. 1999. 核心能力论在中国的应用[J]. 科研管理，20（5）：1-5.

柯益锁，张典耀，潘坚，等. 2005. 企业竞争情报信息化研究[J]. 情报学报，24（5）：626-630.

克雷恩 D A. 1999. 智力资本的战略管理[M]. 孟庆国，田克录译. 北京：新华出版社.

赖茂生，周健. 1995. 企业竞争情报体系的建立和发展[C]. 全国竞争情报与企业发展研讨会.

赖晓云. 2005. 提升企业情报竞争力的策略[J]. 广东经济管理学院学报，19（1）：67-70.

郎诵真，王曰芬，朱晓峰. 2001. 竞争情报与企业竞争力[M]. 北京：华夏出版社.

李东红. 1999. 企业核心能力理论评述[J]. 经济学动态，（1）：61-64.

李纪，孙维. 2006. 企业竞争情报系统绩效评价的模糊综合评价[J]. 林业科技情报，38（3）：66-67.

李健，胡蓉. 2006. 个人人际情报网络分析在中小企业中的应用研究[J]. 情报学报，25（3）：379-384.

李鹏燕. 1999. 企业竞争情报的战略分析[J]. 中国科技资源导刊，（4）：20-21.

李维安. 2002. 现代企业活力理论与评价[M]. 北京：中国财政经济出版社.

李艳. 2003. 竞争情报分析方法论[D]. 北京大学博士学位论文.

李颖, 王羽萱, 刘妍. 2014. 企业竞争情报能力解构与评价研究[J]. 情报理论与实践, 37（7）: 33-37.

李宇军, 龚江辉. 2002. 竞争性情报[M]. 北京: 中国物价出版社.

李羽, 郎诵真. 2001. 对竞争情报功效的定性定量分析[J]. 情报理论与实践, 24（3）: 178-180.

林祥, 李垣. 2003. 基于隐性知识的核心能力的维度分析[J]. 经济社会体制比较, （5）: 105-108.

刘冰. 2006. 动态环境中企业竞争情报力解构[J]. 图书情报工作, 50（9）: 69-72, 129.

刘冰. 2007a. 动态环境下的企业竞争情报价值链研究[J]. 情报杂志, 26（7）: 40-42.

刘冰. 2007b. 动态环境中企业竞争情报发展趋势[J]. 图书情报知识, （6）: 21-24.

刘冰. 2007c. 国内外企业竞争情报绩效研究述评[J]. 情报学报, （2）: 222-228.

刘冰. 2007d. 动态环境下企业竞争情报战略研究[J]. 情报学报, 26（4）: 605-611.

刘冰. 2008. 基于动态竞争视角的竞争情报价值链信息流研究[J]. 图书情报工作, 52（6）: 49-52.

刘冰, 高洁. 2009. 企业竞争情报文化论略[J]. 图书情报工作, 53（18）: 86, 96-99.

刘景利. 2001. 竞争情报咨询与技能——国外竞争情报专家讲学报告集[M]. 北京: 中国科技情报学会竞争情报分会; 北京环信咨询公司.

刘树民. 2004. 竞争情报: 挖掘企业的知识资源[M]. 南京: 东南大学出版社.

刘晓燕, 鄢玲. 2013. 中国制造业企业跨国经营的技术创新战略[J]. 中国集体经济, （7）: 46-47.

刘益, 李垣, 汪应洛. 2005. 柔性战略的理论、分析方法及其应用[M]. 北京: 中国人民大学出版社.

刘勇, 马胜杰. 2001. 企业建立核心能力的基本思路[J]. 数量经济技术经济研究, 18（5）: 123-125.

刘玉照, 杜言, 刘建准. 2005. 面向企业信息集成的竞争情报系统[J]. 情报科学, 23（4）: 573-576.

柳宏坤. 2002. 企业竞争情报的成本—效益分析[J]. 情报杂志, 21（11）: 12-13.

陆赟. 2014. 大数据时代迎来竞争情报的春天[J]. 竞争情报, （1）: 29.

路军. 2009. 基于模糊聚类的核心竞争力指标识别[J]. 科技管理研究, 29（8）: 123-125.

骆建彬, 付明智. 2001. CEO的竞争情报能力[J]. IT经理世界, （23）: 83-84.

骆建彬, 严鸢飞. 2005. 竞争情报实务指南[M]. 海口: 南海出版公司.

吕跃进. 2006. 指数标度判断矩阵的一致性检验方法[J]. 统计与决策, （18）: 31-32.

吕跃进. 2007. 层次分析法标度系统评价研究[C]. 中国系统工程学会决策科学专业委员会第四届年会.

吕跃进，张维，曾雪兰. 2003. 指数标度与1-9标度互不相容及其比较研究[J]. 工程数学学报，
　　（8）：77-81.

吕著红. 2002. 竞争情报价值的评估方法[J]. 现代情报，22（11）：24-25.

马尔霍特拉 N. 2015. 营销调研基础：结合社会化媒体[M]. 王学生，杨安良，等译. 北京：清
　　华大学出版社.

马费成. 2007. 论情报学的基本原理及理论体系构建[J]. 情报学报，26（1）：3-13.

马费成，姜婷婷. 2005. 信息构建评价初析[J]. 图书馆论坛，25（6）：48-53.

马费成，宋恩梅. 2005a. 我国情报学研究的历史回顾（Ⅰ）[J]. 情报学报，24（4）：387-397.

马费成，宋恩梅. 2005b. 我国情报学研究的历史回顾（Ⅱ）[J]. 情报学报，24（5）：515-523.

马费成，宋恩梅. 2006. 我国情报学研究分析：以 ACA 为方法[J]. 情报学报，25（3）：
　　259-268.

米勒 J P，企业情报智囊团成员. 2004. 新千年情报：数字时代理解与实施竞争情报[M]. 刘
　　敏，卢平，张东，等译. 北京：科学技术文献出版社.

苗杰，倪波. 2001. 竞争情报系统的业务模式分析研究[J]. 情报学报，20（1）：32-38.

缪其浩. 1996. 市场竞争和竞争情报[M]. 北京：军事医学科学出版社.

彭玉芳，马铭苑. 2015. 大数据环境下的企业竞争情报蛙跳模式构建研究[J]. 情报科学，
　　（8）：142-146.

普赖斯科特 J E，米勒 S H. 2004. 竞争情报应用战略——企业实战案例分析[M]. 包昌火，谢
　　新洲，等译. 长春：长春出版社.

齐庆祝. 2004. 企业能力的维度、层次及层次演进研究[D]. 天津大学博士学位论文.

钱德勒 A D. 2002. 战略与结构：工业企业史的考证[M]. 孟昕译. 昆明：云南人民出版社.

秦铁辉，李艳. 2001. 竞争情报工作鸟瞰[J]. 图书情报知识，（2）：2-6.

秦铁辉，罗超. 2006. 基于信息安全的企业反竞争情报体系构建[J]. 情报科学，24（10）：
　　1441-1445，1450.

秦铁辉，汪琼. 2006. 创建竞争情报与知识管理互动双赢的和谐机制[J]. 图书情报工作，
　　50（10）：63-67.

秦铁辉，舒文芳，晏创业. 2003. 竞争情报与知识管理关系浅析[J]. 图书情报工作，（11）：
　　28-31.

秦铁辉，晏创业，王琳. 2004. 竞争情报与知识管理的互动关系[J]. 情报科学，22（7）：
　　780-784，791.

邱晗. 2005. 基于信息生态圈的竞争情报系统[J]. 情报杂志，6：88-89.

邱均平，张蕊. 2004. 企业竞争情报系统效益评价分析[J]. 情报科学，22（6）：649-652.

任克夷，冯桂平. 2004. 动态竞争中的竞争速度研究[J]. 科学学与科学技术管理，6：114-117

芮明杰. 1999. 世界 500 强的成功之道——培养核心竞争力是关键[J]. 政策与管理，（10）：
　　30-31.

芮明杰. 2001. 培养核心能力——世界 500 强的成功之道[J]. 管理观察，（1）：26-27.

沙克尔 S M，吉姆比克侬 M P. 2005. 企业竞争情报作战室[M]. 王知津，李培，李德升，等译. 北京：人民邮电出版社.

邵波. 2005. 基于信息安全的反竞争情报研究[D]. 南京大学博士学位论文.

邵凌閵，王曰芬. 2004. 企业引入竞争情报的效用分析[J]. 江苏商论，（6）：103-104.

舍伍德 D. 2008. 系统思考[M]. 邱昭良，刘昕译. 北京：机械工业出版社.

沈固朝. 2005a. 两种情报观：Information 还是 Intelligence? ——在情报学和情报工作中引入 Intelligence 的思考[J]. 情报学报，24（3）：259-267.

沈固朝. 2005b. 在情报工作中引入 Intelligence 的理论与实践[J]. 图书情报工作，49（1）：9-10.

沈丽容. 2001. 北京竞争情报发展模式探析[J]. 情报学报，20（3）：303-308.

沈丽容. 2003. 竞争情报：中国企业生存的第四要素[M]. 北京：北京图书馆出版社.

圣吉 P M. 1998. 第五项修炼——学习型组织的艺术与实务[M]. 郭进隆译. 上海：上海三联书店.

史东明. 2002. 核心能力论：构筑企业与产业的国际竞争力[M]. 北京：北京大学出版社.

史健勇. 2014. 基于价值链重构的企业竞争情报价值增值研究[J]. 情报科学，32（5）：37-41.

史丽萍，刘强. 2015. 企业竞争情报质量的驱动因素和使能因素分析[J]. 情报科学，（9）：136-139.

史敏，刘素华，李维思，等. 2013. 面向技术创新的企业信息情报能力成熟度诊断模型研究[J]. 图书情报工作，57（24）：106-111.

舒康，梁镇韩. 1990. AHP 中的指数标度法[J]. 系统工程理论与实践，10（1）：6-8.

宋洁，曹青. 2007. 企业主流竞争情报方法比较研究[J]. 情报科学，25（2）：183-187.

宋文官，吴晓伟，徐福缘. 2006. 电子商务对竞争情报价值链影响的框架模型研究[J]. 情报杂志，25（10）：28-32.

孙涛涛，吴贺新. 2005. 企业竞争情报和反竞争情报整合性研究[J]. 情报学报，24（4）：490-498.

孙永发. 2003. 情报学进展：2002—2003 年度评论[M]. 第五卷. 北京：国防工业出版社.

泰森 K W M. 2005. 竞争情报完全指南[M]. 王玉，郑逢波，张佳浩，等译. 北京：中国人民大学出版社.

谭亮. 2010. 企业核心竞争力的形成、度量及评价——兼 GE 逾百年持续发展案例研究[D]. 重庆大学博士学位论文.

田超. 2003. 核心能力战略及实证研究[D]. 复旦大学博士学位论文.

万剑锋. 2014. 企业竞争情报价值的体现[J]. 竞争情报，（3）：11-17.

万伦来，达庆利. 2003. 企业核心能力的识别方法研究[J]. 管理工程学报，17（2）：54-59.

汪克夷，冯桂平. 2004. 动态竞争中的竞争速度研究[J]. 科学学与科学技术管理，25（6）：114-117.

王洪亮，张琪，朱延涛. 2015. 大数据环境下中小企业竞争情报系统模型构建[J]. 情报理论与实践，38（7）：109-114.

王晋. 2005. 竞争情报收集中的"一次信息"和"二次信息"研究[J]. 情报科学，23（7）：1012-1015.

王莲芬，许树柏. 1990. 层次分析法引论[M]. 北京：中国人民大学出版社.

王培林. 2005. 情报竞争力概念分析[J]. 高校图书情报论坛，4（1）：54-56.

王倩，邵凌赟. 2004. 企业竞争情报系统与知识管理系统整合共建研究[J]. 情报杂志，23（12）：56-57，61.

王庆东. 2005. 专有知识、核心能力与企业的异质性[J]. 南京大学学报（哲学·人文科学·社会科学），42（3）：64-68.

王沙骋，张慧军，赵澄谋. 2006. 军事竞争情报与企业竞争情报的互动与融合[J]. 情报科学，24（11）：1728-1731.

王炜. 2009. 基于核心能力的企业战略扩张能力研究[D]. 华中科技大学博士学位论文.

王翔. 2006. 企业动态能力演化理论和实证研究[D]. 复旦大学博士学位论文.

王毅. 2002. 我国企业核心能力实证研究[J]. 管理科学学报，5（2）：74-82.

王毅. 2004. 企业核心能力与技术创新战略[M]. 北京：中国金融出版社.

王秀丽. 2004. 企业核心竞争力的分析与评价体系研究[D]. 北京：对外经济贸易大学博士论文.

王秀丽. 2006. 企业核心竞争力的分析与评价体系研究[D]. 对外经济贸易大学博士学位论文.

王秀丽. 2007. 企业核心竞争力的评价方法体系研究[M]. 北京：中国财政经济出版社.

王毅，陈劲. 2000. 企业核心能力：理论溯源与逻辑结构剖析[J]. 管理科学学报，（3）：24-32.

王毅，陈庆，许庆瑞. 2000. 企业核心能力测度述评[J]. 科技管理研究，（1）：5-8.

王迎军，王永贵. 2000. 动态环境下营造竞争优势的关键维度——基于资源的"战略柔性"透视（上）[J]. 外国经济与管理，（7）：23-25.

王煜全，Zutshi A. 2004. 情报制胜：企业竞争情报[M]. 北京：科学出版社.

王曰芬，邵鹏，熊铭辉. 2007. 基于价值分析理论的企业竞争情报系统效用评估探索[J]. 情报理论与实践，30（1）：52-55.

王振强. 2002-09-16. 用知识管理思想建设企业竞争情报[N]. 计算机世界，G07.

王知津. 1998. 从情报组织到知识组织[J]. 情报学报，17（3）：230-234.

王知津. 2004. 竞争情报[M]. 北京：科学文献出版社.

王知津，马旭玲. 2005a. 基于情报流程的企业情报能力研究[J]. 中国信息导报，（11）：48-51.

王知津，马旭玲. 2005b. 企业对外信息传播战略[J]. 中国信息导报，（7）：55-56.

王知津，孙立立. 2006. 竞争情报战争游戏法研究[J]. 情报科学，24（3）：342-346.

韦斯特 C. 2005. 商业竞争对手的情报搜集、分析、评估[M]. 北京世纪英闻翻译公司译. 北京：中国商务出版社.

魏江. 1999. 企业核心能力的内涵和本质[J]. 管理工程学报，13（1）：59-61.

魏江，许庆瑞. 1996. 企业技术能力与技术创新能力的协调性研究[J]. 科学管理研究，14（4）：15-21.

吴价宝，达庆利. 2002. 核心能力的系统性识别[J]. 中国软科学，（10）：51-55.

吴思华. 1998. 策略九说[M]. 台北：麦田出版社.

吴思华. 2002. 策略九说[M]. 上海：复旦大学出版社.

吴晓伟，徐福缘. 2007. 企业竞争情报人员体系结构研究[J]. 情报理论与实践，30（2）：189-193.

吴晓伟，陈丹亚，李丹. 2005. 国内企业竞争情报系统现状的实证研究[J]. 情报杂志，24（10）：6-9.

吴应宇，路云. 2003. 企业可持续竞争能力及其影响因素分析[J]. 中国软科学，（9）：88-91.

吴政，包昌火. 2006. 基于竞争情报分析的企业经营者选择问题研究[J]. 情报学报，25（3）：375-378.

希特 M A，爱尔兰 R D，霍斯基森 R E. 2009. 战略管理：竞争与全球化[M]. 吕巍，等译. 北京：机械工业出版社.

夏湘远. 2010. 企业核心竞争力视阈中的隐性知识管理研究[D]. 中南大学博士学位论文.

谢新洲. 2006. 企业信息化与竞争情报[M]. 北京：北京大学出版社.

谢新洲，李娜，黄绍起. 2001a. 我国企业信息化与竞争情报的实态调查（上）[J]. 情报学报，20（3）：295-302.

谢新洲，李娜，黄绍起. 2001b. 我国企业信息化与竞争情报的实态调查（下）[J]. 情报学报，20（4）：434-442.

许庆瑞，魏江. 1995. 中小企业提高技术能力的对策研究[J]. 科研管理，16（1）：15-19.

许祥秦，闫俊宏. 2006. 企业竞争情报系统绩效综合评价[J]. 情报杂志，25（12）：65-67.

许正良，徐颖，王利政. 2004. 企业核心竞争力的结构解析[J]. 中国软科学，（5）：82-87.

薛克香. 2004. 论竞争情报与企业知识管理的互动关系[J]. 情报杂志，23（4）：65-66.

晏创业. 2003. 竞争情报在提升企业核心竞争力中的作用机理[J]. 中国信息导报，（12）：46-47.

晏创业. 2005. 竞争情报活动中的人际网络研究[D]. 北京大学博士学位论文.

杨春红. 2004. 我国企业竞争情报软、硬能力建设的研究[D]. 中国科学技术信息研究所硕士学位论文.

杨会荣. 2015. 大数据思维与企业竞争情报变革[J]. 竞争情报，11（3）：20-23.

杨鹏鹏，万迪防，梁晓莉. 2005a. 企业家社会资本及其与企业情报竞争力关系的实证研究——以陕西小型民营科技企业为例[J]. 情报杂志，24（7）：29-31.

杨鹏鹏，万迪防，梁晓莉. 2005b. 企业竞争情报人员胜任力评价指标体系的构建[J]. 图书与情报，（2）：53-55.

杨伟宁. 2008. 基于知识管理的企业信息能力形成机理研究[D]. 吉林大学硕士学位论文.

杨晓宁，李然. 2012. 基于 BP 神经网络的企业竞争情报能力评价方法[J]. 江苏科技信息（学术研究），（5）：95-97.

杨学泉. 2003. 提升企业情报竞争力的思考[J]. 现代情报，23（6）：129-130，132.

叶学锋，魏江. 2001. 基于层次分析的核心能力的培育与提升[J]. 科学学与科学技术管理，22（6）：20-22.

于爱霞，夏佩福. 2005. 企业竞争情报工作的业绩评价[J]. 情报科学，23（10）：1461-1464.

袁振华. 2011. 国家开发银行核心竞争力研究[D]. 中南大学博士学位论文.

岳剑波. 1999. 企业信息化与竞争情报系统[J]. 情报理论与实践，22（2）：112-115.

曾鸿. 2005. 竞争情报与情报竞争力[J]. 中国管理信息化，（10）：62-64.

曾忠禄. 2000. 情报制胜：如何搜集、分析和利用企业竞争情报[M]. 北京：企业管理出版社.

曾忠禄. 2004. 企业竞争情报管理：战胜竞争对手的秘密武器[M]. 广州：暨南大学出版社.

查先进. 2000. 信息分析与预测[M]. 武汉：武汉大学出版社.

张金昌. 2002. 国际竞争力评价的理论与方法[M]. 北京：经济科学出版社.

张俊. 2013. 企业竞争情报能力培育模型的构建与运行[J]. 图书馆学研究，（1）：27-29.

张瑞敏. 2006. 海尔的全球品牌攻坚战[J]. 中外管理，（2）：68-71.

张文松. 2005. 企业战略能力研究[M]. 北京：科学出版社.

张玺. 2006. 企业核心能力动态适应性演化机理及其控制研究[D]. 四川大学博士学位论文.

张逸杰，王艳. 2006. 基于竞争情报的企业 IPO 评价研究[J]. 情报杂志，25（12）：46-48.

张元智，马鸣萧. 2004. 企业规模、规模经济与产业集群[J]. 中国工业经济，（6）：29-35.

张正亚，顾朝兵，耿笑. 2014. 企业竞争情报绩效评价模型研究[J]. 农业图书情报学刊，26（9）：36-41.

赵纯. 2009. 我国企业竞争情报发展的动力机制与实施机制研究[D]. 吉林大学硕士学位论文.

赵培云，蒋丽影. 2004. 人才决定情报质量[J]. 中国经济和信息化，（40）：52.

赵向飞，董雪静. 2005. 企业核心竞争力的动态模糊评价模型[J]. 统计与决策，（6）：135-137.

赵彦，张鸿业. 2013. 科技型企业技术竞争情报能力指标体系构建[J]. 数字图书馆论坛，（5）：64-71.

赵勇. 2003. 企业核心能力理论研究与实证研究[D]. 西南交通大学博士学位论文.

郑景丽，司有和. 2003. 企业知识管理水平评价指标体系研究[J]. 经济体制改革，（5）：162-165.

郑荣. 2008. 企业竞争情报能力增长机理及其评价研究[D]. 吉林大学博士学位论文.

郑荣，靖继鹏. 2009. 企业竞争情报能力增长的作用机理研究[J]. 情报理论与实践，32（11）：27-31.

郑荣，靖继鹏，刘姝宏. 2007. 企业竞争情报能力的影响因素分析[J]. 情报科学，25（8）：1262-1266，1276.

郑荣，靖继鹏，安静. 2010a. 企业竞争情报能力培育及其评价研究[J]. 情报理论与实践，33（5）：39-42.

郑荣，张晗，吴杨. 2010b. 企业竞争情报能力结构模型研究[J]. 情报科学，28（2）：298-301.

周海炜，刘雅琼. 2011. 企业高管情报意识与竞争情报绩效的关系研究[J]. 情报杂志，30（11）：15-20.

周清杰. 2005. 企业"黑箱"解析：动态企业理论研究[M]. 北京：中国财政经济出版社.

周文杰. 2014. 风险型决策中竞争情报价值核算的原理与模型[J]. 情报杂志，33（12）：19-24.

朱德利. 2007. 基于要素细分的竞争情报四维分析构架[J]. 情报学报，26（1）：89-99.

朱鹏. 2010. 基于点赋权图的企业核心能力研究[D]. 山东大学博士学位论文.

朱庆华. 2004. 信息分析：基础、方法及应用 [M]. 北京：科学出版社.

朱庆华. 2012. 网络信息资源评价指标体系的建立和测定[M]. 北京：商务印书馆.

庄玮. 2004. 竞争情报的效用评估之我见[J]. 情报杂志，23（6）：51-52，55.

邹国庆，徐庆仑. 2005. 核心能力的构成维度及其特性[J]. 中国工业经济，（5）：96-103.

Cook M，Cook C. 2006. 竞争智能[M]. 黄治康、黄载曦、张赟译. 成都：西南财经大学出版社.

D'Aveni R A. 1998. 超优势竞争：新时代的动态竞争理论与应用[M]. 许梅芳译. 台北：远流出版事业股份有限公司.

Alreck P L，Settle R B. 1985. The Survey Research Handbook[M]. New York：Mcgraw-hill.

Amit R，Schoemaker P J H. 1993. Strategic assets and organizational rent[J]. Strategic Management Journal，14（1）：33-46.

Ansoff H I. 1980. Strategic issue management[J]. Strategic Management Journal，1（2）：131-148.

Arnett D B，Menon A，Wilcox J B. 2000. Using competitive intelligence：antecedents and consequences[J]. Competitive Intelligence Review，11（3）：16-27.

Arrow K. 1962. The economic implication of learning by doing[J]. Review of Economic Studies，29（3）：131-149.

Attaway C M. 1998. A review of issues related to gathering and assessing competitive intelligence[J]. American Business Review，16（1）：25-35.

Babbie E. 2002. The Basics of Social Research [M]. London：SAGE Publications Ltd.

Barbeschi M，Hamel G，Heene A，et al. 1994. Competence-Based Competitions[M]. New York：John Wiley.

Barney J B. 1991. Firm resource and sustained competitive advantage[J]. Journal of Management，17（1）：99-120.

Baum J A C，Singh J V. 1994. Evolutionary Dynamics of Organizations[M]. NewYork：Oxford Usa

Trade.

Becker W J, Rohe R D, Thomps. 1995. Competitive Intelligence: Creating Value for the Organization — Final Report on SCIP Sponsored Research[M]. Virginia: Society of Competitive Intelligence Professionals.

Behnke L, Slayton P. 1998. Shaping a corporate competitive intelligence function at IBM[J]. Competitive Intelligence Review, 9（2）: 4-9.

Berger A. 2015. Small but powerful: six steps for conducting competitive intelligence successfully at a medium-sized firm[J]. Competitive Intelligence Review, 8（4）: 75-77.

Bernhardt D C. 1999. Consumer versus producer: overcoming the disconnect between management and competitive intelligence[J]. Competitive Intelligence Review, 10（3）: 19-26.

Breacher S. 1999. Tools for predicting alternative futures[J]. Competitive Intelligence Magazine, 2（3）: 19-22.

Breeding B. 2015. CI and KM convergence: a case study at shell services international[J]. Competitive Intelligence Review, 11（4）: 12-24.

Brinberg D, McGrath J E. 1982. A network of validity concepts within the research process[J]. New Directions for Methodology of Social & Behavioral Science, 12: 5-21

Bryant P J, Chu J, Herring J, et al. 1998. Starting a competitive technical intelligence function: a roundtable discussion[J]. Competitive Intelligence Review, 9（2）: 26-33.

Bulger N. 2009. Intelligence Solving Wicked Problems – How CI Practices are Contributing to the Betterment of the World[BE/OL]. https://www.scip.org/SCIPConferences.php, 2009-08-16.

Camerer C F, Vepsalainen A. 1988. The economic efficiency of corporate culture strategic[J]. Strategic Management Journal, 9（S1）: 115-126.

Cartwright D L. 1993. The use and perceived usefulness of competitive intelligence in U.S. firms based on strategies orientation of the firms[D]. PhD. Dissertation of Saint Louis University.

Caudron S. 1994. I spy, you spy.[J]. Industry Week, 243（18）: 35-40.

Cavalcanti E P. 2005. The relationship between business intelligence and business success[J]. Journal of Competitive Intelligence and Management, （1）: 6-15.

Chares H, Canongia C, Gaspar A, et al. 2015. The potential of competitive intelligence tools for knowledge management: a study of a brazilian database[J]. Competitive Intelligence Review, 11（4）: 47-56.

Chen H, Chiang R H L, Storey V C. 2012. Business intelligence and analytics: from big data to big impact[J]. MIS Quarterly, 36（4）: 1165-1188.

Chen M J, Macmillan I C. 1992. Nonresponse and delayed response to competitive moves: the roles of competitor dependence and action irreversibility[J]. Academy of Management Journal, 35（3）: 539-570.

Chin D，Golinsky J. 1998. Moving beyond McDonnell Douglas：a simplified method for assessing evidence in discrimination cases[J]. Brooklyn Law Review，64（2）：659-679.

Christensen E W，Bailey J R. 1998. Task performance using the library and internet to acquire business intelligence[J]. Internet Research Electronic Networking Applications & Policy，8（8）：290-302.

Chuang S H. 2004. A resource-based perspective on knowledge management capability and competitive advantage：an empirical investigation[J]. Expert Systems with Applications，27（3）：459-465.

Cobb P. 2003. Competitive intelligence through data mining[J]. Journal of Competitive Intelligence and Management，1（3）：80-89.

Coburn M M. 1999. Competitive Technical Intelligence：A Guide to Design，Analysis and Action[M]. Oxford：Oxford University Press.

Collis D J，Montgomery C A. 1995. Competing on resources：strategy in the 1990s[J]. Harvard Business Review，73（4）：118-128.

Coombs R. 1996. Core competence and the strategic management of R&D[J]. R&D Management，26（4）：345-355.

Côrte-Real N，Ruivo P，Oliveira T. 2014. The diffusion stages of business intelligence & analytics （BI&A）：a systematic mapping study[J]. Procedia Technology，（16）：172-179.

Costley G E. 1996. An executive perspective of competitive analysis[J]. Advances in Applied Business Strategy，2：87-92.

Cottrill K. 1998. Turning competitive intelligence into business knowledge[J]. Journal of Business Strategy，19（4）：27-30.

Crowley E. 2004. Building a competitive intelligence capability[EB/OL]. http://whattheythink.com/articles/6181-building-competitive-intelligence-capability.

D'Aveni R A，Gunther R E. 1994. Hyper-Competition：Managing the Dynamics of Strategic Maneuvering[M]. New York：The Free Press.

Davison L. 2001. Measuring competitive intelligence effectiveness：insights from the advertising industry[J]. Competitive Intelligence Review，12（4）：25-38.

Demsetz H. 1973. Industry structure，market rivalry and public policy[J]. Journal of Law & Economics，（16）：1-9.

Dierickx I，Cool K. 1989. Asset stock accumulation and sustainability of competitive advantage[J]. Management Science，35（12）：1504-1511.

Dosi G，Teece D J. 1998. Organizational competencies and the boundaries of the firm[J]. Markets and Organization，281-302.

Downham M. 1996. Symposium understanding the competition：the CEO's perspective [J].

Competitive Intelligence Review, 7（3）：4-14.

Dreyer B, Grønhaug K. 2004. Uncertainty, flexibility, and sustained competitive advantage[J]. Journal of Business Research, 57（5）：484-494.

Dugal M S. 1996. Integrating competitive intelligence in organizations[D]. PhD. Dissertation of University of Pittsburgh.

Durand T. 1997. Strategizing for Innovation：Competence Analysis in Assessing Strategic Change [M]. New York：Wiley & Sons Ltd.

Dutka A F. 1999. Competitive Intelligence for the Competitive Edge[M]. New York：McGraw Hill Professional.

Elbashir M Z, Collier P A, Davern M J. 2008. Measuring the effects of business intelligence systems：the relationship between business process and organizational performance[J]. International Journal of Accounting Information Systems, 9（3）：135-153.

Ettorre B. 1995. Managing competitive intelligence[J]. Management Review, 84（10）：15-19.

Fleisher C S. 1991. Applying quality process evaluation to the CI function[J]. Competitive Intelligence Review, 2（1）：5-8.

Fleisher C S, Blenkhorn D L. 2001. Managing Frontiers in Competitive Intelligence[M]. London：Greenwood Publishing Group.

Forrester J W, Senge P M. 1980. Tests for building confidence in system dynamics models[C]//Legasto A A Jr, Forrester J W, Lyneis J M. System Dynamics. Amsterdam：North-Holland Publishing Company：209-228.

Foss N J, Knudsen C. 1996. Toward a Competence Theory of the Firm[M]. London：Routledge.

Fourie L H C. 2009. World-Wide Web as an instrument for competitive intelligence in a tertiary educational environment[J]. South African Journal of Information Management, 12（3）：91-101.

Francis D B, Herring J P. 1999. Key intelligence topics：a window on the corporate competitive psyche[J]. Competitive Intelligence Review, 10（4）：10-19.

Franco M, Magrinho A, Ramos S J. 2011. Competitive intelligence：a research model tested on Portuguese firms[J]. Business Process Management Journal, 17（2）：332-356.

François J . 1991. Pratique de la Veille Technologique [M]. Paris：Dunod.

Fuld L M. 1991. A recipe for business intelligence success[J]. Journal of Business Strategy, 12（1）：12-17.

Fuld L M. 1995. The New Competitor Intelligence[M]. New York：John Wiley & Sons.

Funahashi S, Hasegawa T, Nagano A, et al. 2010. Symposium understanding the competition：the CEO's perspective[J]. Competitive Intelligence Review, 7（3）：4-14.

Gallon M R, Stillman H M, Coates D. 1995. Putting core competency thinking into practice[J].

Research Technology Management, 11（3~4）：441-450.

Garcia-Alsina M, Ortoll E, Cobarsí-Morales J. 2013. Enabler and inhibitor factors influencing competitive intelligence practices[J]. Aslib Proceedings, 65（3）：262-288.

Ghoshal S, Kim S K. 1980. Building effective intelligence systems for competitive advantage [J]. Sloan Management Review, 1（1）：49-58.

Gibbons P T, Prescott J E. 1992. The parallel process of competitive intelligence: why it exists and what can we do about it? [J]. Competitive Intelligence Review, 3（2）：11-13.

Gieckes H. 2001. Competitive intelligence at Lenix-Nexis[J]. Competitive Intelligence Review, 11（2）：4-11.

Gilad B. 1998. What is intelligence analysis? Part II [J]. Competitive Intelligence Magazine, 1（3）：29-31.

Gilad B. 2004. Early Warning: Using Competitive Intelligence to Anticipate Market Shifts, Control Risk, and Create Powerful Strategies[M]. New York: American Management Association.

Gilad B, Gilad T. 1980. SMR forum: business intelligence-the quiet revolution[J]. Sloan Management Review, 27（4）：53-61.

Gold A H, Malhotra A, Segars A H. 2001. Knowledge management: an organizational capabilities perspective[J]. Journal of Management Information Systems, 18（1）：185-214.

Grant R M. 1996. Prospering in dynamically competition environment: organizational capability as knowledge integration[J]. Organizational Science, 7（4）：375-387.

Grant R M. 1999. The resource-based theory of competitive advantage: implications for strategy formulation[J]. California Management Review, 33（3）：3-23.

Grönlund J. 2010. Open innovation and the stage-gate process: a revised model for new product development[J]. California Management Review, 52（3）：106-131.

Guimaraes T. 2013. The impact of competitive intelligence and IS support in changing small business organizations[J]. Logistics Information Management, 13（3）：117-125.

Hafeez K, Zhang Y B, Malak N. 2002. Determining key capabilities of a firm using analytic hierarchy process[J]. International Journal of Production Economics, 76（1）：39-51.

Hamblen M. 2000. Competitive intelligence[J]. Computer World, 34（5）：53.

Hamel G, Heence A. 1994. Competence-based Competition[M]. New York: Wiley & Sons.

Hedin H. 2000. Leveraging information & knowledge culture: a prerequisite for successful intelligence[C]. Conference Proceedings of 15th Annual International Conference and Exhibit of SCIP: 245-247.

Henderson R, Cockburn I. 1994. Measuring competence: exploring firm effects in pharmaceutical research[J]. Strategic Management Journal, 15（S1）：63-84.

Herring J P. 1991. Senior management must champion business intelligence programs[J]. Journal of

Business Strategy, 12（5）: 48-52.

Herring J P. 1992. Business intelligence in Japan and Sweden: lessons for the US[J]. Journal of Business Strategy, 13（2）: 44-49.

Herring J P. 1996a. Measuring the Effectiveness of Competitive Intelligence: Assessing Your Organization. Alexandria[M]. Virginia: Society of Competitive Intelligence Professionals.

Herring J P. 1996b. Measuring the Value of Competitive Intelligence: Accessing & Communicating CI's Value to Your Organization[M]. Virginia: Society of Competitive Intelligence Professionals.

Herring J P. 1998. What is intelligence analysis? [J]. Competitive Intelligence Magazine, 1（2）: 13-16.

Herring J P. 2003. The future of competitive intelligence: driven by knowledge-based competition[J]. Competitive Intelligence Magazine, 6（2）: 6-13.

Herring J. 1997. Managing the intelligence operation vol. iii: keys to professional management[C]// Conference Proceedings of 1997 Annual International Conference & Exhibit of SCIP, 1: 51.

Hibbetd B, Evatt A. 2004. Mapping information flows: a practical guide[J]. Information Management Journal, （1）: 58-64.

Hitt M A, Keats B W, DeMarie S M. 1998. Navigating in the new competitive landscape: building strategic flexibility and competitive advantage in the 21st century[J]. The Academy of Management Executive（1993-2005）, 12（4）: 22-42.

Horne M. 2015. Competitive intelligence in the business valuation profession: a case study[J]. Competitive Intelligence Review, 10（3）: 33-42.

Hughes D E, Bon J L, Rapp A. 2013. Gaining and leveraging customer-based competitive intelligence: the pivotal role of social capital and salesperson adaptive selling skills[J]. Journal of the Academy of Marketing Science, 41（1）: 91-110.

Huster M. 2005. Marketing intelligence: a first mover advantage[J]. Competitive Intelligence Magazine, 8（2）: 13-17.

Işık Ö, Jones M C, Sidorova A. 2013. Business intelligence success: the role of BI capabilities and decision environment[J]. Information & Management, 50（1）: 13-23.

Jakobiak F. 1991. La Pratique de la Veille Technologique[M]. Paris: Dunod.

Javidan M. 1998. Core competence: what does it mean in practice? [J]. Long Range Planning, 31（1）: 60-71.

Jaworski B J, Wee L C. 1993. Competitive Intelligence: Creating Value for the Organization; Final Report on SCIP Sponsored Research, August 1993[M]. Alexandria, VA: Society of Competitive Intelligence Professionals.

Jaworski B J, Macinnis D J, Kohli A K. 2002. Generating competitive intelligence in organizations [J].

Journal of Market-Focused Management, 5（4）: 279-307.

Jin T, Ju B. 2014. The corporate information agency: do competitive intelligence practitioner utilize it? [J]. Journal of the Association for Information Science & Technology, （65）: 589-608.

Johannesson J. 2001. Competitive intelligence for small business management in the global environment[J]. Journal of Institute of Environment & Management, 12（4）: 24-30.

Johannessen J A, Olsen B. 2003. Knowledge management and sustainable competition advantage: the impact of dynamic contextual training[J]. International Journal of Information Management, 23（4）: 277-289.

Johnson A R. 2001. System for synchronizing multiple computers with a common timing reference: U.S. Patent 6, 324, 586[P].

Johnson R J. 1994. A Cognitive Approach to the Representation of Managerial Competitive Intelligence Knowledge[D]. PhD. Dissertation of the University of Arizona.

Jones M C, Sidorova A. 2013. Business intelligence success: the role of BI capabilities and decision environment[J]. Information & Management, 50（1）: 13-23.

Kadayam S. 2002. The new business intelligence[J]. KM World, 1: 6-7.

Kahaner L. 1996. Competitive Intelligence: How to Gather, Analyze, and Use Information to Move Your Business to the Top [M]. New York: Simon & Schuster.

Kilmetz S D, Bridge R S. 1999. Gauging the returns on investments in competitive intelligence: a three-step analysis for executive decision makers[J]. Competitive Intelligence Review, 10（1）: 4-11.

Kim W C, Manborgne R. 1997. Value innovation: the strategic logic of high growth[J]. Harvard Business Review, 75（1）: 102-112.

Klein J, Gee D, Jones H. 1998. Analysing clusters of skills in R&D—core competencies, metaphors, visualization and the role of IT[J]. R&D Management, 28（1）: 37-42.

Laalo A T. 2015. Intranets and competitive intelligence: creating access to knowledge[J]. Competitive Intelligence Review, 9（4）: 63-72.

Lackman C L, Saban K, Lanasa J M. 2000. Organizing the competitive intelligence function: a benchmarking study[J]. Competitive Intelligence Review, 11（1）: 17-27.

Lado A A, Wilson M C. 1994. Human resource system and sustained competitive advantage: a competency-based perspective[J]. Academy of Management Review, 19（4）: 699-727.

Langabeer J R. 1999. Exploring the CI value equation[J]. Competitive Intelligence Review, 10（3）: 27-32.

Lee H, Choi B. 2003. Knowledge management enablers, processes, and organizational performance: an integrative view and empirical examination[J]. Journal of Management

Information Systems, 20 (1) : 179-228.

Lee V W Y. 2004. CI values: the relationship between e-business information and competitive intelligence (CI) in the digital era: studying the CI speed, width, and depth of intelligence in five digital networks[D].PhD. Dissertation of Capella University.

Lei D, Hitt M A, Bettis R. 1996. Dynamic core competences through meta-learning and strategic context[J]. Journal of Management, 22 (4) : 549-569.

Leonard-Barton D. 1992. Core capabilities and core rigidities: a paradox in managing new product development[J]. Strategic Management Journal, 13 (S1) : 111-125.

Leonard-Barton D. 2009. Wellspring of Knowledge: Building and Sustaining the Sources of Innovation[M]. Boston: Social Science Electronic Publishing.

Levin A Y, Volberda H W. 1999. Prolegomena on coevolution: a framework for research on strategy and new organizational forms[J]. Organization Science, 10 (5) : 519-534.

Maag G D, Kalinowski D J. 1999. Expectation management for better CI results[J]. Competitive Intelligence Magazine, 2 (2) : 13.

Magrinho A, Silva J R, Franco M. 2011. Competitive intelligence: a research model tested on portuguese firms[J]. Business Process Management Journal, 17 (2) : 332-356.

Marceau S, Sawka K. 1999. Developing a world-class CI program in telecoms[J]. Competitive Intelligence Review, 10 (4) : 30-40.

Mariadoss B J, Milewicz C, Lee S, et al. 2014. Salesperson competitive intelligence and performance: the role of product knowledge and sales force automation usage[J]. Industrial Marketing Management, 43 (1) : 136-145.

Marin-Llanes L, Carro-Cartaya J, Espin-Andrade R. 2001. Information analysis techniques for the competitive intelligence process[J]. Competitive Intelligence Review, 12 (1) : 32-40.

McCrohan K F. 1998. Competitive intelligence: preparing for the information war[J]. Long Range Planning, 31 (4) : 586-593.

McGonagle J J. 1997. The art and science of business intelligence analysis[J]. Competitive Intelligence Review, 8 (3) : 99-100.

McGonagle J J, Vella C M. 2002. A case for competitive intelligence[J]. Information Management Journal, (7~8) : 35-40.

McGonagle J J, Vella C M. 2008. Competitive intelligence in action[J]. Engineering Management Review IEEE, 36 (3) : 12.

Mcgrath R G, MacMillan I C, Venkataraman S. 1995. Defining and developing competence: a strategic process paradigm[J]. Strategic Management Journal, 16 (4) : 251-275.

Meyer M H, Utterback J M. 1993. The product family and the dynamics of core capability[J]. MIT Sloan Management Review, 34: 29-47.

Meyer M H. 1997. Revitalize your product lines through continuous platform renewal[J]. Research-Technology Management, 40（2）: 17-28.

Miller D, Chen M J. 1994. Sources and consequences of competitive inertia: a study of the U.S. airline industry[J]. Administrative Science Quarterly, 39（1）: 1-23.

Miller S H. 2001. Competitive intelligence—an overview[J]. Competitive Intelligence Magazine, 14（3）: 43-55.

Miranda S M, Saunders C S. 2003. The social construction of meaning: an alternative perspective on information sharing[J]. Information System Research, 14（1）: 87-106.

Miree C E. 1999. Coordinating Strategic and Tactical Intelligence in Organizations[D]. PhD. Dissertation of University of Pittsburgh.

Miree C E, Prescott J E. 2000. "TAP-IN" to strategic and tactical intelligence in the sales and marketing functions[J]. Competitive Intelligence Review, 11（1）: 4-16.

Mockler R J. 1992. Strategic intelligence systems competitive intelligence systems to support strategic management decision making[J]. Sam Advanced Management Journal, 57（1）: 4-9.

Myburgh S. 2004. Competitive intelligence: bridging organizational boundaries[J]. Information Management Journal, （3~4）: 46-55.

Nonaka I. 1994. A dynamic theory of organizational knowledge creation[J]. Organization Science, 5（1）: 14-37.

Nunnally J C, Bernstein I H. 1994. Validity[J]. Psychometric Theory, 3: 99-132.

Oliver C. 1997. Sustainable competitive advantage: combining institutional and resource-based views[J]. Strategic Management Journal, 18（9）: 697-713.

Oppenheim C. 1997. Managers, use and handling of information[J]. International Journal of Information Management, 17（4）: 239-248.

Patel P, Pavitt K. 1997a. Patent Method[M]. Aberdean: Aberdean University Press.

Patel P, Pavitt K. 1997b. The technological competencies of the world's largest firms: complex and path-dependent, but not much variety[J]. Research Policy, 26（2）: 141-156.

Penrose E. 1995. The Theory of the Growth of the Firm[M]. Oxford: Oxford University Press.

Pepper J E. 2015. Competitive intelligence at procter & gamble[J]. Competitive Intelligence Review, 10（4）: 4-9.

Pole J G, Madsen E, Dishman P. 2015. Competitive intelligence as a construct for organizational change[J]. Competitive Intelligence Review, 11（4）: 25-31.

Powell J H, Bradford J P. 2000. Targeting intelligence gathering in a dynamic competitive environment[J]. International Journal of Information Management, 20（3）: 181-195.

Powell T W. 1996. Analysis in Business Planning and Strategy Formulation. The Art and Science of

Business Intelligence Analysis[M]. London: JAI Press Inc.

Powell T, Allgaier C. 2015. Enhancing sales and marketing effectiveness through competitive intelligence[J]. Competitive Intelligence Review, 9（4）: 29-41.

Prahalad C K. 1993. The role of core competencies in the corporation[J]. Research-Technology Management, 36（6）: 40-47.

Prahalad C K, Bettis R A. 1986. The dominant logic: a new linkage between diversity and performance[J]. Strategic Management Journal, 7（6）: 485-501.

Prahalad C K, Hamel G. 1990. The core competence of the corporation[J]. Harvard Business Review, （5~6）: 79-91.

Prahalad C K, Hamel G. 2006. The core competence of the corporation[J]. Harvard Business Review, 68（3）: 275-292.

Prencipe A. 1997. Technological competencies and product's evolutionary dynamics: a case study from the aeroengine industry[J]. Research Policy, 25（8）: 1261-1276.

Prescott J E. 1989a. A Survey of Competitive Intelligence Professionals. In Advances in Competitive Intelligence[M]. Vienna: Society of Competitor Intelligence Professional.

Prescott J E. 1989b. Competitive Intelligence: Its Role and Function in Organization. In Advances in Competitive Intelligence[M]. Virginia: Society of Competitor Intelligence Professional.

Prescott J E. 1998. Competitive Intelligence: Designing a Process for Action[J]. APMP Professional Journal, （2）: 15-20.

Prescott J E. 1999. The evolution of competitive intelligence: designing a process for action[J]. APMP Professional Journal, （2）: 37-53.

Prescott J E. 2000. Developing a successful CI program[C]. Conference Proceedings of 15th Annual International Conference and Exhibit of SCIP.

Prescott J E. 2001. Competitive intelligence: lessons from the trenches[J]. Competitive Intelligence Review, 12（2）: 5-19.

Prescott J E, Fleisher C S. 1991. SCIP: who we are, what we do[J]. Competitive Intelligence Review, 2（1）: 22-26.

Prescott J E, Gibbons P. 1992. The parallel process of ci: why it exists and what can we do about it? [J]. Competitive Intelligence Review, 3（2）: 11-18.

Prescott J E, Bhardwaj G. 1995. Competitive intelligence practices: a survey[J]. Competitive Intelligence Review, 6（2）: 4-14.

Prescott J E, Miller S H. 1995. Preface: Corporations Get Smart in Proven Strategies in Competitive Intelligence: Lesson from the Trenches[M]. New York: John Wiley & Sons.

Prescott J E, Miller S H. 2002. Proven Strategies in Competitive Intelligence: Lessons from the Trenches[M]. New York: Security Management.

Protiviti. 2014. Maximizing the value of competitive intelligence [EB/OL]. https://www.protiviti.com/sites/default/files/pov-maximizing-value-of-competitive-intelligence-protiviti.pdf.

Quintas P, Lefrere P, Jones G. 1997. Knowledge management: a strategic agenda[J]. Long Range Planning, 30（3）: 385-391.

Richardson L F. 1960. Arms and Insecurity: A Mathematical Study of the Causes and Origins of War[M].Pacific Grove, CA: Boxwood Press.

Roche E M, Blaine M J. 2015. The intelligence gap: what the multinational enterprise can learn from government and military intelligence organizations[J]. Thunderbird International Business Review, 57（1）: 3-13.

Rosenkrans W A. 1998. Past, present and future directions for technical intelligence[J]. Competitive Intelligence Review, 9（2）: 34-39.

Rumelt R P. 1982. Diversification strategy and profitability[J]. Strategic Management Journal, 3（4）: 359-369.

Sanchez R, Heene A. 1997. Competence-Based Strategic Management: Concepts and Issues for Theory, Research, and Practice[M]. Chichester: John Wiley.

Sawka K. 1998. The analyst's corner: the analytic challenge of the lone CI manage[J]. Competitive Intelligence Magazine, 1（3）: 41-42.

Sawka K, Francis D B, Herring J P. 1995. Evaluating competitive intelligence systems: how does your company rate? [J]. Competitive Intelligence Review, 6（4）: 22-25.

Schmitt N, Klimoski R J, Ferris G R, et al. 1991. Research Methods in Human Resources Management[M]. Cincinnati: South-Western College Publishing.

Schulze W S. 1992. The two resource-based models of the firm: definitions and implications for research[C]//Academy of Management Annual Meeting Proceedings, （1）: 37-41.

Shimizu K, Hitt M A. 2004. Strategic flexibility: organizational preparedness to reverse ineffective strategic decisions[J]. The Academy of Management Executive, 18（4）: 44-59.

Simon N J, Blixt A B. 1996. Navigating in a sea of change: perspectives on the present & future of competitive intelligence[C]//Hohhof B. Society of Competitive Intelligence Professionals.

Smith R, Sharif N. 2007. Understanding and acquiring technology assets for global competition[J]. Technovation, 27（11）: 643-649.

Soto S. 2010. Competitive intelligence methods for systems and cultural analysis[J]. Competitive Intelligence Review, 12（3）: 31-34.

Štefániková L, Masárová G. 2014. The need of complex competitive intelligence[J]. Procedia-Social and Behavioral Sciences, （110）: 669-677.

Tao Q, Prescott J E. 2000. China: competitive intelligence practices in an emerging market environment[J]. Competitive Intelligence Review, 11（4）: 65-78.

Teece D J. 2011. Dynamic capabilities and strategic management: organizing for innovation and growth[J]. R&D Management, 41（1）: 217-218.

Teece D J, Risano G. 1994. The dynamic capabilities of firms: an introduction[J]. Industrial and Corporate Change, 3（3）: 537-556.

Teece D J, Pisano G, Shuen A. 1997. Dynamic capabilities and strategic management[J]. Strategic Management Journal, 18（7）: 509-533.

Torkkeli M, Tuominen M. 2002. The contribution of technology selection to core competencies[J]. International Journal of Production Economics, 77（3）: 271-284.

Tyson K W M. 1995. Competitive knowledge development: reengineering competitive intelligence for maximum success[J]. Competitive Intelligence Review, 6（4）: 14-21.

Tyson K W M. 1998. The Complete Guide to Competitive Intelligence[M]. Chicago: Leading Edge Publications.

Underwood J. 1997. Competitive Intelligence[M]. Oxford: Capstone Publishing: Simon & Schuster.

Vedder R G, Vanecek M T, Guynes C S, et al. 1999. CEO and CIO perspectives on competitive intelligence[J]. Communications of the ACM, 42（8）: 108-116.

Vella C M, McGonagle J J. 1988. Improved Business Planning Using Competitive Intelligence[M]. New York: Praeger Pub Text.

Vezmar J M. 1996. Ms. Vezmar at the SCIP/ rutgers CEO roundtable[J]. Competitive Intelligence Review, 7（3）: 15-19.

Viscount C. 2002. Using the balanced scorecard process for evaluating the contribution of a competitive intelligence effort[D]. Master Dissertation of the University of North Carolina.

Vriens D J. 2005. Information and Communication Technology for Competitive Intelligence[M]. London: IGI Publishing.

Walleck A S, O'Halloran J D, Leader C A. 1991. Benchmarking world-class performance[J]. McKinsey Quarterly, 1（1）: 3-24.

Walls M, Thomas M, Brady T. 1999. Improving system maintenance decisions: a value of information framework[J]. Engineering Economist, 44（2）: 151-167.

Walsh S T, Linton J D. 2001. The competence pyramid: a framework for identifying and analyzing frim and industry competence[J]. Technology Analysis & Strategic Management, 13（2）: 165-177.

Wernerfelt B. 1989. From critical resources to corporate strategy[J]. Journal of General Management, 14（3）: 4-12.

Wilson I. 1983. Environmental Analysis in Business Strategy Handbook[M]. New York: McGraw Hill.

Wilson I. 1992. Realizing the power of strategic vision[J]. Long Range Planning, 25（5）: 18-28.

Winterscheid B C, Mcnabb S. 1996. From national to global product development competence in the telecommunications industry: Structure and process in leveraging core capabilities[C]// Sanchez R, Heene A, Thomas H. Dynamics of Competence-based Competition. New York: Pergamon, 279-298.

Yeoh W, Koronios A, Gao J, et al. 2008. Managing the implementation of business intelligence systems: a critical success factors framework[J]. International Journal of Enterprise Information Systems, 4（3）: 79-94.

Yuan S T, Huang M Z. 2001. A study on time series pattern extraction and processing for competitive intelligence support[J]. Expert Systems with Applications, 21（1）: 37-51.

附　录　A

附录 A-1　企业竞争情报力研究调查问卷

尊敬的专家、同仁：

　　您好！非常感谢您在百忙之中抽空回答本问卷。本问卷是为完成南开大学一项研究而专门设计的。您作为企业竞争情报领域的专家，我们非常需要您给予我们的研究以大力支持和帮助。本调查需占用您 10~15 分钟的宝贵时间。

　　填写方式：请将您选择的数字填入每一题中"您的选择"方格内即可。

　　保密承诺：本调查问卷所收集到的所有信息将只用于学术研究，您的回答将完全匿名，同时我们对您所答问卷负有保密责任。

　　时间安排：为了研究的顺利进行，请您在　　　年　　月　　　日前将问卷提交给我们。

　　您的意见对我们的研究工作极为重要，为此，请您在百忙中拨冗填写本调查问卷，不胜感谢！如果您需要本次调查的综合分析结果，请与我们联系。

企业竞争情报力研究团队

　　为了进行问卷分析，请您提供以下简要信息。将您的选择数字填入空格内即可，其中第 4、5 个问题，可以根据您的实际情况填入。我们将对这些信息严格保密

问题及选项	您的回答
1. 您的年龄： ①25 岁及以下；②26~35 岁；③36~45 岁；④46~55 岁；⑤56~60 岁；⑥60 岁以上	
2. 您的受教育程度： ①初中及以下；②高中及中专；③大专；④本科；⑤硕士及以上	
3. 您的专业技术职称： ①初级专业技术职务；②中级专业技术职务；③副高级专业技术职务；④正高级专业技术职务	
4. 您的职业： 　①学生；②教育工作者；③科研人员；④管理人员；⑤销售及市场开拓人员；⑥企业战略规划人员；⑦竞争情报工作人员；⑧企业信息工作者；⑨＿＿＿＿＿＿＿＿＿＿	
5. 您所就职单位所属行业：＿＿＿＿＿＿＿＿＿	

问卷调查题目

根据您多年的竞争情报工作经验与研究，如果您对一家企业的竞争情报能力进行评价，您认为以下各问题的内容陈述的重要性如何？有 1~5 个层级供您选择。

其中：1——很不重要，2——不重要，3——一般，4——重要，5——很重要

第一部分：

序号	题目内容陈述	您的选择	重要程度指标				
Q1	对企业情报需求的感知能力与理解能力		1	2	3	4	5
Q2	正确识别与深入理解企业关键竞争情报主题		1	2	3	4	5
Q3	企业竞争情报来源与获取渠道的数量与可靠性		1	2	3	4	5
Q4	企业一手信息与情报占企业所获情报的比率		1	2	3	4	5
Q5	信息和情报搜集和获取的手段与方法		1	2	3	4	5
Q6	企业内外竞争情报人际网络的建立与发展		1	2	3	4	5
Q7	企业利用互联网获取竞争情报能力		1	2	3	4	5
Q8	竞争情报分析中采用方法的多样性与灵活性		1	2	3	4	5
Q9	竞争情报整理分析过程中的客观性、公正性与科学性		1	2	3	4	5
Q10	信息与情报整理分析中数据自动处理程度		1	2	3	4	5
Q11	根据获取的信息情报对企业竞争态势、竞争发展的分析与预测能力		1	2	3	4	5
Q12	竞争情报价值的有效识别与判断		1	2	3	4	5
Q13	竞争情报报告的简洁性、生动性、客观性与易懂性		1	2	3	4	5
Q14	竞争情报服务方式多样与便捷、服务质量的优劣与服务效率的高低		1	2	3	4	5
Q15	竞争情报产品与服务的个性化、定制化		1	2	3	4	5
Q16	竞争情报在为企业战略决策服务中的角色定位		1	2	3	4	5
Q17	用户对竞争情报工作意见与建议的沟通渠道与机制		1	2	3	4	5
Q18	竞争情报工作人员与用户间的交流频率与效果		1	2	3	4	5
Q19	竞争情报系统运行速度与功能设置		1	2	3	4	5
Q20	竞争情报系统对竞争情报各个工作环节支持程度		1	2	3	4	5
Q21	企业资料库、情报库与知识库的数量与质量		1	2	3	4	5
Q22	企业资料库、情报库与知识库更新的频率与速率		1	2	3	4	5
Q23	竞争情报系统的兼容性与性能的稳定性		1	2	3	4	5
Q24	竞争情报系统的界面友好性、查询便捷性		1	2	3	4	5
Q25	用于竞争情报工作的硬件设备（如网络、计算机、通信等）状况		1	2	3	4	5
Q26	竞争情报人员中各个专业人员（如情报、计算机、英语、管理及与企业主营业务相关专业）占比		1	2	3	4	5
Q27	竞争情报人员的相关工作经验与工作经历		1	2	3	4	5

续表

序号	题目内容陈述	您的选择	重要程度指标				
Q28	竞争情报人员的外语、计算机、竞争情报水平，对企业主营业务了解程度		1	2	3	4	5
Q29	竞争情报人员的学历程度与相关培训经历		1	2	3	4	5
Q30	竞争情报人员的表达能力、沟通能力与协调能力		1	2	3	4	5
Q31	竞争情报人员的洞察力、判断力、分析能力与预测能力		1	2	3	4	5
Q32	企业各层面、各部门员工的信息情报敏感性与竞争情报意识		1	2	3	4	5
Q33	竞争情报工作者对自己在企业中的准确定位		1	2	3	4	5
Q34	企业员工的保密意识与反竞争情报意识		1	2	3	4	5
Q35	企业对其员工的反竞争情报教育与培训		1	2	3	4	5
Q36	企业对自身竞争情报工作各项内容的保密措施		1	2	3	4	5
Q37	企业商业秘密的保护制度与保护措施		1	2	3	4	5
Q38	针对竞争对手竞争情报工作而采取的反情报措施		1	2	3	4	5

第二部分：

序号	题目内容陈述	您的选择	重要程度指标				
Q39	企业内各层面员工信息交流方式的有效性与渠道的多样性		1	2	3	4	5
Q40	企业内机构、部门信息沟通方式的有效性与沟通渠道的通畅性		1	2	3	4	5
Q41	竞争情报工作对企业各种资源（资金、人才、物质、工作环境）的占有量及这些资源的有效分配与利用程度		1	2	3	4	5
Q42	竞争情报工作流程清晰明确，各环节的科学设计与合理衔接		1	2	3	4	5
Q43	企业内各部门、各层面人员在竞争情报工作中的相互支持、相互配合、相互协作		1	2	3	4	5
Q44	企业原有竞争情报知识与工作经验在竞争情报工作中的有效运用		1	2	3	4	5
Q45	企业竞争情报工作经验的及时总结与积累		1	2	3	4	5
Q46	企业善于挖掘多方面潜在能力并用于竞争情报工作中		1	2	3	4	5
Q47	企业竞争情报机构的设置模式与职能划分		1	2	3	4	5
Q48	企业整体组织架构与层级设置		1	2	3	4	5
Q49	竞争情报工作流程的正规化、规范化与标准化		1	2	3	4	5
Q50	竞争情报部门整合组织内各部门竞争情报资源的权限		1	2	3	4	5
Q51	企业管理者的授权意识、授权方式与授权程度		1	2	3	4	5
Q52	企业内信息的流动方向		1	2	3	4	5
Q53	竞争情报管理者在企业内所处的地位层次		1	2	3	4	5
Q54	管理者调动所有员工参与竞争情报的意愿与能力		1	2	3	4	5
Q55	竞争情报管理者具有很强的事业心和人格魅力		1	2	3	4	5
Q56	管理者从企业全面管理工作角度对竞争情报工作的统筹把握能力		1	2	3	4	5
Q57	企业的整体管理基础与管理水平		1	2	3	4	5
Q58	企业竞争情报部门内的学习氛围		1	2	3	4	5

序号	题目内容陈述	您的选择	重要程度指标				
Q59	竞争情报人员的学习兴趣与自我学习能力		1	2	3	4	5
Q60	员工将所学知识自觉应用于竞争情报工作中		1	2	3	4	5
Q61	企业鼓励员工学习的激励机制与配套措施		1	2	3	4	5
Q62	员工对外界竞争情报新知识、新信息、新经验的敏感性		1	2	3	4	5
Q63	企业对其竞争情报工作的变革意识、创新思路与创新理念		1	2	3	4	5
Q64	企业对其现有竞争情报工作变革的热情、决心与力度		1	2	3	4	5
Q65	企业竞争情报工作改革、创新的流程、机制与措施		1	2	3	4	5
Q66	企业鼓励竞争情报工作创新的激励机制与配套措施		1	2	3	4	5
Q67	竞争情报新方法、新知识在企业中学习与利用的速度与效率		1	2	3	4	5
Q68	新技术在竞争情报工作中应用的程度与速度		1	2	3	4	5
Q69	对外部环境、竞争对手变化的感知、跟踪与监测机制		1	2	3	4	5
Q70	企业对内外变化的预测与应对机制		1	2	3	4	5
Q71	竞争情报工作因外部变化而调整的速度与效率		1	2	3	4	5
Q72	企业竞争情报目标与长远发展规划		1	2	3	4	5
Q73	企业竞争情报战略与企业发展战略的协调统一性		1	2	3	4	5
Q74	企业对竞争情报人力资源的长期规划		1	2	3	4	5
Q75	企业管理者对竞争情报发展的前瞻性与洞察力		1	2	3	4	5
Q76	企业各级员工对竞争情报的认同感与竞争情报责任感		1	2	3	4	5
Q77	每位员工都明确自身的职责,并为此努力工作		1	2	3	4	5
Q78	企业高层管理者对竞争情报工作的重视程度		1	2	3	4	5
Q79	竞争情报在企业决策中的地位		1	2	3	4	5
Q80	企业对竞争情报近期利益与长期价值的认同		1	2	3	4	5
Q81	企业竞争情报工作的道德规范与行为准则		1	2	3	4	5
Q82	相互信任与信息共享的企业文化		1	2	3	4	5
Q83	企业内良好的人际关系、和谐融洽工作氛围		1	2	3	4	5
Q84	员工、部门在竞争情报工作中体现出的团队精神		1	2	3	4	5

您已经完成本问卷,请您核对一下是否有遗漏的项目。再次感谢您的帮助和支持!

附录 A-2 企业竞争情报力研究预调查问卷

尊敬的专家、同仁:

您好!非常感谢您在百忙之中抽空回答本问卷。本问卷是为完成一项企业竞争情报能力研究调查。为了能够建立科学的评价指标体系,我们非常需要您给予大力支持和帮助。本调查只需您 5~10 分钟的时间。如果您需要本次调查的分析结果或者有其他要求，请与我们联系。

填写方式：请将您的选项中的"□"涂红即可。

保密承诺：本调查问卷所收集到的所有信息将只用于学术研究目的，您的回答将完全匿名。

联系电话：

电子邮箱：

您的意见对我们的研究工作极为重要，需要您在百忙中拨冗填写本调查表，不胜感谢！

企业竞争情报力研究团队

在企业竞争情报能力的评价与测度中，您认为以下各项对竞争情报力评估有何种程度的影响，有 1~5 个层级供您选择。

其中：1——很不重要，2——不重要，3——一般，4——重要，5——很重要

1. 企业各级员工的保密意识、竞争情报意识。　□　□　□　□　□

2. 企业商业秘密的保护制度与保护措施。　□　□　□　□　□

3. 企业竞争情报目标、工作的保密制度。　□　□　□　□　□

4. 企业对所获得的竞争情报所采取的保密措施。　□　□　□　□　□

5. 企业各级、各部门员工的竞争情报意识。　□　□　□　□　□

6. 企业各级、各部门员工的情报信息敏感性。　□　□　□　□　□

7. 竞争情报收集人员的沟通能力、协调能力。　□　□　□　□　□

8. 竞争情报分析人员的洞察力、判断力与分析能力。　□　□　□　□　□

9. 企业高层管理者的竞争情报意识。　□　□　□　□　□

10. 企业高层管理者对竞争情报工作的重视程度。　□　□　□　□　□

11. 企业高层管理者的情报信息敏感性。　□　□　□　□　□

12. 企业高层管理者的分权、授权与信息共享意识。　□　□　□　□　□

13. 相互信任与信息共享的企业文化。　□　□　□　□　□

14. 企业中各部门、各级员工的信息情报交流、沟通机制与渠道。　□　□　□　□　□

15. 竞争情报人员的专业水平与学历程度。　□　□　□　□　□

16. 竞争情报人员中的情报专业、企业管理专业、其他与企业主营业务相关专业人员占比。　□　□　□　□　□

17. 竞争情报工作人员的工作经验与工作经历。　□　□　□　□　□

18. 竞争情报工作人员的相关培训经历。　□　□　□　□　□

19. 员工的基本竞争情报知识、技术培训状况与效果。□ □ □ □ □

20. 企业用于竞争情报工作的硬件设备（如网络、计算机、通信等）。

□ □ □ □ □

21. 企业管理信息系统的兼容性。□ □ □ □ □

22. 企业竞争情报系统的功能与性能。□ □ □ □ □

23. 企业竞争情报机构的设置模式与职权划分。□ □ □ □ □

24. 在竞争情报工作中应用新技术的程度与速度。□ □ □ □ □

25. 企业基础信息库、资料库与情报库建设情况。□ □ □ □ □

26. 企业各部门员工的竞争情报参与意识。□ □ □ □ □

27. 企业竞争情报工作的激励措施与制度。□ □ □ □ □

28. 企业内部团队工作、团队学习的氛围。□ □ □ □ □

29. 企业从外部获取信息与知识的机制与渠道。□ □ □ □ □

30. 竞争情报工作流程的正规化、规范化与标准化。□ □ □ □ □

31. 竞争情报报告的简洁性、生动性、客观性与易懂性。

□ □ □ □ □

32. 竞争情报工作的反馈机制与渠道。□ □ □ □ □

33. 企业对员工的反竞争情报培训。□ □ □ □ □

34. 企业反竞争情报工作制度。□ □ □ □ □

35. 企业竞争情报来源的多样性。□ □ □ □ □

36. 在竞争情报工作中，管理者的授权程度。□ □ □ □ □

37. 竞争情报系统能力的强弱、处理信息的快慢。□ □ □ □ □

38. 企业竞争情报系统的兼容性。□ □ □ □ □

39. 企业竞争情报系统的界面友好性、查询便捷性。□ □ □ □ □

40. 对客户情报需求的感知能力与灵敏度。□ □ □ □ □

41. 竞争情报人员熟练掌握和运用多种预测方法和技术的能力。

□ □ □ □ □

42. 企业各部门、各级人员在竞争情报工作中相互支持、相互协调。

□ □ □ □ □

43. 企业各级员工的竞争情报责任感。□ □ □ □ □

44. 企业竞争情报人力资源的长远规划。□ □ □ □ □

45. 企业竞争情报的长远规划与长期目标。□ □ □ □ □

46. 在竞争情报工作中，管理者与竞争情报工作人员的沟通机制与渠道。

□ □ □ □ □

47. 竞争情报工作人员与用户间的交流频率与效果。□ □ □ □ □

48. 对外部环境变化的敏感性与及时响应程度。□ □ □ □ □

49. 竞争对手监测与跟踪机制。☐ ☐ ☐ ☐ ☐

50. 新知识在组织中的扩散能力与利用能力。☐ ☐ ☐ ☐ ☐

51. 竞争情报工作的创新意识、创新思路与创新理念。☐ ☐ ☐ ☐ ☐

52. 竞争情报在企业决策中的地位与作用。☐ ☐ ☐ ☐ ☐

53. 企业竞争情报分析中数据自动处理程度。☐ ☐ ☐ ☐ ☐

54. 企业利用互联网获取竞争情报能力。☐ ☐ ☐ ☐ ☐

55. 竞争情报人员的表达能力。☐ ☐ ☐ ☐ ☐

56. 企业全面管理水平的高低。☐ ☐ ☐ ☐ ☐

57. 企业竞争情报系统对环境变化的应变能力。☐ ☐ ☐ ☐ ☐

58. 竞争情报部门整合组织各机构资源的能力。☐ ☐ ☐ ☐ ☐

59. 企业竞争情报工作经验的积累情况。☐ ☐ ☐ ☐ ☐

60. 竞争情报服务方式的多样性、便捷性。☐ ☐ ☐ ☐ ☐

61. 企业内机构、部门的信息沟通方式与渠道。☐ ☐ ☐ ☐ ☐

62. 企业一手信息与情报的获取能力。☐ ☐ ☐ ☐ ☐

为了进行问卷分析，最后请您提供以下简要信息，我们将对这些信息严格保密。

1. 您的年龄：
☐25 岁及以下 ☐26~35 岁 ☐36~45 岁 ☐46~55 岁 ☐56~60 岁 ☐60 岁以上

2. 您的受教育程度：
☐初中及以下 ☐高中及中专 ☐大专 ☐本科 ☐硕士及以上

3. 您的职称：
☐初级专业技术职务 ☐中级专业技术职务 ☐副高级专业技术职务
☐正高级专业技术职务

4. 您的职业：
☐学生 ☐教育工作者 ☐科研人员 ☐管理人员 ☐销售及市场拓展人员
☐企业战略规划人员

5. 您所就职的单位的行业：＿＿＿＿＿＿＿＿＿＿＿＿＿＿＿＿

您对企业竞争情报力分析与测度指标还有哪些建议和意见？请写在下面：

您已经完成本问卷，再次感谢您的帮助和支持！

附录 A-3 变量总方差解释

成分	初始特征值			提取平方和载荷			旋转平方和载荷		
	总计	方差贡献率	累计贡献率	总计	方差贡献率	累计贡献率	总计	方差贡献率	累计贡献率
1	24.990	29.750%	29.750%	24.990	29.750%	29.750%	11.872	14.134%	14.134%
2	4.610	5.489%	35.238%	4.610	5.489%	35.238%	6.718	7.998%	22.132%
3	4.386	5.221%	40.460%	4.386	5.221%	40.460%	4.493	5.349%	27.480%
4	3.973	4.729%	45.189%	3.973	4.729%	45.189%	4.316	5.138%	32.618%
5	3.283	3.908%	49.097%	3.283	3.908%	49.097%	4.176	4.972%	37.590%
6	2.964	3.528%	52.625%	2.964	3.528%	52.625%	3.308	3.938%	41.528%
7	2.682	3.193%	55.818%	2.682	3.193%	55.818%	3.193	3.801%	45.330%
8	2.484	2.957%	58.775%	2.484	2.957%	58.775%	3.004	3.576%	48.906%
9	2.439	2.904%	61.679%	2.439	2.904%	61.679%	2.843	3.384%	52.291%
10	2.375	2.827%	64.506%	2.375	2.827%	64.506%	2.816	3.353%	55.643%
11	2.042	2.431%	66.937%	2.042	2.431%	66.937%	2.805	3.340%	58.983%
12	1.923	2.289%	69.226%	1.923	2.289%	69.226%	2.664	3.172%	62.155%
13	1.723	2.051%	71.277%	1.723	2.051%	71.277%	2.587	3.080%	65.234%
14	1.641	1.954%	73.231%	1.641	1.954%	73.231%	2.554	3.040%	68.274%
15	1.596	1.899%	75.130%	1.596	1.899%	75.130%	2.520	3.000%	71.274%
16	1.396	1.662%	76.792%	1.396	1.662%	76.792%	2.397	2.854%	74.128%
17	1.301	1.549%	78.341%	1.301	1.549%	78.341%	1.987	2.365%	76.493%
18	1.243	1.480%	79.821%	1.243	1.480%	79.821%	1.820	2.167%	78.660%
19	1.111	1.323%	81.144%	1.111	1.323%	81.144%	1.624	1.934%	80.594%
20	1.052	1.252%	82.396%	1.052	1.252%	82.396%	1.514	1.802%	82.396%
21	0.979	1.166%	83.561%						
22	0.948	1.129%	84.690%						
23	0.881	1.049%	85.739%						
24	0.844	1.005%	86.744%						
25	0.774	0.921%	87.666%						
26	0.745	0.887%	88.552%						
27	0.640	0.762%	89.314%						

成分	初始特征值			提取平方和载荷			旋转平方和载荷		
	总计	方差贡献率	累计贡献率	总计	方差贡献率	累计贡献率	总计	方差贡献率	累计贡献率
28	0.603	0.718%	90.032%						
29	0.566	0.674%	90.706%						
30	0.532	0.633%	91.339%						
31	0.496	0.591%	91.930%						
32	0.469	0.558%	92.488%						
33	0.444	0.528%	93.016%						
34	0.441	0.525%	93.541%						
35	0.416	0.495%	94.036%						
36	0.391	0.466%	94.502%						
37	0.384	0.457%	94.959%						
38	0.327	0.390%	95.349%						
39	0.321	0.382%	95.731%						
40	0.299	0.356%	96.087%						
41	0.260	0.310%	96.397%						
42	0.225	0.268%	96.665%						
43	0.221	0.263%	96.928%						
44	0.216	0.257%	97.185%						
45	0.210	0.250%	97.435%						
46	0.190	0.227%	97.661%						
47	0.173	0.206%	97.868%						
48	0.155	0.185%	98.052%						
49	0.151	0.179%	98.232%						
50	0.146	0.173%	98.405%						
51	0.130	0.154%	98.559%						
52	0.108	0.129%	98.688%						
53	0.099	0.118%	98.806%						
54	0.095	0.114%	98.919%						
55	0.087	0.104%	99.023%						
56	0.083	0.098%	99.121%						
57	0.076	0.090%	99.212%						

续表

成分	初始特征值			提取平方和载荷			旋转平方和载荷		
	总计	方差贡献率	累计贡献率	总计	方差贡献率	累计贡献率	总计	方差贡献率	累计贡献率
58	0.075	0.089%	99.301%						
59	0.066	0.078%	99.379%						
60	0.063	0.075%	99.454%						
61	0.057	0.068%	99.522%						
62	0.047	0.056%	99.578%						
63	0.042	0.050%	99.628%						
64	0.039	0.046%	99.674%						
65	0.034	0.040%	99.714%						
66	0.030	0.036%	99.750%						
67	0.026	0.031%	99.782%						
68	0.026	0.031%	99.813%						
69	0.024	0.028%	99.841%						
70	0.021	0.025%	99.866%						
71	0.019	0.023%	99.889%						
72	0.013	0.016%	99.905%						
73	0.013	0.016%	99.920%						
74	0.011	0.013%	99.933%						
75	0.011	0.013%	99.946%						
76	0.010	0.011%	99.957%						
77	0.008	0.010%	99.967%						
78	0.006	0.008%	99.975%						
79	0.006	0.007%	99.982%						
80	0.005	0.006%	99.988%						
81	0.003	0.004%	99.992%						
82	0.003	0.003%	99.995%						
83	0.002	0.003%	99.998%						
84	0.002	0.002%	100.000%						

注：提取方法为主成分分析法

# 附录 A-4　动态环境下企业竞争情报力评价体系构建研究专家调查问卷

尊敬的专家:

您好! 此调查问卷是为教育部哲学社会科学研究后期资助项目 "动态环境下企业竞争情报力研究" (13JHQ059) 专门设计, 主要目的是为我们前期研究构建的 "动态环境中企业竞争情报力评价体系" 的适用性研究获得相关数据。您作为国内竞争情报领域的知名学者, 我们非常需要您给予我们的研究以大力支持和帮助。

我们将占用您 25~30 分钟宝贵时间来完成本次调查。您只需要在您所选择的选项对应的方格或□内填写 "√" (或涂黑) 即可。您所填写的调查问卷的各项数据只作为科学研究之用, 我们将为问卷中涉及您私人问题的内容保密。

再次感谢您的支持与合作! 祝您工作愉快、身体健康!

天津师范大学管理学院
"动态环境下企业竞争情报力研究" 课题组

专家基本情况

Q1.您的性别为　男　□　　　　　　　女　□

Q2.您的年龄为
① 31~35 岁　□　　② 36~40 岁　□　　③ 41~45 岁　□
④ 46~50 岁　□　　⑤ 51~55 岁　□　　⑥ 56~60 岁　□
⑦ 61 岁及以上　□

Q3.您的受教育程度为
① 大学本科 □　② 硕士 □　③ 博士 □　④ 其他＿＿＿＿＿＿

Q4.您的专业技术职称为
① 教授　　　　□　　② 研究员　　　　□　　③ 正高级工程师　□
④ 研究馆员　　□　　⑤ 副教授　　　　□　　⑥ 副研究员　　　□
⑦ 高级工程师 □　　⑧ 副研究馆员　　□　　⑨ 其他＿＿＿＿＿＿

Q5.您的工作单位为＿＿＿＿＿＿＿＿＿＿＿＿＿＿＿＿＿＿＿＿＿＿＿＿＿

核心概念释义

企业竞争情报力：企业竞争情报整体水平与综合素质，是企业竞争情报工作经过长期发展，在整合与优化各方面资源和能力基础上所形成的、以竞争情报价值增值为内核、以提升企业竞争优势为宗旨的企业竞争情报综合素质。

第一部分　具体测度指标

以下各项指标是我们通过实证研究所获得的企业竞争情报力测度具体指标。您作为竞争情报领域的专家，请根据您的判断对以下指标在企业竞争情报力测度中的相对重要程度做出评价（请单选）。

在相对重要性判断中，从 1 到 5 重要性逐渐递增。

1——非常不重要、2——不重要、3——一般、4——重要、5——非常重要

测度指标		指标释义与说明	相对重要性				
			1	2	3	4	5
竞争情报基本能力	情报需求分析能力	对企业各层次用户情报需求的感知、获取与把握能力和对企业关键竞争情报需求的识别能力					
	竞争情报源多样性水平	指在情报搜集与获取中，情报渠道和途径的种类、情报来源类型的多样性程度					
	竞争情报收集与获取能力	根据情报需求，企业及时、有效、全面搜集与获取所需信息和情报的能力					
	竞争情报分析能力	指对情报价值的有效识别与判断能力，对竞争环境发展变化、竞争对手竞争策略、企业自身竞争态势的分析与预测能力					
	情报产品数量与质量	为情报用户各类决策所提供有效支持的竞争情报产品类型、产品数量及产品质量的综合水平					
	情报综合服务质量水平	竞争情报部门为用户决策（尤其是战略决策）提供的竞争情报服务在服务方式、效率、态度等方面的综合质量水平					
竞争情报系统水平	系统结构与功能	是指企业竞争情报系统在系统结构设计、功能设置等方面的合理与完备程度					
	网络与系统性能	指竞争情报系统与网络的软硬件性能水平，包括系统兼容性、性能稳定性、软硬件先进性、系统友好性等方面					
	情报数据库质量	竞争情报系统中情报数据库结构与内容的综合质量水平，尤其是数据库中的信息与数据质量水平、更新频率与速率等方面					

测度指标		指标释义与说明	相对重要性				
			1	2	3	4	5
竞争情报人力资源水平	人力资源结构	指竞争情报人员（专职与兼职）的数量、学历、专业等综合情况，专职人员的数量与占比情况					
	竞争情报意识	企业全体员工（尤其是竞争情报工作人员）竞争情报意识和对企业决策有价值信息情报的敏感程度					
	竞争情报工作经验与能力	专职情报人员的竞争情报工作年限、相关工作经验与经历等基本情况和竞争情报工作能力及沟通能力、协调能力、洞察判断能力等相关能力水平					
	竞争情报与相关领域专业知识水平	专职竞争情报人员相关专业知识掌握程度，计算机和外语水平、相关培训经历等，兼职人员相关专业培训情况					
反竞争情报能力	反竞争情报意识	企业全体员工保密意识与反竞争情报意识水平，企业对员工反竞争情报培训情况					
	反竞争情报制度与规章	企业各项保密规章、制度的完备与规范程度，对核心商业秘密的保护制度等完备程度					
	反竞争情报方法与措施	企业各项安全保密设备与措施的完备程度，针对竞争对手竞争情报工作而采取的反情报方法与措施					
沟通与协调能力	竞争情报工作流程	竞争情报业务流程规范化、标准化程度，与其他工作（尤其是战略决策）流程合理衔接、密切配合、有效兼容程度					
	资源配置能力	竞争情报部门从企业内外部获得所需各类资源能力及对这些资源的合理分配与有效利用程度					
	沟通渠道与方式	竞争情报部门与企业各部门、各层面员工在情报需求、获取、服务等方面沟通渠道与交流方式的多样性水平和交流沟通品质					
转化机制	知识与经验转化能力	对竞争情报工作经验及时总结与推广、将其他部门知识与经验在竞争情报工作中吸收与运用的能力					
	能力与素质转化程度	企业挖掘利用其在各方面工作中的现有和潜在能力与素质应用于竞争情报工作的水平					
企业竞争情报战略	竞争情报发展战略	竞争情报发展战略与发展规划的前瞻、明确、清晰程度，与企业发展战略的协调统一程度					
	竞争情报定位	竞争情报在企业决策中的地位与作用，企业对竞争情报价值认同的清晰、明确程度					
	领导者战略洞察力	企业管理者对竞争情报战略地位的洞察力，对竞争情报工作长远规划前瞻性和统筹把握能力					
	竞争情报人力资源战略	着眼于企业竞争情报发展战略的竞争情报人力资源规划的前瞻性、实施与保障的制度化程度					
	应变能力与反应能力	竞争情报工作应对竞争环境、竞争对手发展变化的应变机制、应变速度与效率水平					

续表

测度指标		指标释义与说明	相对重要性				
			1	2	3	4	5
竞争情报管理水平	竞争情报组织管理机制	竞争情报机构的独立程度，部门职能责任明确、流程清晰、规章制度规范等方面的综合水平					
	竞争情报管理者水平与领导能力	竞争情报部门管理者的统筹把握与沟通协调能力，对竞争情报工作各方资源的有效分配与调动能力					
	学习、创新机制与能力	竞争情报部门的学习与创新氛围，员工学习和创新意识与能力，以及与之相配套的激励措施等					
	企业竞争情报氛围与文化	企业整体竞争情报氛围的浓厚程度和全体员工竞争情报责任感、相互信任与信息共享的竞争情报文化					
	竞争情报价值与道德观	企业竞争情报价值观念、工作宗旨、道德规范和竞争情报工作行为规范与行为准则					
	团队精神	员工在竞争情报工作中体现出的相互支持、相互配合、相互协作的团队精神					

第二部分　二级测度维度

以下各项维度是在对上述具体测度指标归纳与概括的基础上所得到的。请根据您的判断，对各项维度在企业竞争情报力测度中的相对重要程度做出评价（请单选）。

在相对重要性判断中，从 1 到 5 重要性逐渐递增。

1——非常不重要、2——不重要、3——一般、4——重要、5——非常重要

二级测度维度		维度释义与说明	相对重要性				
			1	2	3	4	5
显性测度维度	竞争情报基本能力	竞争情报工作在为企业各类决策提供情报支持与智力保障过程中体现出的基本能力，是一种基准性胜任能力					
	竞争情报系统水平	为企业竞争情报工作和竞争价值链的各个环节提供技术支持和信息支持的信息平台在技术、结构、内容等方面的水平					
	竞争情报人力资源水平	企业竞争情报人员（包括专职与兼职人员）在知识结构、意识、能力、专业等方面表现出的综合水平					
	反竞争情报能力	企业在商业秘密保护和针对主要竞争对手竞争情报所展开情报防御等工作中所体现出的综合能力					

续表

二级测度维度		维度释义与说明	相对重要性				
			1	2	3	4	5
隐性测度维度	沟通与协调能力	在竞争情报工作中有效调配与整合各种资源、协调价值链各环节、整合内设机构间关系等方面的能力					
	转化机制	将企业相关的知识和经验、显性能力和隐性素质转换为企业竞争情报工作能力的机制					
	企业竞争情报战略	企业对竞争情报工作愿景、战略目标、战略定位等方面做出的长远而系统的谋划					
	竞争情报管理水平	企业在竞争情报工作的组织、领导、文化、价值观等方面的综合管理能力和管理水平					

第三部分　一级测度维度

以下两项维度是在对上述二级测度维度的基本内涵与基本属性归纳和概括的基础上得到的。请您根据您的判断，对这两项维度在企业竞争情报力测度中的相对重要程度做出评价（请单选）。

在相对重要性判断中，从 1 到 5 重要性逐渐递增。

1——非常不重要、2——不重要、3——一般、4——重要、5——非常重要

一级测度维度		维度释义与说明	相对重要性				
			1	2	3	4	5
1	显性测度维度	直接构成企业竞争情报价值链并在价值创造中起直接作用的各种要素和各种能力					
2	隐性测度维度	隐默于竞争情报价值链中，在竞争情报价值创造中发挥着间接且关键作用的各种要素和各种能力					

您已经完成本问卷，请您再次检查您的回答，以保证您所完成的问卷的有效性。

附录 A-5　判 断 矩 阵

附表 A-1　竞争情报基本能力（准则 A1）判断矩阵

	A11	A12	A13	A14	A15	A16	权重
A11	1.00	3.39	1.63	0.85	2.45	1.63	0.243
A12	0.30	1.00	0.48	0.25	0.72	0.48	0.072

	A11	A12	A13	A14	A15	A16	权重
A13	0.61	2.08	1.00	0.52	1.50	1.00	0.149
A14	1.18	3.99	1.92	1.00	2.88	1.92	0.286
A15	0.41	1.38	0.67	0.35	1.00	0.67	0.099
A16	0.61	2.08	1.00	0.52	1.50	1.00	0.149

注：最大特征根 $\lambda_{max}=6$，随机一致性比率 CR $=0.000$

附表 A-2 竞争情报系统（准则 A2）判断矩阵

	A21	A22	A23	权重
A21	1.00	1.18	0.57	0.276
A22	0.85	1.00	0.48	0.235
A23	1.77	2.08	1.00	0.489

注：最大特征根 $\lambda_{max}=3$，随机一致性比率 CR $=0.000$

附表 A-3 竞争情报人力资源水平（准则 A3）判断矩阵

	A31	A32	A33	A34	权重
A31	1.00	0.44	0.48	0.85	0.154
A32	2.26	1.00	1.08	1.92	0.346
A33	2.08	0.92	1.00	1.77	0.319
A34	1.18	0.52	0.57	1.00	0.181

注：最大特征根 $\lambda_{max}=4$，随机一致性比率 CR $=0.000$

附表 A-4 反竞争情报能力（准则 A4）判断矩阵

	A41	A42	A43	权重
A41	1.00	1.50	1.08	0.386
A42	0.67	1.00	0.72	0.257
A43	0.92	1.38	1.00	0.356

注：最大特征根 $\lambda_{max}=3$，随机一致性比率 CR $=0.000$

附表 A-5 沟通与协调能力（准则 B1）判断矩阵

	B11	B12	B13	权重
B11	1.00	1.00	1.08	0.342
B12	1.00	1.00	1.08	0.342
B13	0.92	0.92	1.00	0.316

注：最大特征根 $\lambda_{max}=3$，随机一致性比率 CR $=0.000$

附表 A-6　转化机制水平（准则 B2）判断矩阵

	B21	B22	权重
B21	1.00	1.18	0.541
B22	0.85	1.00	0.459

注：最大特征根 $\lambda_{max}=2$，随机一致性比率 CR = 0.000

附表 A-7　企业竞争情报战略能力（准则 B3）判断矩阵

	B31	B32	B33	B34	B35	权重
B31	1.00	0.92	0.78	2.65	1.38	0.224
B32	1.08	1.00	0.85	2.88	1.50	0.243
B33	1.28	1.18	1.00	3.39	1.77	0.286
B34	0.38	0.35	0.30	1.00	0.52	0.084
B35	0.72	0.67	0.57	1.92	1.00	0.162

注：最大特征根 $\lambda_{max}=5$，随机一致性比率 CR = 0.000

附表 A-8　竞争情报管理与文化素养（准则 B4）判断矩阵

	B41	B42	B43	B44	B45	B46	权重
B41	1.00	0.61	0.72	0.72	0.85	0.92	0.131
B42	1.63	1.00	1.18	1.18	1.38	1.50	0.213
B43	1.38	0.85	1.00	1.00	1.18	1.28	0.181
B44	1.38	0.85	1.00	1.00	1.18	1.28	0.181
B45	1.18	0.72	0.85	0.85	1.00	1.08	0.154
B46	1.08	0.67	0.78	0.78	0.92	1.00	0.142

注：最大特征根 $\lambda_{max}=6$，随机一致性比率 CR = 0.000

附表 A-9　显性测度维度（准则 A）判断矩阵

	A1	A2	A3	A4	权重
A1	1.00	2.45	1.28	2.08	0.374
A2	0.41	1.00	0.52	0.85	0.153
A3	0.78	1.92	1.00	1.63	0.293
A4	0.48	1.18	0.61	1.00	0.180

注：最大特征根 $\lambda_{max}=4$，随机一致性比率 CR = 0.000

附表 A-10　隐性测度维度（准则 B）判断矩阵

	B1	B2	B3	B4	权重
B1	1.00	1.08	0.72	1.38	0.248
B2	0.92	1.00	0.67	1.28	0.229
B3	1.38	1.50	1.00	1.92	0.344
B4	0.72	0.78	0.52	1.00	0.179

注：最大特征根 $\lambda_{max}=4$，随机一致性比率 CR = 0.000

附表 A-11　企业竞争情报力（目标层）判断矩阵

	A	B	权重
A	1.00	1.28	0.561
B	0.78	1.00	0.439

注：最大特征根 $\lambda_{max} = 2$，随机一致性比率 CR = 0.000

附录 A-6　动态环境下企业竞争情报力水平调查问卷

尊敬的管理者：

　　您好！非常感谢您能够支持我们的研究工作。此次调查问卷是为完成教育部哲学社会科学研究后期资助项目"动态环境下企业竞争情报力研究"（13JHQ059）而专门设计。本次调查的主要目的是利用所获调查数据对我国各类企业的竞争情报力水平进行综合衡量与评价研究。我们在相关研究成果中不会涉及贵企业的具体情况与调查结果。

　　我们将占用您 20~30 分钟宝贵时间来完成本次调查。您只需要在问题答案相应的方格或□内填写"√"（或涂黑）即可。我们将为调查中涉及贵企业具体内容保密。如果您需要我们本项研究的综合分析结果，请与我们联系。

　　您的意见对我们的研究工作极为重要，再次感谢您在百忙中拨冗填写本调查问卷！祝您工作愉快，身体健康！

天津师范大学管理学院

"动态环境下企业竞争情报力研究"课题组

第一部分　基本情况调查

Q1.您的工作岗位为

① 管理岗位　　□　　② 专业技术岗位　　□　　③ 行政岗位　　□

④ 其他岗位＿＿＿＿＿＿＿＿＿＿＿＿＿

Q2.您的所在部门为

① 行政办公室　□　　② 市场营销部门　□　　③ 战略规划部门　□

④ 技术支持部门 □　　⑤ 财务部门　　　□　　⑥ 后勤服务部门　□

⑦ 人力资源部门 □　　⑧ 生产部门　　　□　　⑨ 研发设计部门　□

⑩ 客户服务部门 □　　⑪其他＿＿＿＿＿＿＿＿＿＿＿＿＿＿＿＿＿

Q3.贵企业所属行业为

① 制造业　　　　□　② 建筑业　　　　□　③ 商业零售业　　□
④ 交通运输业　　□　⑤ 邮政物流业　　□　⑥ 能源材料　　　□
⑦ 房地产业　　　□　⑧ 信息技术　　　□　⑨ 金融保险证券业□
⑩ 公共设施管理业 □　⑪ 通信服务　　　□　⑫ 餐饮住宿业　　□
⑬ 文化娱乐服务业 □　⑭ 食品加工业　　□　⑮ 其他＿＿＿＿＿＿

Q4.贵企业的性质为

① 国有企业　　　□　　② 民营企业　　□　　③ 外商独资企业　　□
④ 中外合资企业 □　　⑤ 其他 ＿＿＿＿＿＿＿＿＿＿＿＿＿

Q5. 贵企业员工总数为（如果贵企业为独立核算分公司，请以分公司情况为回答依据，下同）

①100 人及以下　□　②101~400 人　　□　③401~1 000 人　　□
④1 001~2 000 人 □　⑤2 001~3 000 人 □　⑥3000 人以上　　□

Q6.贵企业的年销售额为

①1 000 万元及以下□　②1 001 万~5 000 万元 □　③5 001 万~1 亿元 □
④1 亿~1.5 亿元　　□　⑤1.5 亿~3 亿元　　　 □　⑥3 亿元以上　　　 □

Q7.贵企业所在省区为＿＿＿＿＿＿＿＿＿＿＿＿＿＿＿＿＿＿＿＿＿

- -

第二部分　企业竞争情报力水平调查

相关概念释义

企业竞争情报：以提升企业竞争优势为根本目标，在法律与道德范围内，针对竞争环境、竞争对手和竞争策略所开展的信息搜集、整理、分析等工作，为企业战略及其他决策提供准确、可靠的情报。

企业竞争情报力：企业竞争情报整体水平与综合素质。企业竞争情报力是企业竞争情报工作经过长期发展，在整合与优化各方面资源和能力基础上所形成的、以竞争情报价值增值为内核、以提升企业竞争优势为宗旨的企业竞争情报综合素质。

反竞争情报：针对竞争对手的竞争情报活动，企业采取的一种积极主动的保护和防御工作，以达到保护自身商业秘密和核心商业信息、提高企业竞争力的目的，是企业竞争情报工作的重要构成部分。

正式调查问项

以下各项企业竞争情报力评价指标是我们研究团队运用实证研究方法，通过专家访谈、企业调查获得的。**您作为企业管理者，请您根据贵企业相关工作实际情况，对您企业相关工作的各项指标做出客观评价**（请单选，并请在评价过程中尽可能不要出现全部选项均为极低或极高情况）。

说明：在贵企业中，可能没有设立独立竞争情报机构和设置专职人员从事竞争情报工作，但有相关部门、相关人员或相关系统在承担竞争情报相关或类似的工作，为企业高层管理者的决策提供情报和信息支持，也请在回答问卷过程中给予考虑。各评价指标的具体含义请阅读其后的"指标释义与说明"一栏。

在评价得分判断中，1——非常不好（或能力水平非常低）、2——不好、3——一般、4——很好、5——非常好

评价指标		指标释义与说明	评价得分				
			1	2	3	4	5
竞争情报基本能力	情报需求分析能力	贵企业竞争情报部门对企业各级管理者等情报需要者情报需求的了解、把握与获得能力，对企业重要决策的竞争情报需求的识别能力					
	竞争情报源多样性水平	贵企业竞争情报部门在情报搜集与获取中是否能够从多个途径、多个渠道搜集获取决策所需要情报，这些途径与渠道的多样化程度					
	竞争情报收集与获取能力	根据用户情报需求，贵企业竞争情报部门能否及时、有效、全面搜集与获取所需情报的能力					
	竞争情报分析能力	贵企业竞争情报部门能否深入分析与挖掘信息的价值，有效地对竞争环境发展变化、竞争对手竞争策略、企业自身竞争态势做出分析与预测的能力					
	情报产品数量与质量	贵企业竞争情报部门为管理者决策所提供的竞争情报产品类型多样性、产品数量程度及产品质量等方面的综合水平					
	情报综合服务质量水平	贵企业竞争情报部门为用户决策提供竞争情报服务过程中，在服务方式、效率、态度等方面的综合服务质量水平					
竞争情报系统水平	系统结构与功能	贵企业为竞争情报工作服务的管理信息系统在系统结构设计、功能设置等方面的合理与完备程度					
	网络与系统性能	上述竞争情报系统在系统与网络的软硬件方面体现出的性能水平，包括系统兼容性、性能稳定性、软硬件先进性、系统的好用性等方面					
	情报数据库质量	贵企业竞争情报系统中为用户决策提供支持的情报数据库的信息与数据质量水平、更新频率与速率等，以及数据库的好用程度					

续表

评价指标		指标释义与说明	评价得分				
			1	2	3	4	5
竞争情报人力资源水平	人力资源结构	贵企业竞争情报工作人员（专职与兼职）的数量、学历、专业等综合情况，专职人员的数量与占比情况					
	竞争情报意识	贵企业全体员工（尤其是竞争情报工作人员）的竞争情报意识和对于企业决策有价值的信息情报的敏感程度水平					
	竞争情报工作经验与能力	贵企业专职情报人员的竞争情报工作年限、相关工作经验与经历等基本情况，以及在竞争情报工作中的工作能力、沟通能力、协调能力、洞察判断能力等相关能力的总体水平					
	竞争情报与相关领域专业知识水平	贵企业专职竞争情报人员相关专业知识掌握程度，计算机和外语水平以及相关专业技能培训经历等，兼职人员相关专业与专业培训情况水平等					
反竞争情报能力	反竞争情报意识	贵企业全体员工的保密意识与反竞争情报意识整体水平，企业对员工反竞争情报的相关培训情况					
	反竞争情报制度与规章	贵企业的各项保密与防范规章、制度的完备和规范程度，尤其是对核心商业秘密的保护制度等完备程度					
	反竞争情报方法与措施	贵企业各项安全保密设备与措施的完备程度，针对竞争对手竞争情报工作而采取防范方法与措施的整体水平					
沟通与协调能力	竞争情报工作流程	贵企业竞争情报工作业务流程的规范与标准程度，与其他工作（尤其是战略决策）流程合理衔接、密切配合、有效兼容程度					
	资源配置能力	贵企业竞争情报部门从企业内外部获得所需要各类资源的能力水平以及对这些资源的合理分配与有效利用程度					
	沟通渠道与方式	贵企业竞争情报部门与企业其他各部门、各层面员工在情报需求、获取、服务等方面的沟通渠道与交流方式多样性程度和交流沟通效果水平					
转化机制	知识与经验转化能力	贵企业能否对竞争情报工作经验及时总结与推广、能否将其他部门知识与经验在竞争情报工作中加以有效吸收与运用的能力					
	能力与素质转化程度	贵企业能否将各部门、各方面工作中现有和潜在的能力与素质进行充分有效挖掘并应用于竞争情报工作中的能力和水平					
企业竞争情报战略	竞争情报发展战略	贵企业竞争情报发展战略和发展规划是否具有前瞻性、明确性和清晰度，该战略与企业整体发展战略的协调统一程度					
	竞争情报定位	贵企业各部门（尤其是高层管理者）对竞争情报在企业决策中地位与作用、对竞争情报价值认同的清晰、明确程度					
	领导者战略洞察力	贵企业高层管理者对竞争情报战略地位的洞察力和对竞争情报工作长远规划的统筹把握能力					
	竞争情报人力资源战略	贵企业是否着眼于企业战略和竞争情报发展战略，对竞争情报人力资源进行前瞻性的规划，并制定相应的实施与保障制度					
	应变能力与反应能力	贵企业竞争情报工作应对竞争环境、竞争对手发展变化的应变机制完备程度及应变速度与效率水平					

续表

评价指标		指标释义与说明	评价得分				
			1	2	3	4	5
竞争情报管理水平	竞争情报组织管理机制	贵企业竞争情报部门的独立性程度，以及竞争情报部门职能责任明确、流程清晰、规章制度规范等方面的综合水平					
	竞争情报管理者水平与领导能力	贵企业竞争情报部门管理者是否具有统筹把握与沟通协调能力，对竞争情报工作各方资源的有效分配与调动能力					
	学习、创新机制与能力	贵企业竞争情报部门内部学习与创新氛围的浓厚程度，员工学习和创新意识与能力，以及与之相配套的激励措施等					
	企业竞争情报氛围与文化	贵企业是否形成重视竞争情报、积极利用竞争情报的氛围，以及全体员工竞争情报责任感、相互信任与信息共享的企业文化					
	竞争情报价值与道德观	贵企业内部是否形成了系统与清晰的竞争情报价值观念、工作宗旨、道德规范和竞争情报工作行为规范与行为准则					
	团队精神	贵企业各部门（尤其是竞争情报部门）员工在竞争情报工作中体现出的相互支持、相互配合、相互协作的团队精神					

您已经完成本问卷，请您再次检查您的回答，以保证您所完成的问卷的有效性。

********************再次感谢您的帮助和支持！谢谢！********************

附 录 B

我国企业竞争情报力实态调查分析报告

目　录

在动态竞争环境中，随着大数据时代的到来，随着工业 4.0、创客等新的竞争业态的出现，企业所面临的竞争压力日益增大，所应对的竞争态势日趋复杂。企业亟须有效提升其竞争情报综合素养，全面发展其竞争情报综合能力，为企业战略决策提供有力的信息与情报支持。

在此条件下，我国企业竞争情报力与综合素养的实际水平现状如何？已经具备哪些方面的能力？还有哪些方面素养尚需提升？不同性质、不同行业、不同地区、不同规模的企业间的竞争情报力与素养存在哪些差异？以上诸多问题是政府管理者、企业管理者和科研人员需要客观了解与掌握的现实问题。

1 调查目的

本次调查，我们运用经过实证研究构建完成的企业竞争情报力测度体系，采用问卷调查方法对我国企业竞争情报力实际情况展开调查，基于不同视角，利用所获数据对各类企业竞争情报力水平进行综合衡量与评价。

一方面，力图通过本次调查，对我国企业竞争情报力水平做出全面、系统的衡量与评价，客观地了解与把握我国各地区、各行业、各类型企业的竞争情报力实际水平。另一方面，通过对不同视角（企业所属行业、企业性质、企业规模、地域等）的企业竞争情报力的对比分析，客观了解不同性质、行业、规模、区域的企业竞争情报力发展的突出特点及存在的主要弱点与差距。

在以上调查目的基础上，为各类管理者与研究者根据现实条件与未来发展趋势，有针对性地整合相关资源，提供具有针对性的、符合我国企业特点的企业竞争情报力与竞争情报整体素质的提升策略。

2 调查设计与调查实施

2.1 调查设计与调查方法

本次调查研究的基本思路为：以企业竞争情报力测度指标体系模型为基础，设计形成调查测评问卷。运用测评问卷对企业竞争情报力进行实际测评，获取研究数据。在此基础上，利用企业竞争情报力测度指标体系中各维度、各指标权重对调查所获数据进行统计与分析，获得调查样本企业竞争情报力实际水平。

在调查中，采用调查问卷方式搜集获取研究数据。根据调查目的与要求，以通过实证研究构建的企业竞争情报力测度指标体系（附表 B-1）为依据，将该体系中具体各测度指标转换为实际调查问项，设计形成调查问卷初稿。在征询本领域专家、学者意见的同时，研究团队利用该调查问卷初稿在天津师范大学 MBA

企业学员和中韩合作硕士研究生班企业学员中进行了小范围预调查。根据专家的反馈意见与建议和预调查的结果，我们对调查问卷进行了较大幅度的修改与完善，进一步优化、修改与调整了问卷中部分内容的表述，增加了对全部指标内涵的界定与解释，形成正式调查问卷。

附表 B-1　企业竞争情报力测度指标体系

一级测度维度	二级测度维度	测度指标
显性测度指标	竞争情报基本能力	情报需求分析能力
		竞争情报源多样性水平
		竞争情报收集与获取能力
		竞争情报分析能力
		情报产品数量与质量
		情报服务综合评价
	竞争情报系统水平	系统结构与功能
		情报数据库
		网络与系统性能
	竞争情报人力资源水平	人力资源结构
		竞争情报工作经验与能力
		竞争情报与相关领域的专业知识
		竞争情报意识
	反竞争情报能力	反竞争情报意识
		反竞争情报制度、规章
		反竞争情报方法、措施
隐性测度指标	沟通与协调能力	沟通渠道与方式
		竞争情报工作流程水平
		资源配置能力与水平
	转化机制水平	知识与经验转化机制
		能力与素质的转化机制
	企业竞争情报战略能力	应变能力与反应能力
		竞争情报发展战略
		竞争情报定位
		竞争情报人力资源战略
		领导者战略洞察力
	竞争情报管理与文化素养	竞争情报组织管理机制
		竞争情报管理水平与领导能力
		学习、创新机制与能力
		企业竞争情报氛围
		竞争情报价值与道德观
		团队精神

正式调查问卷由两部分、39 个问项组成。其中，第一部分为基本情况调查，包括7个问项；第二部分为企业竞争情报力水平评价调查，共32个问项，是调查问卷的主体部分。在具体评价中，采用 5 分评价制。"1 分"表示企业在竞争情报力该项指标上的能力水平非常低（或表现非常不好），"5 分"表示企业在该项竞争情报力指标上的能力水平非常强（或表现非常好）（具体调查问卷见附录 A-6）。

2.2 样本选取与数据采集

根据调查研究目的，本次调查样本尽可能覆盖全国各省（自治区、直辖市）的各个行业的不同性质、不同规模的企业，以保证调查的覆盖面和样本来源的多样性，提升调查结果的全面性与客观性，真正反映我国企业竞争情报力实际水平。

同时，鉴于企业竞争情报工作的功能及在企业中的地位，在本次调查过程中，具体调查对象主要为企业的高层管理者或来自于市场营销、战略规划、研发设计、技术支持等核心部门的中层管理者。作为企业中高层管理者，他们有参与企业战略规划和重大决策的经验，能够站在企业全局角度来思考问题，能够做出相对完整、客观、全面的评价。

基于以上思路与要求，结合问卷调查实施过程中的客观现状和企业竞争情报工作实际情况，此次调查主要采用便利抽样与判断抽样两种非概率抽样方法来选取调查样本。样本主要通过研究团队成员所结识的企业界人士、天津师范大学管理学院 MBA 学员、哈尔滨工业大学 MBA 学员、天津师范大学中韩合作硕士研究生班历届学员等途径来获取。

考虑到调查覆盖面与调查时间性要求，本次调查主要通过电子邮件方式发放与回收调查问卷（仅一小部分采用印刷问卷形式）。在调查过程中，研究团队成员在线实时解答调查对象的各类疑问并进行善意督促，以保证问卷的回收率和有效控制各类偏差。

本次调查始于 2014 年 11 月 5 日，截至 2014 年 12 月 5 日，共回收调查问卷757 份，其中有效问卷 665 份，有效回收率为 87.85%，符合预定样本规模。

2.3 样本基本构成

为全面展示调查样本情况，我们从不同角度对 665 份有效问卷样本的基本构成情况进行统计与描述。

2.3.1 样本基本属性统计

样本的基本属性主要包括企业的所属行业、企业性质、企业规模等方面。企业性质与行业划分是依据国内通用的划分标准。由于企业规模尚无规范标准作为依据，本次调查选取企业员工数量和企业销售额两个角度进行划分。

在调查样本企业性质与所属行业方面，本次调查样本的基本构成如附表 B-2 所示。

附表 B-2　调查样本性质与所属行业统计

基本情况	调查类别	数量	占比	调查类别	数量	占比
企业性质	国有企业	167	25.11%	中外合资企业	86	12.93%
	民营企业	356	53.53%	其他	3	0.45%
	外商独资企业	53	7.97%	合计	665	100%
企业所属行业	制造业	164	24.66%	金融保险证券业	42	6.31%
	建筑业	41	6.17%	公共设施管理业	24	3.61%
	商业零售业	45	6.77%	通信服务	35	5.26%
	交通运输业	28	4.21%	餐饮住宿业	24	3.61%
	邮政物流业	17	2.56%	文化娱乐服务业	39	5.86%
	能源材料	41	6.17%	食品加工业	32	4.81%
	房地产业	40	6.02%	其他	27	4.06%
	信息技术	66	9.92%	合计	665	100%

注：在企业性质中，其他类型企业主要是指部分参与调查的、属于非完全企业性质的机构。在企业所属行业中，其他类型的行业主要包括如健康服务、环保、租赁、彩票等非传统服务业及教育培训机构

由附表 B-2 可知，从企业性质角度，调查样本包括了各主要性质类型的企业，各类性质调查企业占比基本符合我国企业构成结构。其中，民营企业（52.18%）、国有企业（24.51%）占比较高。

从行业分布情况看，调查样本覆盖了所有行业类型。不仅包括制造业、建筑业、商业零售业、食品加工业等传统行业，还包括信息技术业、通信服务业、能源材料业等新兴行业。同时，还涵盖健康服务、环保、租赁、彩票等刚出现不久的行业。在调查样本中，除制造业（24.66%）占比较高外，其他行业分布相对较为均匀。整体调查样本具有一定代表性。

在企业规模方面，基于企业员工数量和企业销售额角度的调查样本构成情况如附表 B-3 所示。

通过附表 B-3 的统计数据可知，调查样本具有一定代表性。无论是从企业员工数量角度，还是从企业销售额角度，中小型企业占比均较高，此次调查样本的分布与我国企业总体构成比例基本相符。

附表 B-3 调查样本规模情况统计

基本情况	调查类别	数量	占比	基本情况	调查类别	数量	占比
企业员工数量	100 人及以下	194	29.17%	近五年企业年销售额	1 000 万元以下	181	27.22%
	101~400 人	155	23.31%		1 001 万~5 000 万元	159	23.91%
	401~1 000 人	117	17.59%		5 001 万~1 亿元	109	16.39%
	1 001~2 000 人	114	17.14%		1 亿~1.5 亿元	66	9.92%
	2 001~3 000 人	38	5.71%		1.5 亿~3 亿元	52	7.82%
	3 000 人以上	47	7.07%		3 亿元以上	98	14.74%
	合计	665	100%		合计	665	100%

2.3.2 样本地域统计

此次调查样本覆盖了我国 30 个省（自治区、直辖市），不含港澳台地区，仅有西藏自治区没有调查样本，见附表 B-4。虽然各地区参与调查的企业的数量不均，最多为天津市（61 家企业），最少为海南省和湖南省（8 家企业）。但从整体分布看，考虑到各地区经济发展的差异性，调查样本区域分布基本合理。

附表 B-4 调查样本所属省份统计表

所属省份	数量	占比	所属省份	数量	占比
山东省	56	8.421%	河北省	58	8.722%
江苏省	14	2.105%	内蒙古自治区	15	2.256%
安徽省	13	1.955%	宁夏回族自治区	9	1.353%
浙江省	28	4.211%	新疆维吾尔自治区	11	1.654%
福建省	16	2.406%	青海省	11	1.654%
上海市	16	2.406%	陕西省	12	1.805%
广东省	20	3.008%	甘肃省	15	2.256%
广西壮族自治区	12	1.805%	四川省	16	2.406%
海南省	8	1.203%	云南省	11	1.654%
湖北省	41	6.165%	贵州省	9	1.353%
湖南省	8	1.203%	重庆市	53	7.970%
江西省	13	1.955%	辽宁省	11	1.654%
河南省	22	3.308%	吉林省	14	2.105%
北京市	52	7.820%	黑龙江省	24	3.609%
天津市	61	9.173%	合计	665	100%
山西省	16	2.406%			

按我国传统区域划分，华东地区主要包括山东、江苏、安徽、浙江、福建、上海；华南地区主要包括广东、广西、海南；华中地区主要包括湖北、湖南、河南、江西；华北地区主要包括北京、天津、河北、山西、内蒙古；西北地区主要包括宁夏、新疆、青海、陕西、甘肃；西南地区主要包括四川、云南、贵州、西

藏、重庆；东北地区主要包括辽宁、吉林、黑龙江。调查样本的具体分布情况如附图 B-1 所示。可见，华北地区调查样本数量最多，为 202 家（占比为30.38%）；而华南地区调查样本数量最少，仅为 40 家（占比为 6.02%）。

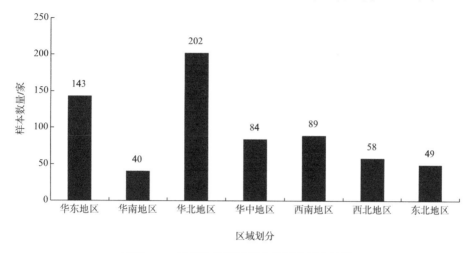

附图 B-1　基于传统区域划分的调查样本统计

根据我国经济发展战略与经济区域分布，可以将全国划分为东、中、西部地区。其中，东部地区主要包括北京、天津、河北、上海、江苏、浙江、福建、山东、安徽、辽宁、广东和海南；中部地区主要包括山西、吉林、黑龙江、江西、河南、湖北、湖南；西部地区主要包括四川、重庆、贵州、云南、西藏、陕西、甘肃、青海、宁夏、新疆、广西、内蒙古。按此角度，调查样本的具体分布如附图 B-2 所示。其中，东部地区占比为 53.08%，西部地区占比为26.17%，中部地区占比为 20.75%。

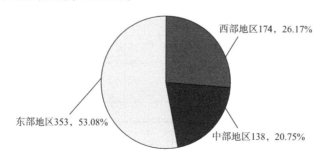

附图 B-2　东中西部地区调查样本统计

从以上统计结果可知，无论是从传统区域划分角度，还是从国家经济发展战略与经济区域分布划分角度，本次调查企业样本分布都较为广泛，且与区域经济发展相一致，相对均衡，具有一定代表性。

3 企业竞争情报力总体统计与分析

3.1 描述性统计

665 家有效调查样本企业的竞争情报力各项具体评价指标的基本统计结果如附表 B-5 所示。

附表 B-5 企业竞争情报力具体评价指标评价统计结果

具体能力	具体评价指标	最小值	最大值	平均值	标准差	方差
竞争情报基本能力	情报需求分析能力	1	5	3.015	1.038	1.078
	竞争情报源多样性水平	1	5	3.030	0.970	0.942
	竞争情报收集与获取能力	1	5	2.959	0.992	0.985
	竞争情报分析能力	1	5	2.982	1.061	1.126
	情报产品数量与质量	1	5	2.910	1.026	1.052
	情报综合服务质量水平	1	5	2.862	1.051	1.104
竞争情报系统水平	系统结构与功能	1	5	2.971	0.973	0.946
	情报数据库质量	1	5	2.949	0.989	0.978
	系统与网络性能	1	5	3.063	1.067	1.139
竞争情报人力资源水平	人力资源结构	1	5	2.746	1.091	1.190
	竞争情报工作经验与能力	1	5	2.648	1.226	1.504
	竞争情报与关领域专业知识水平	1	5	2.665	1.168	1.364
	竞争情报意识	1	5	2.738	1.194	1.425
反竞争情报能力	反竞争情报意识	1	5	2.944	1.061	1.125
	反竞争情报制度与规章	1	5	2.973	1.037	1.075
	反竞争情报方法与措施	1	5	2.878	1.045	1.092
沟通与协调能力	沟通渠道与方式	1	5	2.671	1.098	1.206
	竞争情报工作流程	1	5	2.633	1.168	1.364
	资源配置能力	1	5	2.612	1.161	1.348
转化机制水平	知识与经验转化能力	1	5	2.653	1.236	1.528
	能力与素质转化程度	1	5	2.586	1.222	1.493
企业竞争情报战略能力	应变能力与反应能力	1	5	2.639	1.130	1.277
	竞争情报发展战略	1	5	2.624	1.179	1.389
	竞争情报定位	1	5	2.654	1.257	1.581
	竞争情报人力资源战略	1	5	2.648	1.177	1.385
	领导者战略洞察力	1	5	2.865	1.174	1.379

续表

具体能力	具体评价指标	最小值	最大值	平均值	标准差	方差
竞争情报管理与文化素养	竞争情报组织管理机制	1	5	2.609	1.158	1.341
	竞争情报管理者水平与领导能力	1	5	2.719	1.229	1.510
	学习、创新机制与能力	1	5	2.678	1.211	1.466
	企业竞争情报氛围与文化	1	5	2.621	1.206	1.456
	竞争情报价值与道德观	1	5	2.716	1.228	1.508
	团队精神	1	5	3.069	1.269	1.610

由附表 B-5 的基本统计数据可见，无论是从平均值角度，还是从标准差和方差角度，整体调查样本在所有 32 项企业竞争情报力具体评价指标上的得分情况存在较大差异。

3.2 综合评价分析

利用构建的企业竞争情报力测度体系，通过对调查所获各项具体评价指标数据的统计与计算，获得整体调查样本企业竞争情报力实际水平。

具体统计与计算过程为：在所获得的 665 家调查样本评价数据基础上，首先，对样本整体的竞争情报力各具体指标评价得分进行加总，计算其平均值，即该评价指标的得分；其次，利用测度指标体系中各项评价指标对应其所属能力维度的权重、各构成能力对应其所属测度维度权重，逐层计算各构成能力、各主要测度维度评价得分；最后，计算获得整体调查样本企业竞争情报力综合评价结果。调查样本整体的企业竞争情报力评价结果如附表 B-6 所示。

附表 B-6　调查样本企业竞争情报力评价结果

综合评价分数	主要测度维度评价分数	具体构成能力评价分数	测度指标	权重	具体测度指标得分
企业竞争情报力（2.789）	显性能力维度（2.880）	竞争情报基本能力（2.959）	情报需求分析能力	0.243	3.015
			竞争情报源多样性水平	0.072	3.030
			竞争情报收集与获取能力	0.149	2.959
			竞争情报分析能力	0.286	2.982
			情报产品数量与质量	0.099	2.910
			情报服务综合评价	0.149	2.862
		竞争情报系统水平（2.982）	系统结构与功能	0.276	2.971
			情报数据库	0.489	2.949
			网络与系统性能	0.235	3.063
		竞争情报人力资源水平（2.697）	人力资源结构	0.154	2.746
			竞争情报工作经验与能力	0.319	2.648
			竞争情报与相关领域专业知识	0.181	2.665
			竞争情报意识	0.346	2.738

续表

综合评价分数	主要测度维度评价分数	具体构成能力评价分数	测度指标	权重	具体测度指标得分
企业竞争情报力（2.789）	显性能力维度（2.880）	反竞争情报能力（2.925）	反竞争情报意识	0.386	2.944
			反竞争情报制度、规章	0.257	2.973
			反竞争情报方法、措施	0.356	2.878
	隐性能力维度（2.674）	沟通与协调能力（2.638）	沟通渠道与方式	0.316	2.671
			竞争情报工作流程水平	0.342	2.633
			资源配置能力与水平	0.342	2.612
		转化机制水平（2.622）	知识与经验转化机制	0.541	2.653
			能力与素质的转化机制	0.459	2.586
		企业竞争情报战略能力（2.702）	应变能力与反应能力	0.162	2.639
			竞争情报发展战略	0.224	2.624
			竞争情报定位	0.243	2.654
			竞争情报人力资源战略	0.084	2.648
			领导者战略洞察力	0.286	2.865
		竞争情报管理与文化素养（2.734）	竞争情报组织管理机制	0.131	2.609
			竞争情报管理水平与领导能力	0.213	2.719
			学习、创新机制与能力	0.181	2.678
			企业竞争情报氛围	0.181	2.621
			竞争情报价值与道德观	0.154	2.716
			团队精神	0.142	3.069

如附表 B-6 所示，665 家调查企业整体的竞争情报力评价得分为 2.789 分，该得分在 5 分评价制中处于中等水平。调查结果表明，被调查企业整体的竞争情报力水平不高。

调查样本整体的企业竞争情报力综合及各构成维度评价结果的离散分布情况如附表 B-7 所示。

附表 B-7 企业竞争情报力评价结果离散分布程度

一级评价维度	具体构成能力	评价得分	标准差	方差
显性能力维度	竞争情报基本能力	2.959	0.889	0.795
	竞争情报系统水平	2.982	0.900	0.813
	竞争情报人力资源水平	2.697	1.056	1.115
	反竞争情报能力	2.925	0.954	0.913
隐性能力维度	沟通与协调能力	2.638	1.051	1.106
	转化机制水平	2.622	1.178	1.386
	企业竞争情报战略能力	2.702	1.070	1.146
	竞争情报管理与文化素养	2.734	1.105	1.221
显性能力维度		2.880	1.023	1.047
隐性能力维度		2.674	1.099	1.208
企业竞争情报力		2.789	0.936	0.876

在附表 B-7 中，企业竞争情报力整体评价结果的标准差为 0.936，方差为 0.876，表明调查样本企业整体的竞争情报力综合评价得分分布的离散程度较低，从某种程度上说明调查样本整体评价结果差别程度不大，这一结果基本反映了我国企业整体竞争情报力水平与能力。

3.3 基本构成评价分析

整体调查样本的企业竞争情报力各测度维度与构成能力的评价结果如附表 B-6 与附图 B-3 所示。

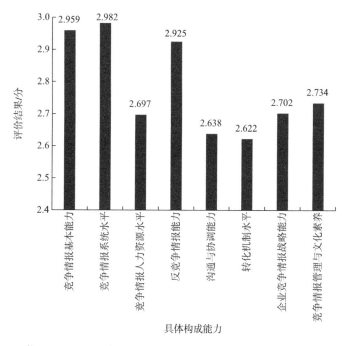

附图 B-3　调查样本企业竞争情报力具体构成能力评价结果

首先，整体调查样本在企业竞争情报力显性能力维度上的评价结果为 2.880 分，在隐性能力维度上的评价得分为 2.674 分。由此可见，调查样本在反映企业竞争情报基本能力和硬件设施水平方面的显性能力维度上的得分略高于反映企业竞争情报内在要素和发展潜力的隐性能力维度得分，该结果表明调查样本整体在竞争情报基本能力、基本情报活动和基础设施等硬件水平方面已经具备了一定实力，而在企业竞争情报软实力方面则略显薄弱。

其次，通过附图 B-3 可以发现，企业竞争情报力各具体构成能力评价结果中，调查企业在显性能力维度中的竞争情报基本能力、竞争情报系统水平、反竞争情报能力等方面得分较高，而在转化机制水平、沟通与协调能力、竞争情报人力资源水平等能力上的得分排在后三位。这一评价结果与企业竞争情报主要测度维度评价结果相吻合。结果表明，调查样本企业在竞争情报力的基本能力和硬件条件方面整体水平较高，而在反映企业竞争情报软实力的相关能力方面评价结果均较低。

同时，各具体构成能力评价结果离散分布情况可见附表 B-7。企业竞争情报力具体构成能力评价结果中，得分较高的能力的方差值较小，如竞争情报基本能力（方差值为 0.795）、竞争情报系统水平（方差值为 0.813）、反竞争情报能力（方差值为 0.913），表明调查企业整体在这些能力方面评价得分差距不大，水平相当。而竞争情报构成能力中得分较低指标的方差值均较高，如转化机制水平（方差为 1.386）、竞争情报管理与文化素养（方差为 1.221）等的方差值较高，表明调查企业整体在这些能力方面存在较大差异，进一步说明在反映企业竞争情报综合能力的软实力方面，调查样本企业间存在较大差异。

最后，整体调查样本企业竞争情报力各项具体评价指标的评价结果与离散分布程度如附表 B-8 所示。

附表 B-8 企业竞争情报力具体评价指标评价统计结果

具体能力	具体评价指标	评价得分	方差	具体能力	具体评价指标	评价得分	方差
竞争情报基本能力	情报需求分析能力	3.015	1.078	沟通与协调能力	沟通渠道与方式	2.671	1.206
	竞争情报源多样性水平	3.030	0.942		竞争情报工作流程	2.633	1.364
	竞争情报收集与获取能力	2.959	0.985		资源配置能力	2.612	1.348
	竞争情报分析能力	2.982	1.126	转化机制水平	知识与经验转化能力	2.653	1.528
	情报产品数量与质量	2.910	1.052		能力与素质转化程度	2.586	1.493
	情报服务综合评价	2.862	1.104		应变能力与反应能力	2.639	1.277
竞争情报系统水平	系统结构与功能	2.971	0.946	企业竞争情报战略能力	竞争情报发展战略	2.624	1.389
	情报数据库质量	2.949	0.978		竞争情报定位	2.654	1.581
	网络与系统性能	3.063	1.139		竞争情报人力资源战略	2.648	1.385
竞争情报人力资源水平	人力资源结构	2.746	1.190		领导者战略洞察力	2.865	1.379
	竞争情报工作经验与能力	2.648	1.504	竞争情报管理与文化素养	竞争情报组织管理机制	2.609	1.341
	竞争情报与专业知识水平	2.665	1.364		管理者水平与领导能力	2.719	1.510
	竞争情报意识	2.738	1.425		学习、创新机制与能力	2.678	1.466
反竞争情报能力	反竞争情报意识	2.944	1.125		企业竞争情报氛围与文化	2.621	1.456
	反竞争情报制度与规章	2.973	1.075		竞争情报价值与道德观	2.716	1.508
	反竞争情报方法与措施	2.878	1.092		团队精神	3.069	1.610

由附表 B-8 可见，整体调查样本在企业竞争情报力各项具体指标上的评价结果具有较大差异。在具体评价结果方面，网络与系统性能、团队精神、竞争情报源多样性水平、情报需求分析能力等指标得分均高于 3 分，属于较高的评价得分，表明调查企业在这些方面表现出较高的水平或能力。同时，调查企业在部分体现企业竞争情报活动、硬件设施和反竞争情报能力方面的指标上得分也明显偏高。而在能力与素质转化程度、资源配置能力、竞争情报组织管理机制、竞争情报发展战略等指标上得分则较低，尤其是能力与素质转化程度得分仅为 2.586 分，说明整体调查企业在这些水平或能力方面偏弱。

在评价结果离散程度方面，由统计数据的方差值可见，部分指标评价结果的标准差值较高。尤其是在与反映企业竞争情报力软实力密切相关的指标方面，其各项指标的方差值明显偏高，部分指标的方差值甚至高于 1.500，说明整体调查企业彼此间在这些能力上水平差距较大。

3.4　讨论

以上，我们从综合评价、主要维度与构成能力、具体评价指标等角度对调查企业整体竞争情报力水平进行了分析。纵观各角度评价结果，基本上反映了我国企业竞争情报力和情报综合素养的实际水平。

首先，从整体角度看，我国企业竞争情报力整体水平和综合素养处于中等层次，基本能够满足企业决策的需要。但企业间发展不均衡，实力差距比较大。部分企业整体水平较高，而部分企业整体水平偏低。这既与企业自身竞争情报力内在发展不均衡相关，也与企业的性质、规模、行业等相关。

其次，综合几个角度的调查统计结果，从调查样本整体来看，调查企业自身竞争情报力内在发展呈现不均衡状态。具体体现为，调查企业在体现其竞争情报基本活动能力和基础性硬件设施水平方面的维度、能力和具体评价指标上均有较好表现，而在体现企业竞争情报核心素养、隐性能力和软实力的维度、能力和具体评价指标方面则得分偏低。该调查结果表明，我国企业在竞争情报工作基本能力与基础设施方面已经具备了一定的水平与实力，为其竞争情报工作打下了一定基础，具备了基本的竞争情报工作条件与能力。但是在影响企业竞争情报工作的内在因素方面，尤其是在反映其隐性能力和软实力的能力方面还处于一个较低水平，存在一定的缺陷与不足。一方面，这直接影响企业竞争情报力水平和整体素养；另一方面，这也将长期影响到企业竞争情报工作未来发展与可持续发展，是值得关注的问题。

最后，在调查中，竞争情报人力资源水平作为企业竞争情报力显性能力维度重要构成能力，综合评价结果仅略高于企业竞争情报力隐性能力维度中的沟通与协调能力、转化机制水平等能力，处于一个较低水平，这是一个值得关注的问题。竞争情报人力资源水平是企业竞争情报工作能否有效开展的基础，是企业竞争情报力显性能力的重要构成部分。但是，企业竞争情报人力资源同时又是影响企业竞争情报力持续发展、决定企业竞争情报综合素质形成与提升的基础和重要影响因素。该评价结果表明，虽然我国企业竞争情报工作得到一定发展，但其在人力资源方面还存在一定差距，企业间的竞争情报人力资源水平发展不均衡，存在较大差异，这是应该引起企业管理者关注的问题。

4 基于企业性质与所属行业视角的评价分析

4.1 基于企业性质视角的评价分析

4.1.1 整体评价统计与对比分析

基于企业性质角度的调查企业竞争情报力综合评价、主要维度的评价统计结果如附表 B-9（此为简表，详细数据请见附表 F1）所示。

附表 B-9 基于企业性质视角的企业竞争情报力评价统计结果

评价维度与评价指标	总体评价	企业性质				
		国有企业	民营企业	外商独资企业	中外合资企业	其他类型企业
企业竞争情报力	2.789	2.927	2.857	3.033	2.440	3.412
显性能力维度	2.880	3.011	2.911	3.438	2.689	3.613
竞争情报基本能力	2.959	3.033	3.004	3.541	2.816	3.945
竞争情报系统水平	2.982	3.118	2.898	3.911	3.062	3.496
竞争情报人力资源水平	2.697	2.935	2.809	2.854	2.180	3.555
反竞争情报能力	2.925	3.001	2.897	3.772	2.940	3.116
隐性能力维度	2.674	2.820	2.789	2.516	2.121	3.156
沟通与协调能力	2.638	2.844	2.768	2.694	2.164	3.105
转化机制水平	2.622	2.761	2.717	2.319	2.111	3.639
企业竞争情报战略能力	2.702	2.813	2.820	2.526	2.098	2.964
竞争情报管理与文化素养	2.734	2.878	2.848	2.503	2.116	2.980

注：在此处，将其他类型机构评价数据统计在内，但因其不具备完全的企业性质，且数量较少，因此对其不进行分析与讨论

企业竞争情报力综合评价结果显示，外商独资企业以 3.033 分位于综合评价

结果首位，国有企业（2.927 分）、民营企业（2.857 分）位居第二、三位，且以上三类性质的企业的综合评价结果均高于调查样本整体评价结果。只有中外合资企业以 2.440 分位于末位，且与整体评价结果差距较大，表明该类调查企业竞争情报力处于一个较低水平。该调查结果与我们的主观认知存在一定差异，将在后文进行详细的讨论与分析。

4.1.2 主要测度维度评价分析

基于企业性质角度的调查企业竞争情报力主要测度维度的评价结果如附表 B-9 与附图 B-4 所示。

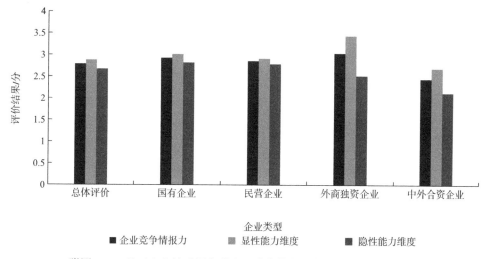

附图 B-4　基于企业性质视角的企业竞争情报力构成维度评价对比图

从企业竞争情报力的显性能力维度与隐性能力维度评价结果可知，各类性质调查企业在其显性能力维度上的评价结果与综合评价结果基本一致，而在隐性能力维度的评价结果则与综合评价结果存在一定差异。

由显性能力维度评价结果可见，调查企业中，外商独资企业以 3.438 分遥遥领先于其他类型企业，表明外商独资企业在该方面具有较高水平。国有企业、民营企业在该维度上的评价结果也高于调查样本整体结果，说明这两类企业已经具备相当的竞争情报工作基本能力和硬件水平，且两类性质企业在该方面水平相当。虽然中外合资企业在该维度上的评价结果处于末位且低于整体评价结果，但评价得分差距不大，表明中外合资企业在该维度，即企业竞争情报工作基本能力方面已经具备了一定基础，与其他性质企业的水平与能力差距不大。

　　调查企业在隐性能力维度的评价结果与综合评价存在较大差异。一方面，四种性质的企业在该维度上的评价结果的位序出现了较大变化。其中，国有企业、民营企业以一定优势位于前两位，且均高于调查样本整体在该维度的评价结果。而在综合评价与显性能力维度评价结果上均位于首位的外商独资企业在该维度评价中仅获得 2.516 分，且低于调查样本的整体得分。另一方面，与显性能力维度不同，不同性质企业在该维度上的评价结果差距明显增大，尤其是中外合资企业的评价得分仅为 2.121 分，不仅位于末位，而且远远低于其他性质的企业。这一结果反映出不同性质的企业在该维度上水平与能力的差异。

　　同时，通过附图 B-4 可以直观发现，在企业竞争情报力两个主要维度评价结果中，不同性质调查样本企业自身在这两个维度中具有不同的表现。其中，国有企业、民营企业这两个维度的评价结果差距不大，表明这两类性质的企业竞争情报力各方面的水平与实力较为均衡。而与此形成鲜明对比的是，外商独资企业、中外合资企业在这两方面的评价结果差距较大，反映了其在竞争情报力各主要维度方面上的水平和实力的不均衡。

4.1.3　具体构成能力对比分析

　　从企业性质角度，调查样本企业竞争情报力具体构成能力的评价结果如附图 B-5、附图 B-6 和附表 B-9 所示（具体评价结果见附表 F1）。

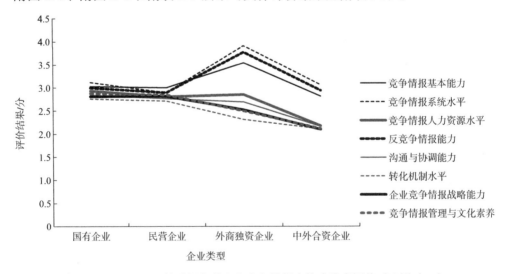

附图 B-5　基于企业性质视角的企业竞争情报力构成维度评价对比图（一）

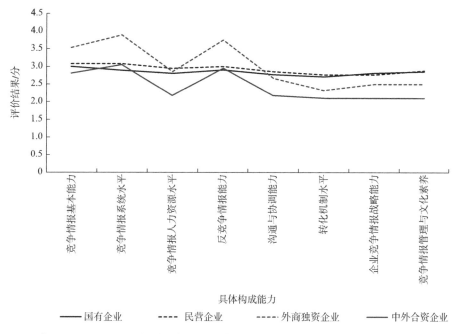

附图 B-6　基于企业性质视角的企业竞争情报力构成维度评价对比图（二）

如附图 B-5 所示，在企业竞争情报力各具体构成能力评价结果中，调查样本中国有企业、民营企业各具体构成能力的评价结果处于同一水平，虽有波动，但波动幅度不大，各方面具体能力较为均衡。而外商独资企业、中外合资企业各具体构成能力的评价结果则波动较大，各能力水平差距明显，能力不均衡。

具体而言，调查样本中国有企业、民营企业与中外合资企业在竞争情报基本能力、竞争情报系统水平、反竞争情报能力方面的评价结果差异不大，外商独资企业则在这三个能力方面上有较高的评价得分。但在竞争情报人力资源水平和隐性能力维度中各构成能力的评价结果方面，各类性质企业则呈现出明显的差异。国有企业、民营企业的评价得分较为稳定、波动不大，且位于前列；而外商独资企业、中外合资企业这些能力的评价结果波动较大、得分偏低，尤其是中外合资企业，各项能力得分均处于末位。

在此基础上，对调查样本企业竞争情报力各具体指标评价结果的离散程度进行进一步比较与分析（详细数据见附表 F1）可以发现：一方面，从维度与能力角度，各种性质的调查样本企业在显性维度中，竞争情报基本能力、竞争情报系统水平、反竞争情报能力等方面的各具体评价指标方差值均处于较低水平，说明各具体调查企业间在这些能力、具体指标方面水平相当、差距不大。而在竞争情报人力资源水平和隐性能力维度中，各构成能力的具体评价指标的评价结果方差值则明显偏大，说明各具体调查企业间在这些能力、具体指标方面存在较大差距。

另一方面，从企业性质角度，在调查样本所在类型企业中，民营企业竞争情报力各评价指标得分的方差值处于较低水平（除个别指标方差在 1.300 上下，其余均在 1.200 以内），表明调查样本中所有民营企业在竞争情报力各构成要素上水平相当，彼此差距不大；在国有企业竞争情报力各评价指标结果中，除去竞争情报意识（1.615）、知识与经验转化机制（1.470）、能力与素质的转化机制（1.463）、竞争情报价值与道德观（1.485）等指标方差值略高外，其余各评价指标的方差值均在 1.300 以内，表明调查样本中所有国有企业除去在以上几个方面能力水平上略有差别外，彼此间在竞争情报素养其他各方面的能力差别不大。与前两者不同，调查样本中外商独资、中外合资企业竞争情报力各评价指标的方差值呈明显偏高、波动幅度较大态势。有相当部分指标方差值超过 1.500，中外合资企业隐性测度维度中的部分评价指标的方差值甚至高于 2.000。这一统计结果表明，调查样本中，外商独资企业、中外合资企业彼此间在竞争情报力各具体构成要素的水平与能力方面存在较大差距，参差不齐。

4.1.4 分析与讨论

通过以上基于企业性质角度的数据统计与对比分析可以发现，不同性质类型企业的竞争情报力水平有以下几个方面的特点值得进一步分析与讨论。

（1）以上统计分析结果基本反映了我国各类性质企业竞争情报力的实际水平。在各性质企业类型中，外商独资企业凭借自身的优势、凭借其在全球市场竞争中的丰富经验，培育形成了具有较高水平的竞争情报力，其竞争情报力水平和整体素养在所有性质企业类型中处于领先位置。经过改革开放四十多年的发展，经过市场竞争的洗礼，国有企业、民营企业竞争情报工作整体水平得到明显提升。而值得关注的是，中外合资企业竞争情报力综合评价结果处于末位，而且与其他性质企业差距很大。

（2）根据统计分析结果，虽然外资企业在竞争情报力综合评价中位于首位，但在竞争情报力各主要测度维度和构成能力方面，呈现出显著的不均衡状态，中外合资企业也有此特点。而与之形成鲜明对比的是，国有企业、民营企业在竞争情报力各主要维度和构成能力上所表现的能力与水平较为均衡，这也是值得进一步关注与探讨的问题。

（3）各性质企业在企业竞争情报力具体构成能力上表现出较大差异。外商独资企业、中外合资企业在企业竞争情报力显性能力维度上的竞争情报能力、竞争情报系统水平、反竞争情报能力方面展现出较高的水平与实力。而国有企业、民营企业则在隐性能力维度方面（人力资源水平、沟通与协调能力、转化机制水平、企业竞争情报战略能力、竞争情报管理与文化素养）均高于外商独资企业和中外合资企业。

　　以上三个方面的特点集中反映出一个值得讨论的共性问题，即国有企业、民营企业在与竞争情报软实力密切相关的各能力和评价指标上的表现均优于外商独资企业和中外合资企业。单从统计数据和评价结果，我们无法详细、全面地剖析深层次原因，但可以从几个方面进行尝试性的分析与讨论。

　　一方面，在企业竞争情报力中，无论是沟通与协调能力、转化机制水平，还是企业竞争情报战略能力、竞争情报管理与文化素养，这些能力培育形成的基础是企业文化，是由企业经过长期发展所积淀形成的企业氛围与企业文化传统所决定的。不可否认，外商独资企业、中外合资企业在运营管理过程中形成了较规范的管理制度和管理流程。虽然这两类性质的企业在管理过程中，一直在倡导以人为本的管理理念、团队精神，但其本质是基于制度的管理、基于流程的管理，在这种理念下形成的企业文化不同于国有企业与民营企业的企业文化特点。国有企业与民营企业在管理制度、管理流程等方面，不断学习与借鉴西方管理思想、管理方法，管理水平逐步提升，但我国传统的人情和人际关系思想依然占据主导地位。与外商独资、中外合资企业文化相比，这种文化对企业竞争情报力中的隐性能力维度水平发展更具有利条件。

　　另一方面，企业竞争情报是一项全员性工作，需要企业各部门和所有员工通力合作、有机协调与有效沟通。竞争情报价值与绩效的基础是有效的人际交流与人际沟通、有效的信息交流与沟通，这也是企业竞争情报力软实力形成、培育和提升的基础。在此方面，与外商独资企业和中外合资企业相比，国有企业和民营企业具有较好的基础和较大的优势。在外商独资企业和中外合资企业中，日资、韩资等企业占较大比重，从近些年国内主要媒体的新闻报道中我们可以发现，如前所述，这些企业在基于制度、流程的管理模式中，形成了规范的、等级森严、条线清晰的信息沟通与交流路径，保证了管理的规范性，但缺少以人际关系为主导的人与人之间的交流模式，为企业竞争情报软实力形成和综合素质的提升设置了壁垒。而与外商独资企业、中外合资企业不同，在人情、人际关系占主导地位的国有企业和民营企业的企业文化中，不同层级、不同部门的管理者与员工之间存在着较为顺畅的信息沟通与交流渠道。这也为国有企业和民营企业未来竞争情报力水平与综合素养的提升奠定了良好的基础。

4.2　基于行业视角的评价分析

4.2.1　综合评价分析与讨论

　　从所属行业角度，各行业调查企业竞争情报综合评价结果如附表 B-10 及附图 B-7 所示，其详细评价统计数据见附表 F2。

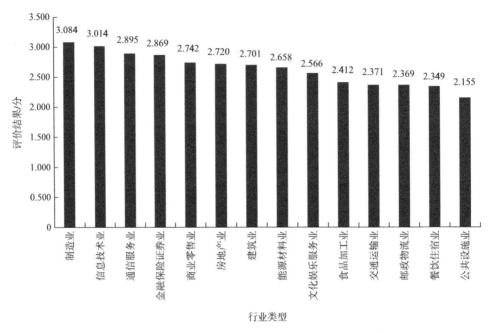

附图 B-7 不同行业调查样本企业竞争情报力综合评价排序

根据以上企业竞争情报力综合评价结果，可将所有调查行业划分为三个梯队。其中，制造业（3.084 分）、信息技术业（3.014 分）、通信服务业（2.895分）、金融保险证券业（2.869 分）等行业的调查企业竞争情报力评价结果均高于整体评价结果，属于第一梯队。在第一梯队这些行业中，除制造业外，其他三个行业均处于行业的快速成长期，并且与国际市场整合程度较高，面临着较大的国际市场竞争压力。在此背景下，为了应对残酷的竞争局面，为了及时、全面获得竞争环境发展变化趋势和竞争态势，为了准确地把握来自于不同国家主要竞争对手的竞争战略与具体运营策略，为了在竞争过程中获得竞争优势，在这些行业中的大部分企业中，竞争情报受到高度的重视，企业将竞争情报作为一项重要工作，加大对其各方面的投入和支持，其竞争情报力水平得到有效的提升。制造业作为我国支柱型产业，其涵盖面较广。一方面，随着经济全球化与信息化的发展，制造业面临着日益激烈而残酷的国际竞争，面临着来自于世界范围的竞争压力。另一方面，随着技术快速发展，创新技术的产业化速度和应用于产品更新换代的速度大幅增加，而用户需求也在不断变化，这给企业带来了前所未有的压力。与此同时，近些年来，在国家倡导的"由中国制造向中国创造转变"发展战略背景下，制造业所面临的产业升级压力、自主知识产权压力、人力资源压力陡然提升。在以上各方面因素的共同作用下，为有效应对竞争环境变化，制造业整体竞争情报力水平得到大幅度提升。

　　处于第二梯队的行业主要包括商业零售业（2.742 分）、房地产业（2.720 分）、建筑业（2.701 分）、能源材料业（2.658 分）。由综合评价结果可知，处于第二梯队的这四个行业样本企业竞争情报力评价整体水平略低于整体调查样本评价结果。一方面，从行业生命周期角度来看，虽然这些行业基本处于行业成熟期，市场增长缓慢，行业内竞争较为激烈，但这四个行业中的大部分企业所面向的是国内市场。在国内市场竞争中，虽然也面临来自于跨国竞争对手的竞争，但更多的竞争对手还是国内同行，因此，竞争压力相对降低。另一方面，从行业分布角度来看，第二梯队的这些行业均属于传统行业。无论是管理模式还是管理理念，受传统的企业管理理念、管理方式、决策方式等惯性思维影响较深。同时，该梯队中部分行业企业战略决策受国家政策影响比较大。在以上这些因素的共同影响下，企业所面临的竞争压力要远小于第一梯队中各行业的企业。在此背景下，企业对竞争情报的重视程度、对竞争情报工作的各方面投入等均要弱于第一梯队行业中的企业。由此，该梯队中四个行业的整体竞争情报力水平处于中等水平。

　　处于第三梯队的行业为文化娱乐服务业（2.566 分）、食品加工业（2.412 分）、交通运输业（2.371 分）、邮政物流业（2.369 分）、餐饮住宿业（2.349 分）和公共设施业（2.155 分）。从综合评价结果看，第三梯队中各行业样本企业的整体竞争情报力综合水平均远低于调查样本总体评价结果，其中处于末位的公共设施业与排在首位的制造业的评价结果相差近 1 分，处于较低水平。纵观处于该梯队中的各个行业，可以发现这些行业具有如下特点：一部分行业（如公共设施业、交通运输业、邮政物流业等）依然处于国家垄断或国家行政干预较多的竞争环境中，虽然这些行业已经逐步步入市场化或进入自由竞争市场，但行业整体竞争态势依然相对和缓，竞争激烈程度不高，竞争压力较小。同时，处于其中的各具体企业在战略决策中受到传统管理模式和管理理念的影响根深蒂固，危机意识不强。而另一部分行业（如食品加工业、餐饮住宿业、文化娱乐服务业等）则属于传统行业，基本处于行业生命周期的成熟阶段，市场竞争较为激烈，竞争压力较大。但处于这些行业中的大部分企业所面对的是区域性竞争市场（甚至局限于某个省、某个城市的市场），竞争环境、竞争对手较为熟悉。正是由于以上两个方面的特点，该梯队各行业中的企业无论是在竞争情报基础设施、竞争情报人力和物力投入方面，还是在竞争情报管理建设和竞争情报意识培育方面，均处于较低水平，这些因素共同影响了企业竞争情报力水平。

4.2.2 测度维度评价分析与讨论

基于行业视角的调查样本企业竞争情报力主要构成维度评价结果如附表 B-10 和附图 B-8 所示。

附表 B-10　基于行业视角的企业竞争情报力评价结果

评价维度与评价指标	总体评价	行业划分							
		制造业	建筑业	商业零售业	交通运输业	邮政物流业	能源材料业	房地产业	信息技术业
企业竞争情报力	2.789	3.084	2.701	2.742	2.371	2.369	2.658	2.720	3.014
显性能力维度	2.880	3.098	2.776	2.783	2.443	2.539	2.754	2.735	3.179
竞争情报基本能力	2.959	3.213	2.727	2.802	2.496	2.583	2.856	2.549	3.304
竞争情报系统水平	2.982	3.042	2.828	2.922	2.658	2.930	2.996	2.884	3.382
竞争情报人力资源水平	2.697	3.004	2.777	2.584	2.216	2.249	2.412	2.777	2.840
反竞争情报能力	2.925	3.057	2.831	2.946	2.517	2.589	2.892	2.928	3.300
隐性能力维度	2.674	3.067	2.606	2.691	2.280	2.152	2.537	2.701	2.803
沟通与协调能力	2.638	3.006	2.668	2.601	2.338	2.119	2.445	2.675	2.734
转化机制水平	2.622	3.042	2.734	2.692	2.350	1.990	2.561	2.672	2.657
企业竞争情报战略能力	2.702	3.099	2.507	2.681	2.217	2.254	2.607	2.721	2.900
竞争情报管理与文化	2.734	3.125	2.549	2.831	2.232	2.208	2.497	2.737	2.899

评价维度与评价指标	总体评价	行业划分						
		金融保险证券业	公共设施业	通信服务业	餐饮住宿业	文化娱乐服务业	食品加工业	其他
企业竞争情报力	2.789	2.869	2.155	2.895	2.349	2.566	2.412	3.120
显性能力维度	2.880	3.058	2.405	3.084	2.521	2.673	2.533	3.127
竞争情报基本能力	2.959	3.128	2.383	3.216	2.613	2.981	2.623	3.257
竞争情报系统水平	2.982	3.219	2.704	3.310	2.763	2.642	2.648	2.997
竞争情报人力资源水平	2.697	2.858	2.152	2.620	2.266	2.435	2.327	3.190
反竞争情报能力	2.925	3.103	2.606	3.371	2.539	2.445	2.584	2.868
隐性能力维度	2.674	2.628	1.836	2.654	2.129	2.430	2.257	3.111
沟通与协调能力	2.638	2.662	1.848	2.571	2.052	2.457	2.198	3.110
转化机制水平	2.622	2.333	1.792	2.464	2.151	2.423	2.188	3.015
企业竞争情报战略能力	2.702	2.766	1.853	2.789	2.171	2.308	2.279	3.125
竞争情报管理与文化	2.734	2.692	1.843	2.755	2.128	2.638	2.383	3.210

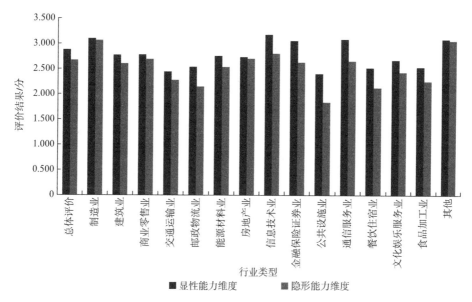

附图 B-8　基于行业视角的企业竞争情报力测度维度评价对比

　　可见，竞争情报力显性能力维度评价结果与综合评价结果基本一致。位于第一梯队中的各行业在该维度上的得分均高于 3 分，且高于调查样本整体在该维度上的评价结果，具有较高水平。其中信息技术业得分（3.179 分）超过制造业，位于该维度首位，表明该行业中的企业竞争情报基本能力、基础设施方面整体水平较高，具有相当的优势。处于第二梯队的各行业在该维度上的评价结果均略低于整体评价结果。而处于第三梯队中的各行业在该维度上的评价结果与整体评价评价结果相比、与第一梯队和第二梯队中各行业评价结果相比，虽然存在差距，但总体差距不大。以上结果表明，在企业竞争情报力的显性能力维度，除个别行业外，其他各行业的整体水平相当，差距不大。

　　在隐性能力维度方面，隐性能力维度的评价结果出现了很大变化。一方面，不同行业在该维度上评价得分差距明显。制造业以 3.067 分高居首位，是唯一得分超过 3 分的行业，而且比处于第二位信息技术业的得分高出 0.164 分，比处于末位的公共设施业（1.836分）高出 1.231 分之多。其他行业间在该维度的得分差距也十分明显。另一方面，不同行业在该维度的评价结果出现较大变化。与竞争情报综合评价和显性维度评价结果相比，仅有第一梯队中的制造业、信息技术业和第二梯队中的房地产业（2.701 分）、商业零售业（2.691 分）在该维度上得分高于整体调查样本在该维度的得分，而其他行业（尤其是在综合评价中处于第一梯队的通信服务业、金融保险证券业）在该维度上的得分均低于整体调查样本在该维度上的得分。

以上评价结果反映出不同行业在体现企业竞争情报软实力和可持续发展能力的隐性能力维度方面实力水平相差较大。尤其是部分在竞争情报综合水平实力较高的行业，在该能力上表现得不够让人满意，是值得关注的问题。同时，部分行业在该维度上的得分直接表明这些行业企业的竞争情报软实力水平偏弱，将影响企业的决策科学性和整体竞争力水平。

将显性能力维度和隐性能力维度两方面评价结果综合起来，在每个行业中，调查样本企业在竞争情报力显性能力维度和隐性能力维度上评价结果的差距化程度也是一个值得关注的问题。从评价结果可见，公共设施业、金融保险证券业、通信服务业、餐饮住宿业、邮政物流业等行业在这两方面维度上得分差距较大，表明这些行业中的企业在竞争情报各方面能力上水平不均衡，重硬件而轻软件。而与之相对应的制造业、房地产业、建筑业、交通运输业等行业则在这两个维度上的评价结果差距较小，反映了这些行业中的企业的竞争情报各方面能力发展较为均衡。

4.2.3 构成能力与具体指标评价对比分析

基于行业视角调查样本企业竞争情报力构成能力与具体指标的评价结果如附表 B-10 和附图 B-9、附图 B-10 所示（各评价指标具体评价结果见附表 F2-1 和附表 F2-2）。

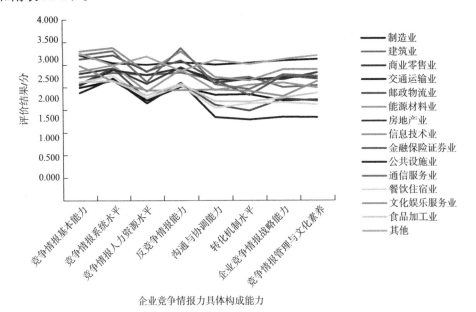

附图 B-9　基于行业视角的企业竞争情报力构成能力评价对比图（一）

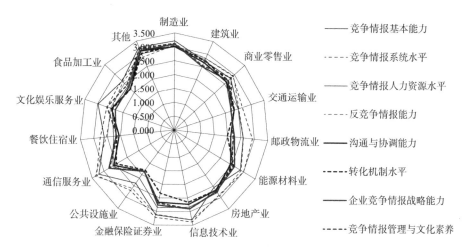

附图 B-10　基于行业视角的企业竞争情报力构成能力评价对比图（二）

由企业竞争情报力各构成能力的具体评价得分可知，各行业调查企业在显性能力维度中的竞争情报基本能力、竞争情报系统水平和反竞争情报能力方面均有不俗的表现，评价得分均高于 5 分评价制的中间值（除部分行业的部分指标除外），其中竞争情报系统水平的评价结果更为突出。具体到行业方面，信息技术业、通信服务业、金融保险证券业等行业在这三方面能力上的评价结果均超过综合能力排在首位的制造业，且远高于调查样本整体在这些能力上的评价结果，有效提升了这些行业在竞争情报力上的综合评价结果。总体而言，在企业竞争情报力构成中，各行业企业在竞争情报基本能力和竞争情报技术、硬件构成方面，均具有一定的基础和水平。

在竞争情报人力资源水平和隐性能力维度的四个构成能力方面，各行业调查样本的评价结果则呈现出较大差距。处于第一梯队的部分行业在这些能力上的得分明显下降，甚至出现在个别能力上的得分低于整体调查样本评价得分的情况。但是，处于第二梯队的房地产业、建筑业等则在这些能力方面有较好的表现。而第三梯队中的各行业在这些能力上的得分明显偏低。从各行业隐性能力维度具体构成能力的整体评价看，不同行业之间的差距比较大，分散幅度处于较宽水平，反映出不同行业企业在竞争情报软实力上存在较大差距。

由附图 B-10 可以直观发现，在每个行业中，调查样本企业在竞争情报力各具体构成能力上的评价结果也存在显著差异。其中，制造业、建筑业、商业零售业、房地产业、食品加工业等行业，调查样本企业在各方面具体能力评价得分较为接近，表明这些行业的企业的竞争情报各方面能力水平较为均衡。而文化娱乐业、信息技术业、公共设施业、金融保险业、邮政物流业等行业的调查样本企业在竞争情报力的各具体构成能力上的评价得分差距较大，反映出各行业的企业在竞争情报综合能力上发展的不均衡。

在企业竞争情报力各构成能力的具体评价指标得分及离散分布方面，各行业中调查企业在各具体评价指标上的评价得分情况与企业竞争情报各构成能力评价结果基本一致，但从各指标评价结果的方差值分布可以发现：一方面，从行业间的差异角度，部分行业调查样本企业的竞争情报力各具体指标评价结果的方差值较小，如信息技术业、房地产业、制造业等行业，表明这些行业中的各具体调查企业彼此间在竞争情报力各指标上的评价结果差距较小，彼此实力相当。而邮政物流业、食品加工业等部分行业中的各企业，彼此间在各具体评价指标上评价结果的方差值则明显偏大，有些指标方差值甚至高达 2.515，这一结果表明，处于这些行业的企业彼此间在企业竞争情报力各具体构成上存在较大差距，实力不均衡。另一方面，从企业竞争情报力具体构成能力角度，调查样本在显性能力维度的能力上，尤其是在竞争情报基本能力、竞争情报系统水平、反竞争情报力等能力方面的各具体指标上的方差值均较小，在竞争情报人力资源水平、沟通与协调能力、转化机制水平、企业竞争情报战略能力、竞争情报管理与文化素养等方面的评价结果的方差值均较高，这一结果表明，调查样本企业整体在竞争情报力内在构成上呈现出发展不均衡态势。

从整体调查样本角度来看，调查企业在企业竞争情报基本能力、竞争情报硬件设施水平等方面实力相当，彼此间差距不明显。而在竞争情报隐性能力维度和软实力方面，调查企业彼此间实力差距明显。这是需要进一步关注与研究的问题。

5　基于企业规模视角的评价分析

企业是一种复杂的社会经济组织，在企业规模角度，可以从企业员工数量、企业资产总量、企业产值总量、市场份额等不同视角对其类型进行划分。在本次调查中，为使调查与分析结果更具代表性，我们选取两个企业规模角度（企业员工数量和企业年均销售额）对调查样本企业竞争情报力综合水平及各主要构成维度与能力展开分析与讨论。

5.1　基于企业员工数量角度的评价分析

从企业员工数量角度，不同规模调查样本的企业竞争情报力综合水平及其各维度的评价结果如附表 B-11 所示（各评价指标具体评价结果见附表 F3）。

附表 B-11　基于企业员工数量的企业竞争情报力评价结果

评价维度与评价指标	总体评价	企业员工数量					
		100 人及以下	101~400 人	401~1 000 人	1 001~2 000 人	2 001~3 000 人	3 000 人以上
企业竞争情报力	2.789	2.824	3.010	2.757	2.344	2.649	3.192
显性能力维度	2.880	2.814	3.021	2.863	2.650	2.893	3.270
竞争情报基本能力	2.959	2.898	3.089	2.918	2.764	2.948	3.367
竞争情报系统水平	2.982	2.760	3.012	2.965	3.083	3.314	3.326
竞争情报人力资源水平	2.697	2.761	2.985	2.666	2.145	2.461	3.095
反竞争情报能力	2.925	2.774	2.945	2.984	2.871	3.123	3.308
隐性能力维度	2.674	2.836	2.997	2.621	1.953	2.336	3.092
沟通与协调能力	2.638	2.738	2.961	2.622	1.995	2.295	3.032
转化机制水平	2.622	2.789	2.984	2.548	1.831	2.189	3.197
企业竞争情报战略能力	2.702	2.911	2.988	2.605	1.972	2.451	3.108
竞争情报管理与文化素养	2.734	2.886	3.077	2.741	2.011	2.361	3.013

由附表 B-11 可知，在企业竞争情报力综合评价结果中，3 000 人以上的大规模企业的竞争情报力综合评价得分最高，为 3.192 分；100~400 人（3.010分）、100 人以下的小规模企业（2.824 分）的评价得分分别排在第二、三位，且均高于调查样本整体评价结果。而 401~1 000 人规模企业（2.757 分）、2 001~3 000 人规模企业（2.649 分）、1 001~2 000 人规模企业（2.344 分）等三类规模企业的竞争情报力综合评价结果均低于总体评价结果，其中 1 001~2 000人的企业更是以 2.344 分远低于其他规模类型企业，表明该类规模企业的竞争情报力总体水平处于一个较低状态。

在企业竞争情报力主要测度维度方面，基于企业员数量规模视角的评价结果如附表 B-11 和附图 B-11 所示。

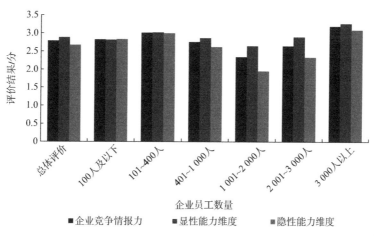

附图 B-11　基于员工数量规模的企业竞争情报力测度维度评价结果

可见，显性能力维度的评价结果与企业竞争情报综合评价结果存在较大差异，除去 3 000 人以上规模企业（3.270 分）、101~400 人规模企业（3.021 分）在该维度上获得较高得分外，在综合评价中低于平均水平的 2 001~3 000 人规模企业以 2.893 分跃居第三位，且高于该维度上样本整体评价结果。而在综合评价中高于整体评价结果的 100 人以下规模企业在该维度评价上的得分较低。该维度评价结果直接体现与反映了各类规模企业在竞争情报基本能力和硬件水平方面的具体水平与实力。

在反映企业竞争情报软实力的隐性能力维度的评价中，虽然评价结果与企业竞争情报力综合评价结果完全一致，但不同规模企业在该维度上的得分差距较大。其中 3 000 人以上、101~400 人和 100 人以下规模企业以较高的得分高于调查样本在该维度上的整体水平。而 1 001~2 000 人规模企业在该维度上仅得 1.953 分，排在末位。以上结果反映出不同规模企业的竞争情报软实力水平不均衡，存在较大差距。

同时，对比不同规模企业在显性能力维度和隐性能力维度上评价结果间的差距也可发现，综合评价结果高于调查样本整体评价结果的三种规模企业（即 3 000 人以上、101~400 人、100 人以下规模）其在显性能力维度与隐性能力维度上评价结果间的差距较小，表明这些规模类型企业的竞争情报整体水平与综合素质的各方面构成能力上的发展较为均衡。而其他三类规模企业在这两个方面维度上的评价得分间差距较大，表明这些类型企业在竞争情报力的构成能力上发展不均衡。

基于企业员工数量视角的调查样本企业竞争情报力具体构成能力的评价结果如附表 B-11 和附图 B-12 所示。

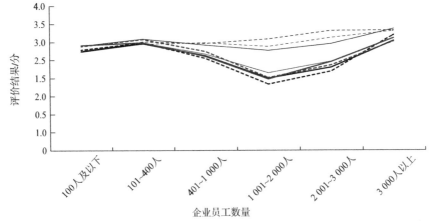

附图 B-12　基于员工人数规模的竞争情报力具体构成能力评价对比图

从企业竞争情报力具体构成能力评价结果可见，在不同规模类型角度，一方面，3 000人以上规模企业各项能力的评价得分均，处于较高水平，且远远高于其他规模企业在各构成能力上的评价结果。表明3 000人以上大型企业竞争情报力综合水平和各项构成能力均达到较高水平。而与之相对应的是1 001~2 000人规模企业在其竞争情报力的各项构成能力上的评价结果中，除竞争情报系统水平和反竞争情报能力得分略高、与其他规模企业在该项上得分差距不大之外，在其他能力上的得分均处于最低水平，且远低于其他规模企业的得分。另一方面，由附图B-12可知，3 000人以上规模企业、100人以下规模企业和101~400人规模企业等三类企业在企业竞争情报力各项构成能力上的评价结果相对均衡，得分差距不大。但1 001~2 000人规模企业和2 001~3 000人规模企业在竞争情报力各项构成能力上则呈现出较大差异，部分能力得分较高，而部分能力得分偏低。这一结果表明了各种规模类型企业在其竞争情报力具体构成能力上发展的不均衡程度，进而也反映出这种不均衡对其竞争情报力综合水平的影响程度。

从各具体构成能力评价结果波动幅度角度，由附图 B-12 可知，在企业竞争情报力各项构成能力中，各规模企业在竞争情报系统水平、竞争情报基本能力和反竞争情报能力三项能力上的评价结果波动幅度不大，而在其他能力方面的评价结果则出现幅度较大的波动，得分差距十分明显。由此可见，与显性维度、隐性维度的评价结果相一致，即各类规模企业在表现其基本竞争情报素质和硬件水平的能力上水平相当，而在其竞争情报工作软实力方面则存在较大差距，部分规模类型企业在这些能力上水平较低，直接影响到其竞争情报综合能力与素质。

5.2 基于企业年均销售额角度的评价分析

从企业年均销售角度，不同规模调查样本的企业竞争情报力综合水平及其各维度的评价结果如附表B-12所示（各评价指标具体评价结果见附表F4）。

附表 B-12　基于企业销售额视角的企业竞争情报力评价结果

评价维度与评价指标	总体评价	销售额划分					
		1 000万元以下	1 001万~5 000万元	5 001万~1亿元	1亿~1.5亿元	1.5亿~3亿元	3亿元以上
企业竞争情报力	2.789	2.678	2.642	2.707	2.378	3.173	3.397
显性能力维度	2.880	2.675	2.730	2.842	2.681	3.369	3.418
竞争情报基本能力	2.959	2.738	2.811	2.940	2.771	3.481	3.479
竞争情报系统水平	2.982	2.688	2.830	3.055	3.093	3.565	3.306
竞争情报人力资源水平	2.697	2.586	2.556	2.594	2.144	3.059	3.429
反竞争情报能力	2.925	2.676	2.760	2.862	3.020	3.476	3.366

续表

评价维度与评价指标	总体评价	销售额划分					
		1 000 万元以下	1 001 万~5 000 万元	5 001 万~1 亿元	1 亿~1.5 亿元	1.5 亿~3 亿元	3 亿元以上
隐性能力维度	2.674	2.683	2.530	2.535	1.991	2.924	3.371
沟通与协调能力	2.638	2.606	2.500	2.524	2.034	2.992	3.265
转化机制水平	2.622	2.660	2.500	2.415	1.778	2.818	3.445
企业竞争情报战略能力	2.702	2.718	2.528	2.568	2.067	2.910	3.422
竞争情报管理与文化素养	2.734	2.752	2.613	2.639	2.055	2.989	3.324

如附表 B-12 所示，基于年均销售额角度的各类规模企业在竞争情报力综合评价中的得分差距十分明显，排在首位的销售额在 3 亿元以上的样本企业的综合评价结果（3.397 分）比排在末位的 1 亿~1.5 亿元规模样本企业综合评价得分（2.378 分）高出 1.2 分，这种差距是很大的。同时，综合评价得分高于调查样本整体评价结果的也仅包括 3 亿元以上、1.5 亿~3 亿元两类规模企业，其他规模企业综合得分均低于整体评价得分。由此可见，基于年销售额所划分的各类规模企业间在竞争情报综合水平和素质上存在较大差异，且差距水平较大。

基于年销售额角度的各类规模调查样本在企业竞争情报力显性能力维度与隐性能力维度上的评价结果如附表 B-12、附图 B-13 所示。

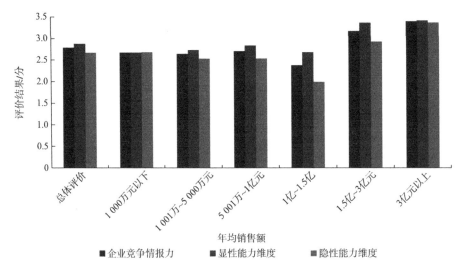

附图 B-13　基于年均销售额的各类规模企业竞争情报力主要维度评价结果

可见，在企业竞争情报力显性能力维度方面，各类规模企业在该维度上的评价结果与综合评价结果基本一致。其中，除 3 亿元以上（3.418 分）、1.5 亿~3 亿元（3.369 分）两类规模调查企业在该维度上的评价结果遥遥领先外，其他几类规模企业的显性能力维度评价结果均小于调查样本总体在该维度上的评价结果，但彼此间相差不大。其中，1 亿~1.5 亿元规模企业在该维度的得分超过 1 000 万元以下规模企业。以上结果表明，各类规模企业在竞争情报基本能力与硬件水平上虽然存在差距，但总体差距不大。

而在企业竞争情报力隐性能力维度方面，不同规模类型企业的评价结果与综合评价结果相比出现了很大变化，且各规模企业在该维度的评价得分差距明显增大。其中，销售额 3 亿元以上规模调查企业的评价结果为 3.371 分，遥遥领先于其他几类企业。销售额在 1 000 万元以下规模企业在该维度上的评价结果（2.683 分）不仅高于调查样本整体在该维度的得分，而且高于其自身在显性能力维度上的得分，跃居第三位。其他几类规模企业在该维度上的得分均低于总体评价，1 亿~1.5 亿元规模企业以 1.991 分位于末位，远低于其他规模企业。以上结果表明，不同规模企业在竞争情报软实力上呈现出较大的差距，部分规模企业在该维度实力上的水平非常之弱。

从附图 B-13 中可以直观发现，各类规模企业在其自身的竞争情报力显性能力维度与隐性能力维度上评价结果间具有差异性。其中，1 000 万元以下、3 亿元以上两类规模企业在这两个维度上的评价得分基本接近，表明这两类企业自身的竞争情报力各方面构成能力与素养发展较为均衡。而 1.5 亿~3 亿元、1 亿~1.5 亿元两类规模企业在这两个维度上的评价得分间差距较大，表明这两类规模企业在竞争情报综合水平发展中存在不均衡的问题。

基于年均销售额视角的各类规模调查样本企业的竞争情报力各构成能力及具体指标评价结果如附表 B-12、附图 B-14 和附表 F4 所示。

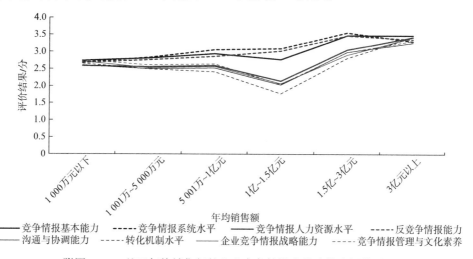

附图 B-14　基于年均销售额的企业竞争情报力构成能力评价对比

通过对比分析可得，在企业竞争情报力各项构成能力中，竞争情报基本能力、竞争情报系统水平、反竞争情报能力等能力的评价结果大致呈现随企业规模扩大而逐步提升的趋势，在 1.5 亿~3 亿元规模企业处达到最大值后，3 亿元以上规模企业这三个方面能力的评价结果均出现小幅度下降，但评价得分依然较高。同时也可以发现，除 1.5 亿~3 亿元、3 亿元以上两类规模企业外，其他规模企业在这些体现企业竞争情报基本能力与硬件设施水平的能力上的评价结果差距不大。而在企业竞争情报人力资源水平和隐性维度各具体构成能力的评价结果上，各类规模企业的得分差距则较为明显。其中，除 3 亿元以上规模企业在各项能力上的评价得分遥遥领先外，1.5 亿~3 亿元和 1 000 万元以下两类规模企业在以上各项能力上的得分也较高，而其他三类规模企业则在这些能力方面得分较低，尤其是 1 亿~1.5 亿元规模企业各方面能力得分更是明显低于其他规模企业，处于极低水平。

以上评价结果分析表明，在基于年均销售额角度的各类规模调查企业中，各类企业在竞争情报基本能力和基础性硬件水平方面相差不大，但在反映其竞争情报工作软实力、反映其核心素质与能力的方面则表现出较大差距。部分规模类型企业在该方面展现出较强实力，而部分规模企业则实力水平偏弱，这种差距不但直接影响其竞争情报力的综合水平，而且还将影响到其竞争情报工作的可持续发展。

在企业竞争情报力内在能力的均衡性角度，通过附图 B-14 可以直观发现，3 亿元以上、1 000 万元以下两类规模企业在竞争情报力各项构成能力上的得分相差不大，均处于一个较为均衡的状态。而 1 亿~1.5 亿元、1.5 亿~3 亿元、5 001 万~1 亿元规模企业在竞争情报力各项具体构成能力的评价结果则呈现出较大差距，显性能力维度的构成能力得分偏高，而隐性能力维度构成能力得分偏低。该评价结果从具体构成能力角度进一步验证了前文分析与讨论的结论，即各类规模企业自身竞争情报力发展中的均衡性存在较大差异。其中，3 亿元以上和 1 000 万元以下两类规模企业的竞争情报力各项构成能力上的发展较为均衡，而 1 亿~1.5 亿元、1.5 亿~3 亿元、5 001 万~1 亿元三类规模企业在其自身竞争情报力各构成能力上均呈现出失衡状态，1.5 亿~3 亿元规模企业尤为突出。

一方面，在企业竞争情报力各主要维度和具体能力角度方面，显性能力维度的各项主要构成，尤其是企业竞争情报基本能力、竞争情报系统水平、反竞争情报能力各具体评价指标的评价结果的方差值均较低，进一步表明各类规模企业中的各具体企业在这些能力上实力较为均衡，水平差距不大。而在竞争情报人力资源水平和隐性能力维度构成能力的各评价指标的评价结果方面，评价结果方差值明显升高，部分指标的方差值甚至高达 2.028，这表明各类规模企业中各具体企业在体现竞争情报软实力和核心能力的能力方面呈现出较大差距，企业彼此间的水平发展不均衡，实力差距较大。另一方面，从各类规模企业自身竞争情报力构成角度，1 000 万元以下、3 亿元以上两类规模企业的各具体指标评价结果的方差值均较小，1 亿~1.5 亿元规模企业在以上方面评价结果的方差值也不高（个别指标除外）。该结果既表明以上各类规模企业类型中的各具体企业彼此间在企业竞争情报力的各具体能力上水平与实力相当，彼此差距不大；也表明以上规模企业自身在竞争情报力的各构成方面发展较为均衡。与以上类型企业评价结果相反，1.5 亿~3 亿元、1 001 万~5 000 万元、5 001 万~1 亿元三类规模企业的各项指标评价结果的方差值均明显偏大，尤其在隐性能力维度的各具体评价指标中，部分指标的方差值较高，表明以上诸类规模企业类型中各具体企业的竞争情报力及各构成能力和水平有较大差距，企业自身竞争情报力各方面能力发展不均衡。

5.3 基于两类企业规模视角的对比分析与讨论

5.3.1 两类规模视角评价结果对比分析

前文分别从企业员工人数、企业年均销售额两个企业规模划分角度对调查样本企业竞争情报力调查结果进行了统计与分析。虽然是从两个不同角度的分析，但其核心脉络是对基于企业规模视角的企业竞争情报力及其具体构成做出多角度的对比分析。为此，我们将在以上两个不同角度分析结果基础上，进行综合对比分析与讨论。

基于两类不同规模视角的调查样本企业竞争情报力的综合评价结果、主要评价维度与具体能力的评价结果如附图 B-15 和附图 B-12、附图 B-14 所示。

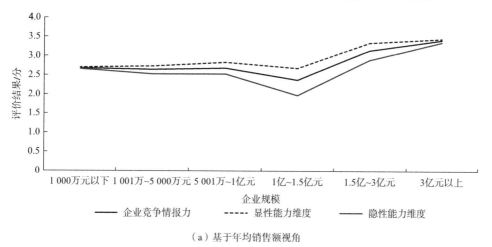

（a）基于年均销售额视角

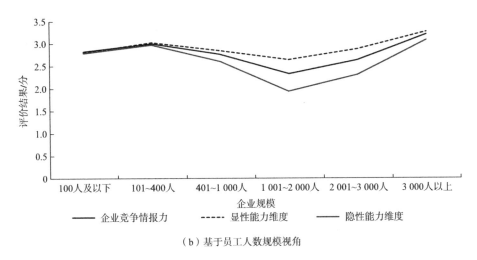

（b）基于员工人数规模视角

附图 B-15　基于两类企业规模划分视角的企业竞争情报力评价对比

可以发现，基于两类不同规模划分角度所获得的调查样本企业竞争情报力综合评价结果、主要维度评价与具体构成能力的评价结果呈现出以下几个主要特点。

首先，从企业竞争情报力综合结果来看，无论是基于企业人数还是基于企业年均销售额的企业规划划分角度，企业规模与企业竞争情报力综合水平之间并非正相关关系，即在两类规模划分角度中，处于中等规模类型的调查样本企业竞争情报力综合评价得分出现下降趋势，且与其他规模企业竞争情报力评价结果相差较大。同时，在各类规模企业中，员工数量为 3 000 人以上和销售额为 3 亿元以上较大规模企业的调查样本在两个分类角度的评价结果均较高，且远高于其他规模企业的评价结果，表明该规模企业竞争情报力整体水平和综合素养是较高的。而员工数量在 400 人以下和销售额在 5 000 万元以下的小型企业的竞争情报力水平处于中上等水平，表明该规模企业已经具备了一定的竞争情报综合素养与能力。而员工数量在 401~2 000 人、销售额在 5 001 万~1.5 亿元的中等规模企业则在竞争情报力水平与综合素养方面表现出较低的水平。

其次，在企业竞争情报力显性与隐性能力维度评价方面，从具体评价结果可见，在显性能力维度方面，从两个角度的评价结果与两个角度企业竞争情报力综合评价结果基本一致。大规模企业在该维度上的得分远远高于其他规模企业。而其他规模类型企业在显性能力维度方面，两个角度的评价结果虽然有差距，但差距不明显。但在隐性能力维度，基于两个角度的评价结果与企业竞争情报力综合评价结果呈现出不一致现象，除大规模企业在该维度上评价得分依然遥遥领先外，100 人以下和 1 000 万元以下小型企业在该维度的评价结果较为突出。而从不同规模企业类型其自身在显性能力维度与隐性能力维度评价结果差距角度，人数在 3 000 人以上和销售额在 3 亿元以上的大型企业、人数在 400 人以下和销售额在 5 000 万元以下的小型企业，其自身在两个维度上的评价得分差距不明显，而其他规模类型的企业（基本上为中等规模企业）在这两个维度上的得分差距则十分明显。

由此可见，一方面，基于两个划分角度各种规模类型的企业在体现其竞争情报基本能力与硬件设施水平的显性能力维度总体水平差距不大，而在体现其竞争情报软实力和潜在发展能力的隐性能力维度上则表现出较大的差距，尤其是处于中等规模的企业在该维度上的得分偏低，与其他规模企业得分差距较大，反映其在该能力方面较弱。另一方面，从不同规模企业类型其自身两个维度评价结果差距分析可见，大型企业、小型企业在竞争情报力发展中，整体发展较为均衡，而中等规模企业则表现出发展失衡的结果。

最后，在企业竞争情报力各构成能力和具体评价指标方面，从各能力与评价指标具体评价结果可见，基于两个角度企业规模划分的各类企业调查样本企业在竞争情报基本能力、竞争情报系统水平、反竞争情报能力三个能力及其具体评价指标上的评价结果虽有差距，但总体差距不大，且竞争情报系统水平、反竞争情报能力两项指标的评价结果与企业规模的扩大呈现出正向相关趋势，即随着企业规模的扩大，这两个能力的各评价指标得分也随之而提升。而在其他能力构成方面，包括竞争情报人力资源水平及隐性能力维度的各项能力，不同规模类型企业的评价结果则出现较大差距，尤其是 1 001~2 000 人规模和销售额在 1 亿~1.5 亿元规模的两类企业在该方面的得分偏低，且与其他规模类型的企业差距较大。

而从各项能力与指标评价结果的方差值来看，一方面，各规模类型企业在企业竞争情报基本能力、竞争情报系统水平、反竞争情报能力中各具体指标评价结果方差值均较小，表明各类规模企业类型中的调查企业在这些方面的实力差距不大。但在企业竞争情报人力资源水平方面，特别在是企业竞争情报力隐性能力维度的各项具体评价指标上，其评价结果的方差值明显偏大，表明从这两个不同规模划分角度的企业类型其具体调查企业间在这些能力方面存在较大的差距。另一方面，从各规模企业类型其自身在各能力与测度指标评价结果的方差值看，在两个不同规模划分角度的企业类型中，大型企业和小型企业的两个不同角度的评价结果方差值均较小，而中等规模企业其评价结果的方差值偏大。由此可见，大型企业和小型企业中的各调查对象间在各方面能力与指标上水平与能力差距不大，而中等规模企业中的不同具体企业之间在这些方面则反映出较大的差距水平。

5.3.2 讨论

由以上基于两种企业规模划分的调查结果的综合对比分析可见，从两个企业规模划分角度的评价结果中，均出现中等规模企业竞争情报力综合实力与整体素质下降的趋势，且下降幅度较大。这是值得关注与分析讨论的现象。

在经济学理论中，有一个名词为"中等收入陷阱"，其是指当一个国家的人均收入达到中等水平后，由于不能顺利实现经济发展方式的转变，导致经济增长动力不足，最终出现经济停滞的一种状态。基于此理论，企业创业与发展过程中的"中等收入陷阱"问题逐渐引起部分学者的关注。有学者指出，创业企业在发展过程中，随着规模扩大、人员数量增加、骨干团队心态变化、公司管理与制度规范化，企业管理模式等问题和市场环境变化等将集中显露出来，阻碍企业进一步发展，也会遇到类似"中等收入陷阱"问题。并指出，创业五年左右、人员规模上百人以后，恐怕就应该思考这个问题（范锋，2014）。

由此，可以基于企业发展中所遭遇的"中等收入陷阱"问题来解释在不同规模企业类型的调查样本企业竞争情报力评价结果中所出现的主要趋势与基本特征。

从企业竞争情报在企业决策中的重视程度角度。竞争情报是一项"一把手工程"。处于规模较小阶段的企业，由于其在各方面竞争实力较弱，危机意识较强，面对激烈的市场竞争环境，企业所做出的任何决策均容不得一丝疏忽，任何一项决策的失误均有可能给企业生存带来灭顶之灾。因此，为企业决策提供重要支持的竞争情报工作引起企业管理层的高度重视。而当企业经过艰难发展，规模与实力逐步壮大之后，企业达到中等规模之后，部分企业管理者有一定的优越感与成就感，丧失了危机感。发展到一定规模的大型企业，随着竞争加剧，危机感增加。同时，多元化战略与国际化战略成为其重要的战略选择，更多面临着重大的战略决策，在此方面决策过程中，更需要竞争情报的支持。

从企业管理模式的角度。企业竞争情报工作是以企业各部门、各员工之间的有效沟通和协调为基础的，具有鲜明的全员性特点。企业处于规模较小阶段，组织结构简单，管理层次清晰。虽然有相当部分的小型企业管理规范性不高，在此规模阶段，人治管理占据了主导管理模式，但企业内部的信息沟通渠道通畅、协调沟通方便，为企业竞争情报综合水平和整体素养的培育与提升奠定了一定基础。现代管理活动是以制度和规范为基础的一种规范化、标准化、流程化、模版化的管理模式，随着企业规模不断扩大，企业原有的管理制度、组织结构、管理方式等已经不再适应于企业发展，企业必将经历一个重要的调整周期，走入混沌阶段。随着企业的逐渐扩大，中型规模企业的组织架构更加复杂，管理层次逐步增加，管理规章与制度逐渐繁杂，但与之相适应的、健康规范的企业文化没有建立起来，从而导致管理不清、等级森严、部门本位主义突出，为企业内部的信息有效沟通、工作有机协调设置了重要障碍，极大地提升了沟通与协调成本，降低了沟通与协调效率，进而影响企业竞争情报水平。而当企业达到一定规模、进入大型规模企业行列，企业管理体系完善、组织结构清晰，建立形成了规范化、标准化的管理体制，标准化的岗位责任制和工作流程，通过强化、监督，不断优化其管理流程，形成了强有力的执行团队和良好的监督执行系统。从随意化、不规范的人治管理方式向规范化、流程化靠拢。标准化约束自己，在降低了团队沟通和整体运营成本的同时，规范化管理的意识与理论成为所有员工的共识。由此，为大型规模企业竞争情报整体水平和综合素质提升奠定了坚实的基础。

从企业文化角度，企业竞争情报工作是一种全员性工作，尤其体现在其隐性能力方面，与企业的沟通、协调能力及企业文化之间具有极强的相关性。由竞争意识和危机意识构成的企业文化是小规模企业的企业文化特点，为竞争情报能力的提升奠定了基础。而随着企业规模的不断扩大，企业管理将走入一个混沌阶段。管理思路不清晰，等级森严，部门文化较为突出，沟通与协调成本较高，为企业的有效沟通与交流设置了障碍，突出体现在其隐性竞争情报能力方面。而当企业规模发展到一定程度，其管理体系、沟通体系、组织结构日臻完善，为其竞争情报综合素养提升提供了有利条件。

6 基于地域视角的企业竞争情报力评价分析

为全面了解不同区域企业竞争情报力的实际水平，了解不同区域企业在竞争情报综合能力及各方面能力上的差异，在本部分，我们将从传统区域和国家发展战略区域两个划分角度，对来自不同区域调查样本企业竞争情报力及其构成能力评价数据进行统计分析。

6.1 传统区域分布视角的评价与对比分析

6.1.1 企业竞争情报力综合评价分析

在传统区域划分中，按所在版图位置，通常将我国 31 个省（自治区、直辖市）（不包括港澳台地区）划分为华东、华南、华中、华北、西北、西南、东北七个区域。以此类区域划分方式，来自七个区域的调查样本企业竞争情报力综合评价结果和主要构成维度评价结果如附表 B-13 所示（各评价指标具体评价结果见附表 F5）。

附表 B-13　基于传统区域划分视角的企业竞争情报力评价结果

评价维度与评价指标	总体评价	区域划分						
		华东地区	华南地区	华北地区	华中地区	西南地区	西北地区	东北地区
企业竞争情报力	2.789	3.171	2.581	2.909	2.798	2.672	1.871	2.635
显性能力维度	2.880	3.284	2.857	2.954	2.837	2.720	2.063	2.740
竞争情报基本能力	2.959	3.330	3.009	3.041	2.885	2.810	2.212	2.780
竞争情报系统水平	2.982	3.452	3.109	2.971	2.977	2.672	2.392	2.824
竞争情报人力资源水平	2.697	3.102	2.395	2.866	2.732	2.573	1.628	2.500
反竞争情报能力	2.925	3.344	3.078	2.903	2.790	2.815	2.183	2.978
隐性能力维度	2.674	3.026	2.230	2.852	2.748	2.610	1.626	2.499
沟通与协调能力	2.638	2.934	2.126	2.857	2.737	2.575	1.620	2.437
转化机制水平	2.622	2.975	2.104	2.805	2.693	2.556	1.658	2.405
企业竞争情报战略能力	2.702	3.079	2.333	2.874	2.726	2.642	1.611	2.556
竞争情报管理与文化素养	2.734	3.120	2.335	2.865	2.873	2.666	1.622	2.598

由附表 B-13 可知，在基于传统区域划分角度的企业竞争情报力综合评价结果中，七大区域调查样本企业竞争情报综合评价呈阶梯排序，且区域间评价得分差距较大。华东区域调查样本企业竞争情报力的综合评价得分为 3.171 分，在所有区域中位于首位。华北地区（2.909 分）和华中地区（2.798 分）调查样本整体评价结果排在其后。而其他地区的竞争情报力综合评价结果均低于整体评价结果。其中，西北地区调查样本企业竞争情报力综合评价得分仅为 1.871 分，与其他区域差距甚远。

通过以上基于传统区域划分角度的企业竞争情报力综合评价结果可见。一方面，各区域间企业竞争情报力综合水平与整体素质差距较大，华东地区整体企业竞争情报力水平较高，而西北地区则处于一个较低水平。另一方面，该评价结果与区域经济发展综合水平具有一定相关性。经济发展水平较高区域，其调查样本企业竞争情报综合水平也较高，而经济发展水平较低的区域，其调查样本企业竞争情报综合水平也较低。但值得关注的是，华南地区调查样本企业竞争情报力综合评价结果仅为 2.581 分，位于各区域评价结果的倒数第二位，可能与该区域包含经济欠发达的省区有直接关系。

6.1.2　主要评价维度评价分析

基于传统区域划分角度的调查样本企业竞争情报力主要维度评价结果如附表 B-13 与附图 B-16 所示。

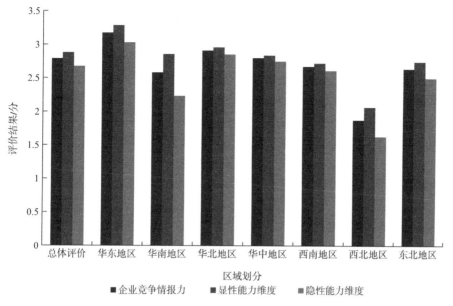

附图 B-16　传统区域划分视角的企业竞争情报力构成维度评价对比图

　　在各区域调查样本企业竞争情报力显性能力维度评价结果中，仅有华东地区（3.284 分）和华北地区（2.954 分）的得分高于调查样本整体在该维度上的评价结果。纵观各区域调查样本该维度的评价结果，除华东地区（3.284 分）以较高得分明显高于其他区域、西北地区（2.063 分）以较低得分落后于区域外，其他五个区域在该维度的评价得分差距不大。其中，华南地区调查样本企业在该维度上的得分也较为突出，以 2.857 分仅次于华东和华北地区，排在第三位次。

　　各区域调查样本企业竞争情报力隐性维度评价结果趋势与其竞争情报力综合评价结果完全一致。其中，华东地区（3.026 分）、华北地区（2.852 分）、华中地区（2.748 分）三个地区高于整体调查样本在该维度评价结果，其他四个区域调查样本在该维度的评价结果则低于调查样本整体评价结果。

　　但从各区域评价结果总体分析可见，各区域调查样本企业在该维度上的评价结果极不均衡。华东地区以 3.026 分高居首位，且明显高于其他区域。而西北地区在该维度上仅得 1.626 分，这一评价结果是一个极低水平。而其他几个区域的评价结果间也有明显的差距。

　　从各区域调查样本企业在竞争情报力显性能力维度和隐性能力维度评价结果间的差距角度可以发现，华中地区、华北地区、西南地区调查企业自身在这两个维度评价得分相当，差距不明显。而华南地区和西北地区则呈现出明显的差距。

　　由以上各角度分析可知，在企业竞争情报力主要评价维度方面，不同区域的调查样本的竞争情报力水平与素质呈现出以下主要特征。一方面，各区域在两个维度所体现出的企业竞争情报力水平与素质差别较大。除去西北地区外，各地区在体现企业竞争情报工作基本素养和硬件水平的显性能力维度上具有较高的水平，且实力差距不大。而在体现其竞争情报核心素养和软实力的隐性能力维度上则存在显著差距，部分地区在该方面软实力与水平相对较弱，影响了其竞争情报综合水平。另一方面，不同区域企业在显性能力维度与隐性能力维度上实力均衡程度表现出明显差距。从评价结果可见，华北地区、华中地区和西南地区调查样本企业在显性能力维度与隐性能力维度方面发展较为均衡，而西北地区、华南地区调查企业在这两个方面明显体现出发展的不均衡。华南地区调查样本企业在该方面尤为突出，进而影响到企业的综合竞争情报力水平。

6.1.3 具体构成能力评价分析

在企业竞争情报力构成能力和具体评价指标评价方面，各区域的具体评价结果与对比分析如附图 B-17、附图 B-18 和附表 F5 所示。

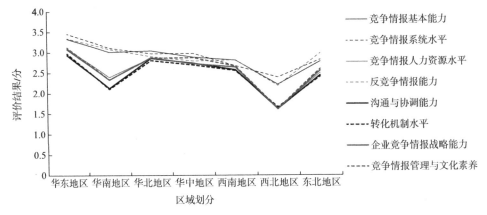

附图 B-17　传统区域划分视角的企业竞争情报力构成能力评价对比图（一）

由附图 B-17、附图 B-18 和各具体构成能力评价结果数据可见，华东地区调查样本企业竞争情报力各项具体构成能力的评价得分均位于首位，且远高于其他地区在各项能力上的评价结果；而西北地区调查样本企业竞争情报力各项具体构成能力的评价得分均位于末位，且远低于其他地区的评价结果。除去以上两个区域，其他区域调研对象在企业竞争情报力各构成能力评价结果中呈现出两种趋势。一方面，在企业竞争情报基本能力、竞争情报系统水平和企业反竞争情报能力等能力的评价结果中，各区域评价得分相当、差距不大，且华南地区调查样本在这三个能力方面得分均位于其他区域的前列。另一方面，在其他能力的评价结果中，彼此间则出现较大幅度的波动，尤其是华南地区调查企业在这些能力的评价结果出现较大的回落，远低于其他区域调查样本得分。

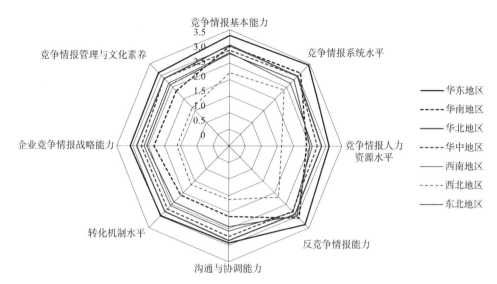

附图 B-18　传统区域划分视角的企业竞争情报力构成能力评价对比图（二）

从不同区域调查样本企业在其竞争情报力各构成能力的具体评价结果可知，显性能力维度与隐性能力维度评价结果基本一致，即华北地区、华东地区、西南地区的调查样本企业在各构成能力上评价得分间的差距不大，而华南地区、西北地区的调查样本在这些能力上的得分则表现出较大的差异，且波动幅度较大。

具体到企业竞争情报力的各评价指标，从附表中各指标评价结果的方差可见，华南、华中与西南三个地区调查样本企业竞争情报力各项指标评价结果的方差值普遍较低（除个别指标外），表明这三个地区每个具体调查企业之间在其竞争情报力的各项指标的评价得分差距不大。而西北、东北地区的评价结果的方差值则普遍较高，在人力资源水平和隐性能力维度各构成能力的评价指标方面尤为明显，表明该类地区调查样本之间在这些指标的评价上存在较大差距。

以上对竞争情报力各构成能力和具体指标评价结果的分析，可以进一步揭示不同区域的调查样本在企业竞争情报工作的基本能力、硬件设施水平和软实力方面的差异化程度。由评价结果可见，华东地区调查样本在各项能力上均表现出较高水平，其实力远高于其他地区。而西北地区则各项能力均较弱。同时，正如前文所述，除上述两个地区之外，其他地区在直接体现企业竞争情报基本能力和硬件设施水平的竞争情报基本能力、竞争情报系统水平、反竞争情报能力方面的水平相当、差距不大，但在体现企业竞争情报软实力的各项能力方面则体现出较大差距。另外值得关注的是华南、华中、西北地区调查样本企业在其竞争情报各个能力方面发展较为均衡，为其可持续发展奠定了一定基础，而西北、华南地区调查样本企业则均出现发展不均衡问题，不仅影响到其竞争情报工作整体水平与综合素养，同时也将影响其竞争情报工作的可持续发展。通过分析可以发现，华南、华中和西南地区调查样本之间的竞争情报各方面能力变化幅度不大、实力相当，而西北与东北地区的调查样本企业间实力水平则存在较大的差距。与整体评价结果相比较，可以发现，这可能是该区域企业竞争情报力综合评价结果偏低的很重要的因素。

反映与体现企业竞争情报软实力方面各项能力的评价结果，呈现出明显的阶梯状分布，表明不同区域企业在该方面竞争情报力各构成中能力评价结果存在一定差距，水平也存在一定差距。该结果与区域经济发展水平密切相关，是区域经济发展水平的一个重要折射点。同时，该方面能力对企业竞争情报能力的提升至关重要，又会影响与促进区域经济的发展。

6.2 东、中、西部地区企业竞争情报力评价对比分析

6.2.1 企业竞争情报力评价统计与对比分析

东、中、西部地区的划分是我国国家发展战略的重要构成部分。通过对东、中、西部地区进行划分，能够科学分析、全面反映我国处于不同区域省份的社会经济发展状况，为国家制定区域发展战略提供依据。按东、中、西部地区划分角度，三个区域调查样本企业竞争情报力综合评价及各层次具体评价结果如附表 B-14 所示（各评价指标具体评价结果见附表 F6）。

附表 B-14　东中西部地区企业竞争情报力评价统计结果

评价维度与评价指标	总体评价	地区划分		
		东部地区	中部地区	西部地区
企业竞争情报力	2.789	3.058	2.759	2.267
显性能力维度	2.880	3.145	2.812	2.396
竞争情报基本能力	2.959	3.233	2.824	2.510
竞争情报系统水平	2.982	3.218	2.942	2.536
竞争情报人力资源水平	2.697	3.013	2.653	2.092
反竞争情报能力	2.925	3.114	2.934	2.535
隐性能力维度	2.674	2.948	2.692	2.102
沟通与协调能力	2.638	2.913	2.642	2.076
转化机制水平	2.622	2.900	2.607	2.070
企业竞争情报战略能力	2.702	2.975	2.729	2.126
竞争情报管理与文化素养	2.734	3.003	2.801	2.136

如附表 B-14 所示，在东、中、西部三个区域调查样本的企业竞争情报力综合评价中，三个区域调查样本的竞争情报力综合评价结果存在较大差距，仅东部地区调查企业的综合评价结果高于调查样本的整体评价结果，中部和西部地区调查样本的评价结果均低于整体评价结果。其中，西部地区的评价得分仅为 2.267

分，远远低于调查样本整体评价结果。

东、中、西部地区调查样本企业竞争情报力主要维度评价结果如附表 B-14 与附图 B-19 所示。

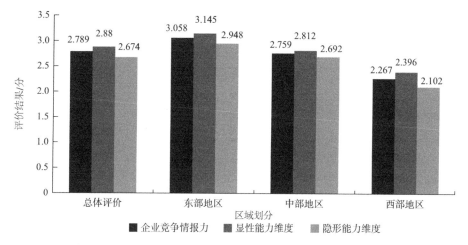

附图 B-19 东中西部地区企业竞争情报力构成维度评价对比图

在企业竞争情报力构成维度评价中，与综合评价结果相同，东、中、西部地区调查样本企业间的差距非常明显。显性能力维度方面，仅东部地区调查样本企业的评价结果（3.145 分）高于整体调查样本在该方面的评价结果，且得分较高。在隐性能力维度方面，东部地区与中部地区调查样本企业的评价结果均高于整体调查样本在该方面的评价结果，而西部地区企业在这两个方面维度的评价中，均以较低的结果位于末位，且得分与东、中部地区得分差距较大。

东、中、西部地区调查样本企业竞争情报力各具体构成能力的评价结果附图 B-20 所示。

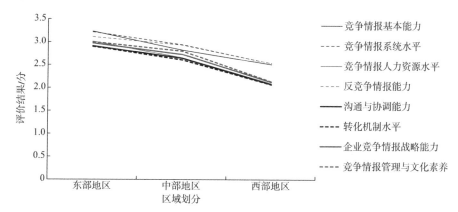

附图 B-20 东中西部地区企业竞争情报力构成能力评价对比图

通过附表 B-14、附图 B-19 和附图 B-20 可得，东部地区调查样本在企业竞争情报力各方面能力上的评价得分均远高于调查样本整体在各方面能力的得分，中部地区调查样本的部分能力评价结果也略高于整体评价结果，但西部地区调查样本的企业竞争情报力各具体能力评价得分较低且均低于整体评价结果。

区域间的比较角度，东、中、西部地区调查样本在企业竞争情报基本能力、竞争情报系统水平和反竞争情报能力等上的评价结果虽有差距，但差距呈现均速下降趋势，差距值不大。但在企业竞争情报人力资源水平和隐性能力维度的各构成能力的评价结果的差距呈明显增大态势，尤其是西部地区调查样本在这些能力上的评价结果与东中部地区差距陡然增大。

从各区域内调查样本企业各项构成能力评价比较角度，东部与中部地区调查样本各自构成能力的评价结果间差距不大，得分较为均衡；而西部地区调查样本各构成能力的评价结果间则存在较大差异，部分能力得分相对较高，而部分能力得分偏低，得分明显不均衡。

同时，结合企业竞争情报力各具体评价指标的得分及方差值（附表 F6）可以发现，东部地区调查样本的各评价指标得分的方差值整体偏低，表明该地区各具体调查企业在各具体指标上的评价结果差异性不大；与之相对应，西部地区调查样本在以上方面则以较大的方差值表明各调查企业其在评价得分上的较大差异性。

6.2.2　讨论与分析

由以上对基于东、中、西部地区调查样本企业竞争情报力综合评价和各层次评价的统计分析可见，东、中、西部地区企业竞争情报力整体水平与综合素养存在较大差距。东部地区企业竞争情报力整体水平明显高于中部和西部地区，而西部地区企业竞争情报力整体水平则明显偏弱。同时，通过竞争情报力各构成层次评价结果的统计分析表明，各地区在竞争情报力各方面也呈现出较大差距，东部地区企业竞争情报力各方面发展较为均衡，西部地区企业则明显呈现发展失衡的状态。

具体而言，东部地区调查样本企业竞争情报力整体水平和综合素养较高，其在竞争情报工作的基本能力、基础设施方面，在反映企业竞争情报软实力方面均体现出较高水平，各方面能力发展较为均衡，为其综合情报素养的提升奠定较好的基础。同时，东部地区调查企业间在企业竞争情报力的各个方面水平与实力相当，差距较小，进一步表明该地区企业竞争情报力水平整体相当。

中部地区调查样本企业竞争情报力整体水平和综合素养处于一般水平。值得关注的是，该地区调查样本在企业竞争情报力的隐性能力维度及其相关具体构成能力评价要略高于整体评价水平，这表明，中部地区调查样本虽然在企业竞争情报工作的硬件设施与基本竞争情报工作上水平与能力还不够高，但已经具备了一定的竞争情报力发展软实力和潜在能力，如果未来加大在硬件方面和基本管理方面的投入与重视，其竞争情报力的提升还是具有较强的潜力。同时，中部地区调查企业间在企业竞争情报的各方面水平与实力有一定差距，表明该地区企业间竞争情报工作发展水平有一定差距，实力不均衡。

与东、中部地区相比，西部地区企业竞争情报力整体水平和综合素养处于较低水平。同时，其竞争情报力整体发展水平不均衡。具体而言，在反映企业竞争情报工作基本素养的基本能力与设施水平方面，西部地区企业整体水平虽不高，但与中部地区水平差距不大，但其在企业竞争情报软实力和潜在能力上表现出较低的发展水平。这种发展水平的不均衡直接影响到企业竞争情报工作的整体水平与综合素养，同时也制约了企业竞争情报水平未来的提升与发展。同时，从调查统计结果可以发现，西部地区企业之间竞争情报力综合水平与整体素养呈现较大的差异，发展不均衡。

由此分析，通过东、中、西部地区角度企业竞争情报力评价结果分析与讨论可见，企业竞争情报力水平与地区经济发展水平密切相关，是区域经济发展水平、企业发展水平的直接体现。区域间竞争情报力水平的差距反映了区域间经济发展水平的差距。但同时，这种差距反过来也是影响企业竞争力与企业发展的重要因素。从另外一个角度，企业竞争情报力水平与竞争情报力素养是决定企业决策成败的关键，该方面能力的低下或缺失，会影响企业决策和企业发展，进而制约区域经济整体发展。

7 调 查 结 论

7.1 主要结论

我们从整体分析、企业性质与所属行业、企业规模、区域等角度，分别对所获得的 665 家调查企业的数据进行了全面、系统的统计、对比与分析。通过以上分析，既获得了调查样本企业整体竞争情报力的实际水平现状和发展状态，又获得了基于不同视角的企业竞争情报力实际水平发展现状和差异化程度，对我国企业竞争情报工作实态有了一个全面、系统的了解与把握。

通过以上调查分析，可以得出以下主要结论。

第一，我国企业竞争情报力整体水平和综合素养处于中等水平，发展不均衡。从调查样本整体评价统计结果可见，我国企业在竞争情报力综合评价结果得分不高，仅处于中游水平。这一数据直接反映出我国企业竞争情报整体水平和综合素养的现状，该水平将影响到竞争情报对企业决策的有效支持程度，进而影响到企业各类决策的科学性和企业竞争优势的构建。同时，从企业规模、企业性质、企业所属行业、区域等不同类型划分角度，评价统计结果间具有较大的差异，反映出不同视角、不同类型企业间竞争情报力实际水平的不均衡，反映出我国不同规模、不同性质、不同行业、不同地域企业竞争情报力整体水平和综合素质的实际现状，也直接体现了不同划分角度的企业竞争情报力的现状。

第二，个体企业间竞争情报力整体水平差距较大。不同类型间统计结果的差异直接反映了企业类型间企业个体竞争情报力水平的差距。同时，从不同类型划分角度的调查数据统计分析结果可以发现，部分类型统计结果方差值较大，尤其是企业性质类型中的外商独资企业和中外合资企业、企业所属行业类型中的邮政物流和食品加工等行业、基于企业销售额规模划分角度的 5 000 万~1 亿元和 1.5 亿~3 亿元规模企业、基于员工数量规模划分角度的 401~1 000 人和 2 001~3 000 人规模的企业、区域划分角度的西北地区和西部地区企业等，以上这些类型企业间企业竞争情报力整体水平和综合素养差距比较明显，部分企业体现出较高的竞争情报力水平，而部分企业则水平相对较低。这种差距与企业所处的竞争环境相关，更重要的是与企业管理者对企业竞争情报工作的重视程度密切相关，最终将影响到每个具体企业的竞争能力水平。

第三，我国企业竞争情报力发展水平区域差距明显，与区域经济发展水平密切相关。从传统区域划分和国家发展战略新兴视角的区域划分的统计结果均反映出我国企业竞争情报力整体水平和综合素质的梯级递减的趋势。整体来看，东部沿海地区向西部内陆地区企业竞争情报力水平逐渐降低。与此同时，也呈现出企业竞争情报力水平与区域经济发展水平、发展潜力的密切关系。统计数据最为明显的即为华南地区和西南地区，正如在统计分析中所阐述的，由于华南地区部分省份经济发展水平的制约，影响了该地区的整体水平，而与之相对应，近些年来，重庆市和四川省经济的快速发展，则带动了该地区的企业竞争情报整体水平的提升。

第四，企业竞争情报力水平呈现出"中等规模陷阱"趋势。从基于企业员工数量和企业销售额两个角度的企业规模统计分析结果均可以发现，随着企业规模逐渐扩大，调查样本企业竞争情报力整体水平不升反降。而一旦达到一定规模之后，其竞争情报力水平又急剧提升。借助于经济学中的"中等收入陷阱"的概念和相关的理论分析思路，企业竞争情报力发展水平的"中等规模陷阱"与不同规模企业面临的竞争压力和企业自我竞争压力感知密切相关，尤为重要的是与企业的管理理念、管理方式的转变密切相关。由此可见，企业竞争情报力水平不仅反映了企业的竞争情报活动、竞争情报设施条件水平，更与企业管理模式、管理理念和企业文化密切相关。

第五，企业竞争情报力水平与企业所属行业的竞争态势密切相关。根据统计分析结果，从竞争情报力整体水平较低的行业分析可见，一类行业是属于从传统的国家限制行业逐渐转向市场化的行业，一类是属于区域性特征较强的行业，还有一类则是属于市场集中化程度较高的行业。由此，无论是哪一方面，这些行业的整体竞争的激烈性、复杂性程度均较低，竞争对手的类型、来源较为单一，大大地降低了这些行业的竞争态势水平。因此，处于这些行业中的企业对竞争情报的需求趋弱，对竞争情报重要性的认识程度不高，进而其竞争情报力整体水平和综合素质偏低。值得关注的是，这种状态将直接影响到处于这类行业中的企业未来的可持续发展和持久竞争力的形成。

第六，企业自身竞争情报力发展不均衡，反映竞争情报工作软实力方面的能力水平总体偏弱。虽然从总体评价结果看，调查对象在企业竞争情报力显性能力维度和隐性能力维度整体评价结果相近，但从各具体类型角度的统计分析结果可以发现，不同角度多种类型的企业竞争情报力统计分析结果显示，企业在竞争情报力显性能力维度评价结果明显高于隐性能力维度。结果表明，我国企业自身竞争情报能力等素养发展不均衡。具体而言，企业在竞争情报基本能力、竞争情报系统水平、反竞争情报能力等反映企业竞争情报力基本活动能力和硬件条件方面展现出较高的水平；而在反映企业竞争情报软实力的竞争情报人力资源水平、沟通与协调能力、转化机制水平等各方面则处于一个较低的水平，且与前者水平差距较大。由此可见，我国企业在竞争情报力各具体能力与素养方面水平参差不齐，且差距较大。以上调查表明，一方面，我国大部分企业已经具备了一定的竞争情报基本活动能力和硬件设施水平，能够满足企业决策的基本情报需求；另一方面，有相当部分企业对竞争情报工作的重要性并没有充分的认识，没有认识到竞争情报在企业核心竞争能力形成、可持续发展中的作用，进而影响到对企业竞争情报软实力的培育与发展。

7.2 不足与值得进一步研究之处

通过对调查数据的分析与讨论，我们对我国企业竞争情报力整体水平，对我国不同类型、不同区域、不同规模企业的竞争情报综合素养实际水平等有了较为客观、全面的了解与把握，对企业在竞争情报力发展过程中存在的问题有了一定的把握，并获得了一些有价值的研究结论。

但是，在本次调查与研究过程中，尚存在以下几个方面的不足，有待于在未来的研究中进一步完善。

首先，在调查样本选取方面。虽然本次调查的样本规模较大，调查样本几乎涵盖了各个方面，具有一定的代表性。但是，考虑到我国调查研究的现状，我们在本次调查研究中采用了便利抽样的抽样方式，而没有采用规范的分层抽样。如果采用规范的分层抽样方式，调查结果的客观性、对我国企业竞争情报力实际水平和综合素养评价的代表性将会得到更进一步提高。

其次，在统计分析方面。我们从多个角度、不同侧面对通过调查所获得的数据进行了统计、分析与讨论，客观反映了我国企业竞争情报力的实际水平，并获得了一些有价值的结论。在分析中，由于涉及因素比较多，且内在关系复杂，另外考虑到调查报告的篇幅，我们没有从各因素相关性的角度对所获数据进行更进一步的深入分析，因而缺少更深层次的研究结论。

最后，在调查评价方面。在本次调查中，为使所获得每份调查评价结果更具客观性，能够真实、客观地反映每个调查企业的竞争情报力实际水平，一方面，我们要求被调查对象是调查企业的高层管理者或企业核心部门的中层管理者；另一方面，为消除被调查对象的各方面顾虑，我们在问卷调查过程中向其做出保密承诺，且在分析过程中仅做所有调查样本的整体性分析，而不做每个企业个体的具体分析，更不会涉及与透露具体调查企业的具体信息。但是，由于人的认知偏差和心理因素，在对其所在企业的评价中，不可避免地会带有一定的误差，有可能会对整体调查结果造成一定的干扰。

调查报告附表

附表 F1　基于企业性质视角的企业竞争情报力评价情况

评价维度与评价指标	总体评价	企业性质									
		国有企业		民营企业		外商独资企业		中外合资企业		其他类型企业	
		评分	方差	评分	方差	评分	方差	评分	方差	评分	方差
企业竞争情报力	2.789	2.927	1.097	2.857	1.012	3.033	1.320	2.440	1.268	3.412	1.350
显性能力维度	2.880	3.011	0.961	2.911	0.832	3.438	1.025	2.689	1.089	3.613	1.201
竞争情报基本能力	2.959	3.033	1.120	3.004	0.982	3.541	0.767	2.816	1.054	3.945	1.662
情报需求分析能力	3.015	3.117	1.017	3.003	1.068	3.780	0.612	2.942	0.902	4.333	2.450
竞争情报源多样性水平	3.030	3.092	0.920	3.035	0.923	3.740	0.539	3.012	0.906	4.000	1.363
竞争情报收集获取能力	2.959	3.025	1.067	2.963	0.900	3.560	0.807	2.988	0.882	4.000	1.386
竞争情报分析能力	2.982	3.049	1.225	3.078	0.985	3.480	0.900	2.709	1.362	3.667	1.211
情报产品数量与质量	2.910	3.031	1.257	2.942	0.949	3.420	0.758	2.767	0.981	3.667	1.591
情报服务综合评价	2.862	2.890	1.295	2.971	0.982	3.280	0.851	2.616	1.016	4.000	1.731
竞争情报系统水平	2.982	3.118	1.136	2.898	0.926	3.911	0.751	3.062	0.947	3.496	1.401
系统结构与功能	2.971	3.080	1.105	2.856	0.752	4.060	0.709	3.140	0.733	3.333	1.450
情报数据库	2.949	3.098	1.179	2.876	1.042	3.860	0.766	2.953	1.151	3.667	1.175
网络与系统性能	3.063	3.202	1.085	2.991	0.887	3.840	0.771	3.198	0.772	3.333	1.813
竞争情报人力资源水平	2.697	2.935	1.369	2.809	1.193	2.854	1.331	2.180	1.773	3.555	1.464
人力资源结构	2.746	2.914	1.097	2.813	1.141	3.180	0.857	2.395	1.348	3.333	1.538

续表

评价维度与评价指标	总体评价	企业性质									
		国有企业		民营企业		外商独资企业		中外合资企业		其他类型企业	
		评分	方差	评分	方差	评分	方差	评分	方差	评分	方差
竞争情报工作经验能力	2.738	2.902	1.286	2.772	1.141	2.700	1.519	2.093	1.756	3.667	1.287
竞争情报相关专业知识	2.648	2.920	1.274	2.790	1.263	2.800	1.506	2.070	1.713	3.333	0.889
竞争情报意识	2.665	2.982	1.615	2.850	1.227	2.880	1.276	2.221	2.009	3.667	1.895
反竞争情报能力	2.925	3.001	1.089	2.897	1.030	3.772	0.746	2.940	1.076	3.116	2.007
反竞争情报意识	2.944	2.926	1.125	2.937	1.051	3.860	0.753	3.023	1.082	3.000	2.094
反竞争情报制度、规章	2.973	3.049	1.068	2.963	1.025	3.780	0.741	2.953	1.080	3.000	1.708
反竞争情报方法、措施	2.878	3.055	1.068	2.816	1.014	3.680	0.745	2.849	1.071	3.333	2.135
隐性能力维度	2.674	2.820	1.234	2.789	1.199	2.516	1.369	2.121	1.297	3.156	1.418
沟通与协调能力	2.638	2.844	1.158	2.768	1.104	2.694	1.278	2.164	1.915	3.105	1.204
沟通渠道与方式	2.671	2.957	1.217	2.793	1.121	2.660	1.437	2.116	1.869	3.333	1.140
竞争情报工作流程水平	2.633	2.877	1.080	2.706	1.015	2.820	1.057	2.256	1.910	2.667	1.480
资源配置能力与水平	2.612	2.706	1.181	2.807	1.176	2.600	1.351	2.116	1.963	3.333	0.988
转化机制水平	2.622	2.761	1.467	2.717	1.239	2.319	1.600	2.111	2.080	3.639	1.538
知识与经验转化机制	2.653	2.796	1.470	2.761	1.260	2.302	1.502	2.116	2.127	3.333	1.398
能力与素质的转化机制	2.586	2.719	1.463	2.666	1.215	2.340	1.716	2.105	2.024	4.000	1.702
企业竞争情报战略能力	2.702	2.813	1.278	2.820	1.210	2.526	1.422	2.098	1.891	2.964	1.730
应变能力与反应能力	2.639	2.760	1.236	2.747	1.158	2.415	1.419	2.093	1.921	2.667	1.930
竞争情报发展战略	2.624	2.731	1.220	2.702	1.100	2.585	1.070	2.116	1.775	2.667	1.784
竞争情报定位	2.654	2.731	1.294	2.772	1.239	2.547	1.194	2.070	1.689	3.000	2.035
竞争情报人力资源战略	2.648	2.725	1.234	2.767	1.130	2.604	1.881	2.023	1.882	3.000	1.374
领导者战略洞察力	2.865	3.012	1.352	3.020	1.329	2.509	1.764	2.140	2.145	3.333	1.427

续表

评价维度与评价指标	总体评价	企业性质									
		国有企业		民营企业		外商独资企业		中外合资企业		其他类型企业	
		评分	方差	评分	方差	评分	方差	评分	方差	评分	方差
竞争情报管理文化素养	2.734	2.878	1.403	2.848	1.259	2.503	1.486	2.116	1.900	2.980	1.408
竞争情报组织管理机制	2.609	2.701	1.325	2.688	1.094	2.585	1.394	2.105	1.789	3.000	2.152
管理水平与领导能力	2.719	2.880	1.405	2.815	1.320	2.472	1.356	2.151	1.989	3.000	2.035
学习、创新机制与能力	2.678	2.749	1.349	2.815	1.224	2.453	1.714	2.116	2.080	2.667	0.895
企业竞争情报氛围	2.621	2.743	1.377	2.758	1.247	2.377	1.528	1.965	1.540	2.667	1.497
竞争情报价值与道德观	2.716	2.886	1.485	2.837	1.293	2.434	1.256	2.047	1.763	3.000	0.877
团队精神	3.069	3.323	1.466	3.177	1.326	2.736	1.651	2.314	2.218	3.667	0.877

附表 F2-1　基于所属行业视角的企业竞争情报力评价情况

评价维度与评价指标	总体评价	行业划分							
		制造业		建筑业		商业零售		交通运输	
		评分	方差	评分	方差	评分	方差	评分	方差
企业竞争情报力	2.789	3.084	1.165	2.071	1.263	2.742	1.221	2.371	1.192
显性能力维度	2.880	3.098	1.088	2.776	1.186	2.783	1.120	2.443	0.999
竞争情报基本能力	2.959	3.213	1.023	2.727	1.068	2.802	0.781	2.496	0.890
情报需求分析能力	3.015	3.238	0.943	2.878	0.760	2.778	0.540	2.643	0.683
竞争情报源多样性水平	3.030	3.250	0.949	2.854	0.878	2.911	0.628	2.750	0.565
竞争情报收集获取能力	2.959	3.213	1.028	2.537	0.855	2.889	0.965	2.464	0.851
竞争情报分析能力	2.982	3.244	1.143	2.634	1.088	2.844	0.771	2.500	1.222
情报产品数量与质量	2.910	3.250	1.035	2.829	1.095	2.689	0.901	2.464	0.851
情报服务综合评价	2.862	3.116	1.048	2.756	1.389	2.733	0.655	2.214	0.767
竞争情报系统水平	2.982	3.042	0.946	2.828	1.067	2.922	1.163	2.658	0.926
系统结构与功能	2.971	3.043	0.937	2.976	1.074	2.933	0.700	2.643	1.127
情报数据库	2.949	3.018	1.000	2.756	1.089	2.889	1.419	2.536	0.776
网络与系统性能	3.063	3.091	0.918	2.805	1.011	2.978	0.840	2.929	0.735
竞争情报人力资源水平	2.697	3.004	1.223	2.777	1.487	2.584	1.389	2.216	1.221
人力资源结构	2.746	2.982	1.036	2.780	1.326	2.711	1.301	2.393	0.840
竞争情报工作经验能力	2.738	2.982	1.319	2.756	1.339	2.489	1.028	2.000	1.111
竞争情报相关专业知识	2.648	3.012	1.215	2.756	1.639	2.444	1.434	2.179	1.634
竞争情报意识	2.665	3.030	1.441	2.805	1.811	2.689	1.719	2.357	0.905

续表

评价维度与评价指标	总体评价	行业划分							
		制造业		建筑业		商业零售		交通运输	
		评分	方差	评分	方差	评分	方差	评分	方差
反竞争情报能力	2.925	3.057	1.146	2.831	1.100	2.946	1.017	2.517	0.856
反竞争情报意识	2.944	3.104	1.173	2.951	1.098	3.000	1.227	2.536	0.925
反竞争情报制度、规章	2.973	3.104	1.149	2.732	1.201	2.956	0.953	2.571	0.847
反竞争情报方法、措施	2.878	2.982	1.135	2.780	1.026	2.889	0.919	2.464	0.776
隐性能力维度	2.674	3.067	1.259	2.606	1.378	2.691	1.387	2.280	1.267
沟通与协调能力	2.638	3.006	1.226	2.668	1.391	2.601	1.136	2.338	1.387
沟通渠道与方式	2.671	3.091	1.237	2.668	1.238	2.556	0.980	2.607	1.655
竞争情报工作流程水平	2.633	2.963	1.213	2.634	1.380	2.600	1.018	2.250	1.380
资源配置能力与水平	2.612	2.970	1.232	2.659	1.462	2.644	1.507	2.179	1.115
转化机制水平	2.622	3.042	1.322	2.707	1.347	2.692	1.456	2.350	1.362
知识与经验转化机制	2.653	3.073	1.307	2.734	1.239	2.600	1.336	2.464	1.443
能力与素质的转化机制	2.586	3.006	1.344	2.756	1.462	2.800	1.573	2.214	1.286
企业竞争情报战略能力	2.702	3.099	1.279	2.707	1.256	2.681	1.310	2.217	1.187
应变能力与反应能力	2.639	2.970	1.146	2.507	1.255	2.600	1.064	2.071	0.884
竞争情报发展战略	2.624	2.976	1.275	2.537	1.199	2.667	1.182	2.071	1.254
竞争情报定位	2.654	3.098	1.328	2.585	1.280	2.644	1.371	2.250	1.306
竞争情报人力资源战略	2.648	2.994	1.270	2.341	1.306	2.689	1.401	2.214	1.434
领导者战略洞察力	2.865	3.311	1.332	2.488	1.249	2.778	1.404	2.393	1.136
竞争情报管理与文化	2.734	3.125	1.305	2.585	1.418	2.831	1.490	2.232	1.278
竞争情报组织管理机制	2.609	2.976	1.374	2.549	1.455	2.533	1.118	2.107	1.433
竞争情报管理水平能力	2.719	3.098	1.389	2.463	1.499	2.711	1.346	2.214	1.360
学习、创新机制与能力	2.678	3.079	1.448	2.585	1.201	2.956	1.634	1.964	1.073
企业竞争情报氛围	2.621	3.006	1.233	2.268	1.144	2.844	1.543	2.071	1.254
竞争情报价值与道德观	2.716	3.152	1.271	2.390	1.472	2.711	1.619	2.357	0.979
团队精神	3.069	3.439	1.377	2.683	1.498	3.200	1.345	2.750	1.528

评价维度与评价指标	总体评价	行业划分							
		邮政物流		能源材料		房地产业		信息技术	
		评分	方差	评分	方差	评分	方差	评分	方差
企业竞争情报力	2.789	2.369	1.475	2.658	1.589	2.720	1.096	3.014	0.966
显性能力维度	2.880	2.539	1.221	2.754	1.356	2.735	1.002	3.179	0.911
竞争情报基本能力	2.959	2.583	0.968	2.856	1.232	2.549	1.089	3.304	0.678
情报需求分析能力	3.015	2.706	1.096	2.805	1.261	2.400	1.118	3.379	0.885
竞争情报源多样性水平	3.030	2.824	0.904	2.927	0.920	2.600	0.862	3.318	0.620

续表

评价维度与评价指标	总体评价	行业划分							
		邮政物流		能源材料		房地产业		信息技术	
		评分	方差	评分	方差	评分	方差	评分	方差
竞争情报收集获取能力	2.959	2.529	0.765	2.829	1.245	2.575	0.969	3.273	0.632
竞争情报分析能力	2.982	2.471	0.515	3.049	1.548	2.575	1.020	3.333	0.687
情报产品数量与质量	2.910	2.471	0.640	2.951	1.148	2.850	1.105	3.182	0.551
情报服务综合评价	2.862	2.647	1.368	2.537	1.005	2.525	0.974	3.273	0.571
竞争情报系统水平	2.982	2.930	0.698	2.996	0.910	2.884	0.848	3.382	0.992
系统结构与功能	2.971	3.059	0.559	2.902	0.490	2.750	0.705	3.197	1.176
情报数据库	2.949	2.824	0.779	3.000	1.200	3.025	1.102	3.394	0.981
网络与系统性能	3.063	3.000	0.875	3.098	0.940	2.750	0.808	3.576	0.771
竞争情报人力资源水平	2.697	2.249	1.967	2.412	1.678	2.777	1.098	2.840	0.892
人力资源结构	2.746	2.235	1.316	2.366	1.188	2.700	0.882	2.955	0.875
竞争情报工作经验能力	2.738	2.412	2.257	2.244	1.589	2.750	1.115	2.788	0.908
竞争情报相关专业知识	2.648	2.000	1.750	2.415	1.749	2.700	1.138	2.758	0.956
竞争情报意识	2.665	2.235	2.191	2.585	1.749	2.875	1.189	2.879	0.816
反竞争情报能力	2.925	2.589	0.766	2.892	1.187	2.928	1.087	3.300	1.002
反竞争情报意识	2.944	2.706	0.596	2.854	1.278	2.900	0.964	3.333	1.026
反竞争情报制度、规章	2.973	2.588	0.757	3.049	1.198	2.950	1.177	3.364	0.973
反竞争情报方法、措施	2.878	2.471	1.015	2.829	1.045	2.950	1.126	3.227	1.040
隐性能力维度	2.674	2.152	1.712	2.537	1.911	2.701	1.198	2.803	0.989
沟通与协调能力	2.638	2.119	1.663	2.445	1.568	2.675	1.043	2.734	0.656
沟通渠道与方式	2.671	2.059	1.309	2.537	1.805	2.675	0.789	2.864	0.735
竞争情报工作流程水平	2.633	2.235	1.941	2.341	1.330	2.650	1.054	2.758	0.586
资源配置能力与水平	2.612	2.059	1.309	2.463	1.605	2.700	1.241	2.591	0.615
转化机制水平	2.622	1.990	1.472	2.561	2.145	2.672	1.212	2.657	1.112
知识与经验转化机制	2.653	1.882	1.235	2.561	2.252	2.775	1.307	2.636	1.004
能力与素质的转化机制	2.586	2.118	1.610	2.561	2.052	2.550	1.126	2.682	1.236
企业竞争情报战略能力	2.702	2.254	1.995	2.607	1.825	2.721	1.201	2.900	0.977
应变能力与反应能力	2.639	2.294	1.846	2.463	1.755	2.775	1.256	2.970	0.891
竞争情报发展战略	2.624	2.294	1.971	2.659	1.780	2.500	1.231	2.742	0.563
竞争情报定位	2.654	2.059	1.309	2.463	1.505	2.650	1.259	2.833	0.726
竞争情报人力资源战略	2.648	2.529	2.515	2.439	1.952	2.750	1.167	2.712	0.854
领导者战略洞察力	2.865	2.294	1.846	2.829	2.345	2.925	1.199	3.106	1.173
竞争情报管理与文化	2.734	2.208	2.076	2.497	1.937	2.737	1.201	2.899	0.903
竞争情报组织管理机制	2.609	1.882	1.360	2.268	1.501	2.625	0.856	2.879	0.785

评价维度与评价指标	总体评价	行业划分							
		邮政物流		能源材料		房地产业		信息技术	
		评分	方差	评分	方差	评分	方差	评分	方差
竞争情报管理水平能力	2.719	2.059	1.934	2.415	1.949	2.875	1.343	2.939	0.889
学习、创新机制与能力	2.678	2.235	1.941	2.537	1.855	2.675	1.097	2.864	0.920
企业竞争情报氛围	2.621	2.235	2.316	2.415	2.099	2.600	1.221	2.697	0.830
竞争情报价值与道德观	2.716	2.412	2.257	2.561	2.052	2.525	1.230	2.773	0.824
团队精神	3.069	2.412	2.257	2.780	2.076	3.075	1.302	3.258	1.056

附表 F2-2　基于所属行业视角的企业竞争情报力评价情况

评价维度与评价指标	总体评价	行业划分							
		金融保险证券		公共设施		通信服务		餐饮住宿	
		评分	方差	评分	方差	评分	方差	评分	方差
企业竞争情报力	2.789	2.869	1.192	2.155	1.287	2.895	1.302	2.349	1.168
显性能力维度	2.880	3.058	1.115	2.405	1.212	3.084	1.176	2.521	1.010
竞争情报基本能力	2.959	3.128	1.093	2.383	1.056	3.216	1.348	2.613	0.662
情报需求分析能力	3.015	3.310	0.756	2.500	1.217	3.314	1.398	2.667	0.841
竞争情报源多样性水平	3.030	3.143	0.857	2.417	1.036	3.400	1.247	2.500	0.435
竞争情报收集获取能力	2.959	3.071	0.605	2.458	0.868	3.400	0.953	2.708	0.563
竞争情报分析能力	2.982	3.214	0.855	2.333	1.101	3.171	1.558	2.625	0.853
情报产品数量与质量	2.910	2.762	1.600	2.417	0.949	3.000	1.353	2.667	0.667
情报服务综合评价	2.862	3.000	1.268	2.208	0.868	3.057	1.350	2.458	0.694
竞争情报系统水平	2.982	3.219	1.101	2.704	1.197	3.310	1.233	2.763	1.046
系统结构与功能	2.971	3.476	0.987	2.625	0.940	3.429	1.252	2.875	0.549
情报数据库	2.949	2.905	1.552	2.667	1.362	3.200	1.282	2.667	1.275
网络与系统性能	3.063	3.571	0.787	2.875	1.332	3.400	1.129	2.833	1.275
竞争情报人力资源水平	2.697	2.858	1.376	2.152	1.566	2.620	1.123	2.266	1.235
人力资源结构	2.746	2.905	1.064	2.208	1.303	2.800	0.871	2.417	0.775
竞争情报工作经验能力	2.738	2.810	0.938	2.083	1.819	2.629	1.299	2.292	1.694
竞争情报相关专业知识	2.648	2.905	0.918	1.958	1.259	2.543	1.255	2.125	1.158
竞争情报意识	2.665	2.857	1.686	2.292	1.607	2.571	1.193	2.250	1.413
反竞争情报能力	2.925	3.103	0.936	2.606	0.988	3.371	0.876	2.539	0.612
反竞争情报意识	2.944	2.905	1.113	2.583	1.123	3.314	1.045	2.625	0.592
反竞争情报制度、规章	2.973	3.357	0.577	2.625	0.766	3.429	0.782	2.417	0.514
反竞争情报方法、措施	2.878	3.143	0.955	2.625	0.940	3.400	0.835	2.542	0.781

续表

评价维度与评价指标	总体评价	行业划分							
		金融保险证券		公共设施		通信服务		餐饮住宿	
		评分	方差	评分	方差	评分	方差	评分	方差
隐性能力维度	2.674	2.682	1.299	1.836	1.325	2.654	1.466	2.129	1.378
沟通与协调能力	2.638	2.662	1.292	1.848	1.067	2.571	1.453	2.052	1.267
沟通渠道与方式	2.671	2.548	1.376	1.833	1.275	2.571	1.429	2.208	1.563
竞争情报工作流程水平	2.633	2.810	1.036	1.958	0.824	2.743	1.314	1.917	1.036
资源配置能力与水平	2.612	2.619	1.461	1.750	1.152	2.400	1.600	2.042	1.172
转化机制水平	2.622	2.333	1.589	1.792	1.493	2.464	1.340	2.151	1.290
知识与经验转化机制	2.653	2.333	1.837	1.792	1.650	2.543	1.491	2.208	1.476
能力与素质的转化机制	2.586	2.333	1.496	1.792	1.476	2.371	1.240	2.083	1.123
企业竞争情报战略能力	2.702	2.766	1.112	1.853	1.523	2.789	1.517	2.171	1.411
应变能力与反应能力	2.639	2.738	1.271	1.917	1.906	2.743	1.667	2.125	1.679
竞争情报发展战略	2.624	2.762	1.076	1.833	1.389	2.629	1.370	2.125	1.158
竞争情报定位	2.654	2.786	1.099	1.833	1.014	2.771	1.417	2.125	1.418
竞争情报人力资源战略	2.648	2.738	1.076	1.792	1.389	2.571	1.370	2.125	1.158
领导者战略洞察力	2.865	2.786	1.197	1.875	1.766	3.029	1.734	2.292	1.520
竞争情报管理与文化	2.734	2.692	1.138	1.843	1.389	2.755	1.511	2.128	1.432
竞争情报组织管理机制	2.609	2.667	0.862	1.958	1.346	2.743	1.373	1.875	0.897
竞争情报管理水平能力	2.719	2.643	0.772	1.750	1.239	2.800	1.753	2.125	1.418
学习、创新机制与能力	2.678	2.690	1.146	1.792	1.389	2.657	1.350	2.125	1.158
企业竞争情报氛围	2.621	2.548	1.229	1.750	1.326	2.571	1.429	2.000	1.043
竞争情报价值与道德观	2.716	2.524	1.329	1.833	1.188	2.743	1.903	2.208	1.476
团队精神	3.069	3.119	1.376	2.042	1.868	3.029	1.499	2.417	1.732

评价维度与评价指标	总体评价	行业划分							
		文化娱乐服务		食品加工		其他			
		评分	方差	评分	方差	评分	方差		
企业竞争情报力	2.789	2.566	1.201	2.412	1.678	3.120	1.210		
显性能力维度	2.880	2.673	1.178	2.533	1.225	3.127	1.292		
竞争情报基本能力	2.959	2.981	1.021	2.623	1.178	3.257	1.235		
情报需求分析能力	3.015	3.231	1.287	2.688	1.254	3.185	1.618		
竞争情报源多样性水平	3.030	3.128	1.115	2.625	1.016	3.370	1.011		
竞争情报收集获取能力	2.959	2.923	0.968	2.531	0.773	3.444	1.026		
竞争情报分析能力	2.982	2.923	0.968	2.688	1.383	3.333	0.692		

续表

评价维度与评价指标	总体评价	行业划分							
		文化娱乐服务		食品加工		其他			
		评分	方差	评分	方差	评分	方差		
情报服务综合评价	2.862	2.974	1.289	2.500	1.097	3.222	1.333		
竞争情报系统水平	2.982	2.642	0.935	2.648	0.876	2.997	1.002		
系统结构与功能	2.971	2.487	0.888	2.656	0.749	2.852	0.823		
情报数据库	2.949	2.692	1.113	2.625	0.952	3.148	0.977		
网络与系统性能	3.063	2.718	0.734	2.688	0.802	2.852	1.285		
竞争情报人力资源水平	2.697	2.435	1.402	2.327	1.886	3.190	1.305		
人力资源结构	2.746	2.590	1.775	2.313	1.577	3.333	1.462		
竞争情报工作经验能力	2.738	2.385	1.296	2.188	1.512	3.185	1.157		
竞争情报相关专业知识	2.648	2.538	1.518	2.313	2.157	3.296	1.293		
竞争情报意识	2.665	2.359	1.394	2.469	2.322	3.074	1.302		
反竞争情报能力	2.925	2.445	0.878	2.584	1.173	2.868	1.398		
反竞争情报意识	2.944	2.564	0.884	2.656	1.201	2.778	1.410		
反竞争情报制度、规章	2.973	2.359	0.920	2.688	1.254	3.037	1.037		
反竞争情报方法、措施	2.878	2.385	0.874	2.438	1.028	2.852	1.746		
隐性能力维度	2.674	2.430	1.269	2.257	1.992	3.111	1.119		
沟通与协调能力	2.638	2.457	1.187	2.198	1.626	3.110	0.992		
沟通渠道与方式	2.671	2.282	1.208	2.188	1.899	3.148	1.054		
竞争情报工作流程水平	2.633	2.462	1.045	2.313	1.448	2.852	1.054		
资源配置能力与水平	2.612	2.615	1.401	2.094	1.636	3.333	0.846		
转化机制水平	2.622	2.423	1.353	2.188	1.835	3.015	1.321		
知识与经验转化机制	2.653	2.564	1.621	2.188	1.835	3.185	1.080		
能力与素质的转化机制	2.586	2.256	1.090	2.188	1.835	2.815	1.541		
企业竞争情报战略能力	2.702	2.308	1.136	2.279	1.985	3.125	1.210		
应变能力与反应能力	2.639	2.282	1.260	2.094	1.765	2.889	1.256		
竞争情报发展战略	2.624	2.282	0.888	2.219	2.222	3.000	0.994		
竞争情报定位	2.654	2.205	1.167	2.344	1.846	2.963	1.652		
竞争情报人力资源战略	2.648	2.487	0.888	2.313	2.222	3.074	0.994		
领导者战略洞察力	2.865	2.385	1.348	2.375	2.177	3.519	1.105		
竞争情报管理与文化	2.734	2.638	1.423	2.383	2.232	3.210	1.035		
竞争情报组织管理机制	2.609	2.615	1.190	2.406	2.249	2.741	1.199		
竞争情报管理水平能力	2.719	2.795	1.746	2.406	2.120	2.926	1.302		

续表

评价维度与评价指标	总体评价	行业划分							
		文化娱乐服务		食品加工		其他			
		评分	方差	评分	方差	评分	方差		
学习、创新机制与能力	2.678	2.487	1.256	2.344	2.297	3.148	0.593		
企业竞争情报氛围	2.621	2.487	1.467	2.219	2.047	3.407	1.174		
竞争情报价值与道德观	2.716	2.359	1.447	2.375	2.306	3.481	0.798		
团队精神	3.069	3.077	1.547	2.563	2.577	3.556	1.026		

附表 F3　基于企业人数规模划分的企业竞争情报力评价对比分析

评价维度与评价指标	调查样本总体评价	企业人数规模划分					
		100 人及以下		101~400 人		401~1 000 人	
		评分	方差	评分	方差	评分	方差
企业竞争情报力	2.789	2.824	1.060	3.010	1.066	2.757	1.390
显性能力维度	2.880	2.814	1.076	3.021	0.971	2.863	1.215
竞争情报基本能力	2.959	2.898	1.080	3.089	1.037	2.918	1.089
情报需求分析能力	3.015	2.861	1.260	3.097	0.945	3.034	1.188
竞争情报源多样性水平	3.030	2.871	1.077	3.213	0.909	2.949	0.877
竞争情报收集获取能力	2.959	2.830	1.054	3.045	0.978	2.940	0.919
竞争情报分析能力	2.982	2.959	0.952	3.168	1.166	2.880	1.175
情报产品数量与质量	2.910	2.778	1.044	3.174	0.989	2.915	1.027
情报服务综合评价	2.862	3.041	1.097	2.897	1.106	2.803	1.090
竞争情报系统水平	2.982	2.760	1.090	3.012	0.955	2.965	0.873
系统结构与功能	2.971	2.727	0.915	2.865	0.793	2.949	0.635
情报数据库	2.949	2.768	1.257	3.052	1.023	2.880	1.037
网络与系统性能	3.063	2.784	0.948	3.103	1.002	3.162	0.810
竞争情报人力资源水平	2.697	2.761	1.078	2.985	0.777	2.666	1.673
人力资源结构	2.746	2.670	1.062	2.903	1.114	2.726	1.545
竞争情报工作经验能力	2.738	2.768	0.998	2.948	1.218	2.564	1.524
竞争情报相关专业知识	2.648	2.763	1.218	3.006	1.201	2.564	1.455
竞争情报意识	2.665	2.794	1.087	3.045	1.147	2.786	1.980
反竞争情报能力	2.925	2.774	1.053	2.945	1.164	2.984	1.026
反竞争情报意识	2.944	2.742	1.052	3.084	1.155	3.051	1.015
反竞争情报制度、规章	2.973	2.820	1.061	2.903	1.179	3.051	0.997
反竞争情报方法、措施	2.878	2.784	1.051	2.832	1.166	2.872	1.061
隐性能力维度	2.674	2.836	1.040	2.997	1.187	2.621	1.612
沟通与协调能力	2.638	2.738	1.009	2.961	1.092	2.622	1.554

评价维度与评价指标	调查样本总体评价	企业人数规模划分					
		100 人及以下		101~400 人		401~1 000 人	
		评分	方差	评分	方差	评分	方差
沟通渠道与方式	2.671	2.778	0.982	3.039	1.141	2.590	1.503
竞争情报工作流程水平	2.633	2.686	1.015	2.910	1.057	2.632	1.355
资源配置能力与水平	2.612	2.753	1.027	2.942	1.081	2.641	1.801
转化机制水平	2.622	2.789	0.991	2.984	1.282	2.548	1.658
知识与经验转化机制	2.653	2.789	0.986	3.058	1.276	2.513	1.614
能力与素质的转化机制	2.586	2.789	0.997	2.897	1.288	2.590	1.710
企业竞争情报战略能力	2.702	2.911	1.097	2.988	1.131	2.605	1.570
应变能力与反应能力	2.639	2.856	1.036	2.955	1.199	2.581	1.573
竞争情报发展战略	2.624	2.814	1.064	2.800	1.044	2.521	1.355
竞争情报定位	2.654	2.814	1.157	2.897	1.119	2.641	1.542
竞争情报人力资源战略	2.648	2.763	1.042	3.000	1.143	2.624	1.702
领导者战略洞察力	2.865	3.155	1.126	3.239	1.170	2.658	1.727
竞争情报管理文化素养	2.734	2.886	1.035	3.077	1.307	2.741	1.715
竞争情报组织管理机制	2.609	2.701	0.874	2.845	1.340	2.752	1.654
竞争情报管理领导能力	2.719	2.881	1.100	3.052	1.452	2.684	1.615
学习、创新机制与能力	2.678	2.840	1.068	3.052	1.348	2.701	1.539
企业竞争情报氛围	2.621	2.763	1.032	2.955	1.251	2.632	1.614
竞争情报价值与道德观	2.716	2.907	1.059	3.052	1.166	2.658	1.848
团队精神	3.069	3.216	1.010	3.503	1.213	3.060	2.108

评价维度与评价指标	调查样本总体评价	企业人数规模划分					
		1 001~2 000 人		2 001~3 000 人		3 000 人以上	
		评分	方差	评分	方差	评分	方差
企业竞争情报力	2.789	2.344	1.477	2.649	1.182	3.192	1.288
显性能力维度	2.880	2.650	1.362	2.893	1.058	3.270	1.191
竞争情报基本能力	2.959	2.764	1.262	2.948	0.858	3.367	1.037
情报需求分析能力	3.015	2.851	0.747	3.263	1.064	3.532	0.907
竞争情报源多样性水平	3.030	3.000	0.708	3.000	0.919	3.383	0.981
竞争情报收集获取能力	2.959	2.965	0.813	3.053	1.294	3.170	1.014
竞争情报分析能力	2.982	2.702	1.078	2.895	1.340	3.468	1.080
情报产品数量与质量	2.910	2.667	0.773	2.868	1.631	3.191	1.158
情报服务综合评价	2.862	2.526	0.800	2.500	1.338	3.255	1.151
竞争情报系统水平	2.982	3.083	1.025	3.314	1.067	3.326	1.178
系统结构与功能	2.971	3.228	1.027	3.474	0.959	3.362	1.453

评价维度与评价指标	调查样本总体评价	企业人数规模划分					
		1 001~2 000人		2 001~3 000人		3 000人以上	
		评分	方差	评分	方差	评分	方差
情报数据库	2.949	2.956	1.175	3.184	1.073	3.319	1.005
网络与系统性能	3.063	3.175	0.889	3.395	1.002	3.298	1.214
竞争情报人力资源水平	2.697	2.145	1.617	2.461	1.330	3.095	1.561
人力资源结构	2.746	2.500	1.066	2.632	0.888	3.277	1.204
竞争情报工作经验能力	2.738	2.053	1.342	2.447	1.389	2.979	1.760
竞争情报相关专业知识	2.648	2.096	1.539	2.368	1.320	3.000	1.478
竞争情报意识	2.665	2.096	1.327	2.447	2.308	3.170	1.579
反竞争情报能力	2.925	2.871	1.440	3.123	1.025	3.308	0.919
反竞争情报意识	2.944	2.868	1.053	2.947	1.781	3.234	1.009
反竞争情报制度、规章	2.973	2.939	0.961	3.316	1.141	3.447	0.861
反竞争情报方法、措施	2.878	2.833	1.043	3.184	1.289	3.298	0.866
隐性能力维度	2.674	1.953	1.625	2.336	1.340	3.092	1.411
沟通与协调能力	2.638	1.995	1.425	2.295	1.221	3.032	1.157
沟通渠道与方式	2.671	1.947	1.272	2.421	1.764	3.170	1.057
竞争情报工作流程水平	2.633	2.088	1.107	2.395	1.272	3.021	1.239
资源配置能力与水平	2.612	1.947	1.289	2.079	1.264	2.915	1.167
转化机制水平	2.622	1.831	1.909	2.189	1.392	3.197	1.596
知识与经验转化机制	2.653	1.904	1.539	2.237	1.915	3.255	1.673
能力与素质的转化机制	2.586	1.746	1.218	2.132	1.901	3.128	1.505
企业竞争情报战略能力	2.702	1.972	1.554	2.451	1.339	3.108	1.433
应变能力与反应能力	2.639	1.860	1.131	2.368	1.482	2.957	1.389
竞争情报发展战略	2.624	2.026	1.229	2.605	1.381	2.979	1.630
竞争情报定位	2.654	1.965	1.344	2.342	1.312	3.149	1.390
竞争情报人力资源战略	2.648	1.939	1.297	2.289	1.400	3.085	1.167
领导者战略洞察力	2.865	2.018	1.557	2.526	1.986	3.277	1.422
竞争情报管理文化素养	2.734	2.011	1.676	2.361	1.438	3.013	1.486
竞争情报组织管理机制	2.609	1.965	1.255	2.579	1.385	2.681	1.526
竞争情报管理领导能力	2.719	1.982	1.504	2.447	1.497	3.043	1.346
学习、创新机制与能力	2.678	1.921	1.241	2.237	1.591	2.915	1.732
企业竞争情报氛围	2.621	1.982	1.469	2.158	1.812	2.830	1.666
竞争情报价值与道德观	2.716	2.000	1.487	2.158	1.920	3.149	1.303
团队精神	3.069	2.228	1.647	2.632	1.861	3.447	1.296

附表 F4　基于企业销售额视角的企业竞争情报力评价对比分析

评价维度与评价指标	调查样本总体评价	销售额划分					
		1 000 万元以下		1 001 万~5 000 万元		5 001 万~1 亿元	
		评分	方差	评分	方差	评分	方差
企业竞争情报力	2.789	2.678	1.032	2.642	1.289	2.707	1.354
显性能力维度	2.880	2.675	1.026	2.730	1.132	2.842	1.153
竞争情报基本能力	2.959	2.738	0.957	2.811	1.055	2.940	1.027
情报需求分析能力	3.015	2.724	0.979	2.906	1.124	3.046	0.915
竞争情报源多样性水平	3.030	2.796	0.964	2.887	0.962	3.073	0.772
竞争情报收集获取能力	2.959	2.646	0.863	2.874	1.009	3.000	0.907
竞争情报分析能力	2.982	2.790	0.878	2.767	1.167	2.890	1.173
情报产品数量与质量	2.910	2.646	0.985	2.723	0.834	3.018	1.148
情报服务综合评价	2.862	2.823	1.157	2.736	0.980	2.725	1.109
竞争情报系统水平	2.982	2.688	1.038	2.830	0.956	3.055	0.869
系统结构与功能	2.971	2.591	0.787	2.786	0.815	3.083	0.576
情报数据库	2.949	2.691	1.248	2.780	1.008	3.000	1.074
网络与系统性能	3.063	2.796	0.897	2.987	1.012	3.138	0.786
竞争情报人力资源水平	2.697	2.586	1.115	2.556	1.390	2.594	1.468
人力资源结构	2.746	2.580	1.167	2.591	1.193	2.789	1.150
竞争情报工作经验能力	2.738	2.547	0.983	2.528	1.365	2.615	1.517
竞争情报相关专业知识	2.648	2.536	1.239	2.566	1.437	2.578	1.394
竞争情报意识	2.665	2.652	1.150	2.560	1.476	2.495	1.604
反竞争情报能力	2.925	2.676	1.012	2.760	1.024	2.862	1.141
反竞争情报意识	2.944	2.680	0.941	2.805	1.019	2.890	1.432
反竞争情报制度、规章	2.973	2.724	1.068	2.824	1.007	2.908	0.992
反竞争情报方法、措施	2.878	2.646	1.052	2.673	1.044	2.807	0.935
隐性能力维度	2.674	2.683	1.040	2.530	1.489	2.535	1.612
沟通与协调能力	2.638	2.606	0.899	2.500	1.417	2.524	1.551
沟通渠道与方式	2.671	2.619	0.882	2.541	1.465	2.477	1.567
竞争情报工作流程水平	2.633	2.558	0.859	2.516	1.378	2.596	1.317
资源配置能力与水平	2.612	2.641	0.954	2.447	1.413	2.495	1.771
转化机制水平	2.622	2.660	1.093	2.500	1.487	2.415	1.745
知识与经验转化机制	2.653	2.652	1.039	2.541	1.528	2.495	1.845
能力与素质的转化机制	2.586	2.669	1.156	2.453	1.439	2.321	1.627
企业竞争情报战略能力	2.702	2.718	1.103	2.528	1.469	2.568	1.492
应变能力与反应能力	2.639	2.696	1.102	2.459	1.402	2.495	1.326
竞争情报发展战略	2.624	2.652	1.006	2.415	1.333	2.468	1.233
竞争情报定位	2.654	2.608	1.129	2.472	1.479	2.560	1.489

续表

评价维度与评价指标	调查样本总体评价	销售额划分					
		1 000 万元以下		1 001 万~5 000 万元		5 001 万~1 亿元	
		评分	方差	评分	方差	评分	方差
竞争情报人力资源战略	2.648	2.624	1.114	2.553	1.502	2.523	1.418
领导者战略洞察力	2.865	2.912	1.159	2.704	1.602	2.716	1.817
竞争情报管理文化素养	2.734	2.752	1.044	2.613	1.626	2.639	1.756
竞争情报组织管理机制	2.609	2.541	.839	2.465	1.428	2.569	1.692
竞争情报管理水平领导	2.719	2.685	1.061	2.560	1.704	2.670	1.816
学习、创新机制与能力	2.678	2.768	1.024	2.560	1.577	2.505	1.586
企业竞争情报氛围	2.621	2.569	1.047	2.597	1.609	2.514	1.678
竞争情报价值与道德观	2.716	2.796	1.130	2.585	1.535	2.560	1.823
团队精神	3.069	3.177	1.124	2.912	1.853	3.037	1.943

评价维度与评价指标	调查样本总体评价	销售额划分					
		1 亿~1.5 亿元		1.5 亿~3 亿元		3 亿元以上	
		评分	方差	评分	方差	评分	方差
企业竞争情报力	2.789	2.378	1.104	3.173	1.332	3.397	0.999
显性能力维度	2.880	2.681	1.043	3.369	1.060	3.418	1.016
竞争情报基本能力	2.959	2.771	0.859	3.481	0.921	3.481	0.989
情报需求分析能力	3.015	2.879	0.816	3.577	0.837	3.577	1.139
竞争情报源多样性水平	3.030	2.939	0.704	3.519	0.725	3.519	0.930
竞争情报收集获取能力	2.959	2.879	0.785	3.558	0.957	3.558	0.895
竞争情报分析能力	2.982	2.758	0.986	3.500	1.000	3.500	0.885
情报产品数量与质量	2.910	2.788	0.970	3.404	0.834	3.404	1.067
情报服务综合评价	2.862	2.455	0.775	3.288	1.033	3.288	1.030
竞争情报系统水平	2.982	3.093	1.273	3.565	0.819	3.565	0.908
系统结构与功能	2.971	3.273	1.278	3.654	0.701	3.654	1.072
情报数据库	2.949	2.970	1.322	3.481	0.921	3.481	0.786
网络与系统性能	3.063	3.136	1.166	3.635	0.746	3.635	0.970
竞争情报人力资源水平	2.697	2.144	1.111	3.059	1.502	3.059	1.130
人力资源结构	2.746	2.364	0.912	3.250	1.054	3.250	1.012
竞争情报工作经验能力	2.738	1.970	0.984	2.981	1.431	2.981	1.280
竞争情报相关专业知识	2.648	2.076	1.271	2.962	1.410	2.962	1.087
竞争情报意识	2.665	2.242	1.233	3.096	1.814	3.096	1.067
反竞争情报能力	2.925	3.020	1.119	3.476	0.838	3.476	0.979
反竞争情报意识	2.944	3.030	1.076	3.519	0.843	3.519	1.015
反竞争情报制度、规章	2.973	3.106	1.142	3.365	0.825	3.365	0.951
反竞争情报方法、措施	2.878	2.955	1.152	3.519	0.843	3.519	0.964

续表

评价维度与评价指标	调查样本总体评价	销售额划分					
		1亿~1.5亿元		1.5亿~3亿元		3亿元以上	
		评分	方差	评分	方差	评分	方差
隐性能力维度	2.674	1.991	1.182	2.924	1.679	3.371	0.976
沟通与协调能力	2.638	2.034	1.038	2.992	1.609	3.265	0.907
沟通渠道与方式	2.671	2.076	1.179	3.038	1.763	3.398	0.819
竞争情报工作流程水平	2.633	2.121	1.031	2.942	1.271	3.184	1.017
资源配置能力与水平	2.612	1.909	0.915	3.000	1.804	3.224	0.877
转化机制水平	2.622	1.778	0.995	2.818	1.926	3.445	1.001
知识与经验转化机制	2.653	1.758	0.894	2.827	2.028	3.520	0.953
能力与素质的转化机制	2.586	1.803	1.114	2.808	1.805	3.357	1.057
企业竞争情报战略能力	2.702	2.067	1.339	2.910	1.578	3.422	0.933
应变能力与反应能力	2.639	2.030	1.538	2.962	1.685	3.224	0.980
竞争情报发展战略	2.624	2.197	1.238	2.942	1.350	3.204	1.174
竞争情报定位	2.654	2.030	1.107	2.865	1.609	3.449	0.765
竞争情报人力资源战略	2.648	1.894	1.204	2.846	1.427	3.388	0.838
领导者战略洞察力	2.865	2.076	1.548	2.923	1.719	3.704	0.891
竞争情报管理文化素养	2.734	2.055	1.316	2.989	1.656	3.324	1.126
竞争情报组织管理机制	2.609	2.015	1.123	3.000	1.529	3.204	1.133
竞争情报管理水平领导	2.719	2.061	1.196	3.019	1.666	3.378	1.062
学习、创新机制与能力	2.678	1.985	1.307	2.962	1.842	3.214	1.222
企业竞争情报氛围	2.621	1.955	1.213	2.865	1.609	3.194	1.189
竞争情报价值与道德观	2.716	2.015	1.492	2.904	1.657	3.327	1.026
团队精神	3.069	2.318	1.605	3.173	1.558	3.612	1.106

附表 F5　基于传统区域划分视角的企业竞争情报力评价统计分析

评价维度与评价指标	调查样本总体评价	区域划分							
		华东地区		华南地区		华北地区		华中地区	
		评分	方差	评分	方差	评分	方差	评分	方差
企业竞争情报力	2.789	3.171	1.121	2.581	1.124	2.909	1.098	2.798	1.157
显性能力维度	2.880	3.284	0.926	2.857	0.995	2.954	1.007	2.837	1.114
竞争情报基本能力	2.959	3.330	0.832	3.009	0.798	3.041	0.997	2.885	1.078
情报需求分析能力	3.015	3.364	0.994	3.100	0.759	3.094	1.193	3.012	1.081
竞争情报源多样性水平	3.030	3.406	0.848	3.150	0.644	3.059	0.800	2.917	0.942
竞争情报收集获取能力	2.959	3.294	0.674	3.125	0.676	3.030	1.016	2.821	1.064
竞争情报分析能力	2.982	3.371	0.883	3.000	0.821	3.084	0.955	2.905	1.222
情报产品数量与质量	2.910	3.259	0.911	2.800	1.036	3.035	1.031	2.798	1.058
情报服务综合评价	2.862	3.287	0.910	2.875	0.830	2.921	1.086	2.786	1.118

续表

评价维度与评价指标	调查样本总体评价	区域划分							
		华东地区		华南地区		华北地区		华中地区	
		评分	方差	评分	方差	评分	方差	评分	方差
竞争情报系统水平	2.982	3.452	0.901	3.109	1.087	2.971	0.889	2.977	0.946
系统结构与功能	2.971	3.434	1.036	3.225	1.153	2.827	0.752	3.083	0.840
情报数据库	2.949	3.441	0.896	2.975	1.461	2.995	1.007	2.929	1.070
网络与系统性能	3.063	3.497	0.886	3.250	0.910	3.089	0.841	2.952	0.937
竞争情报人力资源水平	2.697	3.102	1.167	2.395	1.003	2.866	1.178	2.732	1.245
人力资源结构	2.746	3.168	0.972	2.550	0.818	2.822	1.160	2.857	1.112
竞争情报工作经验能力	2.738	3.063	1.144	2.325	0.994	2.851	0.979	2.643	1.381
竞争情报相关专业知识	2.648	3.084	1.190	2.375	1.163	2.787	1.200	2.929	1.303
竞争情报意识	2.665	3.119	1.148	2.400	1.067	2.941	1.265	2.655	1.320
反竞争情报能力	2.925	3.344	0.946	3.078	0.968	2.903	0.902	2.790	1.068
反竞争情报意识	2.944	3.343	0.959	3.150	1.156	2.950	1.103	2.702	0.993
反竞争情报制度、规章	2.973	3.399	0.917	3.125	0.881	2.950	0.702	2.857	1.142
反竞争情报方法、措施	2.878	3.315	0.950	2.975	0.948	2.827	0.879	2.845	1.079
隐性能力维度	2.647	3.026	1.276	2.230	1.195	2.852	1.225	2.748	1.208
沟通与协调能力	2.638	2.934	1.095	2.126	0.936	2.857	1.037	2.737	1.186
沟通渠道与方式	2.671	2.965	1.161	2.100	1.015	2.906	0.955	2.762	1.190
竞争情报工作流程水平	2.633	2.958	1.055	2.200	0.779	2.827	0.967	2.738	1.069
资源配置能力与水平	2.612	2.881	1.148	2.075	0.892	2.842	1.219	2.714	1.229
转化机制水平	2.622	2.975	1.431	2.104	1.568	2.805	1.376	2.693	1.253
知识与经验转化机制	2.653	3.007	1.359	2.150	1.669	2.837	1.375	2.786	1.292
能力与素质的转化机制	2.586	2.937	1.510	2.050	1.485	2.767	1.379	2.583	1.224
企业竞争情报战略能力	2.702	3.079	1.223	2.333	0.993	2.874	1.253	2.726	1.187
应变能力与反应能力	2.639	3.000	1.268	2.150	0.797	2.921	1.076	2.643	1.337
竞争情报发展战略	2.624	2.993	1.021	2.225	0.743	2.762	1.265	2.655	0.978
竞争情报定位	2.654	3.063	1.172	2.425	0.815	2.772	1.437	2.643	1.132
竞争情报人力资源战略	2.648	3.049	1.230	2.250	0.859	2.842	1.209	2.821	1.189
领导者战略洞察力	2.865	3.224	1.428	2.475	1.384	3.040	1.142	2.881	1.382
竞争情报管理文化素养	2.734	3.120	1.395	2.335	1.099	2.865	1.323	2.873	1.286
竞争情报组织管理机制	2.609	2.965	1.118	2.300	0.882	2.693	1.389	2.643	1.159
竞争情报管理水平能力	2.719	3.084	1.261	2.275	0.974	2.861	1.571	2.917	1.334
学习、创新机制与能力	2.678	3.077	1.480	2.100	0.810	2.812	1.296	2.798	1.039
企业竞争情报氛围	2.621	3.063	1.496	2.225	1.051	2.738	1.310	2.774	1.170
竞争情报价值与道德观	2.716	3.126	1.407	2.350	1.208	2.847	1.172	2.762	1.285
团队精神	3.069	3.392	1.339	2.850	1.567	3.238	1.209	3.321	1.346

续表

评价维度与评价指标	调查样本总体评价	区域划分							
		西南地区		西北地区		东北地区			
		评分	方差	评分	方差	评分	方差		
企业竞争情报力	2.789	2.672	1.197	1.871	1.586	2.635	1.285		
显性能力维度	2.880	2.720	0.983	2.063	1.279	2.740	1.125		
竞争情报基本能力	2.959	2.810	0.856	2.212	1.148	2.780	0.885		
情报需求分析能力	3.015	2.876	0.569	2.310	1.200	2.694	0.759		
竞争情报源多样性水平	3.030	2.888	0.850	2.466	1.033	2.837	0.848		
竞争情报收集获取能力	2.959	2.753	0.756	2.345	1.211	2.898	0.802		
竞争情报分析能力	2.982	2.899	0.866	2.103	1.228	2.735	0.741		
情报产品数量与质量	2.910	2.730	0.660	2.155	1.040	2.878	0.901		
情报服务综合评价	2.862	2.640	1.013	2.069	0.915	2.837	1.056		
竞争情报系统水平	2.982	2.672	0.982	2.392	0.890	2.824	0.812		
系统结构与功能	2.971	2.640	0.638	2.552	0.869	2.918	0.702		
情报数据库	2.949	2.640	1.274	2.241	0.960	2.735	0.866		
网络与系统性能	3.063	2.775	1.026	2.517	0.881	2.898	0.802		
竞争情报人力资源水平	2.697	2.573	1.032	1.628	1.515	2.500	1.437		
人力资源结构	2.746	2.618	1.011	1.845	1.330	2.469	0.921		
竞争情报工作经验能力	2.738	2.483	0.955	1.534	1.207	2.490	1.505		
竞争情报相关专业知识	2.648	2.393	1.247	1.655	1.491	2.408	1.288		
竞争情报意识	2.665	2.730	1.015	1.603	2.017	2.571	1.625		
反竞争情报能力	2.925	2.815	0.989	2.183	1.156	2.978	0.967		
反竞争情报意识	2.944	2.888	1.079	2.207	1.237	2.980	0.895		
反竞争情报制度、规章	2.973	2.820	0.958	2.241	1.104	3.041	0.998		
反竞争情报方法、措施	2.878	2.742	0.950	2.121	1.148	2.939	0.934		
隐性能力维度	2.647	2.610	1.278	1.626	1.610	2.499	1.366		
沟通与协调能力	2.638	2.575	1.192	1.620	1.435	2.437	1.356		
沟通渠道与方式	2.671	2.652	1.318	1.655	1.548	2.388	1.242		
竞争情报工作流程水平	2.633	2.539	1.011	1.621	1.274	2.429	1.292		
资源配置能力与水平	2.612	2.539	1.054	1.586	1.501	2.490	1.505		
转化机制水平	2.622	2.556	1.378	1.658	1.543	2.405	1.325		
知识与经验转化机制	2.653	2.551	1.586	1.690	1.568	2.367	1.237		
能力与素质的转化机制	2.586	2.562	1.152	1.621	1.522	2.449	1.419		
企业竞争情报战略能力	2.702	2.642	1.195	1.611	1.598	2.556	1.401		
应变能力与反应能力	2.639	2.438	0.850	1.534	1.317	2.490	1.297		
竞争情报发展战略	2.624	2.607	1.376	1.690	1.650	2.388	1.367		
竞争情报定位	2.654	2.629	1.094	1.552	1.691	2.531	1.379		

评价维度与评价指标	调查样本总体评价	区域划分					
		西南地区		西北地区		东北地区	
		评分	方差	评分	方差	评分	方差
竞争情报人力资源战略	2.648	2.472	0.990	1.534	1.457	2.347	1.440
领导者战略洞察力	2.865	2.854	1.207	1.672	1.785	2.816	1.695
竞争情报管理文化素养	2.734	2.666	1.257	1.622	1.701	2.598	1.398
竞争情报组织管理机制	2.609	2.708	1.130	1.534	1.686	2.510	0.922
竞争情报管理水平能力	2.719	2.562	1.217	1.638	1.726	2.653	1.273
学习、创新机制与能力	2.678	2.663	1.417	1.672	1.840	2.449	1.461
企业竞争情报氛围	2.621	2.461	1.226	1.603	1.410	2.408	1.497
竞争情报价值与道德观	2.716	2.685	1.021	1.569	1.673	2.612	1.742
团队精神	3.069	2.989	1.242	1.672	1.761	2.980	1.645

附表 F6　东中西部分地区企业竞争情报力评价统计分析

评价维度与评价指标	调查样本总体评价	地区划分					
		东部地区		中部地区		西部地区	
		评分	方差	评分	方差	评分	方差
企业竞争情报力	2.789	3.058	1.091	2.759	1.193	2.267	1.348
显性能力维度	2.880	3.145	1.026	2.812	1.008	2.396	1.188
竞争情报基本能力	2.959	3.233	0.949	2.824	0.986	2.510	0.989
情报需求分析能力	3.015	3.272	0.985	2.862	1.070	2.615	0.978
竞争情报源多样性水平	3.030	3.269	0.904	2.877	0.743	2.667	0.952
竞争情报收集获取能力	2.959	3.218	0.842	2.812	0.968	2.552	0.989
竞争情报分析能力	2.982	3.275	0.962	2.848	0.982	2.494	1.176
情报产品数量与质量	2.910	3.170	0.959	2.870	0.956	2.414	0.949
情报服务综合评价	2.862	3.173	0.951	2.710	1.036	2.351	0.992
竞争情报系统水平	2.982	3.218	1.001	2.942	0.891	2.536	0.926
系统结构与功能	2.971	3.133	1.011	3.014	0.796	2.609	0.783
情报数据库	2.949	3.232	1.068	2.877	0.915	2.667	1.067
网络与系统性能	3.063	3.286	0.953	2.993	0.843	2.431	0.917
竞争情报人力资源水平	2.697	3.013	1.138	2.653	1.206	2.092	1.368
人力资源结构	2.746	3.017	1.008	2.703	1.028	2.230	1.276
竞争情报工作经验能力	2.738	3.006	1.191	2.536	1.073	2.017	1.248
竞争情报相关领域专业知识	2.648	2.983	1.186	2.667	1.190	2.144	1.451
竞争情报意识	2.665	3.034	1.136	2.732	1.359	2.011	1.812
反竞争情报能力	2.925	3.114	1.038	2.934	0.920	2.535	1.156
反竞争情报意识	2.944	3.161	1.032	2.855	0.982	2.575	1.217

续表

评价维度与评价指标	调查样本总体评价	地区划分					
		东部地区		中部地区		西部地区	
		评分	方差	评分	方差	评分	方差
反竞争情报制度、规章	2.973	3.147	1.065	3.022	0.899	2.580	1.043
反竞争情报方法、措施	2.878	3.048	1.042	2.964	0.960	2.466	1.083
隐性能力维度	2.674	2.948	1.165	2.692	1.216	2.102	1.489
沟通与协调能力	2.638	2.913	1.098	2.642	1.105	2.076	1.389
沟通渠道与方式	2.671	2.943	1.117	2.674	1.040	2.034	1.594
竞争情报工作流程水平	2.633	2.915	0.992	2.609	1.050	2.115	1.288
资源配置能力与水平	2.612	2.884	1.110	2.645	1.234	2.080	1.479
转化机制水平	2.622	2.900	1.289	2.607	1.360	2.070	1.578
知识与经验转化机制	2.653	2.943	1.277	2.630	1.354	2.080	1.658
能力与素质的转化机制	2.586	2.850	1.308	2.580	1.389	2.057	1.511
企业竞争情报战略能力	2.702	2.975	1.108	2.729	1.216	2.126	1.500
应变能力与反应能力	2.639	2.949	1.212	2.659	1.163	2.259	1.266
竞争情报发展战略	2.624	2.867	0.961	2.630	1.188	1.994	1.614
竞争情报定位	2.654	2.921	1.094	2.659	1.277	2.126	1.624
竞争情报人力资源战略	2.648	2.952	1.115	2.688	1.288	2.000	1.376
领导者战略洞察力	2.865	3.139	1.322	2.928	1.305	2.109	1.800
竞争情报管理文化素养	2.734	3.003	1.192	2.801	1.356	2.136	1.610
竞争情报组织管理机制	2.609	2.839	1.081	2.609	1.154	2.144	1.696
竞争情报管理水平与领导能力	2.719	2.994	1.207	2.797	1.452	2.098	1.615
学习、创新机制与能力	2.678	2.918	1.142	2.746	1.362	2.138	1.773
企业竞争情报氛围	2.621	2.918	1.191	2.638	1.441	2.006	1.428
竞争情报价值与道德观	2.716	2.983	1.228	2.790	1.414	2.115	1.628
团队精神	3.069	3.363	1.208	3.232	1.378	2.345	1.880

附表 F7 各省区市的企业竞争情报力评价结果统计表

评价维度与评价指标	综合评价	省区市划分							
		山东	江苏	安徽	浙江	福建	上海	广东	广西
企业竞争情报力	2.789	3.172	2.352	2.709	2.602	2.113	2.424	2.474	1.750
显性能力维度	2.880	3.620	3.041	3.326	3.080	2.796	3.134	3.165	2.353
竞争情报基本能力	2.959	3.677	3.243	3.218	3.091	2.795	3.232	3.243	2.515
竞争情报系统水平	2.982	3.559	3.572	3.692	3.053	3.287	3.638	3.496	2.715
竞争情报人力资源水平	2.697	3.588	2.401	3.167	3.139	2.324	2.678	2.693	1.816
反竞争情报能力	2.925	3.603	3.213	3.500	2.985	3.148	3.247	3.491	2.583
隐性能力维度	2.674	2.601	1.473	1.919	1.991	1.240	1.517	1.590	0.979

续表

评价维度与评价指标	综合评价	省区市划分							
		山东	江苏	安徽	浙江	福建	上海	广东	广西
沟通与协调能力	2.638	3.456	2.335	2.895	2.867	2.148	2.566	2.501	1.612
转化机制水平	2.622	3.653	2.220	2.769	3.159	1.857	2.226	2.504	1.545
企业竞争情报战略能力	2.702	3.684	2.477	3.228	2.920	2.214	2.509	2.600	1.933
竞争情报管理与文化	2.734	3.817	2.572	2.777	3.093	2.142	2.460	2.552	1.923

评价维度与评价指标	综合评价	省区市划分							
		海南	湖北	湖南	江西	河南	北京	天津	山西
企业竞争情报力	2.789	2.149	2.242	3.403	1.883	2.553	2.590	2.762	2.266
显性能力维度	2.880	2.842	2.690	3.737	2.486	2.992	3.077	3.242	2.722
竞争情报基本能力	2.959	3.168	2.712	3.773	2.733	2.974	3.158	3.378	2.529
竞争情报系统水平	2.982	2.732	2.905	3.681	2.748	2.990	2.956	3.211	2.931
竞争情报人力资源水平	2.697	2.516	2.574	3.714	1.886	3.169	3.066	3.177	2.450
反竞争情报能力	2.925	2.788	2.651	3.746	2.727	2.741	3.032	3.091	3.388
隐性能力维度	2.674	1.264	1.670	2.976	1.112	1.992	1.967	2.148	1.683
沟通与协调能力	2.638	1.957	2.652	3.829	1.897	2.996	3.063	3.190	2.492
转化机制水平	2.622	1.943	2.518	4.010	1.728	3.110	2.926	3.091	2.456
企业竞争情报战略能力	2.702	2.266	2.622	3.956	2.125	2.827	2.918	3.207	2.966
竞争情报管理与文化	2.734	2.412	2.749	4.338	1.969	3.106	2.990	3.219	2.744

评价维度与评价指标	综合评价	省区市划分							
		河北	内蒙古	宁夏	新疆	青海	陕西	甘肃	四川
企业竞争情报力	2.789	2.454	1.282	1.158	1.537	1.412	1.624	1.867	2.089
显性能力维度	2.880	2.906	1.792	1.668	2.117	1.882	2.063	2.392	2.678
竞争情报基本能力	2.959	3.024	1.883	1.897	2.299	2.127	2.253	2.366	2.838
竞争情报系统水平	2.982	2.957	2.138	2.059	2.528	2.232	2.234	2.735	2.799
竞争情报人力资源水平	2.697	2.892	1.251	1.128	1.541	1.426	1.709	2.075	2.308
反竞争情报能力	2.925	2.642	2.191	1.736	2.329	1.822	2.103	2.673	2.846
隐性能力维度	2.674	1.876	0.630	0.506	0.795	0.812	1.062	1.196	1.336
沟通与协调能力	2.638	2.838	1.247	1.000	1.486	1.483	1.860	1.998	2.184
转化机制水平	2.622	2.906	1.200	1.000	1.455	1.553	1.910	2.078	2.159
企业竞争情报战略能力	2.702	2.889	1.210	1.000	1.516	1.485	1.687	2.081	2.285
竞争情报管理与文化	2.734	2.856	1.155	1.000	1.415	1.464	1.938	2.008	2.266

评价维度与评价指标	综合评价	省区市划分						
		云南	贵州	重庆	辽宁	吉林	黑龙江	
企业竞争情报力	2.789	1.274	2.217	2.528	2.033	1.679	2.651	
显性能力维度	2.880	1.795	2.756	2.919	2.557	2.312	3.075	
竞争情报基本能力	2.959	1.928	2.713	3.001	2.667	2.404	3.052	

续表

评价维度与评价指标	综合评价	省区市划分							
		云南	贵州	重庆	辽宁	吉林	黑龙江		
竞争情报系统水平	2.982	2.161	2.723	2.731	2.665	2.862	2.874		
竞争情报人力资源水平	2.697	1.183	2.782	2.906	2.275	1.732	3.052		
反竞争情报能力	2.925	2.206	2.832	2.930	2.695	2.596	3.333		
隐性能力维度	2.674	0.608	1.529	2.029	1.363	0.871	2.109		
沟通与协调能力	2.638	1.179	2.477	2.999	2.242	1.500	3.072		
转化机制水平	2.622	1.182	2.231	3.016	2.140	1.396	3.115		
企业竞争情报战略能力	2.702	1.138	2.721	3.048	2.274	1.798	3.127		
竞争情报管理与文化	2.734	1.171	2.437	3.135	2.369	1.684	3.237		

附表 F8-1　各省区市的企业竞争情报力评价结果统计详表

评价维度与评价指标	综合评价	省区市划分							
		山东	江苏	安徽	浙江	福建	上海	广东	广西
企业竞争情报力	2.789	3.172	2.352	2.709	2.602	2.113	2.424	2.474	1.750
显性能力维度	2.880	3.620	3.041	3.326	3.080	2.796	3.134	3.165	2.353
竞争情报基本能力	2.959	3.677	3.243	3.218	3.091	2.795	3.232	3.243	2.515
情报需求分析能力	3.015	3.625	3.286	3.538	3.071	2.938	3.313	3.150	2.833
竞争情报源多样性水平	3.030	3.768	3.429	3.462	3.071	2.875	3.188	3.350	2.667
竞争情报收集获取能力	2.959	3.607	3.357	3.154	3.071	2.813	3.125	3.400	2.667
竞争情报分析能力	2.982	3.732	3.357	3.077	3.143	2.813	3.313	3.350	2.417
情报产品数量与质量	2.910	3.679	3.143	3.154	2.964	2.625	3.125	3.200	2.000
情报服务综合评价	2.862	3.732	2.857	3.000	3.179	2.625	3.188	3.050	2.333
竞争情报系统水平	2.982	3.559	3.572	3.692	3.053	3.287	3.638	3.496	2.715
系统结构与功能	2.971	3.482	3.643	3.692	2.786	3.438	4.000	3.350	3.000
网络与系统性能	3.063	3.625	3.786	3.692	3.179	3.188	3.500	3.450	3.000
情报数据库	2.949	3.571	3.429	3.692	3.143	3.250	3.500	3.600	2.417
竞争情报人力资源水平	2.697	3.588	2.401	3.167	3.139	2.324	2.678	2.693	1.816
人力资源结构	2.746	3.571	2.786	3.231	3.071	2.375	3.000	2.850	2.000
竞争情报意识	2.665	3.518	2.500	3.308	3.179	2.375	2.750	2.850	1.667
竞争情报工作经验能力	2.738	3.661	2.214	3.077	3.107	2.250	2.438	2.500	1.833
竞争情报相关专业知识	2.648	3.607	2.214	3.000	3.179	2.313	2.688	2.600	1.917
反竞争情报能力	2.925	3.603	3.213	3.500	2.985	3.148	3.247	3.491	2.583
反竞争情报意识	2.944	3.554	3.286	3.538	2.964	3.250	3.250	3.750	2.500
反竞争情报制度、规章	2.973	3.661	3.214	3.615	3.107	3.125	3.250	3.450	2.833
反竞争情报方法、措施	2.878	3.625	3.143	3.385	2.929	3.063	3.250	3.250	2.500

续表

评价维度与评价指标	综合评价	省区市划分							
		山东	江苏	安徽	浙江	福建	上海	广东	广西
隐性能力维度	2.674	2.601	1.473	1.919	1.991	1.240	1.517	1.590	0.979
沟通与协调能力	2.638	3.456	2.335	2.895	2.867	2.148	2.566	2.501	1.612
竞争情报工作流程水平	2.633	3.446	2.500	2.923	2.750	2.188	2.813	2.550	1.750
资源配置能力与水平	2.612	3.393	2.214	2.769	2.893	2.188	2.438	2.500	1.500
沟通渠道与方式	2.671	3.536	2.286	3.000	2.964	2.063	2.438	2.450	1.583
转化机制水平	2.622	3.653	2.220	2.769	3.159	1.857	2.226	2.504	1.545
知识与经验转化机制	2.653	3.661	2.286	2.769	3.143	2.000	2.313	2.550	1.583
能力与素质的转化机制	2.586	3.643	2.143	2.769	3.179	1.688	2.125	2.450	1.500
企业竞争情报战略能力	2.702	3.684	2.477	3.228	2.920	2.214	2.509	2.600	1.933
竞争情报发展战略	2.624	3.554	2.643	3.000	2.750	2.188	2.563	2.400	1.833
竞争情报定位	2.654	3.607	2.500	3.538	2.929	2.125	2.438	2.650	2.083
领导者战略洞察力	2.865	3.875	2.500	3.462	3.107	2.250	2.563	2.850	2.000
竞争情报人力资源战略	2.648	3.661	2.286	2.923	3.071	2.250	2.438	2.550	1.750
应变能力与反应能力	2.639	3.679	2.286	2.846	2.750	2.313	2.500	2.400	1.833
竞争情报管理与文化	2.734	3.817	2.572	2.777	3.093	2.142	2.460	2.552	1.923
竞争情报组织管理机制	2.609	3.589	2.571	2.692	2.750	2.125	2.563	2.450	2.167
竞争情报管理水平能力	2.719	3.679	2.714	2.923	3.036	2.063	2.563	2.450	2.083
学习、创新机制与能力	2.678	3.893	2.286	2.769	3.000	2.063	2.313	2.250	1.750
企业竞争情报氛围	2.621	3.750	2.500	2.538	3.107	2.188	2.375	2.500	1.667
竞争情报价值与道德观	2.716	3.893	2.500	2.692	3.143	2.063	2.375	2.750	1.750
团队精神	3.069	4.089	2.857	3.000	3.500	2.375	2.563	3.000	2.167

评价维度与评价指标	综合评价	省区市划分						
		海南	湖北	湖南	江西	河南	北京	天津
企业竞争情报力	2.363	2.149	2.242	3.403	1.883	2.553	2.590	2.762
显性能力维度	2.880	2.842	2.690	3.737	2.486	2.992	3.077	3.242
竞争情报基本能力	2.959	3.168	2.712	3.773	2.733	2.974	3.158	3.378
情报需求分析能力	3.015	3.375	2.756	3.750	3.000	3.227	3.404	3.410
竞争情报源多样性水平	3.030	3.375	2.659	3.875	2.923	3.045	3.000	3.459
竞争情报收集获取能力	2.959	3.125	2.537	3.750	2.846	3.000	3.077	3.361
竞争情报分析能力	2.982	3.000	2.756	4.000	2.615	2.955	3.173	3.426
情报产品数量与质量	2.910	3.000	2.732	3.625	2.462	2.818	3.135	3.246
情报服务综合评价	2.862	3.250	2.780	3.500	2.538	2.682	2.942	3.344
竞争情报系统水平	2.982	2.732	2.905	3.681	2.748	2.990	2.956	3.211

评价维度与评价指标	综合评价	省区市划分						
		海南	湖北	湖南	江西	河南	北京	天津
系统结构与功能	2.971	3.250	2.976	3.500	3.308	3.000	2.712	3.131
网络与系统性能	3.063	3.125	2.878	3.750	2.846	2.864	3.192	3.164
情报数据库	2.949	2.250	2.878	3.750	2.385	3.045	2.981	3.279
竞争情报人力资源水平	2.697	2.516	2.574	3.714	1.886	3.169	3.066	3.177
人力资源结构	2.746	2.625	2.902	3.625	1.923	3.045	3.192	3.049
竞争情报意识	2.665	2.375	2.488	3.750	1.846	3.045	2.981	3.180
竞争情报工作经验能力	2.738	2.625	2.390	3.625	1.846	3.227	3.135	3.197
竞争情报相关专业知识	2.648	2.500	2.780	3.875	2.000	3.409	3.000	3.246
反竞争情报能力	2.925	2.788	2.651	3.746	2.727	2.741	3.032	3.091
反竞争情报意识	2.944	2.625	2.512	4.000	2.615	2.636	3.192	3.033
反竞争情报制度、规章	2.973	2.750	2.756	3.375	2.846	2.864	2.981	3.180
反竞争情报方法、措施	2.878	3.000	2.732	3.750	2.769	2.773	2.904	3.098
隐性能力维度	1.702	1.264	1.670	2.976	1.112	1.992	1.967	2.148
沟通与协调能力	2.638	1.957	2.652	3.829	1.897	2.996	3.063	3.190
竞争情报工作流程水平	2.633	2.000	2.780	3.625	1.923	2.818	3.019	3.131
资源配置能力与水平	2.612	1.875	2.585	3.875	1.846	3.045	3.077	3.213
沟通渠道与方式	2.671	2.000	2.585	4.000	1.923	3.136	3.096	3.230
转化机制水平	2.622	1.943	2.518	4.010	1.728	3.110	2.926	3.091
知识与经验转化机制	2.653	2.000	2.585	4.125	1.692	3.318	2.962	3.197
能力与素质的转化机制	2.586	1.875	2.439	3.875	1.769	2.864	2.885	2.967
企业竞争情报战略能力	2.702	2.266	2.622	3.956	2.125	2.827	2.918	3.207
竞争情报发展战略	2.624	2.375	2.488	4.000	2.231	2.727	2.654	3.131
竞争情报定位	2.654	2.375	2.537	4.000	2.154	2.636	2.788	3.164
领导者战略洞察力	2.865	2.250	2.854	4.000	2.000	3.045	3.135	3.377
竞争情报人力资源战略	2.648	2.250	2.732	4.000	2.154	2.955	3.019	3.197
应变能力与反应能力	2.639	2.000	2.488	3.750	2.154	2.818	3.058	3.098
竞争情报管理与文化	2.734	2.412	2.749	4.338	1.969	3.106	2.990	3.219
竞争情报组织管理机制	2.609	2.125	2.659	4.500	1.923	2.364	2.788	3.115
竞争情报管理水平能力	2.719	2.125	2.829	4.375	1.923	3.136	3.096	3.279
学习、创新机制与能力	2.678	2.250	2.683	4.625	1.923	2.864	2.885	3.033
企业竞争情报氛围	2.621	2.375	2.585	4.000	1.923	3.182	2.769	3.131
竞争情报价值与道德观	2.716	2.250	2.537	4.000	1.769	3.318	2.904	3.164
团队精神	3.069	3.500	3.195	4.500	2.385	3.682	3.481	3.590

附表 F8-2　各省区市的企业竞争情报力评价结果统计详表

评价维度与评价指标	综合评价	省区市划分							
		山西	河北	内蒙古	宁夏	新疆	青海	陕西	甘肃
企业竞争情报力	2.789	2.266	2.454	1.282	1.158	1.537	1.412	1.624	1.867
显性能力维度	2.880	2.722	2.906	1.792	1.668	2.117	1.882	2.063	2.392
竞争情报基本能力	2.959	2.529	3.024	1.883	1.897	2.299	2.127	2.253	2.366
情报需求分析能力	3.015	2.375	2.948	2.067	2.111	2.273	2.273	2.417	2.400
竞争情报源多样性水平	3.030	2.625	3.052	2.133	2.111	2.636	2.455	2.417	2.600
竞争情报收集获取能力	2.959	2.375	3.069	2.067	2.111	2.364	2.364	2.250	2.533
竞争情报分析能力	2.982	2.813	3.086	1.667	1.667	2.273	2.000	2.250	2.200
情报产品数量与质量	2.910	3.000	3.034	1.867	1.778	2.182	2.182	2.167	2.333
情报服务综合评价	2.862	2.063	3.000	1.733	1.778	2.273	1.727	2.000	2.400
竞争情报系统水平	2.982	2.931	2.957	2.138	2.059	2.528	2.232	2.234	2.735
系统结构与功能	2.971	2.875	2.724	2.333	2.222	2.727	2.455	2.417	2.800
网络与系统性能	3.063	3.375	3.034	2.333	2.222	2.636	2.455	2.333	2.800
情报数据库	2.949	2.750	3.052	1.933	1.889	2.364	2.000	2.083	2.667
竞争情报人力资源水平	2.697	2.450	2.892	1.251	1.128	1.541	1.426	1.709	2.075
人力资源结构	2.746	2.125	2.759	1.600	1.333	2.000	1.364	1.917	2.333
竞争情报意识	2.665	3.188	3.052	1.133	1.222	1.545	1.364	1.667	2.000
竞争情报工作经验能力	2.738	2.063	2.879	1.200	1.000	1.364	1.455	1.583	2.000
竞争情报相关专业知识	2.648	2.000	2.724	1.267	1.000	1.455	1.545	1.833	2.133
反竞争情报能力	2.925	3.388	2.642	2.191	1.736	2.329	1.822	2.103	2.673
反竞争情报意识	2.944	3.250	2.759	2.200	1.778	2.364	2.000	1.917	2.733
反竞争情报制度、规章	2.973	3.625	2.672	2.267	1.778	2.364	1.818	2.417	2.600
反竞争情报方法、措施	2.878	3.375	2.500	2.133	1.667	2.273	1.636	2.083	2.667
隐性能力维度	2.674	1.683	1.876	0.630	0.506	0.795	0.812	1.062	1.196
沟通与协调能力	2.638	2.492	2.838	1.247	1.000	1.486	1.483	1.860	1.998
竞争情报工作流程水平	2.633	2.188	2.879	1.400	1.000	1.545	1.455	1.750	2.067
资源配置能力与水平	2.612	2.500	2.759	1.200	1.000	1.455	1.455	1.917	1.867
沟通渠道与方式	2.671	2.813	2.879	1.133	1.000	1.455	1.545	1.917	2.067
转化机制水平	2.622	2.456	2.906	1.200	1.000	1.455	1.553	1.910	2.078
知识与经验转化机制	2.653	2.313	2.914	1.200	1.000	1.455	1.636	1.833	2.200
能力与素质的转化机制	2.586	2.625	2.897	1.200	1.000	1.455	1.455	2.000	1.933
企业竞争情报战略能力	2.702	2.966	2.889	1.210	1.000	1.516	1.485	1.687	2.081
竞争情报发展战略	2.624	2.750	2.879	1.200	1.000	1.636	1.545	1.583	2.333
竞争情报定位	2.654	2.875	2.724	1.200	1.000	1.545	1.455	1.417	2.067

续表

评价维度与评价指标	综合评价	省区市划分							
		山西	河北	内蒙古	宁夏	新疆	青海	陕西	甘肃
领导者战略洞察力	2.865	3.250	3.017	1.200	1.000	1.455	1.545	2.000	2.067
竞争情报人力资源战略	2.648	2.563	2.810	1.200	1.000	1.455	1.455	1.417	2.067
应变能力与反应能力	2.639	3.125	2.983	1.267	1.000	1.455	1.364	1.833	1.800
竞争情报管理与文化	2.734	2.744	2.856	1.155	1.000	1.415	1.464	1.938	2.008
竞争情报组织管理机制	2.609	2.500	2.621	1.133	1.000	1.364	1.364	1.667	2.000
竞争情报管理水平能力	2.719	2.313	2.810	1.133	1.000	1.455	1.455	1.917	2.067
学习、创新机制与能力	2.678	3.000	2.897	1.133	1.000	1.455	1.545	2.000	2.067
企业竞争情报氛围	2.621	2.313	2.828	1.133	1.000	1.364	1.545	1.917	1.933
竞争情报价值与道德观	2.716	3.250	2.793	1.133	1.000	1.364	1.364	1.917	1.933
团队精神	3.069	3.250	3.155	1.267	1.000	1.455	1.455	2.167	2.000

评价维度与评价指标	综合评价	省区市划分							
		四川	云南	贵州	重庆	辽宁	吉林	黑龙江	
企业竞争情报力	2.789	2.089	1.274	2.217	2.528	2.033	1.679	2.651	
显性能力维度	2.880	2.678	1.795	2.756	2.919	2.557	2.312	3.075	
竞争情报基本能力	2.959	2.838	1.928	2.713	3.001	2.667	2.404	3.052	
情报需求分析能力	3.015	3.000	2.000	2.778	3.038	2.545	2.571	2.833	
竞争情报源多样性水平	3.030	2.875	2.091	2.889	3.057	2.636	2.857	2.917	
竞争情报收集获取能力	2.959	2.938	2.182	2.444	2.868	2.636	2.500	3.250	
竞争情报分析能力	2.982	2.875	1.818	2.889	3.132	2.727	2.143	3.083	
情报产品数量与质量	2.910	2.625	1.909	2.778	2.925	2.545	2.500	3.250	
情报服务综合评价	2.862	2.563	1.727	2.444	2.887	2.909	2.286	3.125	
竞争情报系统水平	2.982	2.799	2.161	2.723	2.731	2.665	2.862	2.874	
系统结构与功能	2.971	2.875	2.273	2.778	2.623	2.909	3.071	2.833	
网络与系统性能	3.063	2.813	2.364	2.778	2.849	2.818	3.071	2.833	
情报数据库	2.949	2.750	2.000	2.667	2.736	2.455	2.643	2.917	
竞争情报人力资源水平	2.697	2.308	1.183	2.782	2.906	2.275	1.732	3.052	
人力资源结构	2.746	2.625	1.182	2.556	2.925	2.000	2.071	2.917	
竞争情报意识	2.665	2.250	1.364	2.889	3.132	2.091	1.643	3.333	
竞争情报工作经验能力	2.738	2.250	1.091	2.778	2.792	2.455	1.714	2.958	
竞争情报相关专业知识	2.648	2.250	1.000	2.778	2.660	2.545	1.643	2.792	
反竞争情报能力	2.925	2.846	2.206	2.832	2.930	2.695	2.596	3.333	
反竞争情报意识	2.944	2.750	2.273	3.000	3.038	2.818	2.500	3.333	
反竞争情报制度、规章	2.973	2.875	2.273	2.667	2.943	2.727	2.786	3.333	
反竞争情报方法、措施	2.878	2.938	2.091	2.778	2.811	2.545	2.571	3.333	

评价维度与评价指标	综合评价	省区市划分							
		四川	云南	贵州	重庆	辽宁	吉林	黑龙江	
隐性能力维度	2.674	1.336	0.608	1.529	2.029	1.363	0.871	2.109	
沟通与协调能力	2.638	2.184	1.179	2.477	2.999	2.242	1.500	3.072	
竞争情报工作流程水平	2.633	2.188	1.182	2.444	2.943	2.182	1.643	3.000	
资源配置能力与水平	2.612	2.063	1.091	2.333	3.019	2.273	1.357	3.250	
沟通渠道与方式	2.671	2.313	1.273	2.667	3.038	2.273	1.500	2.958	
转化机制水平	2.622	2.159	1.182	2.231	3.016	2.140	1.396	3.115	
知识与经验转化机制	2.653	2.188	1.182	2.333	2.981	2.182	1.429	3.000	
能力与素质的转化机制	2.586	2.125	1.182	2.111	3.057	2.091	1.357	3.250	
企业竞争情报战略能力	2.702	2.285	1.138	2.721	3.048	2.274	1.798	3.127	
竞争情报发展战略	2.624	2.188	1.091	2.556	3.057	1.909	1.786	2.958	
竞争情报定位	2.654	2.188	1.182	2.556	3.075	2.273	1.786	3.083	
领导者战略洞察力	2.865	2.500	1.182	3.111	3.264	2.545	2.000	3.417	
竞争情报人力资源战略	2.648	2.188	1.091	2.667	2.811	2.000	1.500	3.000	
应变能力与反应能力	2.639	2.250	1.091	2.556	2.755	2.455	1.643	3.000	
竞争情报管理与文化	2.734	2.266	1.171	2.437	3.135	2.369	1.684	3.237	
竞争情报组织管理机制	2.609	2.313	1.091	2.444	3.208	2.273	2.071	2.875	
竞争情报管理水平能力	2.719	2.375	1.182	2.667	2.887	2.364	1.857	3.250	
学习、创新机制与能力	2.678	2.250	1.273	2.333	3.132	2.182	1.500	3.125	
企业竞争情报氛围	2.621	2.125	1.091	2.333	2.868	2.182	1.500	3.042	
竞争情报价值与道德观	2.716	2.188	1.091	2.111	3.264	2.455	1.500	3.333	
团队精神	3.069	2.313	1.273	2.667	3.604	2.818	1.714	3.792	

后 记

本书是在我的博士论文的基础上，申请获批教育部哲学社会科学研究后期资助一般项目"动态环境下企业竞争情报力研究"（项目批准号：13JHQ059）的最终研究成果。

时代在发展，环境在变化，大数据、云计算、物联网、"互联网+"、人工智能等引发世界的深刻变革，正在改变着企业的竞争环境和竞争态势。在快速变化、复杂性、动态性的竞争环境中，竞争日趋多方位、立体化，新的竞争模式正在孕育成长之中。企业需要不断提升其系统化战略思维能力和动态决策能力水平，才能在这个动态博弈过程中把握转瞬即逝的商机，获得竞争优势。而核心竞争力是企业所拥有的、能够持续支撑企业竞争优势的内在资源和能力，是企业持续发展之本、竞争优势之源。知识经济社会中，以知识创新能力为核心内容的知识经济理论赋予了核心竞争力以鲜明的时代特色。

为企业决策提供支持是竞争情报的宗旨。竞争情报是企业战略决策的基础，是企业核心竞争力的重要构成部分，是企业竞争优势的重要来源。在动态变化的大数据环境中，竞争情报经历着一种质的转变。随着企业战略决策中竞争情报地位的提升，竞争情报价值创造机理、竞争情报综合能力和整体素养提升等方面的研究成为国内外竞争情报管理者和研究者的关注焦点。

本书以企业竞争情报、核心竞争力理论、动态竞争理论为理论基础，在动态环境中企业竞争发展变化分析基础上，界定企业竞争情报力概念，剖析其基本内涵，构建概念模型与理论框架。以此为基础，依据研究的逻辑发展顺序，综合运用多种研究方法，依次对企业竞争情报力的内在构成及内在要素间作用机理、测度模型及其应用评价、发展动力系统及其内在机理、提升策略等展开研究与探讨。

以上研究所获得的主要观点构成本书的竞争情报力理论体系的核心内容。该体系由表及里、由外到内、由近及远对竞争情报力诸方面所做的系统、全面的分析与阐释，在一定程度上丰富和完善了企业竞争情报理论体系，拓宽了竞争情报理论研究内涵，拓展了竞争情报理论研究的广度和深度。该体系所搭建形成的竞争情报理论完整框架，也突破了基于迈克尔·波特教授战略管理理论的竞争情报研究框架的局限，拓宽了竞争情报研究的理论视野，为竞争情报理论研究开拓了新的研究视角。

本书研究建构了动态环境中企业竞争情报力测度指标体系，包括较全面、系统的评价指标及其权重，且经过大样本企业竞争情报力实态调查的检验，具有一定的适用性和实用性，为各类型企业客观评价与衡量其竞争情报力实际水平、发现其竞争情报工作优势与弱点提供了一种有效的方法工具、一套规范的标准。本书主要结论与观点也将对管理者把握竞争情报价值增值本质、指导管理实践具有现实意义。将有助于管理者全面、深入地认识竞争情报实力水平的本质，把握竞争情报价值增值的影响因素与内在机理，为企业管理者合理配置资源、充分利用与挖掘企业竞争情报现实能力和潜在实力提供了理论指导，为企业的竞争情报价值创造能力和素养培育提供了可以借鉴的思路。

本书研究得以完成，要感谢我的恩师王知津教授一直以来对我的栽培与关爱；感谢图书情报领域各位师长多年来对我的研究的鼎力支持；感谢我的家人多年来对我科研工作的大力支持。还要感谢天津师范大学管理学院、社科处各位领导和老师的支持与帮助；感谢我的研究生在研究中所付出的辛勤劳动。

在本书著述过程中，参考与借鉴了大量国内外文献资料，主要参考文献已集中列于本书之后。在此，向所有参考文献的作者表示诚挚的谢意！有些专家和学者虽然在文中没有提及，但他们的研究成果同样给了我许多启发，在此也向他们致以由衷的感谢！

动态环境中企业竞争情报力、竞争情报综合素养研究是一个较新的研究领域，限于本人的学识、能力与水平，对一些问题的研究还有待进一步深入与拓展。对于书中的不足之处，敬请各位专家、学者及同仁不吝赐教并批评指正。

刘　冰

2019 年 3 月 8 日